DEMOCRACY IN MOTION
CUBA AND ITS NEIGHBOURS

CUBA AND ITS NEIGHBOURS: Democracy in Motion
by Arnold August
Copyright ⓒ 2013 by Arnold August
Published in Canada by Fernwood Publishing
Published in the rest of the world by Zed Books
All rights reserved.
This Korean edition was published by Samcheolli Publishing Co. in 2015
by arrangement with Zed Books through KCC, Seoul.

쿠바식 민주주의
대의민주주의 VS 참여민주주의

지은이 아널드 오거스트
옮긴이 정진상
펴낸이 송병섭
펴낸곳 삼천리
등 록 제312-2008-121호
주 소 152-833 서울시 구로구 부일로 17길 74(2층)
전 화 02) 711-1197
팩 스 02) 6008-0436
이메일 bssong45@hanmail.net

1판 1쇄 2015년 9월 18일

값 23,000원
ISBN 978-89-94898-34-6 93340
한국어판 ⓒ 정진상 2015

쿠바식 민주주의

대의민주주의 vs 참여민주주의

CUBA

삼천리

★

헤라르도 에르난데스, 라몬 라바니노,
안토니오 게레로, 페르난도 곤살레스, 레네 곤살레스,
그리고 미국 민중들뿐 아니라
쿠바와 라틴아메리카, 카리브의 모든 민중들,
특히 현존 질서에 감히 도전하는 학자와 저자들에게
이 책을 바칩니다.

이 책의 한국어판 출간은 한국의 독자들에게 지금이 가장 적절한 시기라는 생각이 든다. 올해 초 한국 외무부 장관은 쿠바와 외교관계 수립을 위해 발걸음을 옮겨야 한다고 발표했다. 그의 선언은 미국과 쿠바가 국교 정상화를 향해 가기로 결정한 흐름에 뒤따른 것이었다.

한국과 쿠바 사이에는 현재 공식 외교관계가 없지만 경제적·문화적 교류는 생각보다 활발하다. 하지만 대부분은 한국에서 쿠바로 가는 일방적인 방향이다. 예컨대, 〈내조의 여왕〉을 비롯한 한국 드라마는 쿠바에서 일상적인 이야깃거리가 되었다. 한국의 팝 문화와 댄스 공연은 쿠바에서 상당한 매력을 끌고 있다. LG나 삼성 같은 한국 상표 또한 매우 잘 알려져 존중받고 있다. 다만 이러한 상품들이 한국에서 제조되었다는 사실을 아는 쿠바인은 드문 것 같다.

쿠바에서 한국 방향으로는 이미 몇몇 문화적·학술적 노력이 이루어졌다. 쿠바에 관한 책들이 얼마간 한국에 번역되어 소개되었다. 사진가를 비롯한 쿠바 예술가들이 한국에서 쿠바 문화를 소개하는 전시회를 열기도 했다. 이 책이 이러한 선구적인 작업의 대열에 함께할 수 있기를 바란다.

만약 두 나라가 외교관계를 수립하는 데 성공한다면 두 나라 모두 문화 영역의 이러한 소박한 교류에서 정치적 이슈를 포함하여 경제 발전과 복지를 촉진하는 교류로 비약할 수 있을 것임에 틀림없다. 저명한 몇몇 라틴아메리카 지도자들은 이미 아시아가 유럽을 대신하여 라틴아메리카와 카리브의 중요한 파트너로서 떠오르고 있다고 주장한다. 더욱이 한국은 이러한 맥락에서 쿠바로 향하는 새로운 접근이 라틴아메리카 전체로 향하는 노력의 일부라는 사실을 분명하게 밝혔다. 이 점과 관련하여 이 책이 사실은 베네수엘라와 볼리비아, 에콰도르와 라틴아메리카 지역 블록을 다루고 있다는 점을 지적해 둔다.

한국 사람들은 어느 정도는 이미 쿠바가 주요한 국내적 변화를 겪어 왔다는 점을 알고 있을 것이다. 이 책의 영어 초판이 2013년에 출판되었기 때문에 나는 이러한 변화를 가져온 2010~2012년의 중요한 사건들을 고려하고 분석할 수 있었다. 미국과 쿠바가 외교관계를 정상화할 것이라는 아주 최근의 놀라운 결정이 이 책 출판 이후에 발표되었다. 하지만 미국의 쿠바 정책에 관한 자료를 바탕에 둔 이 책의 상세한 분석이 현재의 독자들에게 이러한 새로운 전개의 긍정적인 신호뿐 아니라 동시에 함정도 더 잘 파악할 수 있는 기회를 제공할 것이라는 점을 밝힐 수 있어 자랑스럽다.

이 책이 미국과 쿠바 두 나라 사이의 정상적인 외교관계를 발전시키는 숭고한 목표에 조금이라도 기여했으면 하는 게 나의 바람이다. 서로 다른 정치체계에 대한 상호 이해는 국제적 수준에서 이러한 진전의 토대가 된다. 쿠바의 정치체계가 이 책의 핵심이다. 그 이유는 내가 쿠바와 같은 나라들에 대한 미디어의 왜곡에 저항하려는 열정을 가지고 있기 때문이다.

나는 최근 2015년 2월, 이 책의 에스파냐어판을 출시에 맞춰 아바나 국제도서전에 참석하기 위해 다시 쿠바를 방문했다. 여전히 쿠바 사회는 변화하고 있다. 예컨대, 경제는 탈집중화의 경로를 계속 밟고 있다. 하지만 상황은 매우 복잡하다. 쿠바의 많은 것들이 변하고 있지만, 사회주의의 한 요소인 경제적·문화적 생산의 주요한 힘이 국가의 수중에 유지되는 주요한 특징은 잃지 않고 있다. 아바나 국제도서전도 이러한 사회주의적 지향의 이점을 보여 주는 훌륭한 사례이다. 도서전 전체와 모든 책에 국가의 높은 보조금이 책정된다. 그 때문에 수많은 쿠바인들이 두 주 동안 열리는 도서전에 매일 참여하여 자신과 가족들을 위해 마음껏 책을 구입한다.

끝으로 이 한국어판 책이 나올 수 있도록 헌신한 번역자 정진상 교수와 삼천리출판사 송병섭 대표에게 감사의 뜻을 표하면서 이 짧은 서문을 마무리하고 싶다.

2015년 6월 19일
아널드 오거스트

2006년부터 2013년까지 나는 쿠바 현지조사 연구뿐 아니라 라틴아메리카와 카리브, 미국에 관한 폭넓은 연구를 수행했다. 나는 또 오랫동안 남반구 여러 나라의 변동에 관해 비교 연구를 해왔는데, 이 책은 그러한 오랜 관심과 노력의 결실이다. 이러한 관심은 내가 1960년대 후반 몬트리올 맥길대학에서 인도의 개혁과 혁명적 변화를 대조한 석사 논문을 쓴 이후 계속 진화해 왔다. 1960년대는 북반구에 있던 우리가 인종주의와 남반구에 대한 우월성에 기초한 공식적 접근 방법에 맞서던 역사적 시기였다. 1968년, 내가 캐나다에서 처음으로 '정치학학생연맹'을 조직하고 동맹휴업을 하는 데 산파 역할을 한 것은 그 때문이었다. 우리의 주요 요구들 가운데 하나는 커리큘럼 개방이었다. 당시는 북반구가 남반구보다 원래 우월하다는 인종주의적 전제에 기초한 이론과 분석들이 북반구 학계를 지배하고 있었다. 우리는 새로운 접근 방법을 커리큘럼에 포함시키고자 했다. 따라서 이 책은 어떤 의미에서 내가 일생 동안 기울인 관심의 결산이라고 할 수 있다.

이 책의 목표는 민주주의에 대한 쿠바의 접근 방법을 탐구하는 것이다. 우선 독자들은 정치에 대한 쿠바의 접근 방법을 둘러싼 오해를 조금이라도 걷어 내고, 나아가 '민주주의'라는 낱말이 정말로 쿠바와 관계있다고 생각할 준비가 되어 있어야 한다. 비록 지난 50년여 년 동안 상당한 진전이 있었지만, 그러한 안개 속 개념들은 1960년대에 내가 맞섰을 때 상황과 비슷하다.

내가 처음으로 쿠바에 여행한 것은 1991년이었다. 그 후 여러 차례 다녀왔지만, 갈 때마다 매번 쿠바는 새롭게 보였다. 지난날의 소련이나 동유럽과는 전혀 달랐다. 쿠바에 관한 내 첫 번째 책(1999)은 1997~1998년 현지조사 연구에 기초하여 선거 과정에 초점을 맞추었다. 1997년 이후 나는 이 나라에 관한 민족지적 연구를 계속 수행했다. 《쿠바식 민주주의》는 주로 오랜 쿠바 현지조사에 바탕을 두고 썼다. 첫 번째 책의 문제의식을 확장하여 미국과 베네수엘라, 볼리비아, 에콰도르에서 전개된 민주주의의 맥락 속에 쿠바의 민주주의를 자리매김하고자 했다. 더욱이 이 책에서는 쿠바의 선거 과정에 대해 개선되고, 새롭고, 더 비판적인 분석을 한다. 첫 번째 책과는 달리 이 책에서는 선거 사이 기간 평상시에 국가가 수행하는 기능을 살펴본다.

나는 2007~2008년 총선이 치러지는 모든 단계에 현지에 있었으며, 2010년 '부분선거'에 관해 조사를 수행했다. 평상시 국가의 기능을 살펴보기 위해 2008년과 2009년에 국가의회(National Assembly)의 몇 차례 회의를 참관할 기회를 가졌다. 여기에는 몇몇 상임위원회 회의 과정도 포함된다. 또 나는 같은 시기에 두 사례 연구 대상에 관련된 수많은 회의도 참관했다. 그중 하나는 시의회였고, 다른 하나는 시의회 안의 풀뿌리 민중평의회였다.

나는 2007~2008년에 아바나에서 여러 차례 인터뷰를 실시했다. 28차례의 인터뷰는 주로 국가의회 대의원들과 보좌관 한 명을 대상으로 이루어졌다. 대의원들과 나눈 모든 대화는 선거 사이의 모든 단계에서 국가의 기능과 관련된 것이었다. 10차례의 인터뷰는 쿠바의 학자와 연구자, 언론인들을 대상으로 선거 과정, 국가의 기능, 그리고 쿠바의 정치사상과 유산에 관해 이루어졌다. 그 밖에도 쿠바의 정치 체계와 정치문화에 관해 폭넓은 견해를 가진 교수와 연구자, 저자들과 13차례에 걸쳐 공식적 의견 교환이 있었다. 이 작업의 기초가 된 개인적 인터뷰가 많기 때문에 나는 책 끝 참고문헌 다음에 따로 목록을 만들어 자세한 내용을 실었다. 인터뷰한 사람들에 관한 짧은 소개와 함께 인터뷰를 진행한 도시도 표기해 두었다.

쿠바를 미국(그리고 베네수엘라, 볼리비아, 에콰도르)과 비교하여 연구하게 되면, 반드시 객관성이라는 문제가 제기된다. 나는 어떤 학자나 저자도 논쟁적인 정치 주제에 관해서는 이미 형성된 관점을 갖고 접근한다고 생각한다. 따라서 우리는 '객관적'일 수 없다. 그러나 민주주의에 대한 특정한 접근 방법에 친화적이거나 기운다고 해서 균형이나 평형이 배제되는 것은 아니다. 독자들은 내가 본문에서 '편견'이나 '선입관'을 언급하는 것을 보게 될 것이다. 이러한 용어는 경멸적으로 들리겠지만 정말로 의도적으로 쓴 표현이다. 예컨대, "인종주의적 '편견'은 필연적으로 무너질 것이다" 같은 식으로 예단하는 것은 균형 있는 조사와 집필, 분석을 이끌기 위한 관점을 의식적으로 기르는 것과는 관련이 없다. 쿠바를 다룰 때 내가 긍정적 측면뿐 아니라 결점들도 보려고 하는 까닭은 바로 이 때문이다. 독자들은 스스로 판단할 수 있을 것이다. 몇몇 동료들이 원고를 읽고 말해 준 것처럼, 관찰자이자 분석가로서의 내 경험 덕분에 현실 자체가 스스로 쿠바 정치 체계의 기본적인 것들을 구체적으로 말할 수 있게 되었다.

미국의 정치 체계를 다루는 것은 사뭇 다른 문제이다. 누적된 경험과 연구를 통해 형성된 내 관점에서는 비록 미국 사람들을 존경하지만 미국 정치 체계에 대해서는 호감을 가질 수 없다. 하지만 동시에 미국 정치 체계가 실제로 어떻게 작동하는지를 알려고 할 뿐, 그것을 피상적으로 비난하거나 전면적으로 거부하는 것은 아니다. 마찬가지로 나는 쿠바를 내적인 작동에서 결점이 없는 것으로 보는 이상적인 관점도 거부한다. 미국 민주주의에 관한 실질적인 보충 자료들은 내가 운영하는 웹사이트(www.democracyintheus.com)에서 볼 수 있다. 이 책에서는 주석을 통해 본문의 각 부분과 연관된 더 자세한 정보나 분석의 출처로 이 웹사이트의 특정 항목을 독자들에게 안내할 것이다. 웹사이트에서 일치하는 장별 탭을 클릭하여 해당 항목을 찾으면 된다.

쿠바 바깥에 있는 다양한 사회 부문들에게는 쿠바의 정치 체계에 관한 명쾌한 분석과 건강한 토론이 필요하다. 이 책은 세 부류의 독자들을 겨냥하고 있다. 첫째로 가장 중요한 대상으로서 모든 수준의 학문 연구자들, 둘째로 미국을 비롯한 여러 나라의 국회의원들과 지방의회 의원들, 특히 쿠바를 방문하거나 쿠바의 각급 의회 의원들을 만나 쿠바 정치 체계에 관해 더 알고 싶은 의원들, 셋째로 사회운동가, 정치인, 노동조합 활동가, 학생운동가 등 지식인 대중이 그들이다. 이 책의 목표는 이렇듯 서로 다른 세 부류의 독자들에게 다가가 전 세계 곳곳의 민주주의와 통치, 선거 과정의 상이한 유형들 사이에 상호 존중과 이해를 촉진하는 것이다.

이 책은 모두 3부로 구성되어 있다. 1부 "민주주의를 둘러싼 거미줄 걷어 내기"는 민주주의에 대한 나의 관점을 제시함으로써 논의의 준거를 마련한다. 여기에서 나는 일부 사람들이 생각하는 것처럼 미국식 모델이 우월하며 전 세계가 채택해야 하는 유일한 민주주의라고 하는 관념에 도전한다. 버락 오바마에 관한 사례 연구를 바탕으로 미국 민주주의의 기초와 내적인 작동 방식을 검토한다. 이러한 논의의 결과는 민주주의에 대해 전혀 다른 쿠바의 길과 대비될 것이다. 민주주의에 대한 다양한 접근 방법들의 지평을 넓히기 위해 베네수엘라와 볼리비아, 에콰도르도 검토한다. 이 모든 논의는 미국 전문가들이 주장하는 것과는 달리 민주주의에 한 가지 길만이 있는 것이 아니라는 점을 보여 줄 것이다.

2부 "쿠바: 헌법과 선거, 새로운 국가"에서는 쿠바가 정치적으로 형성된 역사적 맥락 속에 오늘날의 쿠바를 자리매김한다. 여기서는 쿠바의 풀뿌리 혁명적 정치문화에서 선거와 헌법이 수행하는, 상대적으로 잘 알려지지 않은 역할을 살펴본다.

3부 "오늘날의 쿠바: 민주화의 실험"은 현대의 쿠바에 초점을 맞추어 현재 진행 중인 중요한 경제적 변화에서부터 논의를 시작한다. 이 나라를 변화시키고 있는 그러한 경제적 변화에 쿠바식 민주주의가 어느 정도로 관련되어 있는지 검토한다. 또한 쿠바에서 선거가 치러지는 방식을 내부에서 관찰한 것도 생생하게 보여 줄 것이다. 여기에는 선거제도의 결점과 개선에 관한 쿠바 전문가들의 견해도 포함되어 있다. 각급의회 내부를 통해 중앙정부와 지방정부를 살펴보고 대의원들의 업무와 역할도 보여 줄 것이다. 또 여기에서는 다시 한 번 기로에 서 있는 중요한 역사적 국면에서 쿠바 사람들의 정치 체계 개선에 대한 생각을 보여 줄 것이다.

끝으로 이 책에서 특별한 표시가 없는 에스파냐어 번역은 모두 내가 직접 한 것임을 밝힌다.

감사의 말

이 책은 당연히 집단적 노력의 결과이다. 쿠바와 캐나다, 영국, 미국 사람들의 도움이 없었더라면 불가능했을 것이다.

나는 쿠바 국가의회 의장 리카르도 알라르콘 데 케사다의 도움을 고맙게 생각한다. 그는 주요 보좌관 가운데 한 사람인 호르헤 레스카노의 도움을 받을 수 있도록 해주었다. 레스카노와 그를 보조한 알프레도 로드리게스와 미르타 카르메나테는 어렵고도 분명히 과도했을 수차례의 내 모든 요청에 응해 주었다. 레스카노의 노력 덕분에 나는 국가의회의 상임위원회를 비롯한 여러 회의를 참관할 수 있었으며, 갖가지 중요한 문서에 접근하고 많은 상임위원회 위원장과 대의원들을 상대로 인터뷰를 진행할 수 있었다. 바쁜 일정에도 불구하고 시간을 내어 준 대의원들에게 무한한 감사를 드린다. 그들은 심지어 가장 민감한 문제들에 대한 탐색적이고 도전적인 질문에 대해서도 극도의 인내심을 갖고 솔직하고 정직하게 답변해 주었다. 또 국가의회 직원인 실비아 가르시아는 보통 연구자들이 이용할 수 없는, 국가의회에 관한 중요한 자료와 정보를 제공해 주었다.

덧붙이자면, 국가의회는 쿠바 전국 선거 과정에서 핵심적인 역할을 하는 후보자위원회 위원들과 심층 인터뷰를 할 수 있도록 해주었다. 위원들은 인내심을 갖고 복잡한 과정을 설명해 주었다. 전국, 도, 시 수준의 선거위원회 위원들도 마찬가지로 중요한 통찰을 제공해 주었다.

또 호르헤 레스카노는 사례 연구를 위해 지역의 시의회 회의를 참관하고 인터뷰 허락을 얻는 일에도 결정적인 도움을 주었다. 내 첫 번째 책을 위한 1997~1998년 현지조사의 경우와 마찬가지로 국가의회는 내 연구에 어떤 제한이나 조건도 달지 않았다.

나는 첫 번째 책을 낼 때부터 친숙함과 연계를 갖고 풀뿌리 수준에 접근하기 위해 최선을 다했다. 사례 연구를 위해 시 단위에서 민중에 한 단계 더 가까운 민중평의회 회의를 참관할 수 있었다. 나는 민중평의회 의장 에두아르도 곤살레스 에르난데스의 협조를 받아야 했는데, 그는 회의 동안 나를 편안하게 해주었다.

쿠바노동자총연맹(CTC)에게는 진심으로 따뜻한 감사를 드려야 마땅하다. CTC는 지역 노동조합의 회의를 참관하고 노조원들과 인터뷰할 수 있게 도와주었다. 또 레스카노와 함께 CTC가 이끄는 후보자위원회와 귀중한 인터뷰를 할 수 있도록 주선해 주었다. 이 점과 관련하여 CTC의 레이문도 나바로와 아마릴리스 페레스 산타나, 그리고 내가 처음 만난 1997~1998년에 후보자위원회 위원장이었던 에르네스토 프레이레 카사냐스에게 특별히 감사드린다.

나는 몇 년간 아바나의 교수들이나 연구자들과 접촉을 유지해 왔기 때문에 그들과 많은 인터뷰를 할 수 있었다. 그 명단은 여기에 일일이 다 적기에는 너무 길어 책 뒷부분에 인터뷰한 모든 사람과 그들의 직함을 따로 기록해 두었다.

이 책은 캐나다 펀우드(Fernwood) 출판사 에롤 샤프의 격려와 협력이 없었다면 불가능했을 것이다. 에롤은 특히 학문 공동체 독자들에게 주요한 관심을 갖고 학문적 표준에 필수적인 엄격함을 보였다. 처음 제안에서부터 매우 긴 여정을 지나왔음에도 불구하고 그는 시종일관 신뢰감을 보여 주었다. 그는 미국과 베네수엘라, 쿠바에 대한 정치적 통찰력으로 끊임없이 나를 놀라게 했다. 사실 그가 2011년에 베네수엘라를 방문하고 난 후 그 나라뿐 아니라 볼리비아와 에콰도르의 전개 과정에 관심이 높아졌기 때문에 더욱 더 가치 있는 기여를 했다. 편집팀장 베버리 라치는 초고를 책으로 바꾸는 데 없어서는 안 될 사람이었다. 그녀는 디자인과 출판에 필요한 사항에 관한 내 모든 질문에 성실하게 대답해 주었다. 브렌다 콘로이는 책 편집과 교정 책임을 맡았다. 존 반데르 우데는 이 책의 정치적 내용이 반영된 표지를 훌륭하게 디자인했다. 낸시 말렉은 처음부터 이 출판을 추진하는 데 진심 어린 열정을 보였다. 결국 초고가 결실을 맺도록 하는 노력의 목표는 독자들의 손에 책을 건네는 것이기 때문에 그녀의 기여는 과장될 수 없다.

이 책을 공동 출판한 영국의 제드북스(Zed Books)에 감사한다. 펀우드와 제드북스는 세계에 관한 대안적이고 비판적인 관점의 가능성을 활짝 여는 데 무한한 기여를 하고 있다.

나는 맨 처음의 초고를 읽고 논평해 준 동료 학자들에게 무한한 빚을 졌다. 여러 나라에서 쿠바와 라틴아메리카를 전공하고 있는 학자들이 그들이다. 캐나다의 존 커크(델하우지대학, 핼리팩스)와 클로드 모랭(몬트리올대학), 영국의 앤터니 캡시아(노팅엄대학)와 켄 콜(이스트앵글리아대학), 미국의 클리프 듀런드(모건주립대학, 볼티모어)와 클라우디아 카이저-르누아르(터프츠대학, 매사추세츠), 모두들 글을 다듬고 건설적인 가

필을 할 때 도움이 되었다. 그리고 쿠바 사람들이 있다. 나는 아래에 거론하는 학자들과 저자들의 세심한 관심과 귀중한 제안에 감사한다. 철학연구소의 연구자이자 박사과정 책임교수 가르시아 브리고스, 철학연구소 연구원이자 아바나대학 교수 올가 페르난데스 리오스, 아바나대학 교수 마르타 프리에토 발데스, '노동·사회보장부' 노동연구조사연구소 연구원 라파엘 알아마 벨라마릭 등이 그들이다. 덧붙이자면, 중견 언론인 카를로스 이글레시아와 루이스 치리노 가메스는 비판적 관점에서 초고를 읽고 논평해 주었다.

여러 나라 동료 학자들의 모든 제안과 비판에 동의하는 것은 아니지만, 그들 덕분에 다양한 관점과 선택지를 고려해 그들의 관점들을 모두 다룰 수밖에 없었다. 최종적인 결과물은 물론 전적으로 내 책임이다.

베네수엘라와 볼리비아, 에콰도르 전문가인 칠레인 리카르도 아스투디요는 책 내용을 검토하는 데 통찰력을 보여 주었고 표를 만들 때 컴퓨터 기술을 빌려주었다. 몬트리올에서는 오딜리 도블러가 수많은 참고문헌들을 확인하고 분류하는 어려운 일을 맡았다. 그녀는 또 초고를 준비하는 일에도 참여했다. 오딜리의 도움이 없었으면 나는 내용을 완성하는 데 집중할 수 없었을 것이다.

이 책과 관련 있는 웹사이트가 두 곳, www.democracycuba.com과 www.democracyintheus.com가 있다. 웹 관리자 윌리엄 루리는 중요한 제안을 했으며, 이 사이트들이 사용자에게 이용하기 편리하도록 관리하는 역할을 맡고 있다. 웹사이트 영문 기사들을 에스파냐어로 번역하는 일에는 알리시아 로리아보다 더 나은 전문 번역자가 없을 것이다. 그녀는 에스파냐어의 통일성을 유지하면서도 영어 원문이 에스파냐어판에 최대한 반영되도록 힘썼다.

아마도 마지막 단계에서 가장 어려운 일 가운데 하나는 교열 담당자

베로니카 샤미의 어깨에 올려졌다. 서문에서 언급한 것처럼 이 책은 세 부류의 서로 다른 독자들에게 호소하는 특이한 목표를 갖고 있다. 무엇보다도 원고가 학문적 타당성을 염두에 두면서도 학계뿐 아니라 정치인, 활동가, 일반 대중들까지 읽기 쉽도록 해야만 했다. 그녀는 원고를 개선할 것을 제안하는 데 부족함이 없어 원고를 한층 풍부하게 만들었다. 베로니카는 동료 조 하워드와 플로렌시아 루쿡의 도움을 받아 출판사의 일정에 맞추어 교열이 완성되어야 하는 개인적 계획을 제쳐놓기도 했다. 교열 편집 과정에서 책의 적합성에 관해 베로니카의 반응을 듣는 것은 흐뭇한 일이었다. 이는 이 책의 주제들 가운데 어떤 주제를 처음으로 탐구하고 있을지도 모르는 다른 일반 독자들에게 좋은 조짐이다.

차 례

2부 쿠바의 헌법과 선거, 새로운 국가

3부 쿠바의 민주화 실험

기관·단체 줄임말

ALBA Alianza Bolivariana para los Pueblos de Nuestra América (우리 아메리카 민중을 위한 볼리바르동맹)

ANAP Asociación Nacional de Agricultores Pequeños (전국소농연합)

ANPP Asamblea Nacional del Poder Popular (민중권력국가의회, 또는 의회)

CCN Comisión de Candidaturas Nacional (전국후보자위원회)

CDR Comités de Defensa de la Revolución (혁명수호위원회)

CEC Comisiones Electorales de Circunscripciones (선거구선거위원회)

CELAC Comunidad de Estados Latinoamericanos y Caribeños (라틴아메리카와 카리브 국가공동체)

CEM Comisión Electoral Municipal (시선거위원회)

CEN Comisión Electoral Nacional (전국선거위원회)

CEP Comisión Electoral Provincial (도선거위원회)

CP Consejo Popular (민중평의회)

CTC Central de Trabajadores de Cuba (쿠바노동자총연맹)

DNC Democratic National Convention (미국 민주당전당대회)

FEEM Federación de Estudiantes de la Enseñanza Media (중고등학생연맹)

FEU Federación de Estudiantes Universitarios (대학생연맹)

FMC Federación de Mujeres Cubanas (쿠바여성연맹)

GPP Gran Polo Patriótico (위대한 애국단)

MAS Movimiento al Socialismo (사회주의를 향한 운동)

OAS Organization of American States (아메리카국가기구)

OLPP Órganos Locales del Poder Popular (지역민중권력기구)

OPP Órganos del Poder Popular (민중권력기구)

PCC Partido Comunista de Cuba (쿠바공산당)

PRC Partido Revolucionario Cubano (쿠바혁명당)

PSP Partido Socialista Popular (인민사회당)

PSUV Partido Socialista Unido de Venezuela (베네수엘라통일사회당)

TIPNIS Territorio Indígena y Parque Nacional Isiboro-Secure (원주민지역-이시보로 보호 국립공원)

UJC Unión de Jóvenes Comunistas (공산주의청년동맹)

UPEC Unión de Periodistas de Cuba (쿠바언론인동맹)

1부

민주주의를 둘러싼
거미줄 걷어 내기

1장 민주주의와 미국중심주의

　대다수 사람들의 온전하고 효과적인 참여 없이 민주주의가 존재할 수 있을까? 무제한적 사유재산 축적이라는 절대적 권리에 기초한 정치 체계에서 광범한 대다수 사람들의 온전한 참여가 가능할까? 이런 질문에 답하기 위해 1부에서는 '민주주의'의 개념을 다루고, 아울러 쿠바의 이웃인 미국과 베네수엘라, 볼리비아, 에콰도르 같은 나라의 서로 다른 민주주의 유형을 살펴본다. 또 여기에서는 민주주의에 대한 미국중심주의 관점을 간략하게 검토한다. 유럽중심주의에서 나온 미국중심주의는 요즈음 유난히 눈에 띄는 표현이다. 이 유럽중심주의는 민주주의 개념을 둘러싼 오해가 생성되는 가장 중요한 원천이다. 이런 맥락에서 이 장에서는 또 최근 이집트와 에스파냐, 미국 국내(점거운동)에서 민주주의와 경제적 요구를 주장하는 운동이 급격히 늘어난 상황을 다룬다. 어떤 면에서 이러한 나라들에서 나타나는 운동들은 (저마다 맥락에 따라 다르긴 하지만) 미국중심주의와 다투고자 하는 소환장을 제출하고 있다. 민주주의에 대한 미국중심주의 개념과 그것에 관련된 구조들을 이러한 역사적 대중운동들과 나란히 놓고 대조할 필요가 있다. 이러한 역사적 대중운동들은 비록 그 요구가 아직 완전히 갖추어지지는 않았을지 모르지만 다른 유형의 민주주의와 정의에 바탕을 둔 사회경제 체제를 추구한다.

2부와 3부에서 살펴볼 쿠바는 또 다른 유형의 민주주의이다. 1부의 목표는 우선 민주주의의 개념과 실천을 둘러싼 거미줄 가닥들을 걷어내는 것이다. 그러한 혼란을 정리하는 시도는 쿠바의 이웃들인 미국과 베네수엘라, 볼리비아, 에콰도르 체제를 검토하는 것과 연결되어 있다.

민주주의란 말은 그리스어의 '데모스'(dêmos, 인민)와 '크라토스'(kratos, 권력)에서 나온 용어로 글자 그대로 '인민의 권력'을 의미한다. 그러나 미국 같은 자본주의 사회에서는 소수가 모든 경제 권력을 차지하고 있는 반면, 압도적 다수는 경제적 부를 갖고 있지 않거나 그것에서 이윤을 얻지 않는다. 그렇다면 '인민'의 정치 '권력'은 어디서 나오는가? 민주주의에 대한 풀뿌리 민중의 증가하는 요구와 부유한 엘리트들이 통제하는 정치 체계 사이에는 모순이 있을 수밖에 없다. 이러한 상황에서 인민은 어떻게 정치권력을 획득할 수 있을까?

쿠바의 이웃 나라 베네수엘라와 볼리비아, 에콰도르에서는 혁명적 또는 진보적 운동이 정치·경제 구조와 의식을 뒤집기 시작했다. 정도의 차이는 있지만, 이러한 새로운 경향은 부유한 엘리트들의 이익을 해치고 다수를 위하는 것이었다. 이들 나라의 부유한 엘리트들은 많은 경우 전통적으로 미국의 경제적·정치적 지배 집단들에 의해 통제되고 동화되어 왔다. 이들 나라에서 새로운 사회적 프로젝트가 진행되고는 있지만 민주주의 문제는 여전히 풀어야 할 숙제이다.

쿠바의 1959년 혁명은 미국이 후원한 특권 엘리트들을 타도하고, 곧

바로 대다수 민중들을 위해 경제·정치 체계를 변혁하기 시작했다. 하지만 그 사실 하나로 이 나라의 민주주의는 더 이상 발전될 필요가 없다는 것을 의미할까?

쿠바의 사회주의 체제는 최근에 근본적으로 혁신되고 있다. 베네수엘라의 볼리바르혁명은 사회주의적 변혁을 심화시키는 방향으로 나아가고 있다. 볼리비아와 에콰도르 정부는 자본주의 체제의 대안을 모색하는 과정에서 사회주의에 공감하고 있다. 에보 모랄레스와 라파엘 코레아가 이끄는 볼리비아와 에콰도르 정부가 이런 방향으로 가는 길에는 넘어야 할 산이 많다. 하지만 이들은 자기 나라와 라틴아메리카 전 지역에서 미국의 지배에 반대한다는 확고한 입장을 견지하고 있다. 게다가 두 정부는 좀 더 발전된 쿠바 경험뿐 아니라 최근의 베네수엘라 실험을 지지하고 그들과 완전히 동일시하는 걸 자랑스럽게 여긴다.

사회주의란 무엇인가? 이 주제에 관해서만 초점을 맞춘 많은 책들이 최근까지도 출판되고 있다. 따라서 민주주의를 주로 다루는 이 책에서 사회주의 개념을 자세히 다룰 지면은 없다. 그러나 민주주의는 그것이 속한 사회·경제 체계를 고려하지 않고서는 논의될 수 없기 때문에 사회주의에 관해 간단히 정리하고 넘어갈 필요가 있다. 사회주의에는 한 가지 길만 있는 것이 아니다. 베네수엘라와 볼리비아, 에콰도르 등 우리가 검토하고 있는 나라들은 자신들의 전망과 행보가 일종의 21세기 사회주의 형태를 지향하고 있다고 생각한다. 오늘날 쿠바인들은 스스로 낡은 모델과 사고방식에서 빠져나오기 위해 사회주의를 재창조하고 있다.

사회주의는 민주주의와 마찬가지로 현재진행형이며 따라서 그 목표도 변하고 있다. 그래서 그 다양한 목표들은 여러 상이한 길을 통해 도달할 수 있다. 그럼에도 불구하고 민주주의에 관한 우리의 연구를 이끄는 데 도움을 주기 위해 몇 가지 현저한 특징들을 강조할 필요가 있다.

아주 일반적으로 말하면, 사회주의의 상이한 접근 방법들은 미국의 전략과는 다른 공통된 사회적 프로젝트를 갖고 있다. 사회주의는 국가를 통해서건, 직접적으로건 광범한 다수가 주요한 생산수단을 통제하는 체제이다. 물론 사회주의는 직접적인 국가 통제 바깥에 있는 2차적 형태의 생산과 서비스를 배제하지 않는다. 예컨대, 비국가 부문에는 독립 농민과 자영업자뿐 아니라 도시와 농촌의 협동조합도 포함된다. 이러한 것들은 시장 메커니즘과 연결되는 경우가 많다. 그럼에도 불구하고 이러한 경제적·사회적 부문들의 주요한 특징은 집합성의 가치와 사회의 식이다. 이것은 자본주의의 기초가 되는 무제한적 사유재산 축적과 반대 지점에 있다. 사회주의에서는 조세 체계를 비롯하여 경제 전반에 대한 국가의 계획이 지배적이다. 따라서 사회주의 프로젝트에서는 대다수 사람들이 보건의료와 교육, 주택, 음식, 문화 등 기초적인 필요 영역에서 기본적인 인권으로 제공하는 사회화된 생산과 서비스의 혜택을 받는다.

베네수엘라는 볼리바르혁명을 통해 석유산업에서 나오는 부를 이러한 사회적 필요를 충족하는 데 사용하는 실례이다. 우고 차베스 이전에 베네수엘라는 자연 자원을 그런 식으로 사용하지 않았다. 쿠바의 사회주의, 베네수엘라가 채택하고 있는 사회주의 노선, 그리고 볼리비아와 에콰도르에서 표현된 염원은 중요한 지향과 사고방식을 공유하고 있다. 그것은 서양의 힘, 특히 미국의 권력에 대항하여 각 나라의 주권과 독립을 지킨다는 것이다. 미국의 지배와 간섭에 반대하지 않고서 라틴 아메리카와 카리브에서 사회주의를 실행한다는 것은 시작부터, 나아가 발전의 어떤 단계에서도 헛된 일이다. 예컨대 쿠바혁명의 첫 걸음을 뗀 1953년, 쿠바가 미국과 그 동맹자들에게 맞서지 않았더라면 사회주의는 결코 순조롭게 출발하지 못했을 것이다.

얼핏 보면 사회주의 국가의 경제·사회 체계는 민주주의의 정치적 정의, 곧 '인민의 권력'에 안성맞춤인 것처럼 보인다. 하지만 사회주의 국가가 된다고 해서 반드시 민주주의가 광범한 대다수 사람들의 실질적이고 효과적인 권력으로 자동적으로 바뀌는 것은 아니다. 오직 참여민주주의, 즉 민중이 나라의 정치적·경제적 사안들에 일상적으로 꾸준히 개입하는 것만이 민주주의를 보장한다.

이집트와 에스파냐, 미국에서 풀뿌리 민중운동을 관통하고 있는 공통점은 참여민주주의이다. 많은 사람들은 민중권력의 공백을 채울 필요가 있다는 것을 알고 있다. 쿠바와 베네수엘라, 볼리비아, 에콰도르에서 참여민주주의는 저마다 변혁 초기부터(1959년의 쿠바에서부터 최근의 베네수엘라와 볼리비아, 에콰도르의 경험에 이르기까지) 중요한 의제였다. 그것은 민중의 참여를 선호하는 사회적 프로젝트 덕분에 가능했다. 비록 베네수엘라와 볼리비아, 에콰도르, 쿠바가 대표자들의 선출을 배제하는 것은 아니라 할지라도, 참여민주주의는 대의민주주의와 반대되는 위치에 있다. 여기서는 '대표자'(representatives)라는 개념이 미국에서 나타나는 대의제라는 의미로 사용되지 않는다. 쿠바나 베네수엘라 같은 나라에서 대표자들은 혁명의 일부이다. 베네수엘라의 볼리바르혁명, 특히 2012년 10월 7일에 치른 대통령선거는 우리에게 혁명적 관점에서 보는 '대표자' 개념을 구성하기 위한 첫 번째 사례(3장)를 제공한다. 참여민주주의는 규정하기 어려워 정의하기가 쉽지 않다. 그것은 끊임없이 발전한다. 이 때문에 미국 사회철학 명예교수 클리프 듀런드가 "우리는 아직 참여민주주의의 이론을 갖고 있지 않다"(DuRand, 2012: 212)고 표현한 바와 같이 조심스럽게 접근하는 것이 최선이다. 그래서 이 책의 목표는 참여민주주의의 분명한 특징들을 추론하고 성격을 규정하기 위해 다양한 나라의 경험들 속으로 독자들을 안내하는 것이다.

이런 방식으로 전 세계 곳곳에서 사람들의 관심을 점점 더 사로잡고 있는 논의에 기여하고자 한다.

미국 정치 체계는 사회경제적 토대인 자본주의를 바탕으로 한 민주주의의 한 장르이다. 미국 정부는 대의제의 다양성을 갖고 있다. 서로 경쟁하는 다당제를 수단으로 하여 사람들이 통치한다고 생각한다. 미국의 민주주의를 무비판적으로 받아들이는 것도, '부르주아민주주의' 또는 '기만적인' 것이라면서 단순히 거부하는 것도 그것을 이해하는 데 도움이 되지 않는다. 마찬가지로 미국의 민주주의를 민주주의의 전형으로 이상화해서도 안 된다. 두 가지 접근 방법 모두 미국 민주주의가 실제로 작동하는 내적 메커니즘을 자세하게 분석할 필요성을 놓치고 만다. 다음 장에서는 이 주제에 관해 살펴볼 것이다.

에스파냐와 미국을 포함한 자본주의 국가들과 이집트처럼 신자유주의에 희생당한 나라들 안에서도 새로운 풀뿌리 운동들은 민주주의를 요구하고 있다. 이러한 운동들의 주요 특징들 가운데 하나는 사람들이 '스스로 창조하고 있는' 공간에서 민주적인 참여를 학습하고 있다는 점이다. 이러한 운동들은 공식적 정치 구조의 범위 바깥에서 시작된다. 이 새로운 운동들은 그러한 범위를 벗어날 뿐 아니라, 실천하거나 기준을 정할 때 월스트리트 점거운동의 슬로건인 "민주주의란 이런 거야!" (DuRand, 2012: 212)를 배운다. 바람직한 접근 방법이 참여민주주의라면, 제한된 선거나 대의 과정을 훨씬 뛰어넘는 '상시적이고 지속적인' 참여의 필요성이 반드시 제기된다. 참여민주주의는 일상적인 행동과 새로운 삶의 방식을 수반한다. 베네수엘라와 볼리비아, 에콰도르의 선거 구조 그 자체는 어떤 점에서 미국과 닮은 점이 있다. 하지만 3장에서 보겠지만, 정치 체계 안에서 다른 사람들에 의해 '대표되는' 것보다는, '참여'가 시민들에게 훨씬 더 중요한 핵심적인 요소이다. 그러한 과정에서 대표성(representation) 개념은 혁명운동의 일부로 바뀐다.

쿠바에서는 1959년 혁명 이래로 오랜 세월이 흘렀음에도 불구하고 민중의 효과적인 참여와 통제 문제가 과거 어느 때보다 더 중요한 이슈로 올라 있다. 참여라는 맥락은 쿠바에 관한 이 책의 여러 장들을 연결하는 공통적인 고리이다. 민주주의가 인민의 권력을 의미한다면 사람들은 언제나 참여하는 가운데 있어야 한다.

미국의 월스트리트 점거운동뿐 아니라 이집트와 에스파냐의 경험도 쿠바와는 완전히 다른 역사적·정치적 배경에서 전개되었다. 하지만 이러한 새로운 운동들은 베네수엘라 같은 나라의 경험과 마찬가지로 우리에게 민주주의에 대한 지평을 넓히라고 요구한다. 관점을 넓혀 갈수록 풀뿌리 민중에게 필수적인 '지속적인 참여' 역할을 강조할 필요가 더욱 더 분명해진다. 내가 '민주주의'보다는 '민주화'라는 용어를 선호하는 까닭이 바로 여기에 있다. 민주화는 끊임없이 운동하는 진행형 민주주의를 강조한다. 하나의 추상적인 개념으로서 '민주주의'는 미리 결정된 구조에 제한되고, 아무런 사회경제적 내용도 없이 시간에 고정되는 경향이 종종 있다.

민주화라는 내용이 '없는' 민주주의는 상식적인 민주주의 개념이 갖고 있는 가치를 제거해 버린다. 여기서 사용하는 '민주주의'라는 표현은 이 책에서 다루는 대부분의 나라들이 헌법에 '민주주의'라는 공식화된 규정을 포함하고 있다는 사실을 고려한 것이다. 유일한 예외가 미국이다. 놀랍게도 미국 헌법에는 그 어디에도 '민주주의'라는 용어를 언급하고 있지 않다. 그래서 이 책에서는 '민주주의'라고 지칭하지 않는 체제나 전통들까지 포함하는 다른 적절한 말이 없기 때문에 '민주주의'를 포괄적인 의미로 사용한다. 모든 체제에 적용할 수 있는 개념으로서 '민주화'를 상세하게 설명하기 위해서다. 따라서 '민주주의'는 유럽중심주의나 미국중심주의 바깥에 있는 전통들뿐 아니라 북반구와 남반구 원주민의 전통들까지 포함한다. 원주민들의 경제와 정치에 관한 평등주의적 가치와 집합적 관점은 진보적 민주주의 관점의 창시자인 장 자크 루소에게 영향을 주었다는 사실을 상기할 필요가 있다. 하지만 '민주주의'라는 용어 자체는 원주민들에게 낯선 개념이었다. 따라서 여기서 사용하는 포괄적인 용어로서 '민주주의'에는 이러한 평등에 기초한 원주민 사회의 전통이 포함된다. 사실, 평등에 바탕을 두고 이기적인 개인의 이해관계에 반대하면서 자란 (물론 그렇지 않은 경우도 많다) 원주민들은 우리에게 가장 중요한 고려 사항들 가운데 하나를 지적한다. 그것은 민주주의를 평가할 때 한 사회의 사회경제적 토대를 주의 깊게 살펴볼 필요가 있다는 것이다. 민주주의를 '대의민주주의'와 '자유시장 자본주의'라고 보는 미국식 교과서의 정의가 민주주의에 대한 유일한 분류로 전 세계적으로 채택되어야 하는가?

여기서 사용하는 민주주의에 대한 정의는 형식적으로는 그리스 유산에서 나온 것이지만, 그러한 정의가 오늘날 대의민주주의와 자본주의라는 미국 정치·경제 체계에서 그 본질이 표현되는 유럽중심주의에 동의하는 것은 아니다. 유럽중심주의는 본디 고대 그리스·로마에서 유래한 것으로, 모든 활동 영역에서 합리적 사고와 실천이 오직 유럽과 미국 '문명'에서만 찾을 수 있다는 개념이다. 여기서 '유럽중심주의'는 일반적으로 문화적 의미가 아닌 주요한 정치적 특징이라는 맥락에서 사용된다. 그 특징은 유럽이 정치·경제 체계 전반에서 남반구보다 우월하기 때문에 세계의 모델이 된다고 스스로 주장하는 것이다. 따라서 이 책에서는 처음에는 유럽중심주의 성격을 띠었지만 나중에는 '서양'의 주요 가치가 된 미국중심주의를 포함하는 사회과학에 초점을 맞출 것이다.

유럽중심주의는 16세기 이래 발전되어 오다가 18세기 중엽, 근대 대학들의 초기 확대 이후에 정점에 이르렀다. 유럽중심주의는 그 진화 과정에서 북아메리카를 편입하게 되었고, 동시에 미국을 통해 남반구에도 그 지배력이 미치게 되었다.

유럽중심주의는 나중에 미국중심주의로 진화하면서 '민주주의'와 '인권,' '서양 문명'의 우월성이라는 개념을 포함하게 되었다. 게다가 미국중심주의에는 자본주의 ('자유시장'이라고 표현되기도 한다) 우월주의, '개인의 자유,' 그리고 '선거 정치'와 '서로 경쟁하는 다당제' 같은 정치적 표현이 포함되었다. 그것은 또 남반구에 견주어 북반구에서 유래한 '인종들'의 우월성을 전제로 하고 있다. 이런 전제는 사실상 앵글로색슨-게르만-백인 '인종' 우월주의를 주장하는 것으로 바뀐다. 식민주의가 민족성과 인종을 꾸며내면서 아메리카에서 노예제와 원주민들의 환금작물 강제 노동이 정당화되었다. 그 시기 식민주의의 지리적·사회적 구성물로서 아메리카는 유럽, 그리고 나중에는 미국이 지배한 세계경제가 태동하고 번성하게 되는 데 매우 중요했다.

미국중심주의는 '서양'을 표상하는 정점이 되었다. 1945년 이후에는 세계적인 대학들이 나타나서 유럽과 북아메리카의 경제나 정부 엘리트들의 요구를 충족하는 데 중요한 역할을 했다. 제2차 세계대전 이후 대학과 학계는 사회과학을 발전시키라는 압력을 더 받았는데, 정치학, 역사학, 철학, 사회학, 인류학, 경제학, 언어학, 법학 등 많은 학문 분야에서 그러했다. 소수의 특권층은 제2차 세계대전 후 확대를 추구하는 과정에서 사회과학의 도움이 필요했다. 사회과학은 처음에는 유럽의 문제들, 나중에는 미국에서 제기된 요청에 대한 대응으로 부상했다. 따라서 이론과 방법은 불가피하게 그것들이 태어나고 번성한 지리적 영역의 필요에 따라 형성되었다. 많은 사람들의 저항에도 불구하고 현상유지적 접근 방법이 너무 뿌리 깊어서 "사회과학을 다시 생각하기(rethinking)"를 목표로 하는 것으로는 충분하지 않다. 오히려 새로운 사고방식이나 패러다임에 공헌하는 많은 사람들에게는 공통된 노력으로서 장기적 관점에서 "사회과학을 생각하지 않기(unthinking)"가 더 적절하다(Wallerstein, 1997: 2001, 2006; Quijano, 2000: 215-32; Quijano, 2010a: 4-15; Quijano, 2010b; Quijano and Wallerstein, n.d.:23-40; Amin, 2009:1-20, 154-85).

유럽중심주의와 미국중심주의에 직접적으로 의문을 제기하는 중요한 저작들이 있다. 예컨대,《비판적 발전연구 편람》의 저자 가운데 한 사람인《르몽드 디플로마티크》의 편집자 알렝 그레시는 "첫 번째 산업혁명이 11세기 중국 송나라에서 시작되었다는 사실을 아는 이들이 얼마나 될까?" 하고 묻는다. "영국의 산업혁명은 중국의 기여가 없었다면 불가능했을 것이다"(Gresh, 2011: 30-31). 이《편람》은 계속해서 '보편적으로' 적용할 수 있는 이상으로서 '민주주의'를 포함하여 모든 권위 있는 사고방식은 직접적으로 수백 년에 걸쳐 그리스에서 서양으로 와서 결국에는 현대사회 전체로 전파되었다고 하는 미국중심주의 또는 유럽중심주의 관념에 이의를 제기하고 있다(Gresh, 2011: 29-32).

처음부터 미국중심주의와 유럽중심주의를 거부하고 독단에서 해방된 새로운 관점을 열고 있는 저작들도 있다. 그러한 사례들 가운데 하나는 멕시코 및 캐나다 발전연구 교수 헨리 벨트메이어가 엮은 최근 저작이다(Veltmeyer, 2011). 유럽중심주의와 그 산물인 미국중심주의는 몹시 복잡하고 뿌리 깊으며, 사미르 아민이 경고한 것처럼 "어떤 사람도 눈치 채지 못하게" 작동하고 있다. 이 때문에 많은 전문가들이나 역사학자, 지식인들은 유럽중심주의 구성물의 어떤 특정한 표현들을 거부하면서도, 그것에서 유래하는 전체적인 관점이 가진 모순을 어색하다고 생각하지 않을 수 있다. 예컨대, 어떤 학자들은 유럽중심주의와 미국중심주의의 가장 괴상한 특징들(이를테면 세계를 위해 우월한 정치·경제 모델을 수호한다는 주장과 같은)에는 거리를 두면서도, 여전히 미국중심주의 모델의 주요한 이데올로기적·정치적 토대의 희생자가 될 수 있는 것이다.

미국 인류학자 린 스테펜의 솔직한 주장은 이러한 절충주의의 위험에 정반대되는 점을 보여 준다. "'라틴아메리카 연구'는 대체로 라틴아메리카와 카리브에서 미국의 대외 정책과 발전 문제를 증진하는 데 사용될 수 있는 정보를 생산하기 위해 미국중심주의 관점으로 구성된 지리학 분야로 만들어졌다"(Stephen, 2008:435).[1] 하지만 변두리 학문 분야나 주제를 다룰 때 이러한 학자들은 사실상 특권적인 위치에 선다고 몇몇 인류학자들은 주장하는 데 그것은 옳은 주장이다. 그들은 "국가[정부]에 대해, 주변부로부터의 관점을 요구하는 급진적으로 다시 생각하기"(Das and Poole, 2004: 4)에 좀 더 쉽게 접근할 수 있다. 더욱이 인류학은 "식민지적, 탈식민지적 지배의 정치·경제 구조로 주변화되어 온 사람들을 (때로는 그들과 더불어) 대신하여 말하는 학문 분야로" 간주되는 경우가 종종 있다.

같은 맥락에서 캐나다 학자 에롤 샤프는 비록 21세기 사회주의를 다루고 있지만, "유럽중심주의, 즉 모든 인간 진보가 유럽 제국과 그 모방인 미국, 캐나다, 오스트레일리아 등에서 흘러나올 것이라고 주장하는 관점을 넘어서야 한다"고 주장한다(Sharpe, 2011: 60). 위에서 인용한

---

1) 몬트리올대학의 라틴아메리카 역사 연구자 클로드 모린 교수는 라틴아메리카 연구가 폭발적으로 증가한 것은 쿠바혁명과 연결되어 있다는 점을 (이 책의 초고를 읽고) 일깨워 주었다. 1959년 이후 얼마 되지 않아 미국 정부와 몇몇 정부 재단들은 연구소와 연구 프로그램을 만드는 데 발 벗고 나섰다.

인류학자들과 마찬가지로 샤프도 북반구, 남반구 할 것 없이 비유럽 사회와 원주민들의 유산에서 배우는 것이 중요하다는 점을 지적한다. 그들은 '다른 패러다임'으로 이론을 구축한다. 남반구에서 민족지적 연구를 수행하는 인류학자 본연의 사명을 수행하든 아니면 북반구에서 연구하든 간에 공통적인 요소는 "세속에서 격리되어 [대학] 제도에 안주하는" 것에서 벗어나는 것이다(Sharpe, 2011: 49, 60).

이 책의 초점을 벗어나지 않기 위해 여기서는 유럽중심주의와 그것이 미국중심주의로 확장되는 문제를 충분히 검토할 수는 없다. 사미르 아민, 이매뉴얼 월러스틴, 아니발 키하노를 비롯한 여러 학자들이 이 문제를 연구하는 데 학문적 이력의 많은 부분을 바쳤다. 또 쿠바에서는 아바나대학 교수로 쿠바 철학연구회 회장이자 아바나대학 정치학 연구 집단의 대표인 탈리아 풍 리베론 등이 유럽중심주의에 대한 비판적 검토에 초점을 맞춘 학문적 노력을 기울였다. 여기에서 주된 관심은 민주주의에 대한 유럽중심주의나 미국중심주의 개념이 우월하다고 주장하는 맥락을 이해하기 위해 그 역사적 배경을 지적하고자 하는 것이다. 그 목표는 쿠바의 사례처럼 서양의 패러다임에 꼭 맞지 않는 다른 형태나 내용을 가진 민주주의를 포함하는 지평을 넓히는 것이다. 미국중심주의 관점은 어떠한 사회정치적·역사적·과학적·지리학적 현상에 관해서도 사실상의 반사작용을 가져오며, 민주주의는 그러한 것들 가운데 그저 하나일 뿐이다. 미국중심주의는 복잡하고 다면적이다. 그래서 민주주의에 관한 심각한 토론과 논쟁을 신줏단지처럼 모시는 안개로 작용한다. 따라서 이 책에서는 토론의 초점을 맞추기 위해 민주주의에 대한 미국의 공식적 관점과 연결되어 있는 미국중심주의의 가장 중요한 특징들 일부만을 필요한 한도 내에서 다루고자 한다.

민주주의인가 민주화인가?

1999년에 나는 쿠바를 이해하려면 쿠바인들이 "가장 진보적인 [19세기] 현대사상을 채택하는 한편, 자신들 나름의 사상으로" 생각하고 행동할 수 있는 능력을 갖고 있었다는 점을 제대로 인식해야 한다고 주장했다(August, 1999: 199). 쿠바혁명이 승리한 1959년 이후 시기의 중요한 과제들을 다룰 때, "[쿠바는] 국제적으로 이용할 수 있는 진보적인 사상을 이용하면서도 자기 나라의 상황에 알맞게 대처했다"(August, 1999: 221). 이런 점에서 '쿠바니아'(cubanía, 보통은 넓은 의미로 문화적 유산을 가리킨다)라는 용어는 정치적 의미로도 사용되었다. 이 말은 혁명가와 독립투사라는 한 세대에서 다음 세대로 물려받은 "자신들 나름대로 생각하는" 쿠바인들의 성격을 강조하기 위해 채용되었다. 달리 말하면, "쿠바니아란 …… 쿠바적인 것을 의제에 올려놓는 것을 의미한다"(August, 1999: 69).

다른 여러 저자들도 쿠바혁명의 독특한 성격을 파악하려고 애쓰면서 상당히 풍부한 글들을 썼다. 우선 쿠바 바깥의 몇몇 학자들을 예로 들어 보자. 안토니 캅시아는 주로 쿠바에 집중한 한 책에서 훨씬 더 성숙하고 다면적이고 심오한 방식으로 '쿠바니아'와 '혁명적 쿠바니아' 개념을 발전시켰다(Kapcia, 2000). 조지 램비는 19~20세기에 시작된 쿠바의 혁명적 사고와 행동의 진화를 추적하면서, "유럽의 혁명 이론과 쿠바의 특수한 조건의 결합"을 나름대로 강조한다(Lambie, 2010:148). D. L. 레이비는 이 주제 관해 많은 노력을 기울이면서 "쿠바혁명의 진정한 독창성은 아직 제대로 인식되지 않았다"고 주장한다(Raby, 2006: 7). 아이작 새니는 쿠바의 특징을 정태적 혁명과 구분하여 설명하기 위해 '현재진행형 혁명'(revolution in motion)이라는 표현을 만들어 냈다(Saney, 2004). 쿠바에서 찾을 수 있는 수많은 사례들 가운데 하나는 철학연구소 소장 니에베스 아유스의 개념이다. 그녀는 연구소 주관으로 동료들과 함께 피델 카스트로에 관한 장기간의 심층 조사연구를 이끌어 왔다. 그녀는 한 인터뷰에서 이론이나 실천 면에서 쿠바혁명이 처음부터 '영구적 과정'이었고 계속 그렇게 해 온 수많은 사례들을 보여 주었다(인터뷰: Nieves Ayús, 2008). 또 다른 인터뷰에서 같은 연구소 연구원 올가 페르난데스 리오스는, 쿠바는 문제에 대한 해결책을 찾는 '탐구'(búsqueda)의 혁명이라는 자신의 관점을 설명한다(인터뷰: Fernándes Ríos, 2008).

오늘날 쿠바를 파악하기 위해서는 쿠바혁명이 처음부터 갖고 있던 특징인 혁신적 접근 방법을 제대로 인식할 필요가 있다. '혁신적'이라는 용어는 '계속되는' 특징을 갖고 있으며 혁신 중이라는 의미로 사용된다. 쿠바혁명이 가진 복원력이라는 독특하고 내구성 있는 측면은 좌파의 독단주의와 우파의 노골적인 반대에 대처한다. 그러한 회복력은 '끊임없이' 신기원을 이루는 쿠바의 저력을 드러냈다. 창조적이지 않고 상상력 없는 것에 반대되는 이 개념은 오늘날 쿠바에서 일어나고 있는 많은 부분을 설명해 준다. 쿠바혁명의 '혁신성'은 그처럼 오랜 기간 모든 역경을 잘 견뎌 낸 역량을 설명해 준다. 쿠바는 실제로 혁명을 독자적으로 수행한 사례이다. 쿠바혁명은 19세기에 시작된 이래 역사의 모든 전환점에서 계획적이었다. 그런 의미에서 쿠바의 경험은 하나의 실험실인 셈이다.[2] '실험실'이라는 용어는 '시행착오'가 행동의 방식이 되는 실험이라는 개념을 떠올리게 한다. 틀린 말은 아니지만 그렇다고 해서 이

---

2) 2011년에 나눈 대화에서 쿠바가 하나의 실험실이라는 이 개념을 제시해 준 클로드 모린 교수에게 감사한다.

말이 혁명에 대한 경멸적인 표현은 아니다. 오히려 시행착오는 혁신성의 본질이기 때문이다.

이 책은 이러한 민주화의 관점에서, 또는 현재진행형 민주주의로서 쿠바의 민주주의가 걸어온 길을 탐구하려고 한다. 쿠바인이 아닌 사람으로서 쿠바 민주주의에 관해 초기 연구를 개척한 세릴 루텐스는 쿠바의 사례를 '민주화 과정'으로 파악한다. 그녀는 "어떤 형태의 완벽한 민주주의도 없다고 지적하면서," 이미 만들어진 '민주주의 모델들'을 거부한다. "민주주의는 법률이나 법령으로 만들어지는 것이 아니라, 법률이 있건 없건 건설되어야 하는 것이다"(Lutjens, 1992: 71). 17년이 흐른 뒤, 루텐스는 쿠바혁명 50주년에 출판된 저작들을 논평하면서 현재 "쿠바 안에서 나타나는 지적·정치적 동요"를 강조한다(Lutjens, 2009: 1). 쿠바의 정치 체계와 사회주의를 하나의 과정으로서 변동 중에 있는 것으로 볼 때 쿠바의 현실을 더 잘 이해할 수 있을 것이다. 쿠바가 언제나 '동요'하고 있기 때문에 이런 시각은 세월의 시험을 견디고 있다. 쿠바 민주주의를 연구해 온 조지 램비도 비슷하게 '과정'으로서의 민주주의를 강조한다. 그것은 "민주주의에 대한 자유주의적·구조주의적 인식을 떠받치고 있는 대안적인 존재론적 토대에 바탕을 두고 있다"(Lambie, 2010: 115-16).

혁명이나 운동이 만약 '정태적' 구조에 의해 제한되면 혁신성을 띨 수 없다. 아무리 필수적인 제도라 할지라도 어떤 시점에 고정된 구조로서 절대적으로 탁월하다고 받아들여지면, 그 제도는 사람들이 모든 수준에서 일상적으로 다양하게 개입하는 데 장애로 작용할 수 있다. 이집트와 에스파냐, 미국에서 진행되고 있는 운동들을 면밀히 관찰함으로써 우리는 민주주의를 모든 체제(자본주의와 사회주의)에 서로 다른 방식으로 적용되는, 일상적 삶의 방식으로 보는 관점으로 도약할 수 있었다. 선거 시스템, 국가, 정당, 또는 심지어 시위 같은 정치제도는 움직이지 않는, 판에 박힌 규칙이나 관료제의 일부로 간주될 수 있다. 이런 경우에 구조는 정치적·사회적 해방의 수단이 아니라 장애가 될 뿐이다. 구조에 대한 상반된 두 가지 접근 방법의 차이는 사람들의 적극적이고 의식적이며 지속적인 참여 여부에 달려 있다. 그 어떤 체제에도 이런 방식이 적용된다.

아래로부터의 민주화: 공공장소 점거운동(2011~2012)

2011~2012년에 이집트와 에스파냐, 미국을 비롯하여 세계 여러 지역에서 일어난 역사적 사건은 참여민주주의에 관한 고민과 실천에 새로운 지평을 열었다.

2011년, 이집트의 타흐리르 광장은 봉기의 해를 가장 상징적으로 보여 주었다. 그 핵심 요구 가운데 하나는 경제적·정치적 차원의 민주주의, 즉 경제와 정치 체계를 민주화하라는 요구였다. 이집트인들은 외국의 지원 없이 그리고 무바라크 정권에 대한 (그의 사임 때까지 위장되었던) 미국의 지지에도 '불구하고' 계속 저항했다.

타흐리르 광장은 정치 변동과 민주주의에 대한 미국중심주의 개념에 대한 거부를 잠재적으로 표현하기 때문에 중요하다. 2011년 5월 19일, 힐러리 클린턴이 이집트 사람들에게 "저항에서 정치로 이동하라"(Clinton, 2011b)고 호소한 것은 바로 그 때문이었다. 공식적인 관점에서 워싱턴의 목표가 '정치를 대표한다'면 타흐리르는 '정치가 아니다.' 그들에게 정치란 정당과 대표자 그리고 선거에 기초를 둔 대의민주주의라는 미국중심주의 체계이다. 하지만 이런 정치는 사람들 사이에 분열이나 경쟁 같은 온갖 부정적인 결과를 초래한다. 미국중심주의와 다당제, 대의제는 그 본성상 이집트 봉기와 완전히 반대되는 지점에 있다.

타흐리르 운동은 강철 같은 단결과 봉기로 미국이 지원한 독재자 무바라크의 30년 지배를 무너뜨리는 데 성공했다. 그러나 '무바라크 이후 군부' 정권이 변함없이 타흐리르에 대한 폭력을 자행하는 가운데, 2011년 9월 29일 인터뷰에서 힐러리 클린턴은 봉기를 비난하면서 "선거 일정이 잡혀 우리는 매우 감명 받고 고무되어 있다. ……그들이 선거로 이행한 것은 중요할 뿐 아니라 필수적이라고 생각한다"고 주장했다(Clinton, 2011a). 미국은 여전히 "이집트에 대한 '대외 군사자금'을 변함없이 제공"함으로써 이집트 군부 정권을 전면적으로 지지하고 있다(Voice of America News, 2012). 미국은 무바라크 없는 '무바라크주의'에 연간 13억 달러에 이르는 군사적 지원을 투입하는 것으로 알려져 있다(Nuland, 2012).

타흐리르 봉기처럼 밑바닥에서 출현하여 새로운 형태의 민주주의를 만들어 내는 민중의 잠재적 정치권력을 대체하기 위해서는 (종종 쉽게 조작되는) 미국식 선거를 조직하는 것이 필수적이다. 미국이 후원하는 대의민주주의는 현재진행형 참여민주주의를 대체할 뿐 아니라 그것을 분쇄하려고 애쓴다.

이집트는 2012년 5~6월에 대통령선거를 실시했다. 미국이 후원한 선거는 가까스로 친서방 '무슬림형제단'을 승자로 확정했다.[3] 투표율은 고작 52퍼센트에 지나지 않았고, 승자는 절반가량을 득표하여 당선되었다. 따라서 모함메드 모르시는 전체 유권자 가운데 25퍼센트 정도의

---

3) 나는 2011~2012년 이집트 사건이 있기 전에 사미르 아민의 《유럽중심주의》를 처음 읽었다. 그때는 '무슬림형제단'이 이집트를 서방(현재는 미국)의 손아귀에 두려는 역사적인 서방 전략의 일부라는 그의 분석에 다소 회의적이었다. 하지만 이집트에서 사건의 전개 과정은 아민이 완전히 옳았다는 것을 증명했다.

'위임을 받은' 셈이다(그는 2013년 7월 쿠데타로 축출되었다.—옮긴이).

미국을 본보기로 한 선거는 이집트 군부가 권력을 유지하도록 만든 책임이 있다. 오바마 정부는 전화 회담에서 군대의 역할을 치하했다. 게다가 "새로운 이집트 정부는 다양하고 용감한 시민들을 대표해서 '합법성'과 책임성을 지닌다"고 발표하여 모르시를 축하함으로써 동맹의 지위를 인정했다(White House, 2012, '따옴표' 강조는 지은이). 이러한 유형의 선거는 비단 이집트에서뿐 아니라 어떤 나라에서건 군부를 포함하는 과두제 지배에 '합법성'을 제공하는 데 봉사할 뿐이다.

하지만 이집트 봉기는 끝난 것이 아니다. 2011년 1월부터 2월까지 18일 동안 타흐리르 광장에서 이루어진 결정에서 나온 이집트인들의 저항과 낮은 투표 참여율(52퍼센트)을 비교해 보라. 850명의 생명과 5,500명의 부상자라는 대가를 치르면서 광범한 대다수 이집트인들이 미국이 지지하는 무바라크를 타도하기 위해 투쟁에 나선 것을 생각하면, 낮은 투표율은 미국이 강요한 선거에 관심이 부족했다는 사실을 웅변하는 것이다. 비교할 수 없을 정도이다. 미국이 지지하는 독재자를 타도하기 위해 목숨을 걸고 대열에 서는 것과 투표에 참여하는 것은 완전히 별개의 문제이다.

이집트에서 태어났고 그 어떤 주제보다도 이집트에 정통한 학자인 사미르 아민은 미국 모델의 선거 실시를 추적하여 "이집트 사람들은 투쟁이 계속되어야 한다는 사실을 잘 알고 있다. 다음에 무슨 일이 일어나는지 지켜보자"고 말하고 있다(Amin, 2012b). 아민의 말은 이집트 봉기의 지속적이고 근본적인 성격을 말해 준다.

북아프리카 지역의 봉기는 튀니지에서 처음 시작되어, 곧 이집트로 옮겨감으로써 공공장소 점거의 모델이 되었다. 이집트 도미노 효과는 처음으로 '미국 본토에서' 일어났다. 2011년 2월, 이집트가 공개적으로 저항하고 있을 때 위스콘신 주 매디슨에서 일련의 주요한 시위와 점거가 벌어졌다. 이집트 봉기는 미국인들에게 독단에 저항하고 스스로의 경제적·정치적 삶에 대한 민주적 통제를 위해 행동에 들어가라고 직접적으로 영향과 영감을 주었다. 노엄 촘스키는 2011년 이집트 봉기에 앞선 사건은 미국의 몇몇 노동조합이 지지한 2008년 이집트의 노동자 파업이었다는 점을 새삼 강조한다. 이러한 연대에 대해 저명한 이집트의 노동조합 지도자는 2011년 2월 타흐리르에서 명쾌하게 화답했다(Chomsky, 2012a: 259-60). 곧 매디슨의 위스콘신 주 정부 청사에 대한 엄청난 점거가 일어났다. 그 건물은 얼마 전 주 정부가 사회적 지출을 대폭 삭감하는 정책의 일환으로 노동조합의 역할을 크게 제한하는 조치를 결정한 중심지였다. 내부에 넓은 공간이 있는 주 정부 청사는 그야말로 위스콘신의 타흐리르 광장이 되었다. 위스콘신의 경우에는 새로운 참여적 정치권력의 잠재적 원천으로서 풀뿌리 민중의 공공장소 점거가 '차악'(lesser of two evils)이라는 양당제의 교묘한 책략에 일시적으로 이용되고 말았다.

이집트 봉기에 이어 에스파냐 청년들은 미국중심주의적 민주주의의 일부인 '차악'의 덫에 정면으로 맞서는 데까지 나아가는 중요한 파급효과를 가져왔다. 이집트 봉기가 일어난 지 석 달 뒤인 2011년 5월 15일, 청년들은 불안정한 사회경제적 조건(40퍼센트가 넘는 실업률)과 기존 정치체제 아래에서 만연한 사실상 민중의 권리 박탈에 저항하기 시작했다. 정치과정은 일단 권력을 잡으면 비슷한 정책을 펴는 우익 정당과 '사회주의' 정당 사이에서 오갔다. 청년들을 비롯한 각계각층 사람들은 "지금 당장 진정한 민주주의를!"(¡Democracia Real Ya!)이라는 기치 아래 주요 광장들을 점거했다. 게다가 '분노한 자들'(Indignados)이라고 알려진 다른 운동들도 벌어졌다. 점거운동은 마드리드의 푸에르타델솔 광장에서 시작하여 50여 주요 광장과 도시로 확산되었다. 에스파냐의 여러 광장과 그 주변의 이웃공동체들은 토론과 공식 결정, 계획된 행동이 이루어지는 기지 구실을 했다. 에스파냐의 수많은 사람들은 국가의 틀 바깥에서 (국가 구조에도 불구하고) 벌어지는 이런 유형의 풀뿌리 민중의 집합적 행동을 과거에는 결코 본 적이 없었다. 이집트나 매디슨에서와 마찬가지로 그곳 사람들은 이러한 전개 과정을 결코 잊지 않는다.

미국에서는 대체로 타흐리르 광장에서 영감을 얻은 '점거운동'(2011년 9월에 시작)이 전국 50여 곳이 넘는 도시에서 광장이나 공원 등을 전략적으로 점거하는 특징을 보였다. 비록 암묵적이기는 하지만, 처음부터 미국중심주의 정치 체계와 그것이 '수용할 수 있는' 형태의 저항과는 달리 설계되었다. 2장에서 점거운동에 관해 좀 더 자세히 살펴보기로 하자.

서론 격인 이 장에서는 전반적 맥락을 제시했다. 여기에서는 민주주의를 상이한 장르들에서 존재하는 것으로 규정하고, 참여의 과정으로서 '민주화'를 탐구했다. 이러한 맥락에서 나는 미국중심주의가 생각의 지평을 여는 데 장애가 된다고 독자들에게 주의를 환기시켰다. 이어지는 장들에서는 미국 유형부터 시작하여 민주주의에 대한 여러 다른 접근 방법을 살펴볼 것이다.

2장 미국의 민주주의의 허상

미국은 이 책에서 다루는 쿠바의 이웃 나라들 가운데 지리적으로 가장 가까운 나라이다. 미국은 미국중심주의 관점에 기초하여 자신이 세계 민주주의의 모델이라고 주장한다. 따라서 미국의 민주주의가 실제로 어떻게 작동하는지를 살펴보고, 그 과정에서 쿠바의 민주주의를 비롯한 다른 경험들을 제대로 평가할 필요가 있다.

미국의 탄생과 아메리칸드림

미국 민주주의의 개념과 남반구에 대한 미국의 대외 정책에 기초가 되는 바로 그 미국중심주의는 미국이라는 나라의 탄생과 함께 시작되었다. '13개 식민지'를 건설한 최초의 식민자들은 영국에서 왔다. 1620년에 메이플라워호를 타고 온 필그림(pilgrim) 가운데 절반은 청교도였다. 1630년에 존 윈스럽이 이끌고 온 사람들도 청교도였는데 그들의 공통점은 영국 국교회와의 갈등이었다. 그들은 영국 국교회가 가톨릭 의례와 유산을 청산해야 한다고 생각했다. 그들은 또 1630년에 윈스럽이 한 말에 표현되어 있듯이, 성경에 기초를 둔 선민의식을 공유하고 있었다. "우리는 산 위에 있는 마을이 될 것이며, 모든 사람들이 우리를 쳐다볼 것임을 생각하라"(Winthrop, 1630). 이 말은 마태복음 5장 14절 "너희는 세상의 빛이니라. 산 위에 있는 마을은 가려질 수 없느니라"를 참조한 것이었다. 이러한 '세상의 빛'과 모든 사람들이 보는 '산 위의 마을'에 기초하여 청교도들은 선민의식과 타고난 우월성 개념을 구축하기 시작했다. 게다가 정착 초창기(1620년)부터 경제에서 노예제의 역할과 원주민 학살을 통한 서부 개척을 고려하면 온갖 의문들이 생긴다. 유럽중심주의는 인종주의가 중요한 지주 가운데 하나였는데, '13개 식민지' 지도자들은 그것을 식민지 내부에서 적용했다. 그것은 머지않아 미국중심주의로 표현되었으며 나중에는 미국의 변경을 훨씬 넘어 확장되었다.[1]

성경에서 유래한 이러한 '선민'적 세계관 탓에 '13개 식민지'는 영국과 갈등 관계에 들어갔다. 프랑스는 '13개 식민지'를 지지했지만 다른 한편 경계하기도 했다. 이런 우려는 독립한 뒤 식민지가 곧 영국과 동맹을 맺음으로써 입증될 터였다. 따라서 '13개 식민지'의 독립은 궁극적으로 식민지 권력들 간에 점차 확대되는 투쟁의 일부였다.[2]

하지만 영국과 맺은 동맹에는 단절이 있었다. '13개 식민지'는 독립 후 영국과 곧바로 동맹을 맺었지만, 머지않은 1812년에 미국은 영국과

---

1) www.democracyintheus.com, "The American Dream, Indigenous Peoples and Slavery."
2) www.democracyintheus.com, "The U.S. War of Independence: A Power Struggle Between the Thirteen Colonies, Britain and France?"

다시 한 차례 전쟁을 치렀다. 영국은 워싱턴에 침입했고 백악관이 불탔다. 그러나 이러한 중요한 사태가 벌어졌다고 해서 13개 주의 독립전쟁이 식민 권력 상호간 경쟁의 씨앗을 품고 있었다는 주장이 그릇된 것이라고 보아서는 안 된다. 미국이 "위험한 경쟁 상대라고 감지한" 영국은 북아메리카에서 미국의 확장을 막기 위해 온갖 노력을 다 기울였는데, 그것이 바로 1812년 전쟁의 원인 가운데 하나였다(Foster, 1951: 212). 하워드 진에 따르면, 1812년 전쟁은 "(미국 교과서에서 흔히 기술되는 것처럼) 영국에 맞선 생존을 위한 전쟁이 아니라 새로운 국가를 플로리다와 캐나다[영국 영토], 인디언 영토로 확대하기 위한 전쟁이었다"(Zinn, 2005: 127).

'독립선언서'의 한 구절은 미국이 스스로 "지구 권력들 가운데서 자신의 지위를 차지해야" 한다고 선언한다. 이러한 선언의 의미를 제대로 드러내기 위해서는 '13개 식민지'가 영국과 프랑스의 세계 지배를 위한 경쟁에 연루된 참가자였다는 사실을 조명한 상대적으로 최근의 연구 결과를 끌어들일 필요가 있다. 아메리칸드림은 노예제와 인디언 학살을 토대로 만들어지고 진화했다.

독립선언서는 이렇게 명기하고 있다. "우리는 다음과 같은 진리가 자명하다고 믿는다. 모든 사람들은 평등하게 창조되었으며 창조자로부터 양도할 수 없는 권리를 부여받았는데, 그러한 권리 중에는 생명, 자유 및 행복 추구가 있다"(Hardt, 2007: 16). 짐 쿨렌에 따르면 이것이 독립선언의 핵심이다. 이 구절은 "아메리칸드림을 강조하기 때문에 집단 기억 속에 살아 있다"(Cullen, 2003: 38). 쿨렌은 이것이 존 로크의 생명, 자유 및 재산의 추구라는 호소에 기초를 두고 있다고 지적한다. 하지만 쿨렌은 독립선언서의 초안을 작성한 토머스 제퍼슨이 "마지막 구절을 '행복 추구'로 대체함으로써 [대수롭지 않은 변경, 사소한 조정 또는 미세 조정을 하여] 말을 비틀었다"고 씀으로서 자신의 말에 유보 조건을 단다(Cullen, 2003: 46). 쿨렌은 매우 중요한 '사유재산'이라는 용어를 이렇게 수정한 것을 '비틀기'라고 확신을 갖고 설명한다. 그것은 좀더 쉽게 수용될 수 있도록 하기 위한 피상적인 미세 조정이었지만, 동시에 그 구절은 '사유재산'이 그 구성 요소들(생명, 자유 및 행복 추구 – 행복 추구는 '재산'을 비튼 것이다)의 하나라는 진정한 요지는 본질적으로 유지하고 있다. 제퍼슨이 존 로크를 "세상에서 가장 위대한 세 사람" 가운데 하나로 생각했다는 사실은 그러한 수정이 피상적인 것이었음을 말해 준다(Jefferson, 1975: 434-35).

미국은 토머스 제퍼슨에서 버락 오바마 대통령에 이르기까지 계몽주의와 프랑스혁명 시기에 나온 훨씬 더 긍정적인 다른 가치들을 훼손하고서라도 사유재산 보존이라는 역사적 과제를 뿌리칠 수 없다. 예를 들면, 2009년 대통령으로 프랑스에 방문한 오바마는 역사를 다시 쓰려고 시도했다. 그는 이념에 관한 이야기를 하면서 이렇게 말했다. "미국에서는 건국 문서에 '생명, 자유 및 행복 추구'라고 적혀 있습니다. 프랑스에서는 '자유 …… 평등, 우애'라고 되어 있지요"(Obama, 2009). 나중에 자세히 살펴보겠지만 심지어 프랑스혁명 시기에도 평등과 우애라는 가치는 사유재산의 절대적 우월성에 반대된다는 사실을 오바마는 무시했던 것이다.

'자유주의'와 이와 관련된 '자유'라는 개념은, 미국 정치 체계에 적용되어 있는 것처럼 어떤 식으로든 사유재산권이라는 극단적인 개인주의에서 떼어 낼 수 없다. 이런 특징을 가진 편입(co-optation)과 아메리칸 드림은 '13개 식민지' 초기부터 확고해졌다.[3]

----

3) www.democracyintheus.com, "Property, Liberalism and Co-Optation."

그리하여 사유재산에 기초를 둔 프로젝트는 처음부터 미국 정치 체계의 기반이 되었다. 그것은 무제한적 사유재산 축적이 아니라 광범한 대다수 사람들의 경제적·사회적 복지를 위해 채택된 사회주의에 뿌리를 두고 있는 쿠바혁명의 사회적 프로젝트와 구별된다.

미국 모델의 이러한 특징은 상이한 부문의 엘리트들이 지배하는 현대 미국 민주주의의 작동을 설명하는 데 도움이 된다. 비록 지배 엘리트들이 동질적이지는 않지만 (실제로는 종종 다양한 부문의 과두제가 서로 갈등 관계에 있다) 대부분의 지배 집단은 특정 문제에 대해서는 합의할 수 있다. 실질적인 경제적 지배 분파들에 의한 편입은 소수의 선택된 개인들의 참여를 선호한다. 이 소수의 사람들은 아메리칸드림을 실현하게 되고 그 보답으로 다수의 참여를 봉쇄하는 기구의 일부가 된다. 그렇다고 해서 미국에서 민중의 민주적 투쟁이 과거나 현재에 아무것도 성취하지 못했다는 것은 아니다. 예컨대, 1960년대 민권운동이나 노동자들의 권리 획득은 눈에 두드러진 성취였다. 하지만 이 장에서는 편입의 역할에 초점을 맞추어 그것이 최상위 수준의 미국 정치에서 어떻게 작동하는지를 설명하는 데 집중할 것이다.

위에서 언급한 것을 좀 더 완전하게 이해하고, 사유재산과 자유 개념을 둘러싼 복잡한 점들을 설명하기 위해서는 로크 이외에 다른 계몽사상가들의 철학을 살펴볼 필요가 있다. 미국 독립선언서를 기초한 이들에게 다른 계몽사상가들은 자극의 원천이 되지 않았다. 예컨대, 장 자크 루소는 자본주의의 개인적이고 소유권에 기초한 관계보다 집단적이고 형제애적인 관계를 선호한 당대의 가장 뛰어난 사상가들 가운데 한 사람이었다.

루소는 평등에 기초를 둔 새로운 도덕적·사회적 질서를 구상했지만 "개인의 창조성을 억압하지는 않았다"(Lambie, 2010: 85). '건국의 아버지들'은 루소가 개인의 중요성을 배제하지 않았음에도 불구하고 집단성을 강력하게 옹호했다는 이유로 루소를 거부했다.[4]

미국혁명이 계몽적인 사상과 사건들을 묵살한 것은 중대한 특징이다. 실제로 미국혁명에서 자유(부를 축적하는 것)와 행복('재산'을 비튼 것)이라는 슬로건은 미국 이데올로기의 기초이자 프랑스혁명에 대한 직설적인 묵살이다. 프랑스혁명은 비록 말뿐이었지만 제한된 범위에서나마 집단성과 형제애로 향하는 길을 열어 둔 반면에, 미국혁명은 그것을 거부했다.

사미르 아민(Amin, 2000)은 미국의 자유주의에 대해 중요한 통찰력을 보여 주고 있다. 프랑스혁명의 급진 자코뱅파는 발흥하는 부르주아 사상 안에 있는 모순, 즉 "경제적 자유주의는 민주주의의 적"이라는 점을 인식했다. 프랑스를 비롯한 유럽에서 '평등'과 '자유'는 동등했다. 다시 말해 이 둘은 동일한 지위를 차지했다. 하지만 미국에서는 "오직 자유만이 정치적 가치의 모든 영역을 차지하고 있다. …… 미국 사회는 평등을 경멸한다. 정치문화가 오랜 기간에 걸친 역사의 산물이라고 할 때," 미국 정치문화의 독특한 특징이란 건 무엇인가? 아민의 주장에 따르면, 미국 자유주의는 뉴잉글랜드에 정착한 청교도주의가 빚어내고 잇따라 유럽에서 온 이민자들의 물결이 더욱 강화한 '선민' 극단주의에 바탕을 두고 있다. 이민자들은 구대륙에서 기존 체제의 희생자들이었다. 하지만 미국 이민자로 살아가야 하는 조건에서 "그들은 자기 나라에서 자기 계급과 집단에 공통적인 조건을 변화시키기 위한 집단적인 투쟁을 거부하고 자신들이 선택한 땅에서 개인적 성공이라는 이데올로

---

4) www.democracyintheus.com, "Rejection of Rousseau's Enlightened Collectivism in Favor of Locke's Individualism."

기에 매달리게 되었다."

하지만 미국의 지배 집단은 아일랜드나 이탈리아 사람들처럼 나중에 온 세대의 가난한 이민자들을 서로 싸우는 갱단이 되도록 조종했다. 아민은 개인주의에 기초한 미국의 극단적 자유주의를 독창적인 방식으로 조명한다. 그는 미국 정치문화의 진화를 캐나다의 경우와 대조시키는데, 적절하게도 캐나다는 '아직' 미국 이데올로기를 공유하고 있지 않다고 상기시킨다. 캐나다 역시 "계급의식을 억누를 수 있는" 이민자들의 물결을 계속 받아들였다. 하지만 캐나다는 "뉴잉글랜드 교파의 광신적인 종교 해석을 공유하고 있지 않다." 나아가 캐나다가 이런 차이를 보이는 또 하나의 원인은 다수의 '충성파들'이 모국 영국에서 분리되는 것을 원하지 않아 뉴잉글랜드에서 도피하여 이주했기 때문이 아닌지 아민은 질문을 던지고 있다(Amin, 2004: 56-67).

여기서 잠깐 이 마지막의 통찰력 있는 지적을 깊이 생각해 볼 만한 가치가 있다. 뉴잉글랜드 형태의 극단적 자유주의는 심지어 영국 국왕에게 충성한 사람들을 능가하기까지 한다. 따라서 역사를 돌이켜 보면 미국 자유주의에서 어떤 긍정적인 점을 끌어낸다는 것은 전혀 근거가 없는 것이다. 반대로 미국 자유주의는 그 뿌리가 사유재산에서 유래하는 극단적 개인주의에서 비롯되었다. 미국중심주의는 그 근원인 혈통조차 능가할 뿐 아니라 민주주의와 엄청난 충돌을 불러일으킨다.[5]

미국의 민주주의에서 1776년 독립선언서 다음으로 중요한 국면은 (참여에 초점을 맞추는 이 책의 목적에 비추어 보면) 1787년의 미국 헌법이다. 1776년부터 1787년까지 '13개 식민지'는 이미 도시와 농촌에서 부

---

5) www.democracyintheus.com, "The Origins of U.S. Liberalism and Contemporary Democracy."

유한 소수와 가난한 다수 민중들로 나뉘어져 있었다. 미국 독립전쟁은 교통과 식량, 군수품에 종사한 사업가들에게 뜻밖의 횡재를 가져다줌으로써 그러한 상황을 악화시켰다. 언론인 케빈 필립스는 미국의 민주주의와 부에 관한 고전적 저서에서 "모든 백만장자들은 …… 전쟁 시기와 전후에 새 정부와 맺은 관계 덕분에 막대한 부를 축적했다"고 결론지었다(Phillips, 2003: 10-15). 성장하는 미국 엘리트들과 보통 사람들을 명확하게 구분하는 것은 중요하다. 이러한 분리는 식민지가 탄생한 이래 지금까지도 계속되고 있다. 《워싱턴포스트》 기자 로버트 카간은 2006년, 건국 시기부터 19세기 말까지 미국 외교정책에 관한 학술서를 펴냈다. 클리프 듀런드에 따르면, 카간은 "그것(제국주의)이 국가의 성격을 규정하고 있다고 파악한다(DuRand, 2009). 실제로 그는 제국주의가 애플파이만큼이나 미국적이라고 주장한다." 듀런드는 미국 엘리트들과 미국 국민을 구별한다. 그는 만약 전쟁과 호전성이 미국이라는 국가 성격의 일부라고 한다면, 어째서 엘리트들과 언론이 굳이 "국민들을 구슬리거나 속여서" 쿠바(1898)나 베트남, 심지어 최근의 이라크에 대한 전쟁을 받아들이도록 해야 하는가 하고 정당하게 주장한다(DuRand, 2009).

여러 미국 동료들이 밝힌 것처럼 미국이 활짝 피는 식민지·제국주의 국가로 탄생할 때부터 지배 엘리트들을 시험한 계급분화가 있었다. 이러한 계급적 모순은 미국의 야망을 방해했다. 독립전쟁 시기인 1781년에는 펜실베이니아에서 일반 병사들이 급료를 지급받지 못하자 반란을 일으켜 흩어지거나 장교들을 죽이거나 부상을 입혔다. 그리고는 완전무장을 한 채 대포를 끌고 필라델피아로 진군했다. 같은 시기에 다른 반란들도 잇따랐다(Zinn, 2005: 81). 헌법을 제정할 때 선거권 박탈은 사실상으로도 법적으로도 단지 재산과 연줄의 문제만은 아니었다. 선

거권 박탈은 '건국의 아버지들'의 관점에서 유래한 정치적 기초를 갖고
있었다.[6] 이러한 유산은 쿠바뿐 아니라 최근의 베네수엘라와 볼리비
아, 에콰도르의 경험과도 완전히 대조된다.

프린스턴대학 교수 셸던 S. 월린은 고전적 저서 《민주주의 주식회사》
에서 '건국의 아버지들'은 '민주주의의 충동'을 통제하는 데 관심을 기울
였다고 지적한다. 그들은 "민주주의를 어떻게 관리할 것인가, 또는 분열
을 이용하여 어떻게 공동체적인 연대를 해체할 것인가" 하고 스스로 질
문했다(Wolin, 2012: 280). 이와 비슷하게 또 다른 미국 학자 마이클 패
런티는 '건국의 아버지' 제임스 매디슨이 "문제의 핵심을 건드렸다"고 강
조한다. 문제의 핵심은 "어떻게 하면 최소한의 비용으로 대중 정부라는
'형태'와 겉모습을 유지할 수 있을까" 하는 것이었다(Parenti, 2008: 43).

제헌의회 대표를 선출하거나 대표로 선출될 수 있는 권리는 엄격하
게 제한되어 대부분의 사람들은 투표권과 참정권을 가지지 못한 채 배
제되었다. 이렇게 해서 미국 헌법은 광범한 다수의 참여 없이 채택되었
던 것이다.[7]

미국 헌법에 결여되어 있는 것들은 다른 유형의 민주주의와 비교할
때 두드러지는 점이다. 이것은 사후에 사치스럽게 문제를 제기하는 것
이 아니라, 미국 헌법이 기초될 그 당시에 유행한 여러 기준의 관점에서
문제를 제기하는 것이다. 계몽주의와 프랑스혁명에서 나온 1791년 프
랑스 헌법과는 달리 미국 헌법은 전문을 비롯한 전체 문서에 정서나 영
감이 완전히 결여되어 있다. (미국 헌법에 대한 모든 내용은 Cullop, 1984

---

6) www.democracyintheus.com, "Fear of the Majority and Pluralism as
   Cornerstones of Exclusion."
7) www.democracyintheus.com, "The Constituent Assembly for the New
   Constitution: The Vast majority Disenfranchised."

에서 인용했다.)

　미국 헌법의 근엄한 전문에서 첫 번째 목표로 "보다 더 완벽한 연합" 이 언급되어 있다는 점은 중요하다. 이는 부유한 소수의 가장 중요한 관심사를 반영한 것이다. 그것은 여러 주들 사이의 차이를 잘 해결하는 것이었다. 이러한 관심은 오늘날까지도 대통령의 연설과 성명에서 계속 언급되고 있다. 오늘날까지도 이 문제에 집착하는 이유는 그것이 여전 히 문제가 되기 때문이다. 긍정적인 측면에서 미국 헌법은 '자유의 축 복'을 떠받들고 있다. 헌법 기초자들이 정의했듯이, 비록 자유가 재산을 추구하는 극단적 개인주의에 바탕을 둔 것이기는 하지만 말이다. 그들 은 자유와 자유주의를 사유재산 축적의 추구에 제한된 것으로 인식했 다. 미국 민주주의에 관한 책에서 월린은, 제임스 매디슨의 주된 관심사 가 재산의 획득에서 불평등한 자격을 유지하는 것이었다고 지적한다. 그러한 자격의 차이를 없애는 것은 자유를 파괴하게 될 터였다. 매디슨 은 "불평등이란 현실일 뿐 아니라 '동시에' 진짜 평등에 반대되는 이상 이라고 보았다"고 월린은 주장한다(Wolin, 2012: 279-80, '따옴표' 강조 는 지은이). 따라서 재산의 추구와 근본적 개인주의는 미국의 경제·정 치 체계에서 핵심을 차지한다. 미국 헌법에 두 가지 개념이 없다는 사 실은 이 점을 더욱 명확하게 보여 준다. 미국 헌법에는 우선 '민주주의' 라는 용어가 언급되어 있지 않다. 또한 당시에 진보적인 개념이었던 '주 권이 인민에게 귀속된다'는 내용도 담겨 있지 않다.[8]

　또 주 정부들과 연방정부의 관계 문제도 있었다. 미국의 인류학자 잭 웨더퍼드(Weatherford, 1988)는 여러 미국 원주민들의 긍정적인 특징

---

8) www.democracyintheus.com, "Democracy and Vesting Sovereignty in the People."

을 상세하게 묘사했다. 이를테면 원주민들은 집단주의를 강조했지만, 그것은 정중한 개인주의, 평등, 그리고 자연과 환경에 대한 존중으로 완화되었다. 하지만 '건국의 아버지들'의 눈길을 끈 유일한 특징은 원주민들이 나라들의 연합을 이룬 재주였다. 모든 식민지의 단결을 권하고 연합 모델을 맨 처음 제안한 사람은 바로 이로쿼이 족장 카나사테고였다고 알려져 있다.[9]

요약하자면, 미국 헌법은 참여에 관해 원칙으로는 '우리 인민'을 천명하고 있다. 하지만 사미르 아민이 날카롭게 지적하듯이, "결론은 이 원칙에서 나온 것이 아니었다. 정반대로 '건국의 아버지들'은 이러한 선언의 효과를 '상쇄시키는' 목표에 모든 노력을 기울였다"(Amin, 2012a, 강조는 지은이). 미국중심주의로 다시 태어난 전반적인 정치적 상부구조는 유럽중심주의의 파생물이었다. 그것은 개인의 재산과 팽창하는 자본주의에 더하여 국경 안팎에서 적용된 인종주의가 강력하게 덧붙여진 것이었다. 이러한 특징은 거꾸로 미국의 탄생과 발전의 일부였다. 그것은 민중의 참여가 극도로 제한된 치명적인 칵테일을 만들어 냈다. 하지만 참여하지 못하는 것에 하나의 예외가 있다. 노예나 해방된 노예를 포함한 모든 사람들이 군대에 복무함으로써 미국의 팽창주의 정책에 참여하도록 허용하고 장려했다.

이웃 나라들에 대한 외교정책

미국은 복음주의에서 말하는 '세계의 횃불'로 태어났다고 자칭한다.

---

9) www.democracyintheus.com, "A Blind Spot for U.S. Indigenous Peoples' Collectivism."

사유재산에 바탕을 둔 미국중심주의 정치·경제 체계는 지구 전체에 걸쳐 촉진될 터였다. 그 당연한 귀결로서 영국으로부터의 분리는 점점 커져 간 영국-프랑스-'13개 식민지' 사이에 벌어진 세계적 경쟁의 일부였을 뿐이다. '13개 식민지'가 열광적으로 참여한 이러한 경쟁 관계 속에는 에스파냐와 그 식민지인 쿠바의 관계도 포함되었다.

1776년에 감행된 '13개 식민지'의 반란은 쿠바와 북아메리카 사이에 새로운 무역 기회를 제공했다. 에스파냐는 1776년 11월, 공식적으로 적절한 격식과 의전 절차를 갖추어 쿠바 항구를 북아메리카 무역에 개방했다. 이런 결정은 기회주의에 고무된 것이기도 하고 자국의 이익을 위한 것이기도 했다. 그것은 북아메리카를 지지하고 영국을 모욕하는 제스처였다(Pérez, 1991: 61).

항상 '민주주의 촉진'이라는 용어가 유행한 것은 아니지만, 아메리칸 드림이라는 미국중심주의에 뿌리박혀 있는 미국 민주주의 촉진은 제국에 기초를 두고 있다. 1898년부터 1969년까지 공화, 민주 두 정당 중 어느 당이 집권하는가에 관계없이 동일한 군사 개입 정책이 잇따랐다.[10]

미국의 정치 체계는 결과적으로 노예제라는 가장 괴상한 특징을 벗어 버림으로써 공고해졌다. 하지만 그러한 '정화'는 그저 피상적으로만 이루어졌다. 그것은 보는 사람들의 눈에 미국 민주주의가 남반구 나라들에 수출하는 데 점점 적절한 것으로 보이도록 할 터였다.[11]

---

10) www.democracyintheus.com, "The Origins and Development of U.S. Democracy Promotion."
11) www.democracyintheus.com, "Appropriating U.S.-Centrism for Itself."

제2차 세계대전 이전과 초기 단계에서 미국은 반파시즘 투쟁에 관여하지 않았다. 미국이 마침내 제2차 세계대전에 연합국으로 참여했을 때 프랭클린 루스벨트는 미국이 '민주주의의 거대한 무기'(Roosevelt, 1940)가 되려는 야심을 표출했는데 이것은 전후 미국 정책의 수단이 되었다. 수많은 자유주의자들이 환상을 만들어 냈음에도 루스벨트의 국내 정책은 특정한 동기가 있었다. 보수적인 전기 작가 콘래드 블랙은 루스벨트를 '미국 자본주의의 구원자'라고 칭송했다(Black, 2003: 1124). 19세기부터 20세기까지 '먼로 독트린'(Monroe Doctrine)과 '명백한 사명'(Manifest Destiny), '선린외교 정책'(Good Neighbor policy)이 이어졌다. 공화당, 민주당 할 것 없이 양당의 대통령이 개발하고 추구한 그러한 정책은 청교도들의 '선민' 개념과 정책에 기초를 두고 있다.[12]

'군산복합체'는 비록 복잡한 과정이기는 하지만 대체로 미국 엘리트들의 세계관을 형성한다. 지배계급은 "비밀스럽고, 음모적이고, 전능하고, 독재적인 권력으로 지배하는 것은 아니며 …… 지배 집단 내부에서 때때로 첨예한 차이들이 발생한다"(Parenti, 2008: 290). 하지만 이처럼 첨예한 갈등이 존재함에도 불구하고 공통분모가 있는데, 그것은 높은 수준의 군비 지출을 유지할 필요가 있다는 세계관이다. 이러한 엄청난 군비 지출에 대해 어느 누구도 의문을 제기 할 수 없다. 이러한 군사 정책에 반기를 든다는 건 세계에 대한 미국의 뿌리 깊은 우월성을 부인하는 것이다. 이러한 우월성이라는 사명은 필그림 시기에서 비롯되었다. 그 존재 이유는 세계 어느 곳에서든 무제한적 사유재산 축적과 그것에 대한 미국의 접근 기회를 보장하는 것이다. 미국의 야망과 무제한적 사

---

12) www.democracyintheus.com, "The Manifest Destiny of the U.S. and Beyond to World War II."

유재산 축적에 대한 거부는 경제와 정치 민주화를 추구하는 풀뿌리 운동에서 흔히 나타난다. 또 미국 자체에서는 '군산복합체'가 자신의 대오에서 나타나는 모순들을 처리하는 과정에서 정치 체계를 통제하기도 한다. 이러한 정치 체계에서는 민주주의의 일상적인 작동 과정에 민중의 실질적인 참여가 배제된다. 게다가 투표소 자체에서 '건국의 아버지들'부터 현대 미국에 이르기까지 배제가 계승되어 왔다. 투표가 미국 민주주의 모델의 전형임에도 실제 사정은 이렇다.[13]

나중에 오바마의 등장 과정에 할애된 이 장의 다른 절(경쟁적 다당제 민주적 선거: 오바마 사례 연구)에서 미국의 서로 경쟁하는 양당제 민주주의 맥락 속의 정치적·역사적 양상을, 쿠바가 걸어온 민주주의의 경로에 견주어 살펴볼 것이다. 선거 자금과 선거운동의 역할을 살펴볼 때에는 오바마에 관한 이러한 양당제 정치 체계의 특징을 조명하는 것이 적절하다. 어떤 경우에는 대다수 엘리트들, 종종 가장 강력한 분파의 엘리트들은 공통점을 발견한다. 예컨대, 2008년 대통령선거에서 가장 중요한 부문의 '군산복합체'는 오바마를 전면적으로 후원하고 공개적으로 지지했다.[14]

미국 대통령선거에서 신문의 지지는 승리의 열쇠이다. 왜냐하면 그것은 가장 중요한 부문의 과두제 사이에서 누가 자신들의 이해관계에 가장 잘 봉사할 것인가에 대한 합의를 표현하기 때문이다. 주요 뉴스잡지 《에디터 앤드 퍼블리셔》, 《얼터너티브 뉴스위클리스》 등)의 지지는 가장 중요한 엘리트 분파가 오바마를 대통령으로 선택했음을 의미한다. 그것

---

13) www.democracyintheus.com, "Shaping Global Superiority Abroad and Elections at Home."
14) www.democracyintheus.com, "Obama's Funding and Endorsements by the Wealthy Elite."

은 막후 결정으로 민중의 참여를 대체하는 방식이다. 2008년 선거 기간에 신문과 잡지를 비롯한 출판물은 선거 지지 기사를 썼다. 2008년 11월 4일 선거일까지 간행된 출판물에서 오바마는 존 맥케인에 비해 곱절이 넘는 지지를 받았다. 판매 부수를 기준으로 보면 그 비율이 3 대 1이었다.《에디터 앤드 퍼블리셔》에 따르면 273개 신문이 오바마를 지지한 반면, 맥케인은 172개 신문이 지지했다(Benton Foundation, 2008). 대학 신문의 지지에서는 오바마가 맥케인을 82 대 2로 앞섰다.《얼터너티브 뉴스위클리스》는 123개 회원 신문사 가운데 오바마 지지가 맥케인을 57 대 0으로 앞섰다고 보도했다.

2008년의 '군산복합체'와 신문의 지지는 2012년 11월 오바마의 선거 승리에서도 비슷한 시나리오를 위한 무대를 마련했다.

'건국의 아버지들'의 유산과 투표율

이미 설명한 것처럼, '13개 식민지' 초기 단계에서부터 선거권 박탈은 실제적으로나 법적으로나 단순히 재산과 연줄의 문제가 아니었다. 그것은 '건국의 아버지들'의 관점과 그들이 만든 헌법에 정치적 기초를 두고 있었다. 그 결과는 인종을 근거로 투표권을 주지 않은 것이었는데, 구체적으로 당시 대부분 노예였던 아프리카계 미국인들을 겨냥한 것이었다.

남북전쟁이 끝나고 1865년 12월 6일, 노예제를 폐지한 '13차 수정헌법'이 채택되었다. 1870년 2월 3일에 채택된 '15차 수정헌법'에서는 인종이 더 이상 투표의 장애물이 아니었으며, 아프리카계 미국인의 투표권을 옹호했다. 이 수정헌법의 규정에 따르면, "미국 시민의 투표권은 연방정부나 어떤 주 정부에 의해서도 인종, 피부색, 이전에 노예였다는 이유로 부정되거나 박탈될 수 없다"(Constitution of the United States,

1984). 민중의 민주주의 투쟁의 결과로 1964년 1월 23일에는 인두세 (한 사람마다 매긴 세금으로, 아프리카계 미국인과 가난한 사람들이 투표하지 못하도록 하는 데 이용되었다—옮긴이)를 금지한 '24차 수정헌법'이 승인 되었다.

1965년 8월 6일에는 1950년대 후반과 1960년대 민권운동의 성과 로 '투표권법'이 채택되었다. 중요한 이정표는 '셀마-몽고메리 행진'을 이 끌어 압도적인 다수의 아프리카계 미국인들이 투표권을 가지지 못한 현실을 널리 알린 마틴 루터 킹이었다. 아프리카계 미국인들은 내전과 세 차례의 헌법 수정, 1965년 '투표권법'에도 불구하고 여전히 그때까 지 다수가 투표를 하지 못하고 있었다.

'건국의 아버지들'의 이러한 유산이 살아 있도록 만든 주요한 법적 수단 가운데 하나는 '중대 범죄'(felony crime)이다. 일부 미국 학자들 은 이 문제에 관해 대담하고 깊이 있는 연구를 수행했다.

'중대 범죄'라는 용어는 범죄에 대한 법률적 분류에서 유래한다. '중 대 범죄'는 살인과 같이 어떤 '중대한 범죄'나 '심각한 범죄'를, 경범죄라 고 부르는 덜 심각한 범죄와 구분하기 위해 역사적으로 사용된 포괄적 인 용어이다. …… 현대 미국에서 중대 범죄는 연방이나 주 감옥에서 1 년 이상 징역형으로 처벌될 수 있는 범죄를 말하며, 경범죄는 지방 감옥 징역형이나 벌금형으로 처벌될 수 범죄를 말한다(Manza and Uggen, 2006: 69).

위에 인용한 두 사회학자 제프 만사와 크리스토퍼 우겐에 따르면, 미국의 중대 범죄자 숫자는 "2006년 현재 쿠바 전체 인구보다 많다" (Manza and Uggen, 2006: 9, 쿠바 인구는 1천2백만 명 정도이다—옮긴이).

"중대 범죄자들은 형기를 다 채운 뒤에도 투표권을 거부당하거나 평생 박탈되는 경우도 흔하다. 두 저자는 중요한 비교를 통해 "중대 범죄자에 대해 선거권을 박탈하는 법은 민주주의 세계에서 미국이 유일한 사례"라고 폭로한다. "감옥에 수감되어 있지 않은 수백만 범법자들이 투표권을 거부당하는 경우는 세상 어디에도 없다"(Manza and Uggen, 2006: 41). 사법 시스템에 휘말리는 아프리카계 미국인들의 비율이 극도로 높기 때문에 "현재 7명 가운데 1명꼴로 투표권을 거부당하고 있으며, 몇몇 주에서는 4명 가운데 1명이 선거권을 박탈당하는 충격적인 사태가 벌어지고 있다"(Manza and Uggen, 2006: 9-10).

러트거스대학(뉴저지) 정치학과 엘리자베스 A. 헐 교수는 최근의 수감자 추세와 통계국 보고서를 바탕으로 다음 세대의 아프리카계 미국인 남성 29퍼센트가 생존 기간 동안 투표권을 잃도록 되어 있다고 지적한다(Hull, 2006: 27).

중대 범죄자들 대다수는 아프리카계 미국인인데, 이들의 광범한 배제는 미국의 투표율에 매우 뚜렷한 영향을 미친다. 투표 연령층 인구에서 투표권을 갖고 있지 않은 또 하나 중요한 부분은 미국에 거주하는 수백만 명의 라틴계 같은 투표권이 없는 '비시민들'(non-citizens)이다. 그런데 "미국 군대에 입대하기 위해서는 미국 시민일 필요가 없다." 군 입대의 유일한 조건은 미국 영주권(법률적으로)만 있으면 된다(Powers, 2011). 따라서 라틴계를 비롯한 비시민들은 노동을 하고, 세금을 내고, 목숨을 걸거나 다칠 각오로 군대에서 싸울 수는 있지만 투표할 수 있는 권리는 없다.

조지메이슨대학의 마이클 맥도널드 박사는 다양한 기준으로 통계 수치들을 자세하게 분류했는데, 그중 하나는 '투표연령인구'(VAP, voting age population)라는 개념이다. 여기에는 매우 광범하게 선거권을 박탈당한 중대 범죄자들(주로 아프리카계 미국인)과 선거권이 아예 없는 비시민들을 비롯한 18세 이상의 모든 사람들이 포함된다.

2010년 중간 총선거에서 투표연령인구 투표율을 그해 선거에서 가장 높은 공직인 주지사나 상원의원, 하원의원 선거에 적용해 보면 투표율은 37.8퍼센트였다. 즉, 중대 범죄자와 비시민을 포함하여 18세 이상의 모든 사람 가운데 투표한 사람이 고작 37.8퍼센트였다는 말이다(McDonald, 2011b).

마이클 맥도널드에 따르면, 오바마가 승리한 2008년 대통령선거의 경우에는 투표연령인구 대비 투표율이 56.9퍼센트였다. 자격이 없는 중대 범죄자가 3,144,831명이었으며, 투표연령인구 가운데 8.4퍼센트는 투표권이 없는 비시민이었다(McDonald, 2011a). 오바마가 승리한 2012년 11월 대통령선거는 투표연령인구 대비 투표율이 하락하여 50퍼센트대에 머물렀다(McDonald, 2011b).

보통 대통령선거에서는 표가 대충 반반씩 나뉜다. 따라서 오바마는 첫 번째 임기의 대통령 겸 총사령관 '권한'을 18세 이상 인구 가운데 약 28.5퍼센트한테서 부여받았다(투표연령인구 대비 투표율 56.9퍼센트의 절반). 2012년 선거에서는 투표연령인구 대비 투표율이 50퍼센트였으므로 오바마의 '권한'은 투표연령인구의 25퍼센트로 더 줄어들었다.

맥도널드는 또 '유권자인구'(VEP, voting eligible population)라는 용어를 만들었다. 이 분류에서는 투표 자격이 없는 중대 범죄자나 비시민은 포함되지 않는다. 따라서 유권자인구에는 투표연령인구와 대조적으로 오직 투표 자격이 있는 사람들만 포함된다. 그럼에도 불구하고 오바마에게 첫 번째 임기를 부여한 2008년 대통령선거에서 유권자인구 중 단지 61.6퍼센트만이 투표했다. 다시 말해서 투표권을 가진 40퍼센트에 가까운 미국 시민들이 투표하지 않았다(McDonald, 2011a). 오바마에게 두 번째 임기를 부여한 2012년 선거에서는 유권자인구 대비 투표율은 2008년에 비교해 하락했다(McDonald, 2011b). 공론장에서는 이러한 높은 기권율에 대해 잘 알려진 이유 몇 가지를 든다. 첫째, 일반적으로 미국 정치 체계에 대한 신뢰나 관심이 아주 부족하다. 둘째, 상당수의 사람들은 '민주적 양당 경쟁 시스템'을 변화의 수단으로 보는 환상을 갖고 있지 않아 "그놈이 그놈이야!"라는 노골적인 불평을 터뜨린다. 셋째, 투표라는 단순한 행동을 위해 끝없는 줄을 서야 할 뿐 아니라 때로는 몇 시간 걸리는 수고를 감내해야 한다. 넷째, 가난하고 글을 잘 읽지 못하는 사람들은 손에 쥐어진 복잡한 투표용지를 보는 데 장애를 느낀다. 다섯째, 선거일이 평일(화요일)이기 때문에 일하는 사람들은 투표에 지장을 받는다. 여섯째, 많은 주에서 매우 엄격하고 차별적인 투표자 등록 정책 탓에 투표 자격이 있을 수 있는 사람들도 투표자 등록을 하지 못하는 경우가 많다.

규정상 투표권을 가진 사람들에게 투표자 등록을 더욱 어렵게 만드는 이유 가운데 하나는 바로 선거제도이다. 예컨대 뉴욕대학 법과대학 '브레넌정의센터'에 따르면 2012년 대통령선거의 경우, 2011년부터 41개 주에서 적어도 180개의 선거제한 법률이, 19개 주에서는 25개의 법률과 2개의 행정명령이 있었다. 게다가 6개 주에서는 27개의 제한 법률이 계류 중이다. 예컨대, "투표자에게 정부가 발행한 사진 신분증을 요구한 주의 숫자가 2011년에는 4배 증가했다." 그런데 미국 시민 가운데 11퍼센트는 정부가 발행한 사진 신분증을 갖고 있지 않는데 그 숫자는 2천1백만 명을 넘는다(Brennan Center for Justice, 2012). 따라서 선거권을 제한한 '건국의 아버지들'의 유산이 오늘날까지도 계속되고 있다고 결론지을 수 있다. 미국 민주주의에서 심지어 단순한 투표 행위조차도 '참여'가 종종 제한되는 것을 보면, 그것의 반참여적인 성격이

18세기 말 국가가 태어날 때부터 그 본성에 광범위하고 뿌리 깊게 배어 있다는 것을 알 수 있다.

이제 미국 대통령선거의 다른 측면으로 눈을 돌려 버락 오바마 사례를 통해 편입과 개인적 기회주의 문제를 살펴보고자 한다. 오바마에 대한 이러한 분석은 경쟁적 다당제 정치라는 맥락에서 수행되며, 이 모델은 쿠바와 베네수엘라, 볼리비아, 에콰도르에 존재하는 것과 같은 다른 체제들을 평가하는 데 이용될 수 있을 것이다.

경쟁적 다당제 선거: 버락 오바마의 사례

지금까지는 미국 정치·경제체계의 해로운 특징들을 검토했다. 2008년 대통령선거의 경우에는 그러한 특징들이 언론의 도움을 받아 오바마를 변화의 상징으로 띄우는 형태로 나타났다. 오바마의 등장은 미국의 많은 사람들, 특히 아프리카계 미국인들에게 이익이 되는 것으로 간주되었다. 오바마 현상은 변화를 가져오는 것으로 보일 수 있다. 하지만 좀 더 자세히 살펴보면 오바마는 과거와 단절하는 것과는 거리가 멀다. 오바마의 글이나 정치 경력으로 볼 때, 그는 처음부터 금융과두제에 대한 봉사를 충분히 인식하고 기꺼이 봉사하고자 한 후보였다.

따라서 미국 민주주의의 중심축을 이루는 요소인 경쟁적 다당제(실제로는 양당제)를 살펴볼 필요가 있다. 독자들은 이 장의 앞 절들에서 언급한 많은 요소들을 알게 될 것이다. 하지만 미국중심주의적으로 편향된 개념들은 민주주의에 대한 미국식 접근을 둘러싸고 있는 온갖 미세한 거미줄을 통해 사람들이 사태를 제대로 보는 것을 '방해한다.' 이로 인해 쿠바 민주주의와 같은 다른 체제들에 대한 편견과 근거 없는 관점이 조성된다. 미국 모델에서는 정치 체계를 '유지하기' 위해 미국 사회나 정치 체계에서 공개적으로 드러나는 불명예스러운 특징들이 엘리트들에 의해 조작된다. 이러한 상황 탓에 양당제를 거부할 수 있는 견고한 구조적 메커니즘이 생기지 못하게 된다. 미국중심주의적 관점은 미국 정치 체계가 자신을 유지하기 위해 불만을 편입시키는 과정을 은폐한다. 오바마 현상의 사례에서 드러나는 목표는 '군산복합체'에 봉사하기 위해 국내외적으로 '공세'를 계속하는 것이다.

'편입'과 개인적 기회주의

양당제를 변화의 수단으로 보는 환상을 만들기 위해 편입과 개인적 기회주의가 결합되는 것이 미국 민주주의의 중요한 특징이다. 이 절에서 다루는 특징 가운데 첫번째는 편입(co-optation)이 미국 민주주의의 중요한 요소로서 기능한다는 것이다. 예컨대, 아이젠하워와 언론이 만든 '군산복합체'라는 용어가 일반적으로 사용된다는 것 역시 지배 과두제에 대한 반대가 편입되거나 비공격적으로 되는 수단이 된다. 이는 '군산복합체'라는 개념을 통속화함으로써 달성된다. '물론' 군산복합체의 영향력이 '지나치면' 바람직하지 못한 것이라고 주장한다. 하지만 '군산복합체'는 근본적인 대안이 없는 한, 정치적·경제적 경관의 한 부분으로 존속할 수 있는 이점을 누린다.

여론에 나타날 수 있도록 허용되는(심지어 부추겨지는) 유일한 쟁점은 군산복합체의 현실적이고 계속되는 '존재 자체'가 아니라 '과도한' 영향력을 어떻게 다루느냐 하는 것이다. 그래서 '군산복합체'의 파괴성과 같은 알려진 특징들은 체제를 유지하는 데 해롭지 않은 방식으로 편입될 수 있다. 이렇게 편입이 되면 오히려 거꾸로 현존 질서를 '구원하는' 데 효과적인 수단이 될 수 있다. 나라 안팎에서 일어나는 가장 명백하고 끔찍한 모습은, 시스템은 적절한데 그것이 '남용'되는 것으로 은근슬쩍 포장된다.

일반적으로 '남용'은 의도적이건 그렇지 않건 간에 개인적인 잘못을 말하며, 종종 시스템에 대한 '개인적인 오용'으로 간주된다. 그것은 시스템을 과도하게 사용한다는 개념을 떠올리게 함으로써 시스템 자체보다는 그것을 오용한 개인에게 책임을 돌린다. 이러한 경우, 그러한 오용이 현존 질서에 대한 도전이라고 기층 민중들이 문제를 제기하면, 그 바람직한 효과는 편입에 의해 정반대로 바뀐다. 다소 잘 알려진 최근의 생생한 사례들을 들어 보자. 아부그라이브와 관타나모에서 미국 군인이 저지른 고문은 잘 알려져 있다. 브래들리 매닝이 폭로한 바와 같이 미군 아파치 헬리콥터에서 이라크 시민들을 사살하고, 10년 이상 계속해서 이라크와 아프가니스탄에서 다수의 시민들을 죽인 일이 있다. 그 밖에 미국 병사들이 아프가니스탄 사람 사체에 오줌을 누고 코란을 불태운 장면도 포함된다. 워싱턴은 이러한 일들을 비롯한 다른 '사건들'을 '남용' 또는 '예외적인 일'이라고 생각한다.

2012년 3월, 미국 병사가 16명의 아프가니스탄 사람(어린이 9명, 여자 3명과 남자 4명)을 죽였다. 오바마는 즉각 병사 개인을 지목하면서, "이 사건은 비극적이고 충격적인 사건으로서 우리 군의 예외적인 성격을 표현하는 것이 아니다"라고 말했다(Obama, 2012b). 개인적 도덕성 카드를 사용함으로써 오바마는 미국과 미군에 면죄부를 줄 뿐만 아니라, 이러한 극악무도함에 대해 남보다 앞서서 분노를 표출함으로써 반대 정서를 편입시키고자 하는 것이다.

개인적 도덕성과 '남용'은 국내의 위기에서도 동일하게 적용된다. 예컨대, 아프리카계 미국인에 대한 인종주의적 살인에 대해 오바마는 다른 어떤 미국 대통령과 마찬가지로 개인들에게 책임이 있다고 지적함으로써 미국 사회에 뿌리 깊은 인종주의 문제를 회피할 뿐 아니라, 미국 법률과 헌법이 그런 일이 일어나는 틀을 어떻게 제공하는가 하는 문제를 외면한다. 2012년, 조지 짐머먼이라는 백인 자경단 단원에게 살해당한 아프리카계 미국인 청년 트레이번 마틴 사례는 잘 알려져 있다. 폴 스트리트가 인용한 '말콤 X 풀뿌리 운동'의 획기적인 보고서에 따르면 그것은 빙산의 일각에 불과하다. "우리는 2012년 1월 1일부터 6월 30일까지 경찰과 경비원, '자율 방범대원'에 의해 흑인이 살해된 사례를 적어도 120건은 알고 있다. 36시간에 한 명꼴로 살인 사건이 일어난 것이다" (Street, 2012). '탈인종적 미국' 촉진자로서 오바마는 이러한 계속되는 살인을 눈감고 있다. 그리하여 그는 간접적으로 살인을 방조하고 있다.

애리조나 기퍼즈 의원 사건(2011년), 포트후드 기지 사건(2009년), 콜로라도 배트맨 개봉관 사건(2012년), 위스콘신 시크교 사원 사건(2012년) 같은 대규모 총기 난사 사건에 대해 오바마는 어떻게 대응했던가! 여전히 대규모 총격 사건은 잦아들지 않고 있다. 미국이 국제적으로 점점 더 폭력을 행사하는 것은 미국 사회 자체에 내재하는 극단적 폭력의 연장이다. 개인들을 "법에 따라 처벌하라"고 요구하는 한편, 희생자들과 그 가족들을 위해서는 위선적인 눈물을 흘린다. 하지만 오바마의 첫 임기 동안에 일어난 모든 사건에서 그는 총기를 소지할 수 있는 권리를 보장하는 법률과 '2차 수정헌법'에 의문을 제기한 적이 없다 (Kellough, 2012). 이런 법률은 일반적으로 수용 가능하다고 여길 수 있는 것인데, 문제는 법률을 '남용하는' 개인들이라는 것이다.

이러한 모든 '남용' 사건들에서 전체 지배계급과 그와 연관된 정치체계는 위기를 모면한다. 그 자리를 대신해 개인적인 경건함을 애호하는 미국인들이 중심무대를 차지한다. 이런 식으로 자리가 잡히면 현존질서에 대한 점증하는 반대는 경쟁적 양당제라는 미국 민주주의의 책략을 통해 회복된다. 이것은 미국중심주의적 편향에서 유래하는 탁월한 편입 메커니즘이다. 이러한 과정을 통해 체제는 회복된다. 이런 점에서 미국 민주주의는 진행 중에 '있다.' 체제는 소수가 삼켜 버리는 가공된 '반대 이미지'를 이용함으로써 자신의 야망을 실현하기 위한 '공세'를 계속할 수 있게 된다. 그래서 이러한 회복, 또는 편입은 현존 질서를 유지하는 미국 민주주의의 두 가지 본질적 요소 가운데 하나이다.

두 번째 주요한 특징인 양당제는 편입과 뗄 수 없도록 연결되어 있다. 그것은 "대통령선거의 완전한 정치적 기회주의"(pure presidential political opportunism)라고 부르는 것이다. 대통령 후보가 되기 위해서는 극단적인 정치적 계산이 필요하다. 이러한 이기적인 기업가 정신은 출마하여 의회에서 의석을 차지하게 되는 정치인들, 예컨대 '의회 흑인 이익단체' 구성원들이나 여타 상하원 의원 같은 정치인들에게 반드시 적용될 필요는 없다. 또 "대통령선거의 완전한 정치적 기회주의"라는 개념은 모든 시장들이나 지방자치단체 정치인들에게 적용되는 것도 아니다. 여기서 이 개념은 오직 미국에서 가장 높은 자리, 즉 대통령이면서 세계에서 가장 큰 경제 권력(글 쓸 당시의 기준으로)과 지구에서 가장 강력한 군사력을 이끄는 사령관에게 한정되어 사용된다.

이 "대통령선거의 완전한 정치적 기회주의"는 독립선언서와 헌법이 기초하고 있는 기본적인 원칙, 즉 개인의 원초적이고 압도적인 역할에서 비롯된다. 이와 직접 관련하여 개인주의는 전체 경제·사회·정치 체계가 기반으로 하고 있는 사유재산에 의존하여 형성되어 있다.

대통령선거의 완전한 정치적 기회주의는 자본가들을 위한 경제적 자유주의 개념을 정치에 적용한 것이다. 그것은 또 아메리칸드림 개념과 그와 관련해 드문 벼락부자 이야기를 강조하는데, 이 모든 것은 실제 상황을 은폐하는 데 기여한다.

이런 의미에서 오바마가 자신의 정치적·개인적 삶과 정치 담론을 다룬 초기 저서(그의 첫 번째 《뉴욕타임스》 베스트셀러)와 잇따라 나온 두 번째 책(그의 두 번째 《뉴욕타임스》 베스트셀러)을 진지하게 검토해 볼 필요가 있다. 이 책들에서 오바마는 처음부터 지배 집단에게 정확한 신호(거의 암호 형태로)를 보내고 적절한 유행어를 구사하고 있다. 그는 그렇게 함으로써 과두제 체제를 유지하기 위해서뿐만 아니라 국내적·국제적으로 공세를 계속하는 데 자기가 필요한 인물이라는 점을 분명하게 보여 주었다. 지금은 미국이 시간을 허비하거나 제자리걸음을 할 수 없는 격변하는 시대이다. 미국은 나라 안팎에서 신뢰성이 엄청나게 상실되고 있는 상황을 좌시할 수 없다. 하지만 이러한 개인적인 대통령의 정치적 기회주의는 은밀하게 수행된다. 오바마는 지배 집단에게 자신의 쓸모를 보여 주는 동시에, 자신과 언론이 판매를 위해 믿을 만하게 포장한 적당한 말과 적절한 '모습'으로 시민들(또는 적어도 일부 유권자들)에게 다가간다.

그것은 투기꾼으로서의 대통령 후보와 이미 자신들의 대통령으로 선택했을 '군산복합체' 사이의 음모가 '아니다.' 오히려 그것은 떠오르는 개인적인 대통령선거의 정치적 기회주의가 특정 선거 시기에 금융과두제 분파의 필요와 융합하는 것이다. 대통령 후보와 엘리트들은 그 과정에서 서로 의사를 타진한다. 백악관에 입성하려는 후보는 부와 정치권력을 가진 사람들뿐 아니라 엘리트들의 지도를 추종하는 주류 언론 집단에게 자신의 가치를 증명해야 한다. 결국 그들이 선택하기 때문이다. 예비 후보는 자신의 가치를 내보임으로써 체제와 선거 당시 과두제의 필요에 충성을 증명할 수 있다. '그와 동시에' 미래의 후보자는 이미지를 연출할 수 있어야 한다. 잠재적 후보는 점점 회의적으로 변하고 있는 미국 사람들과 국제 여론에서 일정 정도 신뢰성을 확보할 수 있는 인물이어야 한다. 두 측면(개인적인 대통령 정치적 기회주의와 부유한 엘리트의 핵심 분파)은 어떤 적절한 순간에 만나 공통된 움직임을 만들어 낸다. 결과적으로 지배 집단의 주요 권력은 오바마가 자신들에게 도움이 될 수 있다는 것이 분명해졌을 때 자금조성 캠페인과 언론을 통해 오바마를 자신들의 인물로 지명했다. 다음 절에서는 자유시장이라는 '보이지 않는 손'을 돕는 '보이는 주먹'의 역할을 오바마의 사례에 적용하여 검토해 보도록 하겠다.

미국식 민주주의가 실제로 어떻게 작동하는지를 이해하지 못하면 위험한 상황에 이를 수 있다. 예컨대, 모든 민중 부문(노동조합, 아프리카계 미국인과 라틴계 활동가, 사회 운동가, 진보적인 학자와 지식인, 그리고 스스로 자유주의자나 좌파라고 부르는 사람들)은 미국 정치 체계에 대해 극도로 회의적이었다. 하지만 많은 사람들이 오바마가 실제로 변화를 대표한다는 믿음에 빠져들었다. 이러한 일은 대체로 오바마가 처음 당선된 2008년 선거 때 벌어졌고 2012년 선거 때에도 어느 정도 반복되었다. 문제의 핵심은 경쟁적 양당제와 그 당연한 귀결로서 '차악'이 실제로 특정 시기에 대다수에게 이익이 되는 방식으로 작동할 수 있다는 환상이 끈질기게 끼어든다는 점이다. 이러한 관점에서 보면 미국 민주주의는 요즘 들어 예외적으로 잘 작동하고 있다고 할 수 있다. 오바마에 관한 사례 연구가 잘 보여 주듯이 미국식 민주주의는 그것을 둘러싸고 있는 가장 중요한 두 가지 요소, 즉 '편입'과 '대통령선거의 완전한 정치적 기회주의'라는 잘 감추어진 위장을 통해 놀랄 만큼 성공적으로 유지될 수 있는 것이다.

신뢰성 결여

미국에 문제가 많다는 사실은 미국 지배 집단의 대표자들이 수도 없이 지적해 왔다. 이는 특히 부시 시대 이후 국제사회의 신뢰성 문제일 뿐 아니라 미국 국내의 평판에서도 문제였다.

먼저 국제적 측면에서 신뢰성 문제를 살펴보자. 즈비그뉴 브레진스키는 빌 클린턴 전 대통령의 국가안보보좌관이었다. 브레진스키는 2008년, 《두 번째 변화: 세 대통령과 초강대 권력 미국의 위기》라는 책에서 "전세계적으로 미국에서 멀어지는 현상과 부시의 리더십에 대한 광범위한 의문"에 관해 썼다. 그는 또 "라틴아메리카에서 민주주의의 부상(베네수엘라 같은 나라들)과 반미 정서의 확산 사이에 관련성이 커지는 현상"에 대해 집요한 관심을 표현했다. 브레진스키는 나아가 조지 W. 부시가 어떻게 "역사적 국면을 오해하고 …… 미국의 지정학적 입장을 해쳤는지"에 관해 썼다. 또 유럽이 "점점 소원해지는" 것에 관해 우려했다. 라틴아메리카는 "민중적이고 반미적으로 바뀌고" 있었다. 그는 "이슬람 세계와 폭발하기 쉬운 중동에서 서방에 대해 적대감이 강화되고 있다는 점"을 강조했다(Brzezinski, 2008: 175-77, 208). 2007년 민주당 예비선거에서 브레진스키는 오바마와 힐러리 클린턴을 공개적으로 지지했다. 브레진스키의 지지 이유는 오바마가 "도전은 '새로운 모습'임을 인식하고 있으며, 그러한 문제[세계 문제]에 대처하여 미국과 세계의 관계를 변화시킬 수 있는 배짱과 지성을 갖추고 있다"는 것이었다(Zacharia, 2007, 강조는 지은이). 또 하나의 우려가 광범위하게 표출되었는데 그것은 이집트와 라틴아메리카에서 미국의 신뢰성에 관한 것이었다. 2008년 11월에 기득권층의 싱크탱크인 '대외관계위원회'가 출연하여 세간의 이목을 끈 패널 토론에서 위원회 대표는 "아프리카계 미국인을 선출함으로써 미국 인종주의에 관한 선전에 대처하여 효과적으로 방어할 수 있었다."고 말했다(Council on Foreign Relations, 2008).

국내적으로는 자본주의 체제를 보존하고 권위를 유지하는 것이 고통

스런 일이었다. 신뢰성 결여는 아프리카계 미국인들 사이에서 가장 분명했다. 미셸 알렉산더는 아프리카계 미국인 시민권 옹호자로 스탠퍼드 대학 법대 교수이다. 그녀는 미국 사회와 최근 역사에 관해 무척 인상적인 책 한 권을 출판하여 아프리카계 미국인들이 직면한 냉혹한 현실을 독자들에게 보여 주었다.

양당제 덕분에 엘리트들은 특정 대통령 후보가 다른 후보와 다르고 더 낫다고 제시할 수 있는 기회를 얻는다. 아프리카계 미국인들 가운데서 나타난 신뢰성 결여는 오바마의 2008년 선거 전부터 지배 집단에게 주요한 관심사였다. 따라서 아프리카계 미국인 오바마는 나라 안팎에서 드러난 이러한 불만을 편입하는 데 이상적인 후보임이 증명되었다. 예컨대, 국내적으로 오바마는 미국 사회에 대한 아프리카계 미국인들 사이의 신뢰성 결여를 현저히 줄이는 데 기여했다. 그는 자신의 대통령 후보 경력을 쌓기 시작한 2004년 민주당 전당대회 기조연설에서 "흑인 미국이나 백인 미국, 라틴계 미국, 아시아인 미국이 있는 것이 아닙니다. 미합중국이 있을 뿐입니다"라고 선언했다(Obama, 2004b). 그는 체제를 위한 신뢰성을 얻기 위해 자신을 '탈인종' 사회의 상징으로 내세웠다. 양당제의 다른 측면들과 마찬가지로 그것은 또 하나의 환상을 만들어 냈다.[15]

오바마의 첫 번째 임기와 반작용

세상에서 통용되는 이념과 가치, 개념, 경향에서 고립된 채 살아가는

---

15) www.democracyintheus.com, "The International and Domestic Credibility Gap Facing Democracy in the U.S. Before the 2008 Presidential Elections."

사람은 없다. 동시에 학생과 학자, 노조 활동가, 사회 활동가, 정치인 할 것 없이 모든 개인은 자신이 자라고 살아가는 사회에서 자기 경험을 통해 학습한다. 사람들은 누구나 사회 속에서 영향력을 다투는 여러 개념에 지속적으로 노출되면 진보적인 가치나 행동의 방향으로 (변화, 변경, 수정, 전위라는 의미에서) 급진적으로 바뀔 수 있다. 거꾸로 누구든 일반적으로 (순응주의나 전통주의적) 현존 질서를 유지하는 특징을 띠는 준거에 따라 움직일 수도 있다. 따라서 한 개인은 중도적 입장 또는 때때로 신중하거나 절충적이거나 공평하거나 중립적이거나 불편부당하고 여기는 입장을 가질 수 있다는 결론에 도달할 수도 있다. 그런데 이러한 '중립적' 사고와 행동은 현실에서 보수적 관점을 은폐하는 방어막이 되는 경우가 많다. 중립이란 결과적으로 보수적인 관점이 자신을 유지하고, 역사의 시계를 되돌리거나 진보를 방해하기 위해 스스로를 드러내는 또 다른 모습이다. 미국의 역사학자 하워드 진(1922~2010)이 2002년에 출간한 책 제목에서 적절하게 요약한 것처럼 "달리는 기차 위에 중립은 없다"(Zinn, 2002).

오바마는 민주당 대통령 후보로 나서기 전에 성공적인 책을 두 권 출간한 저자로서 대통령으로서는 독특한 특징을 갖고 있다. 첫 책《아버지로부터의 꿈: 인종과 유산 이야기》(2004a)는 오바마가 아프리카계 미국인으로는 처음으로 《하버드 법학리뷰》 편집장으로 선출되고 나서 의뢰받은 것이었다. 오바마는 하버드대학에서 헌법을 전공했다. 아프리카계 미국인 문화를 전공하는 학자 대니얼 스타인은 오바마의 책 이면에 있는 몇 가지 동기를 밝혔다. 오바마의 목표는 "흑인 전문가 또는 학자로서 자신의 성공 이야기를 말하는" 것이었다고 스타인은 쓰고 있다(Stein, 2011: 2).《뉴욕타임스》 2008년 2월 기사에 따르면, 그 책은 2004년 출간되자마자 꽤 많이 팔려 2008년에는《뉴욕타임스》 페이퍼

백 비소설 분야 목록에 81주째 올랐다. 오바마가 〈오프라 윈프리 쇼〉 (1986년 첫 방송 후 2011년 5월 25일 종영될 때까지 25년 동안 전 세계 140여 개국에 배급된, 오프라 윈프리가 진행한 토크쇼)에 출연하여 그 책이 호평을 받음으로써 판매가 급상승했다(Hofmann, 2008).

오바마의 초기 글들을 보면 그가 이미 아프리카계 미국인으로서 자신의 이미지를 만드는 한편, 동시에 1960~1970년대의 전투적인 아프리카계 미국인 활동가들과 거리를 두고 있었음을 알 수 있다. 그는 또 마틴 루터 킹을 왜곡하여 자신의 프로그램에 이용했다. 이런 방식으로 오바마는 미국의 일반적인 현존 질서를 유지하는 데 안전하다는 것을 보이는 한편, 아프리카계 미국인들이 언제라도 인종주의와 체제에 대한 저항할 가능성을 억제할 수 있는 이상적인 후보라는 점을 부각시킬 수 있었다. 아프리카계 미국인들은 그러한 저항 정신 속에서 진보적이고 혁명적인 사상에 끌리는 경향이 있었던 것이다.

오바마는 국제 문제에 관해 공화당과 민주당이 갖고 있는 차이를 대수롭지 않게 여기면서 쿠바와 라틴아메리카에 '자유시장'과 '자유민주주의'를 더 촉진할 것이라고 약속했다. 이와 동시에 그는 적절한 유행어와 역사적 사례를 활용하면서 변화의 이미지를 만들기 위해 양당제에 대한 환상을 교묘하게 이용했다. 그는 이런 방식으로 자신이 아메리칸 드림에 충실할 뿐 아니라 어느 누구보다도 미국 엘리트들의 이익을 위해 잘 수행할 수 있을 것이라고 암호화된 말로 과두제에게 표현했다.[16] 오바마는 자신이 체제에 대한 저항을 선호하는 아프리카계 미국인들 편을 들 것이라는, 지배 과두제가 가질 수 있는 어떠한 우려도 분명하

---

16) www.democracyintheus.com, "The Early Evolution of Obama's Personal American Dream."

게 불식시켰다. 그는 지배 집단에게 굴종하는 종이 되는 입장에서 아프리카계 미국인들을 "손쓸 수 없는 상태로 가지" 못하게 함으로써 "그들을 억제할" 것이라는 점을 확신시켰다.[17]

오바마의 두 책은 양당제라는 수단을 이용하여 지배 집단에게 정확한 신호를 보냈다. 양당제를 이용하여 그는 자신의 개인적 성공을 아프리카계 미국인들의 성공이라고 간주한다. 오바마는 자신의 운 좋은 상황을 아메리칸드림이 가능하다는 증거로 본다. 하지만 집단으로서 아프리카계 미국인들의 상황은 어떤가? 《월스트리트저널》의 애틀랜타 지국장 더글러스 A. 블랙먼은 획기적인 책 《다른 이름의 노예제: 내전에서 제2차 세계대전까지 미국 흑인들의 재노예화》에서 책 제목이 포괄하는 기간에 어떻게 노예제가 다른 이름으로 나타났는지를 기록하고 있다(Blackmon, 2008). 이 책은 노예제를 폐지한 '13차 수정헌법'(1865년)과 투표권법을 도입한 '15차 수정헌법'(1870년) 같은 수정헌법들이 채택된 시기를 포함하고 있다(Constitution of the United States, 1984: 83, 85). 또 알렉산더는 제2차 세계대전 이후 현대의 미국 사회를 '새로운 짐 크로'(new Jim Crow)라고 부르면서 마틴 루터 킹의 꿈은 결코 성취되지 않았다고 통렬하게 지적하고 있다(Alexander, 2010: 246).

'짐 크로'는 1877년부터 1960년대 중반까지 주로 남부 주들에서 작동한 인종 카스트 제도의 이름이었다. 원래 "구" '짐 크로'는 아프리카계 미국인들에 대한 엄청난 차별이 특징이었는데, 거기에는 린치나 감금도 포함되었다. '짐 크로'의 목표는 노예제 폐지로 아프리카계 미국인들이 얻은 성과(투표권 획득 포함)를 뒤엎는 것이었다. '짐 크로'는 수정

---

17) www.democracyintheus.com, "What Obama Did Not Like About Malcolm X."

헌법을 훼손하고 인종차별이나 린치 같은 폭력적 억압을 강화하려고 했다(Pilgrim, 2000).

알렉산더는 마르틴 루터 킹의 "1968년 가난한 사람들의 운동"을 "시민권에서 인권 패러다임으로의 전환"을 대표하는 것으로 보았다. 그녀는 1967년 5월, "우리는 시민권 시대에서 인권 시대로 전진했습니다. …… 우리가 전진한 이 새로운 시대는 분명 혁명의 시대가 될 것입니다"라는 킹의 말을 인용하여 이 주제에 관해 상세하게 설명했다(Alexander, 2010: 246에서 인용).

1967년 킹의 정치사상은 집단행동을 토대로 형성되었는데, 그 결론은 오바마와 정반대였다. 오바마는 두 번째 책에서 등장하는 사상가들과 접촉하면서 자신의 생각을 발전시켰다. 오바마의 사상 발전은 아무리 연관 지어 보려고 해도 킹의 사상 발전과는 도무지 일치하지 않는다. 이 책의 주제와 관련하여 중요한 점은 오바마가 자신의 개인적 목적을 위해 어떤 식으로 킹을 조작했는가 하는 것이다. 오바마는 경쟁적 양당제가 국내뿐 아니라 세계를 위한 모델로서도 타당하다고 생명력을 불어넣었다.

킹은 오바마와는 반대로 '편입'되는 것을 반대했을 뿐 아니라, 현존 질서를 지키기 위한 운동을 회복하려는 어떤 시도도 반대했다. 킹은 장애물들을 예견이나 한 듯, "링컨의 노예해방 선언이나 린든 존슨의 시민권법(1964)은 완전한 [아프리카계 미국인의] 자유를 가져올 수 없다"고 경고했다. 이러한 맥락에서 킹은 앞에 인용한 연설에서 쟁점에 관해 공개적으로 밝혔다. 그의 담화를 보면 점점 아프리카계 미국인들뿐 아니라 모든 가난한 사람을 구원하는 데 적절한 혁명적 사상을 탐색하고 있었음을 알 수 있다. 킹은 체제 전반에 의문을 제기하는 방향으로 도약하고 있었다. 그가 암살당할 당시까지 아직 확정적인 형태는 아니지만, 기존의 구조 바깥에서 모종의 정치권력을 추구할 필요가 있다는 점을 알았다. "미국에 4천만 명의 빈민이 존재하는 까닭이 무엇입니까? 더욱이 사람들이 그러한 질문을 제기하기 시작하면, 경제체계에 관해 그리고 부의 광범한 분배에 대해 의문을 제기하는 것이 되고 …… 자본주의 경제에 의문을 제기하게 되는 것입니다." 나아가 킹은 이렇게 결론지었다. "나는 단지 우리가 전체 사회에 관해 의문을 제기하기 시작해야 한다고 거듭 말하고 있을 뿐입니다." 그는 사회주의를 지지하지는 않았지만, 짧은 생애의 말년에는 점점 개방적으로 바뀌어 갔다. 같은 연설에서 쿠바혁명에 대한 자신의 견해를 밝히면서 이렇게 말했다. "산악지대에서 실제로 카스트로와 더불어 투쟁한 사람들은 소수의 쿠바인들에 불과했을지 모르지만, 만약 카스트로가 광범한 쿠바인들 다수의 공감을 얻지 못했다면 결코 바티스타 체제를 타도할 수 없었을 것입니다"(King, 1991: 246, 249-250).

민권운동의 투쟁으로 얻은 민주적 권리들은 너무나도 중요하다. 하지만 오바마는 민권운동의 연장이 아닐 뿐더러 어떤 식으로든 그런 민주화 투쟁의 산물도 아니다. 그러한 투쟁에 다시 불을 붙일 수 있는 촉매는 더더욱 아니다. 반대로 그는 그러한 민주화 운동이 다시 한 번 분출할 가능성을 소멸시키기 위해 매우 중요한 분파의 지배 집단에 의해 충원되었다. 오바마는 마틴 루터 킹과 반대 입장에 있는 것이지 1960년대 민주화 투쟁의 연장선상에 있는 것이 아니다.

오바마의 두 번째 책은 상원의원으로 선출된 뒤 민주당 대통령 후보로 지명되기 전까지 널리 홍보되고 유통되었다. 2004년에 오바마는 역사상 다섯 번째 아프리카계 미국인 상원의원으로 확정된 후 표현된 과대광고에 대해 책의 후기에서 반응을 보였다. "내가 처음 전국적 관심을 모은 2004년 보스턴 민주당 전당대회 연설에서부터 일종의 과장이 시작되었다"고 말하고는 "내가 기조연설자로 선택된 과정이 내게는 일종의 미스터리로 남아 있다"고 썼다(Obama, 2008: 418). 이 시기까지는 미국 대통령 개인의 정치적 야심에 적용되는 '자유시장의 보이지 않는 손'이 작동하고 있었다. 하지만 사미르 아민이 지적한 바와 같이 자유시장이 제대로 작동하도록 보증하기 위해서는 "보이는 주먹이 …… 시장의 보이지 않는 손을 보완하지 않으면 안 된다"(Amin, 2009: 15). 조금 맥락이 다르지만, 여기에 적용될 수 있는 것으로 듀런드는 1999년《뉴욕타임스》기사를 인용하여 "시장의 감추어진 손은 주먹 없이는 작동하지 않을 것이다"라고 인정했다(DuRand, 2012: 79). 오바마의 경우 '보이지 않는 손'을 돕는 '보이는 주먹'은 자신의 시카고 보좌관 데이비드 액셀로드의 노력이었다. 액셀로드는 시카고에 기반을 둔 컨설팅 회사를 통해 아프리카계 미국인들이 당선되도록 능력을 발휘하고 언론을 잘 이용한 것으로 알려져 있다. 이런 재능을 이용하여 액셀로드는 (당시에는) 잘 알려져 있지 않았던 오바마를 아프리카계 미국인 '풀뿌리' 후보의 이미지, 아메리칸드림을 실현하는 전형적인 인물로 만들어 냈다.[18] 이는 양당제의 유효함이 다시 살아나게 만들었다.

국내 문제에 관해서는 아프리카계 미국인들의 역경에 관련된 문제들을 살펴보기로 하자. 오바마는 가장 중요한 분파의 지배 집단으로부터 '책임감 있는' 아프리카계 미국인으로서 지지를 얻어야 했다. 2008년, 그는 대통령 후보로서 인종에 관해 관심을 끄는 두 차례의 연설을 했는데, 하나는 '아버지의 날' 연설이고 다른 하나는 '인종 연설'이라고 알려진 것이다. 그는 그 기회를 이용하여 백인이 지배적인 과두제를 향해

---

18) www.democracyintheus.com, "The Making of a 'New Face' for Democracy in the U.S. and Abroad."

대통령 후보로서 뭔가 장점을 갖고 있다는 미묘한 메시지를 던졌다. 그는 상대 후보보다 훨씬 더 효과적으로 인종에 대한 고정관념을 이용하고 탈인종 사회에 관한 위험한 오해를 조장할 수 있었다.[19]

　복원과 정치적 기회주의의 개념이 결합하여 작동함으로써 나타나는 중요한 귀결은 양당제와 '차악' 이론(현존 질서를 유지하는 두 정당 가운데 하나를 선택하는 것)에 대한 확고한 믿음으로 눈멀게 된다는 것이다. 이러한 전제들이 서로 결합하여 미국 정치 체계에서 현존 질서를 유지하고 위기를 피하는 생명줄이 된다. 왜냐하면 이런 개념들과 그에 연관된 행동들은 사람들이 양당제를 넘어서지 못하도록 하기 때문이다. 이러한 관점은 궁극적으로 정치권력을 획득하고자 하는 새로운 형태의 투쟁과 정치적 행동을 영구적으로 지연시킨다. 오바마는 자신의 진정한 보수적 의도를 드러내는 모든 신호를 보냈는데, 불행하게도 2008년 선거 전에는 많은 사람들이 그것을 눈치 채지 못했다. 하지만 첫 번째 임기 동안 그는 자신의 진짜 의도를 보여 주었다. 그렇다면 양당제에서 배워야 할 교훈은 무엇일까?

오바마의 대외 정책과 쿠바

　2009년 1월 취임 이후 오바마의 중요한 초기 대외 정책 가운데 하나는 2009년 4월 트리니다드토바고에서 열린 아메리카대륙 정상회담이었다. 쿠바를 제외한 아메리카 34개국이 모두 초청되었다. 아메리카 국가기구(OAS)가 자신의 민주적 성격과 반대된다고 규정한 마르크스-

---

19) www.democracyintheus.com, "Competitive Democracy Goes Far: Manipulation of Race."

레닌주의 이데올로기를 빌미로 쿠바는 1962년에 일방적으로 축출되었다. OAS 회원국은 아메리카대륙 정상회담 초청 대상국을 결정한다. 그런데 2009년에는 여러 쟁점들 가운데에서 가장 뜨거운 이슈가 바로 쿠바 문제였다.

정상회담 이틀 전, '우리 아메리카 민중을 위한 볼리바르동맹'(ALBA, Alianza Bolivariana para Pueblos de Nuestra América) 회원국들이 카라카스에 모였다. 우고 차베스는 "만약 그들이 이전처럼 봉쇄라고 하는 제국의 배제 담론을 구사한다면 아무것도 변하지 않을 것이다 …… 쿠바는 라틴아메리카 민중들의 명예이다"라고 말했다(*Granma*, 2009). 다음날 오바마의 정상회담 담당 백악관 보좌관 제프리 S. 다비도우는 기자회견을 열었는데, 대다수 언론인들의 압도적인 질문은 바로 쿠바 문제였다. 일부 언론인들이 라틴아메리카 언론기관을 통해 보도하고 있었다. 쿠바가 정상회담에 초청되어야 하지 않느냐는 질문에 대해 다비도우는 "아닙니다 …… 쿠바는 아직도 비민주적 국가입니다. 미국은 여전히 쿠바에서 변화가 일어나기를 바라며, 그렇게 되는 어떤 시점에 쿠바가 아메리카국가 공동체에 다시 참여할 수 있게 될 것입니다"라는 반응을 보였다. 다비도우가 말한 것을 듣고 다른 언론인이 되물었다. "미국은 대화를 원한다면서 왜 쿠바를 [정상회담에] 포함시키지 않았습니까?" 다비도우는 "그것은 복잡한 문제라 여기서 그 문제를 분석하고 싶지 않습니다"라고 대답하고 쿠바 문제에 관한 언급을 회피했다. 모든 미국인에게 여행을 불허하고 쿠바계 미국인 가족의 여행과 송금에 대한 부시의 제재를 푸는 것에 관해 다비도우는 "쿠바계 미국인들이 자기 나라를 방문하게 된다면 우리 체제의 …… 가장 유능한 외교관들이 될 것입니다"라고 답변했다(Davidow, 2009).

며칠 뒤, 4월 17일로 예정된 정상회담 개막을 불과 나흘 앞둔 4월

13일, 백악관은 미국-쿠바 정책에서 '일련의 변화'에 관한 성명을 발표했다(오바마는 언론에 직접 발표를 하지 않았으며, 언론인들은 그날 뒤늦게 알게 되었다는 사실을 지적해 둔다). "쿠바 민중에게 접근하기" 정책에서 변화된 주요한 특징은 "쿠바 민중이 자기 나라의 미래를 자유롭게 결정하는 욕구를 …… 지원하는 것이었다. …… 오바마 대통령은 이러한 정책이 그 목표를 현실로 만들 수 있을 것이라고 믿고 있다"(White House, 2009b).

한 소식통의 논평은 왜 오바마가 기자회견장에 나타나지 않았는지에 대해 시사점을 제공하고 있다. 그 기자는 "라틴아메리카 나라들은 …… 오바마 대통령에게 [쿠바와의] 관계를 좀 더 정상화하라는 압력을 행사하고 있는 중이다. 대통령과 백악관은 이러한 압력을 다소간 의식하여 오늘 이런 식의 기자회견을 한 것이 아닐까?" 하고 말했다. 이런 의문에 대해 백악관은 그렇지 않다는 반응을 보였다(White House, 2009a).

오바마가 지난날 미국의 정책과 달리 관계 정상화를 향한 어떤 의미 있는 변화를 연 것은 아니었다. 그의 역할은 양당제가 만들어 내는 환상을 기반으로, 과거의 정책들이 "체제 전환이라는 동일한 목표를 달성하는 데 실패했기" 때문에 전술을 변화시키는 것이었다.[20]

지금까지 살펴본 모든 것들로 미루어 볼 때, 우리는 백악관의 '새 인물'에도 불구하고 쿠바에 대한 정책의 기본 전략은 변하지 않았다고 결론지을 수 있다. 쿠바를 봉쇄하여 계속 고립시키고 외교 관계를 거부하는 것은 모두 50년이 넘도록 쿠바인들에게 "기아와 자포자기를 불러

---

20) www.democracyintheus.com, "Obama and Cuba: The Danger of the 'Failed Policy' Concept."

일으켜"(Foreign Relations, Document 499) 항복을 강요하는, 분명하게 언명된 목표의 일환이다. 이러한 정책은 결국 오래전부터 (독립선언에서 시작된 이래로) '세계의 횃불'을 자칭하는 미국의 대외 확장 정책에서 유래하는 것이다. 변한 것은 전술이며, 전술이란 곧 '새 인물'이다. 그 방법은 부시의 정책을 흔드는 것인데, 오바마의 유일한 불평은 부시의 정책이 "먹혀들지 않았다"는 것이다. 부시의 정책은 미국의 국익에 바람직한 결과를 가져오지 못했기 때문에 실패한 정책이었다. 수만 명의 쿠바계 미국인들을 쿠바로 여행 보내는 것은 백악관 대변인이 말한 것처럼 그들이 "우리 체제의 …… 가장 유능한 외교관들"로서 이바지하리라고 기대하는 맥락 속에서일 것이다. 이처럼 쿠바계 미국인들의 여행 확대와 더불어 쿠바 가족들에게 송금 형태로 상대적으로 대규모 자금이 유입된다. 이러한 현금 자금은 "휘청거리는 쿠바 경제"에 원조를 제공함으로써 미국 체제가 우월하다는 '증거'를 뒷받침하는 데 이용된다. 가족 상봉이나 그들에 대한 경제적 지원을 놓고 그 누구도 합리적으로 반대할 수 없다. 학자들과 같은 부류의 사람들에게 쿠바를 개방하는 것 또한 그것이 지속되는 한 유익하다. 왜냐하면 학자들과 학생들은 일반적으로 쿠바에 대한 긍정적인 평가를 갖고 미국으로 돌아오기 때문이다. 그러나 백악관 발표에서 추론할 수 있듯이, 거기에 조금이라도 좋은 의도가 있다고 생각하는 것은 순진한 발상이다. 쿠바 쪽에서는 테러와의 전쟁, 카리브에서 마약 밀수와의 전쟁, 이민 문제 등 다방면에서 상호 교환을 촉진하려는 모든 노력을 다했다.

오바마가 가져온 '변화'는 '소심한' 것이 아니라 오히려 쿠바 정치체제를 무너뜨리려는 '다른 전술'을 다시 한 번 시도하는 '대담한' 전술을 표현하는 것이다. 부시 시절의 봉쇄가 "먹혀들지 않았다"고 주장하는 일부 사람들의 입장은, '먹혀들' 새로운 방법을 도입하려는 것이기 때문에 위험한 주장이다. 그것은 오바마가 상원의원이었을 때 이라크전쟁에 반대한 것과 비슷하다. 오바마는 이라크전쟁을 '멍청한 전쟁'이라고 말함으로써, '영리한 전쟁'이 무엇인지 궁금증을 불러일으켰다. 더욱이 미국의 이해관계를 보호하는 동일한 목표를 계속 추구하기 위한 '새 인물'의 용도는 단지 부시의 쿠바 정책에 대한 반대를 편입하는 미국식 양당제에만 있는 것은 아니다. 오히려 오바마가 펼치는 정책은 단순히 부시 시대의 연장도 아니고 그것과 '동일한 것'도 아니다. 오바마는 단순히 현존 질서를 유지하는 것이 아니라 '공세' 내지 지배 정책이 증가했음을 보여 준다. 오바마는 쿠바의 헌정 질서를 불안하게 만들어 결국 타도하는 데 초점을 맞춘 여러 정책들을 이끌고 있다. 이러한 새로운 공세는 오직 백악관의 '새 인물'을 통해서만 가능한 일이었다.

실제로 오바마 행정부는 쿠바에 대해 부시와 동일한 장기 정책을 추구했으며, 현재의 공화당원들, 심지어 '강경파' 쿠바계 미국인 의원들과 동일한 장기 목표를 갖고 있다. 이러한 정책은 쿠바 체제를 전복하는 것으로, 1959년 혁명 초기까지 거슬러 올라간다. 문제가 되는 유일한 쟁점은 전술인데, 그것은 힐러리 클린턴의 다음과 같은 발언에서 잘 드러난다. 힐러리는 2011년 3월 10일, 백악관을 대표하여 미국 하원 '국무·대외 공작 및 관련 프로그램 책정 소위원회' 회의에 출석했다. 이 소위원회 소속 쿠바계 미국인 공화당 의원이 가족 여행과 송금에 관한 오바마의 변화가 쿠바에서 미국의 목표를 달성하기 위해 실행 가능성이 있는지 질문했다. 힐러리 클린턴은 이렇게 답변했다. "우리는 분명히 전술에서 일치하지 않을 수도 있습니다. 하지만 목표를 달성하려고 노력한다는 점에서는 완전히 일치합니다"(Clinton, 2011c; McAuliff, 2011; Terra Noticias, 2011). 제도언론은 보통 경쟁적 양당제의 환상을 유지하기 위해 쿠바 문제에 관한 공화당원과 민주당원 사이의 의견이 첨예하게 구별되는 것으로 표현한다. 하지만 비교적 폐쇄적인 의사당 문 뒤에서 그러한 차이는 공통의 목표를 달성하기 위해 가장 좋은 전술을 우호적으로 교환하는 것과 같은 것이다.

2008년 선거에서 금융과두제가 오바마의 당선을 보증하기 위해 오바마의 선거 자금을 모금하고 주요 언론이 찬사를 쏟아낸 것은 바로 이 때문이었다. 엘리트들은 일련의 전술 수정이 필요하다는 점을 (쿠바계 미국인 공화당원들보다도 더) 분명하게 인식했다. 지배 집단은 (이 경우) 쿠바에 관한 목표를 달성하는 데 새로운 전술이 더 효율적이라고 생각했다. 2008년 공화당 맥케인-팔린 팀과 마이애미의 공화당 지지자들은 엘리트들의 인정을 받지 못했다. 그들로서는 '먹혀들지 않는' 쿠바 정책을 변경하기 위한 새로운 전술과 이미지가 간절히 필요했다. 여기에는 어쨌든 미국의 양당제가 쿠바와 관계를 개선할 수 있다는 미국중심주의적 선입관으로 눈멀 수 있는 위험이 놓여 있다. 이와 동시에 쿠바 정부쪽에서 미국과 관계 개선 가능성을 열려고 시도한 것은 옳았는데, 그것은 미국의 대다수 사람들이 바라는 목표이기도 했다. 비록 먼 미래일지라도 그러한 사태가 일어나기 위해서는 미국의 전술에 변화가 있어야 할 것이다. 예컨대 오바마가 전술을 바꾸면 미국 여론의 눈에는 개방으로 보일 수 있는데, 이는 오바마가 계산하고 있을 것임에 틀림없다.

마틴 루터 킹은 두 이웃 나라 사이의 관계 정상화에 관해 무슨 말을 했어야 했을까? 킹은 죽은 후에 출간된 '희망의 증거'라는 제목의 에세이에서 미래에 관해 아주 묘한 암시를 던졌다.

하지만 우리는 이 세계에서 상호 존중 없이는 쉽게 평화를 얻을 수 없다. 나의 솔직한 느낌을 표현하면, 인종적 편견이 없는 사람(더 낫게는 개인적인 인종차별 경험이 있는 사람)이 정책결정을 하고, 세계에서 헤택 받지 못한 신흥국들과(또는 그 문제에 관해서는 심지어 카스트로와) 협상하는 데 아이젠하워나 덜레스보다도 더 나은 위치에 서게 될 것이다(King, 1991: 318).

(개인적으로 인종차별의 경험이 있는) 오바마는 자신을 마틴 루터 킹의 추종자이며 진정으로 그의 살아 있는 유산이라고 묘사하고 있는데, 과연 한 번이라도 킹이 쿠바와의 관계에 대해 말한 것을 고려한 적이 있을까? 오바마에 관한 이야기가 밝혀짐에 따라 사람들은 그가 개인적인 인종차별 경험을 외면했다는 사실을 알게 되었다. 오히려 그는 상대적으로 안락한 사회경제적 지위를 누리면서, 아프리카계 미국인들의 상황을 자신이 백악관으로 가는 모든 길을 열어 주는, 개인적인 야망을 위한 도약대로 보았다. 결코 킹은 오바마처럼 하지는 않았을 것이다. 워싱턴의 이 새로운 인물은 트리니다드토바고 정상회의에서 비록 기대한 만큼은 아니지만 일정한 영향력을 행사할 수 있었다.[21]

온두라스의 군사 쿠데타

아메리카대륙 정상회의에서 베네수엘라와 볼리비아, 에콰도르, 니카라과, 아르헨티나를 비롯한 국가의 정상들은 오바마의 쿠바 정책에 반대하고 나섰다. 하지만 정상회의 자체의 전반적인 분위기는 일종의 완화된 반대였다. 쿠바를 둘러싼 갈등은 정상회의에 분 '변화'의 바람, 말하자면 미국과 라틴아메리카의 새로운 긍정적인 시대 분위기로 누그러

---

21) www.democracyintheus.com, "Change in Washington and Relations with Latin America: The Sharp Edge of Resistance Slightly Blunted."

졌다. 최종적인 성명은 쿠바에 불쾌감을 주는 것이었기에 정상회의 결과는 사실상 일종의 타협이었다. 그렇기도 하고, 다른 이유 때문에도 참석한 정상들은 성명서에 서명하지 않았다. 최종 선언은 오바마의 쿠바 정책에 반대하는 공식 성명서 없이 정상회의 문서로서 공개되었다. 라틴아메리카는 오바마의 다음 행동을 기다리면서 지켜봄으로써, 오바마에게 자기 행정부의 진정한 의도에 대해 의심하도록 기회를 주는 것 같았다. 대체로 그 무렵 오바마의 대외 정책에 대한 세계 여론은 기다리면서 지켜보자는 분위기였다. 하지만 이는 매우 위험한 추정이었다.

2009년 온두라스의 군사 쿠데타가 미국의 이해관계에 부합하는 방식으로 진행된 것은 그런 추정의 좋지 않은 면을 보여 주는 것이었다. 온두라스에서 일어난 쿠데타는 미국의 양당제에 대한 환상으로 인해 가려진 위험한 결과를 보여 준다. 주요한 속임수는 양당제가 상대 후보와는 근본적으로 다른 후보를 제시함으로써 변화를 가져올 수 있다는 믿음이다. 오바마는 자신의 두 번째 책에서 이렇게 썼다. "내키지 않지만 [미국이] 다시 세계의 보안관 구실을 해야 하는 시기가 있을 것이다. 이 사실은 변하지 않을 것이며 변해서도 안 된다"(Obama, 2008: 362). 미국은 다른 나라의 내정에 간섭하는 것을 '말로는' 반대한다는 의미로 "내키지 않은 보안관"이다. 하지만 워싱턴은 만약 자신의 국익이 어떤 지역이나 나라에서 위태롭다고 판단하면 언제든지 군사 쿠데타를 지원하는 것을 포함하여 모든 가능한 방식으로 개입'한다.'

온두라스의 쿠데타는 변함없이 라틴아메리카에 비밀리에 개입하여 지배하고자 하는 워싱턴의 목표를 보여 주는 사례이다. 온두라스의 상황은 복합적이었다. 거기에는 이런저런 미국 요원들과 군부 장성들, 국무부 관리들이 연루되었다. 그런데 2012년 위키리크스의 폭로로 오바마 행정부도 쿠데타에 연루되었다는 사실이 확인되었다. 2012년에 위키리크스가 공개한 외교 통신문들은 온두라스 주재 미국 대사가 쿠데타에 협력하고 백악관과 접촉한 사실을 보여 주었다(LibreRed, 2012).

오바마는 아주 쓸모가 있었다. 양당제에서 비롯된 자신의 '변화'라는 말과 이미지 덕분에 오바마는 두 입장 사이에 균형을 잡는 줄타기를 했다. 하나의 입장은 무의미한 언명으로 증발해 버리기 십상인 '반대'라는 말로 쿠데타를 짐짓 반대하는 것이었다. 다른 입장은 실제로 실천적인 말로 마누엘 젤라야가 민주적으로 선출된 대통령으로서 온두라스에 복귀하는 것을 '반대한' 것이었는데, 실제로는 이것이 쿠데타에 대한 진정한 반대를 판단할 수 있는 리트머스 시험지였다. 오바마는 이러한 전술로 미국에 대한 형편없는 신뢰성 상실을 극복하고, 라틴아메리카 지역에서 반미 정서를 줄이려고 분투하는 목표에 봉사했다. 그것은 쿠데타를 끝까지 밀어붙이며 허세를 부리는 부시 방식의 태도가 아니라, 적절한 아이비리그 담론을 구사하면서 "내키지 않은 보안관"이라는, 더 쉽게 받아들일 수 있는 새로운 면모였다. 하지만 사실은 오바마가 쿠데타를 전폭적으로 지지했다는 것을 보여 준다.[22]

온두라스와 비슷한 방식으로 2012년 6월에는 파라과이에서 합법적으로 선출된 좌파 성향의 대통령 페르난도 루고에 반대하는 의회 쿠데타가 조직되었다. 오바마 행정부가 직·간접적으로 개입되었든 그렇지 않든 간에 그 쿠데타는 미국의 이해관계 속에서 일어났다. 쿠데타 당일, 파라과이 의회수호위원회 대표는 미국 군부 책임자들과 만났다. 목표는 파라과이의 차코 지역에 미군기지 건설을 협상하는 것이었다 (Fuentes, 2012c; Allard, 2012).

---

22) www.democracyintheus.com, "Obama and the Military Coup d'État in Honduras."

점거운동, 미국중심주의로부터의 탈주?

오바마는 대외 정책의 신뢰성을 회복하여 세계 지배를 위한 미국의 계획을 밀고 나가라는 차원에서 중요한 엘리트 분파의 선택을 받았다. 제도언론은 양당제의 환상을 불러일으키기 위해 오바마의 건강보험 계획에 대한 공화당과 '티파티'(Tea Party)의 반대를 부각시켰다. 이런 방식으로 주류 언론과 두 정당은 진보적 관점을 가진 비판가들이 주목을 끌지 못하게 한다. 예컨대, 오랫동안 경제 분야 등에서 탐사보도 언론인으로 활동해 온 데이브 린도르프는 한 연구에서 다음과 같은 결론을 내린다. "오바마 건강보험은 의료보험 산업의 필요와 이해관계에 따라 구성된 계획이었을 뿐, 이 나라 민중들의 필요에 따른 것이 아니었다." 그 때문에 오바마는 2008년 선거운동에서 월스트리트로부터 돈을 몇 트럭분이나 받을 수 있었다(Lindorff, 2011). 이와 비슷하게 언론인 마이크 휘트니는 월스트리트와 오바마의 월스트리트 경제팀이 "[오바마를] 구조조정과 긴축을 위한 대변자로 지목했다"는 사실을 폭로했다. 오바마는 심지어 선거에서 승리하기도 전에 미국 중산층에게 '긴축' 이야기를 떠벌리고 건강보험과 사회보장제도에 관심을 집중했다. "미국 재계와 금융과두제가 2008년 오바마 캠프에 선거 자금을 쏟아 부은 것은 바로 이 때문이다"(Whitney, 2011). 정치경제학자 로브 어리는 한 연구에서 이렇게 결론짓는다. "버락 오바마는 우리를 의료보험 업자들에게 넘겨주었다. 그렇게 함으로써 실제로는 보험회사의 손을 들어주면서 공공 서비스를 제공한다는 모양새를 만들 수 있었기 때문이다." 미트 롬니는 매사추세츠 주지사로서 "동일한 게임을 벌였다"(Urie, 2012).

점거운동은 동질적이지 않고 도시마다 끊임없이 변하고 있다. 도시들 간의 관계 또한 계속 변하고 있다. 2011년 9월 17일 월스트리트에서 처음 점거가 시작된 이래 2012년 7월 14일까지 모두 7,293명이 체포되었다(OccupyArrests, n.d.). 또 오바마 행정부가 월스트리트운동을 탄압하는 데 직접 개입했음을 보여 주는 미국 정부 문서도 있다. 이러한 억압에도 불구하고 점거운동은 1퍼센트가 통제하는 미국 민주주의에서 정치 참여와 사회경제적 정의 문제를 제기하고 있다. 하지만 몇몇 경우에 점거운동은 민주당과 오바마의 선거 목적에 편입될 수 있는 여지를 크게 남겨 두고 있다. 다른 한편에서는 그러한 경향에 강력하게 저항하는 모습으로 나타나기도 한다. 편입에 대한 적대감이 점점 고조되고 있는 것이다.

예컨대, 2012년 12월 노스캐롤라이나 샬럿에서 오바마를 대통령선거 후보로 확정하기 위한 민주당 전당대회가 열리고 있었다. 그 기간에 월스트리트 점거운동은 샬럿 지역 점거운동과 협력하여 시위를 조직했다. 서방 언론은 전당대회장에 초점을 맞추면서 점거운동 측의 입장은 검열하여 잘라 버렸다. '샬럿 점거운동'은 오바마의 국내 정책과 전쟁, 국제적 폭력의 증가를 날카롭게 비판하면서 민주당 전당대회를 반대하며 외쳤다. "우리는 진정한 민주주의를 원한다. 인민에 의한, 인민을 위한 나라를! 1퍼센트의 기업에 의한, 기업을 위한 나라는 안 된다. 우리는 이 양당제와 그것을 조종하는 기업들이 우리 나라의 운명을 결정하는 것을 좌시할 수 없다"(Occupy Charlotte, 2012). 민주당 전당대회가 열리는 동안 월스트리트 점거운동이 발표한 시카고 점거운동의 성명에서는 "오바마도 다르지 않다"고 주장했다. 그 성명은 나아가 지배집단도 비난한다. "우리는 유머의 기미라고는 조금도 없이 '차악'을 선택하라는 말을 종종 듣는다. 이번에 치르는 선거에서도 다르지 않다." 또 시카고 점거운동은 점점 고조됨에 따라 "오바마는 세계 99퍼센트에 대한 전쟁을 멈춰라!" 하고 외쳤다(Occupy Wall Street, 2012: Document

14). 게다가 '샬럿 점거운동'은 오바마 행정부가 1퍼센트를 위한 정책을 펴고, 시민적 자유를 짓밟고, "위험하게 확대되는 제국주의적 전쟁경제를 통해 …… 전 세계 곳곳에서 수백만 명의 죽음을 불러온" 전쟁을 계속하고, 관타나모 수용소 폐쇄를 거절하고, 진정한 보편적 건강보험을 거부하고, 엄청난 수의 이민자들을 추방하고, 비밀 살인 명부를 사용한다고 비판하면서 "전국에 걸쳐 점거운동을 진압하기 위한 체계적인 시도가 보고되고 있다"고 지적했다(Occupy Charlotte, 2012).[23]

2012년, 이집트 민중과 미국 점거운동 참가자들을 향해 동시에 최루가스가 사용되었다. 두 경우 모두 오바마 행정부의 반응은 비슷했다. 오바마 행정부는 타흐리르 광장과 미국 공공장소에서 이루어진 탄압에 대해 유감을 표시했다. 오바마는 무바라크를 축출한 2011년 1~2월 봉기 동안 군부 정권을 전적으로 지지하면서 이집트 민중들에게는 동정을 보이는 척했다. 이와 비슷하게 미국에서 오바마는 점거운동이 드러낸 (자신의 말로) '깊은 좌절감'을 '이해'한다고 말함으로써 점거운동을 편입시키려고 시도했다(Obama, 2011).

이처럼 강제와 편입이 결합되는 가운데, 노엄 촘스키는 미국 사회의 변화를 가로막는 가장 큰 약점을 상기시킨다. 촘스키는 기업 지도자 스스로 '욕구 조작'이라고 부르는 것을 겨냥한다. 그들의 목표는 "유행하는 소비' 따위의 '피상적인 일'로 사람들의 관심을 돌리는 것이다. 그런 식으로 사람들은 원자화되고, 개인적인 이익만을 추구하면서 서로 분리되어, 스스로 생각하고 권위에 도전하는 위험한 노력으로부터 멀어진다"(Chomsky, 2012b). 오늘날 미국의 풀뿌리 운동은 원자화되고 서로

---

23) www.democracyintheus.com, "Some Initial Reflections on the Occupy Movement."

분리되는 것을 벗어나기 위해 분투하면서 권위에 도전하고 있다.

점거운동의 상황은 무척이나 복합적이다. 어떤 사람들은 아무런 희망이 없는 양당제에 반대하여 강경한 태도를 보이기도 하지만, '차악'에 대한 환상을 갖고 머뭇거리는 사람들도 있다. 상황은 유동적이다. 점거운동은 사람들이 대안을 실험하는, 풀뿌리 수준의 현재진행형 민주주의의 사례이다. 아프리카계 미국인 진보주의자들은 1960년대 이래 과거의 모든 투쟁에서 물려받은 자신들의 자랑스러운 전통을 실행에 옮기고 있다. 저술가들과 활동가들은 미디어가 만들어 낸 과대 포장된 오바마 이미지를 꿰뚫어 보고 있다. 예컨대,《블랙 아젠다 리포트》편집장 글렌 포드는 오바마가 몇 년 동안 "미국과 세계에 안겨 준" 모든 활동을 나열하면서 2012년 민주당 전당대회를 요약한다. 그는 (미셸 오바마의 실제 역사도 요약한 후에) 예리하게 경고한다. "오바마 부부는 전지구적으로 자본의 사랑을 받는 한 쌍으로서 가장 부유하고 무시무시한 사람들에게 고용된 냉소적인 두 법률가이다." 포드는 "미국을 이해하기 위한 열쇠는 언제나 인종에 있었다"고 주장함으로써 문제의 본질에 다가갔다. "오바마를 통해 기업 지배자들은 (손쓸 수 없는) 위기 시기에 자신들의 필요에 꼭 맞는 열쇠를 찾아냈다. 오바마는 더 효과적인 악이다"(Ford, 2012). 만약 이러한 아프리카계 미국인들의 영향력이 확산되면 현재의 상황을 바꿀 수 있는 차이를 만들어 낼 수 있을 것이다. 그러한 새로운 상황은 전개되면 점거운동은 실질적으로 확산되어 배제적인 미국중심주의 양당제에 반대하는 광범한 대안적 참여민주주의가 될 수 있을 것이다.[24]

---

24) www.democracyintheus.com, "The Occupy Movement and Democracy in Motion."

2012년 11월 선거와 오바마

2012년 11월, 오바마는 결국 대통령선거에서 승리했다. 선거운동과 선거 결과는 이 장에서 오바마 사례 연구 및 역사적 맥락과 관련하여 제시한 사실과 분석에 일치하며 심지어 확증하기까지 한다.

첫째로, 투표연령인구 대비 투표율은 이미 논의한 바와 같이 아프리카계 미국인이 대부분인 수백만 명의 중대 범죄자를 계산에 넣는다. 투표연령인구에는 라틴계를 비롯한 비시민들도 포함된다. 그들은 모두 투표권이 없다. 통계에 따르면 투표연령인구 대비 투표율이 2008년 대통령선거에서는 56.9퍼센트였는데, 2012년 투표에서는 약 50퍼센트에 가까운 수치로 상당히 떨어졌다. 투표연령인구 대비 투표율 50퍼센트 현상은 1980년대 이래로 존재해 왔다. 예컨대 1988년, 조지 H. 부시(아버지 부시)는 투표연령인구 대비 투표율이 간신히 50퍼센트를 넘는 선거에서 승리했다. 1996년 빌 클린턴은 투표연령인구 대비 투표율 50퍼센트 미만의 선거로 대통령이 되었다. 조지 W. 부시는 2000년에 투표연령인구 약 50퍼센트가 투표한 결과 대통령으로 당선되어 첫 번째 임기를 맡았다(McDonald, 2012a). 2012년, 오바마도 투표연령인구 대비 투표율 약 50퍼센트 대열에 들어갔다(McDonald, 2012b).

둘째로, 아주 중요한 특징은 '경쟁적 다당제 민주적 선거' 환상에 바탕을 둔 '차악' 편견이 2008년 선거만큼이나 기승을 부렸다. 2008년에 기획된 '변화' 이미지에 대한 도취는 2012년에도 미국의 여러 부문의 자유주의자들과 좌파에서, 그리고 국제적으로도 여전히 유지되었다. 이번에는 미셸 오바마가 양당 간에 차이가 있다는 이미지를 갱신하는 데 직접 기여하는 동시에 군사화를 촉진하기 위해 자신의 무대를

이용했다.[25]

셋째로, 미셸 오바마의 이러한 새로운 자극으로 버락 오바마는 해외에서 전쟁을 촉진하면서 아메리칸드림을 꿈꾸는 망상을 만들 수 있는 기회를 더 크게 얻을 수 있었다. 엘리트들을 향한 오바마의 서약은 모든 사람들이 알 수 있을 정도로 완전히 표출되었다. 2012년 11월 6일 당선 연설에서 오바마는 피부색이나 계급의 차이에 관계없이 "여기 미국에서는 노력하기만 하면 원하는 바를 이룰 수 있다"고 주장했다. 그는 미국은 "공통의 희망과 꿈을 갖고 있는 미국인들이 공유한 운명" 때문에 '예외적'이라고 공언하고, "하나의 나라, 하나의 국민"으로서 '애국주의'를 내세웠다. 오바마는 미국이 "지구에서 가장 강력한 군대와 전 세계에서 가장 훌륭한 병사들에 의해 보호되는 나라가 되어 세계의 존경을 받는 것"이 자신의 목표라고 맹세했다. "우리는 역사상 가장 강력한 군대를 갖고 있다"고 다시 한 번 확인했다. 그는 어둠과 위험 속에 빠질 뻔한 세계를 건져 낸 특수부대를 상기시킴으로써 오사마 빈 라덴과 관련한 자신의 위업을 조명했다. 새로 당선된 대통령 오바마는 미국이 "지구상에서 가장 위대한 나라"라고 뻐기면서 연설을 마쳤다 (Obama, 2012a).

경제 위기를 비롯한 여러 요인들이 산재한 상황에서 2008년 이래 오바마의 활동과 2012년의 이런 연설은 파시즘 같은 무언가가 다가올 어떤 조짐이 아닐까?[26]

다음 장에서는 또 다른 사례들로서 베네수엘라와 볼리비아, 에콰도

---

25) www.democracyintheus.com, "Michelle Obama: The Obesity Concern and Military Recruitment."
26) www.democracyintheus.com, "The Red Herring in Two-Party Politics and the Danger of Fascism"

르를 살펴본다. 이들 나라는 이 책에서 다루는 쿠바의 또 다른 이웃들이다. 이 세 정치·사회경제 체제에서 대다수 사람들의 참여 수준은 어느 정도 될까?

3장 베네수엘라, 볼리비아, 에콰도르

베네수엘라, 참여민주주의의 새로운 실험

쿠바의 이웃 나라 가운데 하나인 베네수엘라 볼리바르 공화국은 카리브 해에 면한 남아메리카 북쪽 해안에 위치하고 있다. 수십 년 동안 쿠바는 라틴아메리카와 카리브에서 사회경제적·정치적 변혁을 겪은 사실상 유일한 나라였다. 그러나 오늘날 이 지역은 요동치고 있다. 바로 베네수엘라에서 가장 현저한 변화가 일어났다. 우고 차베스가 이끈 볼리바르혁명은 핵심적인 사적 부문들을 특권층의 몫에서 민중의 사회경제적 복지로 전환하는 것을 겨냥했다. 가장 중요한 것은 석유산업이었다. 이언 브루스는 집중적인 연구를 바탕으로 민중의 바리오(barrio, 이웃공동체 또는 어떤 경우에는 판자촌)에서의 생활 경험에서 수많은 풀뿌리 사례들을 보여 주고 있다. 그 하나의 사례는 그가 카라카스 판자촌에 방문하여 "베네수엘라 석유 수입으로 직접 제공되는 성인교육 프로그램" 리바스(Ribas) 미션에 무료로 등록한 약 40명의 사람들을 만난 이야기이다(Bruce, 2008: 17-18). 이것을 포함하여 브루스가 조사한 수많은 미션들이 가능했던 것은, "볼리바르 정부가 세계 5위의 석유 수출국인 베네수엘라의 석유산업을 다시 통제하기 시작했기 때문이다"(Bruce, 2008: 18-19). 이러한 경제 민주화 과정은 정치 체계에 영향을 미쳤다. 베네수엘라는 경쟁적 양당제를 포함한 배제적인 미국식 접근 방법을 참여민주주의로 전환하고자 한다.

오늘날의 베네수엘라가 걸어온 역사적 배경을 다루는 문헌은 수없이 많다. 그 가운데는 미국이 부추겨 시도되었지만, 주로 광범한 민중의 참여로 인해 실패한 2002년 차베스 축출 쿠데타 시도와 같은 결정적 사건도 포함된다. 라틴아메리카와 베네수엘라에서 나온 에스파냐어 문헌들을 제쳐두더라도 많은 글들이 있다(Ellner, 2008:17-109; Raby, 2006: 132-58; Wilpert, 2007: 9-18; Buxton, 2009:57-74; Golingers, 2006; Clement, 2005: 60-78).

여기서는 이 책의 초점에 해당하는 문제들에만 집중하고자 한다. 베네수엘라의 볼리바르혁명은 '푼토피호 협정'(Pact of Punto Fijo)이라고 알려진 미국중심주의적 양당제에 직접 반대함으로써 과거와 단절했다. 이 협정에 따라 엘리트들은 기존 질서를 유지하면서 두 주요 정당들이 정치권력을 요리하는 데 합의했었다. 이러한 정치체제에 대한 반대는 빈민층과 중간계급 사이의 광범한 불만에서 성장했다. 그들은 제도화된 양당제의 두 정당이 좌지우지한 경제적 여건이 악화됨으로써 고통을 받았던 것이다(Wilpert, 2007: 18-19).

차베스가 처음 대통령으로 당선되어 돌파구를 연 1998년 대통령선거 이래로 볼리바르혁명은 한 번을 제외하고 모든 투표에서 승리했다

(2012년 10월 대통령선거 승리를 포함하여 14번 가운데 13번 승리).[1] 볼리바르혁명은 1999년 4월, 새로운 헌법을 제정하기 위한 제헌의회 수립에 동의하는지를 묻는 국민투표에서 승리했다. 압도적인 민중의 지지는 볼리바르혁명의 진전에 핵심적이었다. 볼리바르혁명은 차베스가 1998년 선거에서 제시한 주요한 공약을 실행에 옮겼다.

새 헌법 초안의 작성은 제헌의회의 손에만 맡겨진 것이 아니라 민중들 스스로의 손에 의해서도 이루어졌다. 따라서 풀뿌리 민중은 직접 참여했기 때문에 자신들이 새로운 볼리바르혁명의 일부라고 느꼈다. 어느 활동가와의 인터뷰에 따르면, 새 정부는 이웃공동체와 직장에서 광범위한 캠페인을 조직했다. 사람들은 헌법 초안을 구해서 읽을 때 다른 사람들의 도움을 받아(문맹이 여전히 문제였다) 수정 제안을 내놓았다. 수많은 제안들이 꼼꼼하게 검토되어 결국 원안의 70퍼센트가 수정되었다(인터뷰: Lor Mogollon, 2009). 새 헌법의 주요한 특징 가운데 하나는 민중의 개입이 쉽도록 국가가 참여민주주의를 촉진하는 것이었다. 실제로 헌법 채택 이전의 초안 작성 자체가 바로 그러한 민주주의적 접근 방법을 보여 주고 있다. 사회운동 단체들은 "624건의 제안들을 제헌의회에 제출하여 그중 절반 이상이 새 헌법에 반영되었다"(Ellner, 2008: 177). 예컨대 상대적으로 비판적인 미국 정치학자조차도 관찰을 통해 이렇게 썼다. "헌법 자체는 시민사회의 상당한 개입에 좌우되었으며 …… 나중에는 대량으로 배포되었다. 차베스는 대국민 연설과 주례 대담 프로그램 〈알로 프레지덴테〉(Aló Presidente)에서 헌법 조항들에 관해 지치지 않고 이야기했다"(Hellinger, 2005: 11).

---

1) 선거 결과에 관한 아래의 정보는 Consejo Nacional Electoral[Venezuela], n.d.에서 지은이가 정리한 자료에 근거한 것이다.

베네수엘라 헌법은 제헌의회 시기에 실제로 의견 수렴을 거쳤을 뿐 아니라 민중에 의해 승인된 역사상 첫 번째 헌법이었다. 그래서 헌법 조항들은 그러한 사정을 반영하고 있다. 예컨대, 새 헌법은 베네수엘라가 '민주적 사회국가'라고 선언하고 있다. "주권은 인민에게 귀속되고 양도할 수 없으며, 인민은 이 헌법이 보장하는 바에 따라 직접적으로, 그리고 선거권에 의해 간접적으로, '공공권력'을 행사하는 기관들을 통해 주권을 행사한다."(Constitution of the Bolivarian Republic of Venezuela, 1999). 직접적인 참여의 사례로 헌법은 구체적으로 "공직을 뽑는 선거, 국민투표, 여론 수렴, 선출직 소환, 법률과 헌법의 발의, 결정 사항이 다른 사람들에게 구속력을 가지게 되는 공개 포럼과 시민 모임" 등을 명시하고 있다(Constitution of the Bolivarian Republic of Venezuela, 1999). 헌법은 "국가는 국영 석유회사 PDVSA(Petróleos de Venezuela, 베네수엘라석유)의 모든 이익을 보유한다"고 규정함으로써 국영 석유회사의 사유화를 반대하고 있다. 헌법은 PDVSA에 대한 국가의 권리를 규정함으로써 석유에서 나오는 자금의 사용을 보증하고 있다. 헌법은 보건, 문화, 교육, 고용, 주거에 이르기까지 기본적인 사회경제적 권리를 보장한다. 중요한 점으로서 일부 조항은 경제적 포섭과 국가의 탈집중화를 위해 협동조합의 인정과 촉진, 보호에 초점을 맞추고 있다(Constitution of the Bolivarian Republic of Venezuela, 1999).

헌법 제정 과정과 새 헌법의 승인에 민중이 개입한 것은 풀뿌리 수준에서 리더십과 새로이 참여하는 주역을 만들어 내는 데 주요한 진전이었다. 이러한 참여 경험은 미국 헌법이 제정된 방식, 즉 무제한적 사유재산 축적의 보호에 기초한 배타성과 현저한 대조를 이루고 있다.

새 볼리바르 헌법은 사유재산의 우월성과 불가침성을 공격 목표로 삼았다. 물론 가장 중요한 사유재산은 석유였다. 석유는 차베스 이전

1974년에 '국유화'되었음에도 불구하고, 실제로는 국유화 이전에 석유를 지배했던 석유 과두제의 지배 아래에 있었다. 차베스는 국유화된 석유산업이 민중에게 봉사하도록 만들었다. 그는 또 외국이 통제하던 많은 유전들을 국유화했다. 차베스 정부는 새 헌법에 기초하여 석유산업을 민중의 필요를 충족시키는 방향으로 점점 민주화했다. 볼리바르혁명은 2001년 11월, 과두제가 경제적·정치적 지배권을 잃도록 촉진한 세 법률안을 제출했다.

> '토지법'은 5천 에이커 이상의 모든 유휴 토지에 대해 전면적인 토지개혁을 약속했고, '탄화수소법'은 외국 회사에 의한 석유 탐사 로열티를 인상했으며 [헌법은 국가의 국영 석유회사 자체에 대한 통제권을 인정하면서도 자회사들과 외국 탐사는 이전과 같이 영업하도록 허용했다], '어업법'은 '영세' 어부들이 더 나은 기회를 가질 수 있도록 대규모 어업인들은 해안에서 더 멀리 떨어진 곳에서 어로 행위를 하도록 강제했다(Wilpert, 2007: 23).

무제한적 사유재산 축적의 기반을 제거했다고 해서 베네수엘라가 자본주의 체제를 폐기한 것은 아니다. 그 실험은 (다른 것들과 마찬가지로) 자본주의적 생산관계가 여전히 지배적인 경제활동인 가운데 진행되고 있다(Ellner, 2012: 105). 이러한 시도는 아직 모호하지만 시간이 지남에 따라 실천을 통해 계속 발전될 21세기 사회주의의 일부이다(Ellner, 2012: 97). 실험이 더 계속되기 전에는 미리 참여민주주의를 정의하는 논쟁을 할 수 없다. 마찬가지로 아직 진화하고 있는 동안에는 21세기 사회주의를 정의할 필요가 없다. 사실 어떤 개념도 확정적으로 기술되어서는 안 되며 끊임없는 변화와 실험 상태에 있다고 보아야 한다. 하지만 21세기 사회주의는 몇 가지 주요한 원칙을 포함하고 있다. 첫째, 실패로 끝난 고도로 중앙 집중적인 소비에트 모델을 거부한다. 둘째, 미국 모델처럼 개인주의에 모든 중요성을 부여하는 아주 괴상한 형태의 자본주의에 반대한다. 21세기 사회주의에 따르면, 개인주의에 반대하는 맥락에서 핵심적인 부문의 사적 자본축적은 제한된다. 대신에 외세와 초국적기업들에 의한 자원 약탈에 반대하는 강력한 민족주의가 이러한 자원들을 민중에게 도움이 되도록 사용한다. 다수 민중을 위한 사회정의와 연대는 개인주의의 파괴적인 결과를 대체한다. 셋째로, 이 새로운 지향은 제헌의회 소집과 결합하여 베네수엘라가 독자적인 형태의 참여민주주의를 발전시킬 수 있는 능력을 부여한다.

　미국 모델은 베네수엘라 모델과 비교될 수 있다. 왜냐하면 베네수엘라 모델은 여전히 대체로 자본주의적 생산양식 안에서, 그리고 표면적으로는 미국과 비슷한 선거제도를 통해 작동하고 있기 때문이다. 그러나 미국에서는 '건국의 아버지들'의 사유재산 원칙이 (오늘날 과두제에서 표현되듯이) 통제력을 행사하고 있는 한, 참여민주주의가 위로부터의 방식으로 나타날 수 없다. 미국 모델은 점거운동이나 다른 소요의 경우와 같이 아래로부터의 방식으로 참여민주주의를 위해 분투할 수 있을 뿐이다.

　미션들(missions)은 볼리바르혁명이 개인주의적인 사유재산 가치를 민중의 복지로 전환하는 주요한 수단들 가운데 하나이다. 그러한 미션들이 실제로 수행된 것을 보면 그 성격을 가장 잘 알 수 있다. 가령 미션들 가운데 하나에 참여한 어떤 사람은 차베스가 "우리 학생들을 장학금으로 도와주고 있다"고 말했다(Bruce, 2008: 17-18). 바로 그 '바리오(barrio) 미션'에 참여한 사람들 가운데 약 10퍼센트를 차지하는 가장 결핍된 사람들은 매달 약 100달러의 보조금을 받아 일상의 돈벌이를 걱정하지 않고 학업에 전념할 수 있었다.

'바리오 아덴트로'(Barrio Adentro, 이웃공동체 속으로)는 가장 유명한 미션들 가운데 하나이다. 이 미션은 15,000명이 넘는 쿠바 의료진의 도움으로 실제로 나라 전체에서 수행되고 있다. 이언 브루스는 바리오에 관한 조사를 통해 이 미션은 "대부분의 베네수엘라 빈민 공동체에서 처음으로 1차 의료에 무상으로 쉽게 접근할 수 있도록 했다"고 강조했다(Bruce, 2008: 18-19). 또 흥미로운 점은 어느 바리오 거주자가 인터뷰에서 지역 의료위원회의 일원으로 쿠바 의사들을 돕기 위해 자원봉사를 하고 있다고 자랑스럽게 말하는 점을 지적하고 있다는 것이다(Bruce, 2008: 18-19). 이러한 지적을 통해 미루어 짐작할 수 있는 것은 많은 사람들이 단순히 이러한 미션들에서 혜택을 받는 것에 그치지 않고 이런 저런 방식으로 미션들에 적극적으로 참여하고 있다는 것이다. 그렇게 해서 사람들은 권한을 가지게 된다. 사람들은 이러한 미션들의 목표와 자금의 출처에 대해 정치적 의식을 갖고 있다.

2003년부터 2006년까지 도입되거나 2007년에 수행중인 미션들에는 다음과 같은 것들이 있다. 보건의료, 문자해득, 초중등 교육과 분산적 대학 교육, 공유토지 승인, 원주민 집단의 인권, 환경의 지속 가능성을 촉진하면서도 소규모 광산업에 대한 지원, 국영 슈퍼마켓에 대한 보조금, 자생적인 직업 협동조합, 주거, 토지 재분배와 토지개혁, 라티푼디움(대토지 소유) 철폐, 예술에서 민중문화의 후원과 보급, 주변적 집단들에 대한 지원, 빈곤한 여성 가구주에 대한 사회적 지원, 산림녹화, 환경교육 등이 그것들이다(Hawkins, Rosas and Johnson, 2011: 191). 이들 미션 가운데 6개의 미션을 철저하게 분석한 한 연구에 따르면, 미션들은 "전통적인 사적 부문과 경쟁해서 궁극적으로는 그것을 대체하려고 하는, 성장하는 수평적인 국가후원 경제로 베네수엘라인들을 통합하고 있는 것"이 확실하다(Hawkins, Rosas and Johnson, 2011: 190). 이것은 볼리바르혁명과 21세기 사회주의가 자본주의는 물론 이제는 없어진 고도로 중앙 집중적인 소비에트 경험과도 구분되는 점이다.

　사람들은 다양한 욕구를 가지기 때문에 새로운 미션들을 지속적으로 도입할 필요가 있다. 위에서 언급한 2007년까지 도입된 미션들 이외에도 다른 미션들이 있다. 예컨대, 2011년에 볼리바르 정부는 사회적 미션들에 대규모 자금을 요청했다. 그중 절반 가까이는 정부의 새로운 주택 미션에 투입될 예정이었다. 또 다른 상당 부분은 고용 미션에 배정되었다(Boothroyd, 2011c). 또 2011년에는 "임산부와 18세 미만의 어린이를 둔 가구, 장애아를 둔 가구를 경제적으로 지원하기 위해" 새로운 미션들이 도입되었다(Pearson, 2011). 2011년에 도입된 한 미션은 연금 혜택을 받는 노인들의 수를 확대했다(Boothroyd, 2011a). 2011년 후반기에 미션들이 급속하게 확대되고 심화됨으로써 "중단기적으로 절대빈곤율을 7퍼센트에서 3.5퍼센트로 줄일 수 있었다"(Agencia Venezuela de Noticias, 2012). 2012년에는 "80만 명 이상의 실업자를 노동시장으로 끌어들이는 것을 목표로 한" 새로운 미션이 도입되었다(Boothroyd, 2011a). 또 다른 미션들을 도입하기 위한 계획이 진행 중에 있다.

　참여민주주의 실험을 발전시키는 것과 관련하여 매우 중요한 것으로 차베스는 200가구에서 400가구로 구성되는 공동체위원회(consejos comunales)를 급속하게 확대했다. 스티브 엘너는 그러한 촉진 정책으로 "정부는 각 공동체위원회에 6만 달러를 제공하여 하부구조를 마련하고 사회적 프로젝트를 수행하도록 했다"고 그 중요성을 지적한다. 게다가 지역과 전국 수준에서도 공동체위원회에 상응하는 조직들이 구성되었다. 2007년 초까지 약 2만 개의 공동체위원회가 만들어졌다

(Ellner, 2008: 127, 128, 180). 2012년 2월에는 정부는 43,600개의 공동체위원회가 구성되었다고 발표했다(Santana, 2012).

그레고리 윌퍼트의 2011년 2월 보고에 따르면 "아마도 가장 중요한 새로운 형태의 참여는 시민총회를 통해 지역공동체의 자주적 조직에서 이루어지고 있다. 2006년 이래로 3만 개 이상의 공동체위원회가 만들어졌으며, 이들이 결합하여 코뮌이라고 불리는 수십 개의 지역공동체위원회 연합이 구성되었다." 2010년에 채택된 새로운 법률에 따라 코뮌들은 공동체위원회들을 묶어 자치 지역이나 도시가 될 수 있게 통합하고 있다. 게다가 코뮌들은 사회운동과 힘을 합쳐 국가 예산을 계획하거나 결국에는 '지역공동체 의회'를 수립하는 데 실제로 개입할 수 있게 되었다. 볼리바르혁명은 따라서 "의도적으로 시민 권력을 확대함으로써 자신의 권력에 도전하도록 돕고" 있는 셈이다(Serafimov, 2012).

이처럼 사회적 미션들은 사적 부문을 우회하기 위해 도입된다. 공동체위원회는 공식적으로 인정되어 국가 자금을 이용한다. 그것은 때때로 부패한 것으로 보이는 견고한 지방 정부나 주 정부와는 다른 것이다.

미션들 이외에도 협동조합은 경제의 탈집중화에서 주요한 역할을 한다. 베네수엘라에는 볼리바르혁명 이전부터 이미 협동조합 전통이 존재했다. 하지만 협동조합 방식으로 노동자가 통제하는 지역 경제 독립체는 1999년 새 헌법으로 특별한 지위와 중요성을 부여받았다. 협동조합 운동은 2001년의 협동조합특별법 이후 폭발적으로 증가했다. 2012년에는 6만 개의 노동자 협동조합이 있었다(Serafimov, 2012; Piñeiro Harnecker, 2005). 클리프 듀런드의 통찰력 있는 지적은 미래 경제의 길을 보여 준다. 그는 "노동자 협동조합을 장려하는 것은 기존의 자본주의 경제와 나란히 연대 경제의 씨를 뿌리는 것이다"라고 말한다(DuRand, 2011:191). 더욱이 그는 "협동조합의 조합원 총회는 직접민주주의의 실행이다"라고 예리하게 지적한다.

  협동조합과 관련하여 카를 마르크스는 우호적으로도 적대적으로도 인용될 수 있다(Bruce, 2008: 60). 하지만 21세기 사회주의가 10년을 넘긴 지금, 우리는 맥락에서 벗어나서 때로는 선입관에 기초하여 인용하는 태도를 극복하고 현실을 직시해야 한다. 협동조합이 사회주의를 해치거나 그것과 모순되는 것이 아니라는 점을 베네수엘라의 경험은 분명하게 보여 주고 있다. 반대로 협동조합은 경제에 기여할 뿐 아니라 풀뿌리 민중이 스스로 존중하고 권력을 갖고 있다는 생각을 형성하는 데도 기여하고 있다.

  베네수엘라에서는 공기업과 사기업에서 의사 결정 과정에 노동자 참여를 이끌어 내는 독립체들이 있을 뿐 아니라 수만 개의 협동조합들이 존재한다. 공동체위원회와 협동조합으로 구성되는 이러한 계획들은 참여민주주의의 새로운 경험을 보여 준다. 그럼에도 불구하고 스티브 엘너가 지적하는 바와 같이 이러한 실험들은 주요한 장애들에 직면하고 있기 때문에 "사회운동의 절대적 자율성을 찬양하고 중앙 정부를 불신하는 풀뿌리 순수파들의 기대에는 미치지 못하고 있다." 하지만 엘너는 "베네수엘라에서 풀뿌리 접근 방법에 형태를 부여하는 데 국가가 중심적인 역할을 해왔다"고 결론짓는다(Ellner, 2008: 180). 따라서 베네수엘라 사례는 풀뿌리 권력 기구를 건설하는 것과 중앙정부 사이에 아무런 모순도 없다는 점을 보여 준다.

  베네수엘라에서 협동조합 운동은 그 본성상 모든 것을 포괄하는 국가 계획에 기초하거나 규제적인 접근 방법에 반대하는 지향을 중심에 두고 있다. 게다가 베네수엘라처럼 아래로부터 만들어지는 협동조합은 자본주의 논리와 충돌한다. 브루스는 심사숙고해서 다듬어야 하는 중요한 기준을 강조한다. 사회주의적 전략에서 협동조합을 수립하는 것은 "순간적인 정치혁명의 결과라기보다는 점진적인 사회혁명이 성숙한 결과이다"(Bruce, 2008: 61). 이러한 관점은 선거에서 정치적 승리를 강조하는 것을 삼가는 대신, 협동조합을 비롯한 지역 경제계획들을 일상적으로 조직하는 방식에 호소하는 것을 정당화하는 것으로 비칠 수 있다. 물론 2012년 10월 7일 대통령선거와 같은 선거에서의 정치적 승리도 중요하다. 하지만 일단의 시민들이 일상 속에서 사회주의 프로그램 전체와 관련하여, 자기 지역의 사회경제적 독립체들을 발전시키기 위해 협력하는 것은 볼리바르혁명과 사회주의의 방어에 견고한 토대를 마련하는 것이다. 선거 승리는 이러한 맥락 속에서 성취된다.

엘너는 미션들뿐만 아니라 공동체위원회와 노동자 협동조합을 비롯한 모든 측면에 관한 "차베스 운동의 하향식 풀뿌리적인 접근 방법"을 분석한다(Ellner, 2008: 175). 그는 베네수엘라 경험은 "소련 붕괴 이후에 좌파가 새로운 모델을 찾으려 할 때 나타난 특징이었던 추상적 분석에 대한 교정이라고 결론짓는다. 차베스 자신은 베네수엘라를 시행착오의 역동성이 새로운 사회주의 형태로 이끄는 하나의 '실험실'로 구상한다"(Ellner, 2008: 175, 188, 강조는 지은이). 염두에 두어야 할 매우 중요한 점은 베네수엘라는 '진행 중인' '실험실' 경험을 대표한다는 것이다. 사회경제적·정치적 요인들을 고려하면 그것은 참여적 성격을 핵심으로 하는 현재진행형 민주주의이다. 이러한 진행 중인 민주주의는 계속 발전하는 것으로 정의되는 21세기 사회주의와 잘 어울린다. 각종 투표에서 볼리바르혁명이 승리할 수 있었던 것은 중앙의 정치적 리더십과 지역의 공동체위원회, 미션, 코뮌, 협동조합 등 풀뿌리 조직들 사이의 변증법적 관계 때문이다. 이러한 지역 수준의 활동에 민중이 진심을 다하여 참여함으로써 (그 취약성에도 불구하고) 새 헌법의 본질에 살을 붙이고 있다.

그러나 이러한 진전이 있다고 해서 모든 것이 잘 돌아간다는 것은 아니다. 볼리바르혁명에 대한 다양한 공감 정도에 따라 현장 정치 분석가들의 결론은 미묘한 차이를 보인다. 분석가들은 부패, 정부 관료제, 무능 따위의 문제를 지적한다. 게다가 선출된 관리들 다수는 일부 중요한 정책들을 실행하지 않는다. 어떤 경우에는 선출된 사람들과 유권자들 사이의 연계가 개선되기보다는 약화되기도 한다. 게다가 실업과 불안정 문제가 계속되고 있다. 공동체위원회를 비롯한 풀뿌리 노력들과 같은 상황 주도적인 참여는 볼리바르 민주주의의 목표이지만, 관찰자들이 지적하는 약점들로 인해 어려움에 처해 있다(Hellinger, 2011: 29, 36; Ellner, 2010, 7-12; Ellner, 2011: 421-49; Wilpert, 2010; Golinger, 2010b).

베네수엘라의 경험에서 나타나는 부정적인 특징은 역설적으로 풀뿌리 참여민주주의의 발전이 중요하고 정당화되는 이유이기도 하다. 공동체위원회의 작동에서 문제들이 나타나지만, 그러한 장애들 중 많은 것들은 위원회 자체가 아니라 선거제도에서 비롯된다. 기초자치체와 주 단위의 선거에서 특히 그렇다. 일부 차베스 지지자들은 선거에서 당선되어 볼리바르의 상징인 붉은 셔츠를 입지만, 실제로는 장애물로 행동하기도 한다. 이들은 볼리바르혁명의 새로운 참여적 성격을 파악하지 못하는 구세대 인물들이다. 차베스는 2006년, 중앙정부로 하여금 공동체위원회법을 도입하도록 했다. 공동체위원회는 실적에 따라 매년 수십억 달러(2007년에만 50억 달러)를 교부받았다.

미션들에게 배분되는 자금은 미국 정치 체계에 있는 것과 같은 '자선'이 아니다. 미국 정치 체계에서는 엘리트들이 사회복지와 여러 프로그램 형식으로 지원금을 나누어 준다. 이와 대조적으로 베네수엘라의 경우 중앙에서 풀뿌리로 향하는 자금은 실제로 자율권의 수단으로 이용된다. 이러한 돈은 심지어 지역의 시 정부와 주 정부에 대항하여 공동체위원회가 스스로를 보호하는 완충지대 역할을 하기도 한다. 이러한 자금을 적절하게 사용함으로써 민중들은 일상생활에서 권력을 실감하게 된다. 이러한 참여적 성격은 베네수엘라 민주주의의 기초이다. 그것은 진행 중인 민주화 과정에서 성장하는 운동이다. 그러나 민주화로 중요한 진전이 이루어지기 위해서는 현대의 과두제인 사유재산 소유자들이 민중의 복지를 위해 적어도 자신들의 재산과 특권의 일부라도 포기하지 않으면 안 된다. 이러한 급격한 변화가 일어나면 그 본질상 참여민주주의는 대의민주주의가 안고 있는 장애들을 극복하는 단계로 나아갈 수 있을 것이다. 그러나 베네수엘라의 경우에는 선거와 대표자들이 있으며, 그러한 측면의 정치 체계가 일상적인 참여 계획들을 포함하는 더 넓은 맥락 속에서 작동하고 있다는 점을 인식해야 한다.[2] 차베스가 중앙정부와 그 지역 촉수들을 우회하기 위한 시도로서 탈집중적인 미션들과 공동체위원회에 매달리는 것을 염두에 둘 필요가 있다. 지역 국가기구를 약화시키기 위해 끊임없이 노력하는 것은, 지역의 많은 '차베스주의자들'이 사실은 단지 이름뿐이기 때문일 수 있다.

"공동체위원회는 풀뿌리 민중의 손에 의사 결정권을 부여함으로써 국가기구와 지역 관리들을 우회하려는 노력이다"(DuRand, 2011:91). 차베스는 2007년(공동체위원회법이 통과된 1년 후) 공동체위원회에 정부 재정 지원금을 교부하면서 한 발표에서 직접 그렇게 말하고 있다. "공동체위원회는 확산됨에 따라 심화되어 이른바 낡은 '부르주아 국가'를 접수하는 새로운 베네수엘라 국가가 될 것이다"(Mather, 2007). 마이클

---

2) 에롤 샤프는 사실 발견을 위한 2011년 베네수엘라 여행에서 얻은 이러한 사실을 나와 공유하는 친절을 베풀었다.

레이보위츠를 인용하고 있는 듀런드에 따르면, 베네수엘라와 같은 국가의 주요한 전략은 협동조합을 비롯한 여타 지역 계획들과 함께 "아래로부터 새로운 국가의 세포를 기르기 위해 현재 혁명가들의 수중에 있는 낡은 국가"를 이용하는 것이다. 듀런드는 레이보위츠가 다루지 않은 영역으로 나아가 이렇게 지적한다. "쿠바에서는 사회주의 국가를 건설하기 위해 혁명을 수행한 반면에, 베네수엘라에서는 낡은 부르주아 국가 안에서 혁명을 만들어 내려는 노력이 이루어지고 있다." 차베스는 나아가 "통치 부문들에 반대하여 …… [그리고] 낡은 국가와 시민사회에 반대하여" 그러한 혁명을 수행하고 있다. 그는 "이중 권력 상황을 만들어내기 위해" 의도적으로 공동체위원회의 힘을 강화하고 있다(DuRand, 2011:90).

브루스는 베네수엘라의 협동조합 운동과 대규모 사업장의 공동경영에 관한 분석에서 그러한 점을 확인한다. 그는 "투표함 민주주의에서 민중권력 민주주의로 도약하는 것"이 필수적이라고 생각한다(Bruce, 2008: 129). 이러한 언명은 미션들이나 공동체위원회와 같은 모든 형태의 지역 계획들에 적용된다. 만약 우리가 참여민주주의를 개념화함에 있어서 한 걸음 더 나아가려고 한다면 이러한 언급은 심각하게 고려할 가치가 있다. 베네수엘라에서는 선거와 대표자들이 존재한다. 하지만 민주주의는 기층의 민중들이 일상적 수준에서 민중권력을 행사하게 되면 의미가 더 커진다. 민주화의 과정은 실질적인 정치권력이 대의제를 대체하는 정도로 진전된다. 브루스는 그것을 '전략적 도전'이라고 하면서 다음과 같은 질문을 던진다.

사회변혁을 위한 프로젝트 또는 21세기 사회주의는 '낡은' 국가의 메커니즘을 통해 선출됨으로써 권력을 장악했는데, 그것이 어떻게 그러한 제도들을 넘어서서 직접민주주의와 조직된 민중의 권력에 기초한 '새로운' 종류의 정부 구조를 건설할 수 있는가?(Bruce, 2008: 170)

참여민주주의에 기초한 새로운 종류의 정부를 그려 보기 위해 새로운 전략은 코뮌 개념을 지적한다. 브루스의 주장에 따르면, 4~5개의 공동체위원회가 모여 구성된 코뮌은 잔존하는 구체제의 지방 행정단위를 대체함으로써 "새로운 공동체 권력 전체의 기본 세포가 될 수 있을 것이다"(Bruce, 2008: 171). 이러한 코뮌들은 더 넓은 지역의 공동체 도시로, 나아가 국가 수준의 완전히 새로운 공동체 권력으로 상승한다. 그러나 비록 차베스는 자신에게 권력을 집중하기 위해 지역에서 선출된 제도들을 우회하려고 한다는 비난을 부정하지만, 브루스는 공동체 권력의 성공적인 발전이 "지방 정부들의 전통적 기능과 권력을 실제로 박탈할 것"이라는 점을 인식하고 있다. 브루스는 '반대파' 시장들이나 주지사들뿐만 아니라 일부 '차베스주의' 지지자들도 겨냥하고 있다 (Bruce, 2008: 171).

따라서 우리는 이 운동의 역설적 성격을 알 수 있다. 즉, 탈집중화 프로그램들의 성장을 방해하는 바로 그 세력들('차베스주의자'든 아니든)이 있기 때문에 중앙정부는 과감한 형태의 새로운 참여민주주의를 고안해야 할 필요가 있는 것이다. 차베스는 종종 권위주의라고 비난받지만, 사실은 국가를 탈집중화하고 민중들에게 새로운 형태의 참여민주주의를 더 많이 부여하는 그러한 시도를 이끌고 있다.

베네수엘라식 민주주의와 선거 과정을 이해하기 위해서는 그것을 그저 미국에서 존재하는 것 같은 경쟁적 다당제라고 이름붙이는 것으로는 불충분하다. 그렇게 규정하면 진행 중에 있는 변혁적인 사회경제적·정치적 과정을 제대로 평가하지 못할 것이다. 1998년부터 지금(2012년

10월)까지 일련의 경쟁 투표가 있었음에도 불구하고, 그것이 다당제의 진면목이었음을 부정하는 것도 적절하지 않다. 다당제에 대한 베네수엘라식 접근 방법의 타당성을 부정하는 것은 민주주의와 선거에 대한 미국중심주의적 개념을 노골적으로 받아들이는 결과가 될 것이다.

볼리바르혁명은 14번의 투표 중 13번을 승리했는데, 그것은 거의 모두 기층에서 전개된 프로그램들 덕분이었다. 볼리바르혁명이 신자유주의와 미국 지배에 반대하는 데 초점을 맞춘 것은 그 존재 이유였다. 따라서 선거가 혁명을 추동한 기관차였다면 풀뿌리 민중은 그 연료였다. 참여민주주의는 점점 더 많은 민중들에게 일상적 삶의 방식이다.

베네수엘라의 참여적인 정치적·사회경제적 민주주의와 대의민주주의는 미국식 접근 방법의 의미로 '대의제'는 아니다. 베네수엘라에서 선거를 통한 대의는 볼리바르혁명의 한 측면에 불과하다. 따라서 베네수엘라는 미국 모델에 기초를 둔 대의제적 측면과 참여적 측면을 둘 다 가진 잡종 체계가 아니다. 우리는 2장에서 선거와 대의제가 미국에서 실제로 어떻게 작동하는지를 살펴보았다. 베네수엘라의 정치 체계를 온전히 평가하기 위해서는 베네수엘라 대의제를 피상적인 미국중심주의적 관점으로 파악해서는 안 된다. 쿠바를 다루는 2부와 3부에서 보게 되겠지만, 쿠바도 선거와 대의제의 측면을 갖고 있다. 하지만 그 역시 쿠바혁명의 한 부문이다.

2012년 10월 7일에 베네수엘라 대통령선거가 실시되었다. 이 선거에서도 볼리바르혁명은 베네수엘라의 투표를 미국의 선거와 구별하는 역할을 했다. 오늘날 베네수엘라 선거는 여러 유형의 민주주의와 선거가 존재한다는 사실을 보여 준다. 이러한 베네수엘라 선거는 참여적이어서 참여민주주의 개념을 발전시키는 데 관심을 가진 사람들에게 중요한 교훈을 던져 줄 수 있다.

'위대한 애국단'(GPP, Gran Polo Patrióco)은 사회주의를 옹호하는 비슷한 생각을 가진 세력인데, 그 즉각적이고 전술적인 목표는 2012년 10월 선거 승리이다. GPP는 비록 대통령을 대표로 뽑는 것이 목표이지만, 가장 최근의 혁신적인 운동을 통해 그 주요한 성격이 대의민주주의가 아니라 참여민주주의임을 보여 주고 있다. 동맹에 대한 생각은 1998년 첫 선거로 거슬러 올라간다. 하지만 그때는 정치 세력과 정당들의 동맹인 '애국단'이 차베스를 지지하여 대통령으로 당선시켰지만, 지금의 GPP는 다르다.

GPP의 형성 과정에 참여한 한 지역 활동가가 설명하듯이, 2012년에 구성된 GPP는 기본적으로 기존의 수많은 사회운동과 기층 집단들이 형성한 동맹이었다. 이에 반해 1998년 '애국단'은 주로 정치 세력의 동맹이었다. 지역사회 활동가 제시카 페르니아는 한 인터뷰에서 2011~12년 GPP의 생생한 실제 모습을 설명한다. 그녀는 "정치 공간의 기회주의와 개혁주의에 직면하여 점차 위축되고 있었던 사회운동의 신뢰를 회복"할 필요가 있었다고 말한다. 페르니아는 이어 혁명은 "정치에 참여하게 되면서 사회운동의 신뢰"를 잃어 가고 있었으며 "우리가 극복해야 할 가장 큰 장애물은 무관심"이라고 말한다. 이러한 점에서 그들은 정부와 정부기구들 내부에서 "현재의 취약성을 극복"해야 했다(Pernia and Pearson, 2012).

GPP는 2011년 10월 형성될 당시 전국적으로 35,000개의 사회운동이 등록했으며 이후에도 계속 늘어났다. 예컨대 어떤 지역에서 GPP에 참여한 운동들에는 혁명 조직들, 교육공동체 사회주의전선, 연구자 및 혁신가 볼리바르전선, 학생운동, 농촌노동자전선, 민중교육 네트워크, 여성전선, 지역 텔레비전 단체 등이 있었다. 공동체위원회도 GPP에 등록하여 결합했다. 다만, "공동체위원회는 자신들을 묶는 코뮌을 통해서 자기 방식대로 조직을 한 반면에" GPP는 "조직들과 사회운동들"에 초점을 맞추었다. 사회운동들은 자신들을 묶을 가능성이 없어 서로 고립된 채로 남아 있었던 것이다. 이러한 사회운동들은 상이한 정치적 입장을 가질 수 있지만 사회주의 혁명이라는 대의는 공유하고 있다. 페르니아에 따르면 GPP는 그 구성이 너무 개방적이고 다양해서 반대 세력은 "GPP가 PSUV(Partido Socialista Unido de Venezuela, 베네수엘라통일사회당)에 적대적인 조직이라고 사람들이 믿도록 하려고 노력"하고 있다. 하지만 GPP는 차베스와 결합하기 위해 조직된 것이라고 그녀는 말한다(Pernia and Pearson, 2012).

사실, GPP의 구성을 요구한 사람은 차베스 자신이었다. 2010년 10월, 차베스는 GPP의 건설을 호소하면서 "PSUV가 모든 것이 될 수 없습니다. 그렇습니다. 그것은 단지 한 부분일 뿐입니다"라고 말했다(Reardon, 2010). 2011년 8월 한 공개 집회에서 차베스는 "우리 나라에서 혁명 과정을 추진한 지도 원칙이 항상 그랬듯이, [GPP는] 밑바닥에서부터 새로운 조직으로 이행하는 수단으로서 민중운동의 통일체"를 대표한다고 주장했다(Boothroyd, 2011b). GPP 건설을 처음 호소한 지 1년 후 그리고 선거를 한 해 앞둔 2011년 8월, 차베스는 개인들과 조직들, 사회운동들이 GPP에 결합하여 2012년 8월 선거에서 승리함으로써 볼리바르혁명에 헌신하자고 호소하면서 이렇게 말했다. "여러분 사회운동, 정치운동, 애국운동, 민족주의 운동, 사회주의 운동, 인간주의 운동, 기독교 운동 …… 하지만 다른 무엇보다도 사회운동들은 모두 준비하시기 바랍니다." 차베스는 GPP가 "위에서부터 아래로 나오는 것이 아니라 다가올 시기 동안 볼리바르혁명을 공고화하기 위해 뿌리에서, 기층에서 솟아날 것"이라고 말했다(Chávez, 2011). GPP와 PSUV가 서로 반대되는 것은 결코 아니지만, GPP는 PSUV의 범위를 확대하여

PSUV가 기층과 더불어 일하는 방법을 개선하도록 변화시킬 수 있다.

볼리바르 운동이 2012년 선거에 개입한 참여적 성격과는 별개로, GPP 운동에서 중요한 것은 그러한 참여의 실질적인 장기적 목표이다. 우선 한 GPP 조직가의 말을 빌리면, 그 목표는 "선거주의와 관료주의를 따돌리기 위해 부르주아 법률에 기초한 '선거주의를 넘어서는' 것이다"(Pernia and Pearson, 2012, 강조는 지은이). 미국중심주의적 관점에서 본 선거 시스템의 한계를 인식하는 것은 쉬운 일이다. 국가의회 부의장과 PSUV 대변인에 따르면, 선거주의를 넘어선다는 의미에서 GPP는 참여를 확대함으로써 "베네수엘라 정치에서 '제국주의적 부르주아지의 헤게모니를 결정적으로 대체할' …… '역사적 블록'으로 스스로 [GPP]를 전환해야 한다." 선거는 따라서 보다 더 큰 "전략적·구조적 전투"의 일부이다(Robertson, 2012). 차베스 대통령은 당시 부통령 엘리아스 하우아에게 전화를 걸어 GPP가 대통령선거를 넘어서는 조직화를 계속함으로써 새로운 정치적 헤게모니의 일부가 되도록 해야 한다는 견해를 거듭 강조했다(Robrtson, 2012). 따라서 볼리바르혁명은 정당의 역할을 전통적인 '레닌주의적' 방식으로 보지 않는다. 오히려 볼리바르주의자들은 정당의 역할을 대중운동과 협력하는 수단으로 간주한다. 이러한 융합은 민중 스스로 부르주아지에 대한 정치적 지배를 강화할 수 있도록 민중을 자극하고 교육한다.

2012년 10월 7일 대통령선거가 다가오면서 차베스에 반대하고 경쟁자인 엘리케 카프릴레스를 지지하는 나라 안팎의 압력이 매우 강력해졌다.

게다가 카프릴레스는 짐짓 사회적 미션들을 유지할 것이라고 하면서 겉으로는 좌파 성향의 브라질 룰라 이미지를 투사함으로서 스스로를 '온건파'로 부각시켰다. 이런 방식으로 그는 자신이 미국이 지지한

2002년 차베스 축출 쿠데타에 실제로 개입했다는 사실과 베네수엘라의 부유한 집안 출신이라는 사실을 은폐했다. 하지만 자신의 이미지와는 대조적으로 카프릴레스가 직접 서명하여 소속 정당이 유출한 문서에는 "사회적 프로그램들에 대한 일련의 신자유주의 반격"이 펼쳐져 있었다(Hellinger, 2012).

매우 좋지 않은 조건에도 불구하고 차베스는 55.25퍼센트를 득표하여 상대 후보가 얻은 44.13퍼센트를 앞질렀다. 80.67퍼센트라는 높은 투표율을 기록한 가운데 두 후보의 표차는 11퍼센트를 넘었다. 11퍼센트 표차는 이전의 2006년 대통령선거에서 차베스가 63퍼센트를 얻어 37퍼센트를 얻은 상대 후보를 따돌린 것에는 못 미쳤다(Consejo Nacional Electoral[Venezuela] n.d.).

2012년에는 상황이 달랐다는 점을 고려해야 한다. 2006년 이후 볼리바르혁명이 민중을 위해 그리고 민중과 더불어 많은 것을 성취했지만, 관료제와 부패는 여전히 문제였다. 이러한 장애물은 시간이 지남에 따라 사람들에게 누적적으로 부정적인 영향을 끼쳤다. 달리 말하면 임기가 더해 갈수록 긍정적인 성취도 쌓여 갔지만, 관료제와 부패는 점점 더 견디기 힘들게 되어갔다. 게다가 2012년에는 국제 과두세력이 2008년 오바마 카드를 카프릴레스에 적용하는 등 반차베스 운동이 2006년보다 훨씬 악랄했다. 카프릴레스는 국제 과두세력의 노골적인 친미 대변자라기보다는 '변화'를 선호하는 '진보적인' 모습으로 그려졌다. 어떤 점에서는 신뢰성을 얻기 위해 실제로 볼리바르혁명의 테두리 안에서 출마한 후보라는 이미지가 만들어지기도 했다. 카프릴레스는 차베스와는 달리 부패와 관료제를 폐지할 수 있을 것이라고 주장되기도 했다. 이러한 상황에도 불구하고 2012년 선거 결과는 중요한 승리로 나타났다.

더욱이 볼리바르혁명은 GPP와 PSUV를 통해 24개 주 가운데 22개 주에서 다수 득표를 했는데, 거기에는 카프릴레스가 주지사로 있는 미란다도 포함되었다. 차베스가 승리한 주에는 전통적으로 반대 세력이 장악하고 있던 카라보나 미란다 같은 카라카스 복합주들도 포함되었다. 심지어 콜롬비아 국경지역에 있어 이웃 나라 우익 분자들의 영향을 곧잘 받던 줄리아조차도 볼리바르주의자들에게 넘어갔다(Consejo Nacional Electoral[Venezuela] n.d.).

선거는 볼리바르혁명과 라틴아메리카에 중대하고 역사적인 승리였다. 반면에 선거 결과는 미국과 그 동맹자들, 베네수엘라뿐만 아니라 쿠바를 비롯한 라틴아메리카에서 카프릴레스를 지지한 사람들에게는 완전한 패배였다. 승리의 주요한 이유는 볼리바르혁명이 수행한 경제적·정치적 업적 때문이었다. 대다수 민중은 혁명에 이해관계가 걸려 있다. 그들은 정치적으로 성숙해져 아직도 베네수엘라를 지배하고 있는 국내의 반대 세력과 국제 언론의 옳고 그름을 대체로 분별할 수 있다.

2012년 10월 7일은 1990년대부터 지도자들과 풀뿌리들이 수행한 모든 과업과 희생의 정점이었다. 선거 승리를 위한 전투에서 지난 몇 달 동안 혁명적 열정이 그동안 노력해온 유산에 더하여 새롭게 공급되었다. 모든 세력들의 광범한 전선으로서 GPP 건설은 보상을 받았다. 민중은 투표일을 불과 며칠 앞두고 카라카스의 거리 시위에서 3백만 명에 달하는 사람들이 세력 과시에 참여하는 괄목할 만한 활동을 고조시킬 수 있었다.

차베스는 대통령으로 선출되었으며, 북반구에서 받아들여지는 관점에 따르면 대통령으로서 '대표성'을 가지게 되었다. 이러한 미국중심주의적 시각에서 보면 대통령이란 지위는 미국에서 그런 것처럼 단순히 대의민주주의를 구성하는 일부일 뿐이다. 그러나 베네수엘라에서

PSUV가 주요 정치 세력인 것과 마찬가지로 대통령은 볼리바르혁명의 일부이다. 볼리바르혁명은 대의민주주의와 유사성을 갖고 있지 않다. 사회적·경제적·문화적·정치적으로 볼 때 2012년 10월 7일 선거는 베네수엘라의 민주화에서 다시 한 번 더 결정적인 단계를 이루었다. 베네수엘라의 현재진행형 민주주의는 10월 7일 선거 결과에서 10월 10일 선거 승리의 공식적 확정으로 이어졌는데, 이때 차베스는 대다수 민중들의 투표 행위의 의미를 요약했다. 그는 "자신의 다음 6년 임기는 사회주의를 건설하는 데 '더 큰 진전'을 이룰 뿐 아니라 '자본주의에서 사회주의로의 이행에서 더 큰 성취와 더 큰 효율성'을 달성할 시기가 될 것"이라고 맹세했다. 나아가 그는 "베네수엘라의 21세기 사회주의 프로젝트는 '장기적 관점에서' 건설되어야 한다고 주장하고, 자신의 정부는 다가올 6년 동안 시민들의 관심사에 응답하도록 노력할 것이라고 약속했다." 그는 다른 남아메리카 나라들과 협력하면서 베네수엘라 전 지역을 발전시키는 거시경제 정책을 개괄적으로 제시할 뿐 아니라, 민중의 삶을 개선하기 위한 미션들의 성공에 기반을 두려고 노력하고 있다. 차베스는 미션 경험의 심화를 '미시 미션'(micro-missions)이라고 이름붙이고 있는데, 그에 따르면 그러한 미션은 지역 단위에서 조직된 공동체들이 수립하여 가장 필요한 사람들에게 초점을 맞출 것이다." 그는 "소도시, 지역, 공장, 학교 등 필요한 모든 곳에서 그러한 미션이 도입될 것이다"라고 선언했다(Boothroyd, 2012b).

가장 중요한 점은 차베스가 정부의 행동과 태도에 주요한 개선이 필요하다는 점을 받아들인다는 사실이다. 차베스는 이렇게 말했다.

하나의 정부와 국가로서 우리는 베네수엘라 사람들이 여전히 겪고 있는 수많은 문제들에 대해 효율적으로 반응하고 해결하는 정부가 되기 위해 속도를 높여야 합니다. 우리는 더 큰 힘으로 일상을 계속 유지하기 위해 더욱 더 효율적으로 되어야만 합니다. (Boothroyd, 2012b에서 인용)

이런 의미에서 차베스는 "이러한 프로젝트들이 효과적으로 작동되기 위해서는 풀뿌리 조직에 뿌리를 내려야 합니다. '우리는 민중들에게 권력을 계속 부여해야 하는데 그것이 해결책입니다. 민중의 문제들을 해결하는 것은 관료제나 엘리트의 권력이 아닙니다'"라고 주장한다 (Boothroyd, 2012b, 강조는 지은이).

이러한 목표는 미션, 공동체위원회, 상층으로 향하는 코뮌, 협동조합 등이 이미 성취한 과업의 도움을 받는다. 그러한 목표를 위한 뼈대는 이미 만들어졌지만 아직 더욱 더 공고히 해야 할 것이 있는 것 같다. 이를 위해서는 관료제나 부패 구조와 연결되어 있는 취약성을 제거할 필요가 있다. 위에서 언급한 바와 같이 차베스가 더 큰 효율성이 필요하다고 강조하는 것은 "관료제와 엘리트의 권력"에 반대하는 것과 직접적으로 연결되어 있다. 혁명가들과 그 조직들, 그리고 풀뿌리의 개입은 다당제 정치 체계라는 제한적이고 무의미한 구조를 넘어서는 자신의 고유한 특징을 갖고 있다. 이 지점이 바로 참여민주주의가 대의민주주의를 흡수하는 곳이다. 대의민주주의는 그러한 과정에서 형태 변화를 겪고 있으며, 그리하여 현재진행형의 베네수엘라 민주주의는 대의민주주의를 계속 대체하고 있다. 이러한 변화는 민주주의에 또 하나의 질적 수준을 부여한다. 따라서 베네수엘라에서 정치와 선거 구조가 표면적으로는 대의민주주의를 닮은 것처럼 보일지 모르지만 더 이상 대의민주주의가 아니다. 2012년 10월 7일의 선거는 미국중심주의적 개념에 기초한 대의민주주의의 수명을 단축시킨 또 하나의 계기였다.

그러나 미국과 그 추종자들이 가만히 앉아 있으리라고 기대할 수는 없다. 베네수엘라에서 과두제는 볼리바르혁명으로 크게 약해지기는 했지만 여전히 존재한다는 사실을 잊어서는 안 된다. 그들은 정당의 형태로 자신들의 대표자들과 카프릴레스 같은 구체적인 엘리트 대표를 갖고 있다. 베네수엘라의 혁명 과정은 자본주의 체제와 정면으로 부딪치기보다는 자본주의 체제 속에서 출현했다. 그것은 기존의 베네수엘라 상황에서 열려 있는 길 가운데 가장 실행 가능성이 높은 것이었다.

카프릴레스는 관료제와 부패를 제거하면서 미션들을 유지할 후보로 자신을 부각시키기 위해 정부와 PSUV의 약점을 이용했다. 민중들 대부분은 속지 않았다. 하지만 볼리바르혁명이 완전히 성공하기 위해서는 이러한 문제들을 고려해야 한다.

베네수엘라 민주주의에 관한 연구는 쿠바를 포함하여 미국중심주의적 양당제 대의제 개념에 일치하지 않는 정치 체계들을 어떻게 볼 것인가에 관한 지평을 여는 하나의 방법이다. 그것은 또 참여민주주의에서 대안을 모색하려고 하는 미국 풀뿌리 운동에서 활동하는 사람들에게 일정한 시사점을 던져 주고 있다.

볼리비아의 현재진행형 민주주의

우리가 다루는 쿠바의 이웃 나라들 중에서 가장 멀리 있는 '볼리비아 다민족국가'(Plurinational State of Bolivia)는 남아메리카 중부에 위치한 내륙국이다. 라틴아메리카에서 가장 중요한 혁명들 가운데 하나였던 1952년 혁명, 물과 가스 전쟁, 그리고 미국의 코카잎 정책에 대한 저항을 포함한 현대 볼리비아의 역사적 맥락에 관해서는 스벤 마르텐(Marten, 2011: 13-154)과 월트라우드 Q. 모랄레스(Morales, 2012: 49-

65)의 책을 참고하기 바란다.

에보 모랄레스가 이끈 '사회주의를 향한 운동'(MAS, Movimiento al Socialismo)의 정치 무대가 시작되기 전의 볼리비아는 1998년 볼리바르혁명으로 붕괴된, 베네수엘라의 푼토피호 협정에 기초한 양당제와 다소 유사한 정치 체계였다. 권위 있는 두 학자 존 크랩트리와 로렌스 화이트헤드에 따르면 구 볼리비아 정치 체계는 다음과 같은 특징을 갖고 있었다. "교대로 권력을 잡고 비슷한 정책을 추구한 전통적 정당들은 의뢰인들에게 국가의 후원을 배분하는 기계인 것처럼 보였다……. 볼리비아에서는 [MAS가] …… 발생함으로써 사회적 불만을 조직하는 새로운 메커니즘이 만들어졌다"(Crabtree and Whitehead, 2008: 107). MAS는 일종의 우산 조직이었다(그러나 2005년 이전에도 선거 경험이 있었다) (Crabtree and Whitehead, 2008: 107). 정당 규칙은 "부패하고 타락했으며," 따라서 모랄레스의 2005년 승리는 "과거와의 단절," "보다 더 직접적이고 참여적인 틀의 민주적 대표성"을 의미했다(Crabtree and Whitehead, 2008: 1). MAS는 볼리비아에서 보통의 저항 통로 바깥에서 이미 존재하던, 인습에 얽매이지 않는 직접민주주의 경험을 토대로 풀뿌리에서 분출했다.

2005년 선거 승리는 볼리비아의 5백 년 역사의 맥락에서 볼 때 중요한 사건이었다. MAS의 선거운동 슬로건은 "5백 년 억압을 넘어 볼리비아를 탈식민화하자"였다(Oviedo Obarrio, 2010: 98). 모랄레스의 당선은 "에스파냐 정복 이래로 대다수 원주민들을 소외시켜 온 안데스판 아파르트헤이트의 종말을 반영했다"(Kohl, 2010: 107). 2005년 선거 승리가 의미하는 것에 관한 더 자세한 내용은 페르난도 오비에도 오바리오(Oviedo Obarrio, 2010)와 카를로스 아르세 바르가스(Vargas, 2008)의 책을 참고하기 바란다.

MAS와 그 지도자들, 코카 재배자들(cocalero)과 광산 노동조합을 비롯한 풀뿌리 결사체들이 2005년 선거를 준비하면서 대중을 동원할 때 사용한 혁명적 방식을 주목할 필요가 있다. 대중들은 대부분 문맹이어서 유권자 등록과 투표에 도움이 필요했다. 5백 년 동안의 아파르트헤이트 희생자로서 완전히 배제되었던 사람들에게 권력이 옮겨감에 따라 상당한 기간 동안 곪아 터지고 있었던 오랜 정당 체계에 종말이 왔다. 민중들은 아래로부터 직접 참여함으로써 실질적이고 응당하게 권력을 가진다는 느낌을 가질 수 있었다. 2005년 선거는 볼리비아 정치 체계의 민주화를 향한 중대한 첫 걸음이었다. 성공을 위해 코카재배자동맹 활동가들은 무엇보다도 글자를 몰라서 투표할 수 없는 동맹원들을 교육함으로써 주요한 장애를 극복해야 했다. 모랄레스는 코차밤바 코카재배자동맹의 한 선거 대비 집회에서 이렇게 말했다. "여러분들은 물, 그다음에 가스, 그리고 모든 자연자원을 지킨 경험으로 코카를 지켰습니다. 코카 재배자들은 또 이 땅의 정당한 소유자들인 아이마라와 케츄아, 과라니 민족 출신입니다." MAS의 선거 주제가 가사는 자본주의의 폐지와 사회주의의 옹호, 그리고 양키 제국주의에 대한 반대를 호소함으로써 그 운동의 또 다른 성격을 보여 주고 있다(Cocalero DVD).

2005년의 선거 결과는 놀랍게도 1차 투표에서 모랄레스가 53.72퍼센트를 득표하여 28.62퍼센트를 득표한 상대 후보를 누르고 승리한 것으로 나타났다. 투표율은 84.22퍼센트로 의외로 높았는데, 1952년 이래로 볼리비아에서 투표가 의무 사항이었음에도 불구하고 문맹률이 매우 높은 원주민들 대부분이 처음으로 투표했기 때문이었다. 이러한 의무 투표의 원칙은 MAS가 주도한 2009년 새 헌법에 반영되었다(Constitution of the Plurinational State of Bolivia, 2009). 하지만 모랄레스의 첫 승리 이후 점점 높아진 투표율이 의무 투표의 결과는 아니었다. 예컨대, 페루에서 온 관찰자들(Asociación Civil Transparencia, 2005)에 따르면, 정부는 전통적으로 법이 규정한 제재를 시행하지 않았으며, 일반적으로 '의무' 투표는 적용되지 않는다. 이는 '민주주의와 선거 지원 국제기구'(Intenational IDEA, 2009)에 의해서도 확인된다. 같은 선거에서 MAS는 상원의원의 84퍼센트, 하원의원의 55퍼센트를 차지했다(Tribunal Supremo Electoral n.d.).

2005년 선거 운동에서 MAS의 주요한 주제들 중 하나는 제헌의회와 새 헌법이 필요하다는 것이었다. 지식인들과 캄페시노(campesinos) 내지 원주민들 사이에서 새 헌법을 요구하는 전반적이고 혁명적인 흐름이 만들어진 것은 1991년 이후였다. 이는 2005년 MAS의 선거 승리 이후 2006년에는 '제헌의회' 소집으로 이어졌다. 2006년 7월에 MAS는 제헌의회에서 다수 의석을 차지했지만, 새 헌법 초안을 신속하게 통과하는 데 필요한 3분의 2를 얻지는 못했다(Oviedo Obarrio, 2010: 99). 제헌의회에서 다수를 차지한 MAS에는 원주민 대표자들이 이전보다 더 많이 포함되었다(Roca, 2008: 80). 게다가 원주민 사회조직들이 제기한 젠더 규정으로 인해 원주민들이 압도적 다수를 차지하는 안데스 산지 지역에서는 대표자들이 남녀 동수로 선출되었다. "이러한 젠더의 상보성(차차 와르미Chacha Warmi 또는 남녀)은 많은 원주민 지역에서 통용되던 관습이나 관행과 일치하는 것으로 보인다"(Barragán, 2008: 32).

제헌의회 대표들은 새 헌법 초안을 작성했다. 이러한 상황은 지난 5백 년 동안 원주민들이 배제된 처지에서 자신의 근대적 헌법을 기초하는 현재로 도약하는 주요한 계기였다. 민중이 자신의 헌법을 기초하고 국민투표를 통해 승인하는 것은 민주주의의 특징 가운데 하나이다. 이러한 경험은 특히 진행 중인 과정으로서 민주화 이행을 보여 준다. 새 헌법은 그 자체가 체제를 변화시키지는 않지만 주요한 변혁의 문을 열어젖힌다. 이는 베네수엘라에서 민중이 초안 작성에 참여하고 승인한 새 헌법이 21세기 사회주의에 뼈대를 만들고 나중에 살을 붙인 경험에서 드러났다. 볼리비아에서의 이러한 돌파는 사회 전체의 민주화를 진행 중인 과업으로 동반하여 촉진했다. 따라서 "사회의 많은 영역들에서 높은 수준의 참여와 기대가 있었기 때문에 제헌의회는 볼리비아 역사에서 주요한 전환점이다"라고 선언하는 것은 과장이 아니다(Rousseau, 2011: 5). 이와 동시에 만약 '민주화' 규범을 적용하는 데 일관성을 가진다면 "볼리비아 헌법은 항상 진행 중인 과업이었다는 점을 인식해야 한다……. 1952년 혁명은 민주화에서 하나의 분수령이었다." 그 시기 (1952년)에 많은 민주적 권리들이 인정받았다(Albro, 2010: 74). 하지만 2009년 헌법은 볼리비아에서 이전에 존재한 어떤 것보다 훨씬 더 나아갔다. 제헌의회의 구성과 대표들을 선출한 방식을 고려하면 그것은 마치 풀뿌리 민중들이 스스로 제헌의회를 구성한 것처럼 보인다. 일련의 과정들은 공적인 행사로서 참여민주주의 문화를 진작하는 데 직접 기여했다.

모랄레스는 볼리비아 제헌의회 절차가 진행되는 가운데 실시된 2008년 8월 10일 소환 국민투표를 넘어야 했다. 소환 국민투표는 원래 일부 지자체(주)의 방해 전술에 대항하기 위해 모랄레스 자신이 제안한 것이었다. 몇몇 주들은 자치주 또는 독립주를 선호했다. 오랜 기간의 기이하고 복잡한 제헌의회 와중에 여러 사건들이 일어났는데, 여기에 관한 자세한 설명은 이 책의 초점을 벗어난다. 소환 국민투표에는 대통령 모랄레스와 부통령 알바로 가르시아 리네라뿐 아니라 대부분의 주지사들도 걸려 있었다. 국민투표가 부결되어 모랄레스와 부통령은 권한을 계속 행사할 수 있게 되었는데, 이때 얻은 부결 표는 실제로 소환투표 불과 2년 전에 있었던 대통령선거에서 얻었던 표보다 더 많았다(Tribunal Supremo Electoral n.d.).

2009년, 새 헌법은 61퍼센트의 찬성과 39퍼센트의 반대로 승인되었다(Tribunal Supremo Electoral n.d.). 2009년 2월 7일 채택된 볼리비아 다민족국가 헌법은 여러 중요한 특징들을 갖고 있지만, 여기서는 이책의 초점과 관련하여 필요한 것들만 보기로 한다. 첫째로, 헌법은 볼리비아에서 드러난 개인 사유재산의 가장 야만적인 측면을 겨냥했다. 그래서 헌법은 탄화수소(가스와 석유)가 "볼리비아인의 양도할 수 없는 무제한적 재산"이며 "물은 삶의 기본적인 권리"라고 선언한다. 이와 비슷하게 문화적 유산은 조상 대대로 내려온 코카의 보호에 근거를 제공한다. 경제의 이러한 사회화 내지 민주화는 파차마마(Pachamama, 대지)라는 원주민 개념을 소중히 새김으로써 더욱 견고하게 되었다(Constitution of the Plurinational State of Bolivia, 2009).

이러한 원주민 가치는 민주주의에 경제적 고려를 포함하는 서양 개념이나 인민의 권력을 규정한 그리스 전통을 넘어설 뿐 아니라 아마도 그보다 앞서는 것이다. 볼리비아와 에보 모랄레스는 원주민들을 대신하여 심지어 '대지의 권리에 관한 보편 선언'을 국제적으로 요구하는 데까지 나아갔다. 촘스키는 "그러한 요구가 세련된 서양인들에게 비웃음을 사고 있다"고 지적하면서도, "우리는 원주민 공동체의 감수성을 다소나마 배울 수 있다"고 옹호한다(Chomsky, 2012b). 파차마마는 (자원을 포함한) 환경과 인간의 변증법적 관계를 보여 준다. 환경과 인간은 서로 의존되어 있다. '개인들'은 사람들의 필요와 분리되어 환경이나 그 과실 내지 생산물을 소유할 수 없다. 대지는 그 본성상 사회적인 것으로 사람들에게 속한다. 일단 다수의 복지를 위해 자연자원에 대한 권력을 가진 개인들의 권리 개념을 제거하면, 참여민주주의의 가능성이 확대된다. 경쟁하는 엘리트들을 대표하는 정당들이 번갈아 지배하는, 축소되고 배타적인 미국중심주의적 민주주의를 참여민주주의가 대체한다. 그래서 무제한적 사유재산 축적에 대항하여 갑작스럽게 등장한 그러한 정치 체계는 민주화를 향해 분투할 수 있다. 예컨대, 볼리비아의 새 헌법은 주권이 인민에게 있다고 선언한다(미국 헌법은 이를 규정하지 않고 있다). 따라서 직접적인 참여민주주의와 선출된 대표자들은 함께 민주주의를 실행할 수 있다. 직접적인 참여민주주의와 대의민주주의 이외에 민주주의의 제3의 형태가 있다. 헌법에 따르면 그것은 "원주민 ······ 농민의 규범과 절차"에 기초한 '공동체' 민주주의이다(Constitution of the Plurinational State of Bolivia, 2009). 이러한 공동체 민주주의는 북반구에서 참여민주주의라고 알려진 것과 비슷하다.

모랄레스 정부 첫 4년 동안(2006~2009) 새 헌법이 제정되었을 뿐 아니라 교육이 개선되어 새로운 학교들이 지어지고 고등교육에 대한 접근성이 확대되었다. 보건의료 분야에서 진전이 있었으며, 외채가 50퍼센트 줄어드는 성과가 있었다. 최저임금이 이전 정부 때와 비교하여 곱절 이상 증가했다. 해외투자가 증가하여 일자리가 두 배로 늘어났으며 GNP도 올라갔다. 외환보유고는 지난 정부에 비교하여 여섯 배 이상 많아졌다(Parada, 2010). 게다가 2011년 3월, 볼리비아 정부는 또 다시 최저임금 20퍼센트 인상과 교육과 의료, 군대, 경찰의 봉급 10퍼센트 인상을 발표했다(Agencia Púlsar, 2011). 2012년 8월, 모랄레스는 2006년 이래로 빈곤율이 19퍼센트로 떨어져 1백만 명의 볼리비아인들이 빈곤에서 탈출했다고 발표할 수 있었다. 이러한 성공은 원주민 농업 영역과 식량 생산을 헌법적으로 인정한 새로운 정책에서 비롯된 것이었다(Europa Press, 2012).

이러한 사회경제적 개선이 성취되고 새 헌법의 기초와 승인을 통해 민중의 권력이 증대했기 때문에 2009년 12월 6일 선거에서 모랄레스는 압도적인 승리를 거두었다. 64퍼센트 이상을 얻은 모랄레스는 27퍼센트를 얻은 상대 후보를 눌러 볼리비아 역사상 가장 높은 대통령선거 득표율을 기록했다. 대통령 및 의회 선거의 투표율은 94.55퍼센트였다(Tribunal Supremo Electoral n.d.). 한 유엔 기구에 따르면 의무 투표는 증가한 높은 투표율의 "필연적인 원인이라고 할 수 없다"(Espejo, 2010). 모랄레스의 임기는 2015년까지이다.

2010년 취임 연설에서 모랄레스는 이렇게 말했다. "우리는 가스와 석유뿐 아니라 리튬과 같은 공업화에도 초점을 맞출 것입니다. 여기에는 민간 자본에게 개방되는 대규모 투자가 필요합니다"(Parada, 2010에서 인용). 부통령 가르시아 리네라는 2009년 [선거 승리]는 "식민지 국가와 우리가 건설하고 있는 새로운 다민족 국가 사이의 어딘가에서, 사회주의적 지평을 여는 통합된 국가의 길을 열 것"이라고 확인했다(Parada, 2010에서 인용). 이는 볼리비아의 도전이다. 그것은 다수 원주민의 권리 보호를 보증하는 다민족 국가와, 현대 사회주의 개념을 향한 염원에 기초한 경제 발전이 지속적으로 공생하는 관계를 만들려고 하는 시험이다.

이러한 엄청난 국내 과업과는 별개로, 미국의 역할을 고려하지 않고서는 베네수엘라의 경우와 마찬가지로 볼리비아의 현재진행형 민주주의를 논의할 수 없다. 2006년 모랄레스가 대통령이 된 이후 미국의 개입이 증가했다. 모랄레스에 따르면 워싱턴 또는 적어도 볼리비아 주재 미국 대사는, 백인(비원주민) 우익 지도자들이 원주민 정치 활동가들과 협력하여 지배하는 동부의 일부 지역을 불안정하게 하려 한 2008년 시도에 개입했다. 그래서 볼리비아는 그러한 시도에 연루된 혐의로 미국 대사를 추방했다. 그 미국 대사는 코스보에서 일련의 분리주의 활동으로 경험을 축적한 전문가였다. 2009년 4월, 비슷한 불안정화 시도와 암살 음모가 발각되었다(Friedman-Rudovsky, 2008; Barrionuevo, 2009; Carroll, 2009). 미국은 개입을 부인했지만, 2장에서 본 바와 같이 미국은 몇 달 후인 2009년 6월 온두라스 쿠데타에 개입했으며 2012년 파라과이 쿠데타에 반대하지 않았다.

2001년부터 미국은 볼리비아에서 민주주의 촉진 계획을 통해 확실하게 개입해 왔다. 미국은 원주민 영역을 관통하게 될 '원주민 지역-이시보로 보호국립공원'(TIPNIS) 고속도로 건설을 둘러싼 갈등에 개입하고 있다.[3]

미국이 원주민 조직들을 통해 TIPNIS 갈등에 개입하고 있다는 사실은 충분한 근거가 있다. 그러나 볼리비아 상황에 대한 한 면밀한 관찰자는 고속도로 문제와 협의 과정에 관해 다음과 같은 결론을 내리고 있다.

> [그것은] 원주민 자율성과 토지개혁에 관한 헌법 조항을 어떻게 구체화할 것인가에 관해 필수적인 논쟁을 확장하는 중요한 계기가 될 수 있다. 그것은 환경과 원주민 공동체의 권리를 보호하면서 어떻게 빈곤 문제에 가장 잘 대처하고 볼리비아 경제를 발전시킬 것인가 하는 복합적인 문제를 다루는 것이기 때문이다. (Fuentes, 2012a)

이것은 본질적인 문제이다. 게다가 참여민주주의 정신에 기초한 새 헌법은 사실 TIPNIS에서 일어나는 것과 같은 거친 행동들을 완화한

---

3) www.democracyintheus.com, "U.S. Democracy Promotion in Bolivia."

다. 볼리비아는 한편으로 반신자유주의적이고 자주적인 경제 발전과 다른 한편으로 원주민과 캄페시노 노동자들의 권리 사이에 어려운 균형을 잡는 과정을 보여 주고 있다. 이 둘 모두에 대한 고려는 최근 헌법에서 비롯된다. 그것은 새로운 민주화 운동의 사례로 급성장하는 볼리비아 민주주의를 시험하는 진행 중인 문제이다. 볼리비아는 다수를 차지하는 원주민들을 위해 민주주의와 사회경제적 발전을 실험해야 한다. 모랄레스 정부를 좌우 양쪽에서 비판하는 것은 상대적으로 쉬운 일이다. 특히 풀뿌리 수준 원주민 조직 지도자들이 모랄레스 반대운동에 개입하고 있기 때문에 더욱 그렇다. 하지만 이러한 단순화된 접근이 고려하지 않고 있는 것은, 볼리비아가 지금 막 시작했으며 앞으로 나아가면서 새 헌법에 살을 붙이는 과정에 있는 현재진행형 민주주의라는 점이다.

볼리비아의 신생 참여민주주의의 미래는 MAS와 그 지도자들이 적응하는 과정에서 미국의 이해관계에 연결되어 있는 우익의 압력과 간섭에 저항할 수 있는 능력이 있는가에 달려 있다. 그들은 또 볼리비아 민주주의를 정태적 구조로 봄으로써 상황을 단순화시키는 국내외의 일부 좌익 분파에 동조하는 것을 거부해야 한다. 민주주의에 대한 미국 중심주의적 편견은 진행 중인 민주화 과정으로서 민중의 정치적 참여의 가치를 무시한다. 실질적인 참여를 보장하는 첫 걸음을 뗄 때, 비로소 민주화라는 장기적인 목표로 나아가는 다른 걸음을 옮길 수 있다.

그러한 현재진행형 민주주의의 맥락에서 신기원을 이룬 국면은 무엇보다도 새 헌법을 기초할 때 민중을 참여시킨 데 있었다. 또 초기 단계에서는 볼리비아와 미국의 특권 엘리트들의 전능한 재산권을 민중의 공공 재산으로 전환할 필요가 있었다. 정치적 잠재력은 민주주의를 가능하게 하고, 그 참여적 성격을 변화시켜 조정하고 개선하는 능력을 부여한다. 정치적 민주주의는 21세기 사회주의라는 장기적 목표에 기초한 자립적인 사회경제적 발전과 함께 이루어져야 한다. 그것은 또한 모랄레스와 가르시아 리네라의 정치적 리더십이 보여 준 것처럼 실수를 통해 배우고, 상황에 부응해서 적응하는 능력을 포함한다. 예컨대 2012년 4월, 볼리비아 원주민들은 TIPNIS에 관한 협의를 위해 모랄레스 정부가 수립한 위원회에 참여했다. 이 위원회는 고속도로 건설과 원주민 공동체 발전 전망에 관한 결정권을 갖고 있었다(Presno, 2012). 이는 '사전 협의' 권리를 포함하여 '직접적이고 참여적인' 민주주의를 보장하는 헌법과 일치하는 것이다(Constitution of the Plurinational State of Bolivia, 2009). 2012년 10월, 모랄레스는 위원회를 통해 협의한 46개 공동체 중 45개 공동체가 고속도로 건설에 동의하여 현재 공사가 진행되고 있다고 발표했다(TeleSUR, 2012). 따라서 제헌의회에 선출된 대표들이 새 헌법을 기초하는 데 공개적으로 참여했기 때문에 대표들과 민중은 새 헌법을 이용하는 방법도 터득했다고 할 수 있다.

참여민주주의는 비단 아래로부터의 방식일 뿐 아니라 위로부터의 방식이 되어야 한다. 이 경우 모랄레스 정부와 민중 사이의 밀접하고 진정한 관계를 상정하는데, 이는 리더십에 대한 미국중심주의적 선입견으로 보면 이례적인 일이다.

미국 학자 월트라우드 Q. 모랄레스(Morales, 2012)에 따르면, 사회운동과 원주민 운동이 "토지개혁과 사회경제적 재분배 및 발전"을 규정한 헌법 조항을 계속 지지하는 한, 모랄레스 정부는 "성취한 것을 다가올 시기 동안 공고히 할 수 있을 것이다." 그녀는 오늘날 볼리비아는 "민주화와 사회의 혁명적 변동에 내재하는 시민사회의 다툼으로 불안정과 갈등이 있는" 나라가 될 것이라고 말한다. 원주민들과 사회운동은 "그러한 진행 중인 과정의 통합적인 일부가 될 것"이라고 그녀는 결론짓는다(Morales, 2012: 84). 볼리비아의 민주주의는 긴장들로 인해 벼랑 끝에 있는 것처럼 보인다. 거기에는 진정한 긴장도 약간 있지만 미국과 볼리비아의 미국 후원자들이 조장하는 긴장도 있다. 이러한 역동성은 필연적으로 현재진행형의 민주주의를 만들어 낸다.

에콰도르의 '수막 카우사이'와 참여민주주의

쿠바의 남아메리카 이웃 에콰도르공화국은 북쪽으로 콜롬비아에, 동남쪽으로는 페루에, 서쪽으로는 태평양에 국경을 접하고 있다. 에콰도르의 원주민 전통은 대개 '수막 카우사이'(sumak kawsay)에 기초하고 있는데, '수막 카우사이'란 단순히 '더 나은 삶'이 아니라 대체로 '부엔 비비르'(buen vivir, '좋은 삶' 또는 '잘 사는 것')를 의미하는 키츠와 원주민의 개념 내지 원칙이다(키츠와는 범안데스 케추아어의 에콰도르 갈래로서 실제로 전국적으로 사용되는 유일한 언어이다). '수막 카우사이'와 다민족주의, 환경보호, 이 세 가지는 라파엘 코레아가 선거에서 승리한 물결 속에서 제정된 새 헌법의 주요한 특징이다.

코레아는 2006년 신자유주의 정부의 경제부 장관에서 사임을 강요당한 후, 그해 선거를 대비하여 'PAIS(Patria Altiva i Soberana, 자존과 주권 조국) 동맹'을 결성했다. 그는 대통령에 출마하여 1차 선거에서는 간신히 2위 득표를 했다. 하지만 2006년 11월 26일 2차 투표에서 56퍼센트 대 43퍼센트로 상대 후보를 쉽게 눌렀다(Consejo Nacional Electoral [Ecuador], n.d.). 코레아의 주요 공약들 가운데 하나는 새로운 나라를 만들기 위해 새 헌법을 제정할 제헌의회를 구성하는 것이었다. 이 절에서는 새 헌법이 제정될 당시 지배적이었던 긴장들을 고려하면서 새 헌법과 이후 발생한 문제들에 초점을 맞추고자 한다. 새로운 민주주의에서 실질적인 참여 수준과 관련되어 있는 이러한 긴장은 오늘날에도 여전히 존재하며, 아마 가까운 미래에도 어떤 형태로든 지속될 것이다.

2007년 4월, 코레아의 약속에 따라 제헌의회를 소집하여 새 헌법 제정에 대한 찬반을 시민들에게 묻는 국민투표가 실시되었다. 등록된 유권자의 80퍼센트 이상이 제헌의회 소집에 찬성했다. 제헌의회 선거에서 새로운 코레아 정치 세력은 투표자의 70퍼센트에 가까운 표를 얻어 7퍼센트 미만을 득표한 루시오 구티에레스가 이끈 상대편을 누르고 다수 의석을 차지했다. 두 번의 투표 승리는 주로 매우 활발한 원주민 공동체들의 지지 덕분이었다(Becker, 2011: 49). 구티에레스가 자신을 짐짓 룰라나 차베스 같은 라틴아메리카 '분홍 물결'의 일부라고 내세웠지만, 실제로는 보수적인 과두제와 미국의 대표라는 것이 나중에 드러난다. 자세한 분석은 마크 베커(Becker, 2012: 13, 120-1)를 참고하기 바란다. 나중에 살펴보겠지만 코레아 정부와 새로운 민주화 과정에서 기층의 민중을 끌어안을 수 있는 그의 능력을 둘러싼 정당성 시비가 있다. 하지만 구티에레스가 그랬던 것처럼 코레아가 미국 편으로 넘어갔다고 비난할 수는 없다.

제헌의회가 만든 헌법은 64퍼센트 대 28퍼센트라는 높은 찬성률로 승인되었다(Consejo Nacional Electoral [Ecuador], n.d.). 새 헌법 아래에서 치러진 2009년 4월 26일 대통령선거에서는 이전에 '분홍 물결' 후보로 자처하다가 친미로 돌아선 야심가 구티아레스를 누르고 놀랍게도 1차 투표에서 코레아가 승리했다.

에콰도르의 현재 상황과 효과적인 참여민주주의를 향한 험난한 실험을 평가하기 위해서는 다음과 같은 사실을 고려해야 한다. 1995년부터 2001년까지 '라틴아메리카의 반신자유주의 저항'이라는 맥락 속에서 에콰도르는 첫째 체포당한 사람의 수, 둘째 저항 운동의 횟수, 셋째 저항 사건의 횟수, 넷째 사망자와 부상자의 수에서 수위를 차지했다. "원주민 운동은 1990년부터 현재까지 거의 모든 저항운동의 중심에 있으며, 라틴아메리카에서 가장 성공적인 원주민 운동에 속한다"(Jameson, 2011: 63).

따라서 에콰도르에서 헌법 논의의 와중에 원주민 권리가 의제에 오르고 여러 면에서 계속 정치 무대를 지배하는 것은 놀라운 일이 아니다. 이 절에서 많이 원용하고 있는 권위 있는 분석은 베커(Becker, 2011: 47-62)를 참고하기 바란다.

원주민들의 권리를 둘러싼 논쟁은 코레아가 이끌고 있는 새로운 운동의 미래와 그가 추구하는 반신자유주의 경제 발전에 기초한 포섭적이고 여전히 역동적인 독특한 유형의 민주주의에 영향을 미치게 되어 있다. 새 헌법을 제정하는 과정에서 나타난 몇 가지 문제들에 관한 아래의 분석은 민주주의와 연관된 주제에 초점을 맞추고자 한다.

베커에 따르면, "2008년 제헌의회는 에콰도르의 정치 구조를 탈식민화하는 역사적 기회를 열어젖힘으로써 원주민 운동에 결정적인 국면을 만들어 냈다"(Becker, 2011: 48). 새 헌법의 역사적 맥락을 평가하면서 원주민 지도자들은 이렇게 주장했다.

> 정당들은 실패했고 민중은 변화를 각오하고 있었다. 바야흐로 사회운동의 시간이 왔다. 국민투표의 승리는 소수 특권층의 수중에 부와 권력이 집중된 신자유주의적 경제 모델에 대한 거부를 표현했다. (Becker, 2011: 49)

그럼에도 불구하고 새 헌법의 정신과 용어를 확립하는 능력에 관한 한 아직 결정된 것이 없다. 헌법을 적용하기 위해서는 새 헌법을 만든 모든 사회 부문들을 참여시켜 지지를 받을 필요가 있었다. 제헌의회 선거에서 가장 높은 득표를 한 코레아의 한 측근은 선거 기간 동안에 '수막 카우사이' 원칙을 위해 일할 것을 맹세했다.

'수막 카우사이'란 (더 나은 삶이 아니라) '좋은 삶'이라는 키츠와의 개념이다. 그것은 다른 사람들이나 자연[환경]과 조화를 이루는 삶을 추구하기보다는 자원의 이용을 증가시키는 전통적인 발전 전략을 분명하게 비판한다. (Becker, 2011: 50)

'수막 카우사이' 개념은 갖가지 논쟁의 중심에 있었다. 결국 헌법과 최종적인 헌법 초안에 대한 찬성투표 동맹을 지지한 원주민 집단들은 "'수막 카우사이'를 헌법 전문에서부터 시작하여 반복해서 언급했다 …… ['수막 카우사이'는] 신자유주의에 대한 공격이었으며 민주적 참여를 여는 한 단계를 표현했다"(Becker, 2011: 59). '수막 카우사이'는 남반구의 새로운 어떤 것을 이 과정에 투입하는 것이다. 북반구의 편견으로 보면 그것은 새로운 것이지만, 남반구의 관점에서는 새로운 것이 아니다. 에콰도르 경제학자 파블로 다발로스 교수에 따르면, '수막 카우사이'는 "정치적·법적·자연적 통치의 새로운 틀이다" 이 개념은 에콰도르와 볼리비아의 원주민들에서 시작하여 "인류의 가능성 영역으로 여행"을 시작했다(Davalos, 2009). '수막 카우사이'와 같은 새로운 사회경제적 발전 모델은 신자유주의에 반대된다. 이러한 '새로운' 패러다임은 통치와 정치권력, 그리고 권력을 누가 행사하는가 하는 문제와 분리될 수 없다. '수막 카우사이'는 고대 그리스 시대부터 독점권을 행사해 온, 민주주의와 역사에 대한 미국중심주의 또는 유럽중심주의 개념을 넘어서는 실례가 된다. '수막 카우사이'에 대한 더 자세한 설명은 다발레스(Davales, 2009)를 참고하기 바란다.

새 헌법은 또 "국가 영토 내의 재생 불가능한 자원들은 양도할 수 없고 포기할 수 없는 절대적인 국가 재산"이라고 규정하고 있다(Constitución de la República del Ecuador, 2008). 에콰도르 헌법은 명시적으로 환경보호를 섬기는 최초의 헌법인데, 이는 원주민의 사상과 관행에 밀접하게 연결되어 있는 새로운 사고방식의 일부이다(앞에서 언급한 바와 같이 볼리비아 헌법에도 비슷한 규정이 있지만, 에콰도르 헌법 이후에 채택되었다). 헌법은 안전장치를 갖고 있다. 즉, "지속 가능성과 좋은 방식의 삶('수막 카우사이')을 보장하는, 건강하고 생태적으로 균형 잡힌 환경에서 사람들이 살 수 있는 권리를 인정한다"(Constitución de la República del Ecuador, 2008).

코레아 정부와 헌법은 나아가 환경보호와 '수막 카우사이'의 개념으로 미국중심주의적 민주주의 개념에 대한 중요한 관계 단절의 길을 열었다. 사실, 헌법은 일종의 혼합물이다. 그것은 가장 활발하고 지속적이며 잘 조직된 원주민 운동에서 나온 원주민 개념을 포함하고 있을 뿐 아니라, 다당제 선거와 같은 기본적인 서양 민주주의 개념도 함께 갖고 있다. 정치권력을 공동체 풀뿌리 방식으로 보는 '수막 카우사이'가 북반구의 '일부' 나라들에서 유래한 개념들과 공존하고 있는 것이다. 예컨대 에콰도르 헌법의 제1조는 다음과 같이 선언한다. "주권은 인민에게 있고 인민의 의지는 권력의 기초이며, 권력은 헌법이 정하는 바에 따라 정치권력 기구들을 통하거나 직접 참여의 형식을 통해 행사된다"(Constitución de la República del Ecuador, 2008).

사회경제적 민주화를 위해 사유재산의 중요성을 근본적으로 줄이는 것과 참여민주주의 사이를 잇는 직선은 존재하지 않는다. 베네수엘라는 참여를 통한 민중의 권력이 민주화를 증대시키는 방향으로 작동하는 진정한 혁명적 과정을 보여 주었다. 볼리비아도 이 문제와 씨름하고 있지만, 아직 전개되고 있는 중이다.

에콰도르에서는 경제적 과두제의 막강한 권력을 겨냥한 경제개혁에 비해 정치 체계의 참여적 성격은 뒤쳐져 있는 것 같다. 많은 좌파 원주민들은 코레아 정부를 "매우 모순적"이라고 평가한다(Becker, 2012: 124). '수막 카우사이'를 포함하고 있는 새 헌법이 자원의 무차별적 이용에 기초한 전통적인 경제 전략을 거부하고 있음에도 불구하고, 코레아 정부가 광산의 허가와 수자원의 사유화, 이중 언어 교육프로그램에 대한 원주민 통제의 폐지와 같이 원주민 공동체에 반하는 법률을 승인한 것에 대해 활동가들은 비난했다. 석유 채굴도 그러한 정책의 일부이다. 이 책의 초점과 관련하여 특별히 관심을 끄는 것은 베커가 지적하듯이 새로운 광산을 개발할 때 코레아는 "광산 개발이 진행되기 전에 원주민 공동체에 미리 협의권을 부여하는 것을 거부했다"는 점이다. 그 결과 대규모 시위가 벌어졌으며, 코레아 정부에 반대하는 원주민 운동과 사회운동들은 그러한 결정이 '수막 카우사이'와 모순되게 일방적으로 이루어졌다고 비판했다(Becker, 2012: 124-128). 또 코레아의 자의적 결정을 헌법 위반이라고 주장할 수도 있다. 헌법은 원주민들이 자기 영역의 자연자원 사용에 관해 "사전에 고지되는 자유로운 협의"를 할 수 있는 권리를 가진다고 규정하고 있다(Constitución de la República del Ecuador, 2008).

또 우리는 코레아가 미군 기지를 폐쇄하고, 30억 달러의 외채를 무효화하겠다던 약속을 지켰다는 점을 고려해야 한다. 코레아에 따르면 그 외채는 "군부 정권이 계약한 것이기 때문에 부당하고 불법적이었다." 코레아는 또 교육과 보건의료에 대한 지출을 크게 늘렸을 뿐 아니라 편모 가정과 소농에 대한 지원을 늘렸다(Becker, 2012: 133-34).

에콰도르의 최근 상황을 요약한 한 보고서에서 페데리코 푸엔테스는 주요 채굴 산업은 석유이지만 완전히 국유화되어 있지는 않다고 지적한다. 따라서 국영기업과 국제 합작기업이 나란히 존재한다. 2006년에서 2011년까지 국영기업의 석유생산 비율은 46퍼센트에서 70퍼센트로 증가했다. 2007년, 코레아는 석유 이윤에 대한 초과이득세(석유 회사와 국가 사이의 계약에서 합의한 대로 석유 가격보다 시가가 높을 때 부과된다)를 50퍼센트에서 99퍼센트로 인상했다. 코레아 정부는 또 과거 신자유주의 정부 아래에서 석유 수입을 외채 상환에 사용하기 위해 마련한 석유기금 일부를 없앴다. 지금은 자유로워진 석유 수입의 수혜를 정부 프로젝트들이 받고 있다. 이러한 방향 전환 덕분에 2006년부터 2009년까지 사회적 지출이 국내총생산에서 차지하는 비율이 거의 두 배가 되었다. 최저임금은 최근 5년 동안 실질임금 기준으로 40퍼센트 인상되었다. 정부는 "석유 자원이 국외로 유출되는 것을 막고, 그것을 보통 사람들의 필요에 부응하는 방향으로 전환하기 시작했다"고 푸엔테스는 강조한다. 하지만 이러한 긍정적 보고서에서도 "이러한 프로젝트들에 대한 정부 협의가 결여되어 있다"는 점을 인정한다(Fuentes, 2012b). 다른 긍정적인 평가도 정부 정책들이 가난한 농촌 지역보다 도시에 더 많은 혜택을 주고 있다는 점을 지적하고 있다(Becker, 2012: 130). 이는 아마도 코레아 정부의 협의 결여를 보여 주는 또 하나의 징후일 것이다. 풀뿌리 수준에서는 코레아의 여러 정책에 반대하는 소요가 끊임없이 발생하고 있다.

이전에 지극히 중요했던 과두제 사유재산과 국제 은행들의 입지가 축소된 점은 중요하다. 코레아 정부는 건드릴 수 없을 것으로 보이던 국내외 지배 엘리트들의 권리를 없애는 대신에 민중의 사회경제적 복지로 대체했다. 이는 참여에 길을 열었으며, 지배 엘리트들과 그들의 특권을 보호하기 위한 배제적 민주주의에 기초한 미국 모델과는 대조된다. 에콰도르 사례를 보면, 더욱 정의로운 사회를 위해 막대한 개인 재산권에 제한을 가한다고 해서 반드시 의미 있는 참여민주주의로 즉각 이행하는 것은 아니라는 것을 알 수 있다. 에콰도르에서 참여민주주의는 단지 맹아 단계에 있을 뿐이다. 그럼에도 불구하고 에콰도르에서는 원주민들과 사회운동들은 포용적 경제와 정치를 위한 투쟁에서 예외적으로 강력한 전통을 갖고 있다. 에콰도르는 지리적으로 볼 때 상대적으로 작은 나라이다. 하지만 풀뿌리 운동이 가진 역사와 투지, 급진적인 좌파 정치의 내용에서 보면 거인이라고 할 수 있다. 이 때문에 아래로부터의 현재진행형 민주주의는 코레아가 이끄는 위로부터의 진행 중인 민주주의와 결합할 수 있다. 코레아는 국내외의 무제한적 사유재산 축적을 희생시키는 한편, 사회경제적 정의와 민족 자주권을 증대시키는 정책으로 포용의 공간을 열었다. 지난날 사유재산권은 손댈 수 없는 것으로 여겨졌다. 에콰도르의 역사적 전통과 현재의 상황을 볼 때, 베네수엘라와 마찬가지로 참여민주주의가 발전할 수 있는 가능성이 점점 더 커지고 있다.

21세기 사회주의라는 장기적 목표를 추구하는 코레아의 입장 때문에 에콰도르는 참여민주주의에 다가갈 수 있는 잠재력이 있다. 21세기 사회주의에 대한 코레아의 개념은 정상적이고 건강하지만 아직 그 내용은 모호하다. 그것은 진화하고 있는 중이다. 에콰도르는 사회주의에 대해 참신한 관점을 갖고 있다. 코레아는 "21세기 사회주의는 한 가지 종류가 아니라 끊임없는 진화 속에 있다"고 말했다(Correa, 2009). 하지만 그 모호함에도 불구하고 코레아는 2009년 한 국제 포럼에서 "현재의 경제 위기에 대한 매우 깊이 있고 진지한 분석을 제시했는데," 이는 신자유주의와 자본주의에 도전하는 우고 차베스와 룰라 다 시우바, 에보 모랄레스 같은 지도자들의 주장에 견줄 만하다(Becker, 2012: 128-129). 베네수엘라와 볼리비아, 에콰도르에 대한 분석에서 드러나듯이, 참여민주주의는 사유재산의 무제한적이고 과두적인 축적의 신성함을 부정하는 사회체제(사회주의)를 향한 지향과 행동에 연결되어 있다.

코레아 정부의 목표를 고려하면, 코레아 대통령에 대한 2010년 쿠데타 시도가 일어난 것은 놀라운 일이 아니다. 쿠데타 시도는 자연자원 보호에 대한 반신자유주의 정책과 정치 체계에 대한 민중의 참여를 뒤집으려는 구체적인 시도를 나타내기 때문에 중요하다. 미국은 민중이 정치권력을 가지게 되면 미국의 정책에 저항할 수 있는 가공할 만한 토대를 가지게 된다는 점을 너무나 잘 알고 있다. 에콰도르와 라틴아메리카에서 수십 년 동안 미국 지배에 반대해 온 민중들에게 미군 기지 폐쇄는 자존감을 가져다주었다. 집단적으로 그리고 개인적으로 표현된 이러한 민족 자주권이라는 긍지로 인해 민중을 위한 더 큰 경제적·정치적 계획들이 추진될 수 있게 되었다. 2010년의 쿠데타 시도는 모든 정치 성향의 소식통과 언론, 국제 조직들이 알아챘다. 코레아는 강제로 납치되고 감금당했던 것이다(Ramonet, 2011: 183; El País, 2010a, 2010b; Bruce, 2010; CNN, 2010; Golinger, 2010a; Allard, 2010a, 2010b). 논평가들에 따르면 선거에서 패배한 '분홍 물결' 상대 대통령 후보 루시오 구티에레스가 쿠데타를 계획하는 데 개입했다는 충분한 증거도 있었다. 그것은 명백하게 사전에 계획된 쿠데타였다. 심지어 프랑스 통신사(AFP)도 이렇게 보도했다. "지난 해[2009] 온두라스에서 선출된 대통령에 대한 군부 쿠데타를 떠올리게 하는 그 소요는 에콰도르 이웃 나라들의 여러 지도자들을 자극하여 기민하게 코레아 지지를 표명하도록 만들었다"(Martínez, 2010). 다른 보도들은 쿠데타를 오바마 정부 및 구티에레스와 관련지었다. 구티에레스는 쿠데타 시도가 있던 날, "나는 코레아 독재의 종말이 다가왔다고 생각한다"라고 말했다 (Corcoran, 2010; Nikandrov, 2010). 이러한 발언은 2009년 온두라스 쿠데타를 연상시켰다. 우리는 앞에서 베네수엘라와 볼리비아에서 헌정 질서를 무너뜨리려 한 미국의 시도를 살펴본 바 있다. 민중의 경제적·정치적 권력은 미국에 맞서고 있다.

이상으로 베네수엘라와 볼리비아, 에콰도르에 대한 분석을 마친다. 이 나라들은 모든 요소들을 고려하면 저마다 나름대로 민주주의의 사례를 보여 주고 있으며, 단순히 북반구 모델의 한 갈래가 아니다. 그들은 또 참여민주주의의 성취에서 각각 다른 수준에 있다. 세 나라 민주주의 사례들에 대한 이러한 분석의 목적은 쿠바와 같은 다른 유형의 민주주의를 연구하는 데 심각한 제약으로 작용하는, 미국중심주의가 자아낸 거미줄을 걷어 내는 데 도움을 주기 위해서였다.

우리 아메리카 민중을 위한 볼리바르동맹

베네수엘라와 볼리비아, 에콰도르 같은 나라들은 선구적인 쿠바의 경험과 더불어 자신들의 민주주의와 그와 연관된 사회경제체계의 가치들을 국경 너머로 확장하고 있다. 그러한 가치들은 국내에서 시작하여 라틴아메리카와 카리브 지역으로 옮아가고 있다. 베네수엘라와 볼리비아, 에콰도르에서 쿠데타가 실패하고 온두라스(2009)와 파라과이(2012)에서 쿠데타가 성공한 사실은 반신자유주의적이고 자주적인 성향의 정책들을 지역 수준에서 방어할 필요가 있다는 점을 보여 준다.

ALBA(우리 아메리카 민중을 위한 볼리바르동맹. ALBA는 '새벽녘'으로도 번역된다)는 라틴아메리카와 카리브 지역 통합 블록이다. 그것은 2004

년 12월 14일 아바나에서 쿠바와 베네수엘라의 합의에 따라 결성되었다. ALBA를 건설하는 데서 피델 카스트로와 차베스가 한 역할은 역사적 사실이다. 두 지도자들은 1994년 쿠바에서 처음 만나 정치적 협력과 우정을 발전시켰다. 그들은 "반제국주의와 사회정의에 기초하여 생각하면서, 라틴아메리카가 어떻게 되어야 하는가에 대해 뜻을 같이하고 신념을 나눈 두 형제"였다(인터뷰: Azicri, 2009). ALBA 창립 이후 이라틴아메리카 지역 블록은 여러 국가들이 새로이 참여함으로써 전성기를 맞았다. 볼리비아(2006), 니카라과(2007), 도미니카(2008), 온두라스(2008, 하지만 2009년 6월 28일, 민주적으로 선출된 마누엘 젤라야에 대한쿠데타 후에 미국이 지원한 쿠데타 정권은 ALBA에서 탈퇴했다), 세인트빈센트그레나딘과 에콰도르, 앤티가바부다(2009), 세인트루시아와 수리남(2012), 아이티(2012, 상시 참관국으로 정회원국이 될 가능성이 있다)가 그러한 나라들이다.

ALBA는 창립 회원국들과 마찬가지로 무제한적 사유재산 축적의 이해관계와 미국 민주주의 모델을 포함한 미국 지배에 의존하지 않는다. ALBA는 이웃 나라들 사이에 서로 이익이 되는 다양한 호혜적이고 협력적인 관계를 맺고 있다(Azicri, 2010). ALBA 회원국들은 경제, 금융, 사회, 의료, 교육, 문화, 스포츠, 과학, 언론 부문에서 수많은 관계들을 공유하고 있다(Cole, 2010, 2011).

ALBA가 실제로 미국중심주의적 민주주의 촉진을 반대하고 있다는점을 지적해 둘 필요가 있다. ALBA 회원국들은 저마다 독자적인 정치 체계를 갖고 있다. 쿠바와 베네수엘라, 볼리비아, 에콰도르는 사회주의, 또는 적어도 그 첫 단계로서 반신자유주의 정책을 지향하는 자신들의 길을 추구하고 있다. 도미니카와 세인트빈센트그레나딘, 앤티가바부다는 좀 더 전통적인 자신들의 체계를 갖고 있다. 하지만 ALBA 회원국들 가운데 어떤 나라도 각자 자기 길을 추구하는 권리에 의문을 제기하지 않는다. 그들이 공통적으로 갖고 있는 하나의 가치는 그 지역에서 미국 지배를 거부한다는 점이다. ALBA는 라틴아메리카 지역의 다른 지역 블록과 더불어 2009년에는 한층 더 나아갔다. 브라질이 주최한 일련의 회의를 통해 그들은 CELAC(Comunidad de Estados Latinoamericanos y Caribeños, 라틴아메리카와 카리브 국가공동체)의 구성을 향한 첫 걸음을 내딛었다. CELAC은 멕시코와 미국 국경을 이루는 리오그란데 강에서 라틴아메리카의 남쪽 끝 티에라델푸에고에 걸쳐 있는 33개국을 모두 포괄하고 있다. 말하자면 미국과 캐나다를 제외하고 '아메리카'라고 알려진 전 지역을 포함한다. 2011년 12월 2~3일 카라카스에서 열린 정상회의는 두 세기에 걸친 지역 통합에서 단일 사건으로는 가장 중요한 일이 될지도 모른다.[4]

2012년 4월 콜롬비아 카르타헤나에서 열린 정상회의에서는 쿠바 문제가 떠올라 무대 중심을 차지했다. 정상회의가 열리기 전까지, 그리고 회의가 진행되는 과정과 이후에도 미국식 경쟁적 양당제에 대한 환상이 라틴아메리카와 카리브 지역의 몇몇 나라들에 여전히 남아 있다.[5]

지역 통합운동(ALBA와 CELAC)은 쿠바와 라틴아메리카 지역 전체에 경제적·정치적 영향을 끼치고 있다. 쿠바는 선구자로서 중요한 기여를 해왔으며 달라진 상황에서도 계속 그럴 것이다. 하지만 새로운 블록은 여러 가지 이유로 인해 상대적으로 취약하다. 확대되고 있는 지역 협력은 우선 이 장에서 검토한 베네수엘라와 볼리비아, 에콰도르가 계속 반

---

4) www.democracyintheus.com, "CELAC Defines Democracy and Cuba Is Fully Involved."
5) www.democracyintheus.com, "Lingering Illusions About the U.S. Democracy's Competitive Two-Party System."

신자유주의적이고 반미적인 길을 갈 수 있는 능력이 있는가에 달려 있다. 지역 협력의 성패는 또한 이들 나라들이 자신들의 참여민주주의를 진전시킬 수 있는가에 달려 있다. 이 나라들은 민중이 권력을 가질 때만이 미국과 그 동맹자들의 압력을 견딜 수 있다. 쿠바도 예외일 수는 없다. 비록 쿠바가 50년 이상의 경험을 가진 유리한 위치에 있기는 하지만 말이다.

2부

쿠바의 헌법과 선거, 새로운 국가

4장 쿠바식 민주주의의 기원(1868~1952)

　이 장에서는 쿠바의 풀뿌리 수준 민주주의의 기원과 발전 과정을 추적한다. 19세기 후반에 독립전쟁이 일어났다. 그 무렵 쿠바의 목표는 에스파냐의 굴레에서 벗어나는 것이었지, 무제한적 사유재산을 철폐하거나 급격히 축소하는 것은 아니었다. 그러나 투쟁이 진행됨에 따라 에스파냐 지배와 사유재산의 가장 끔찍한 표현이었던 노예제에 대한 반대가 점점 커졌다. 쿠바 사회에서 노예제의 사회적·양적 중요성을 고려하면, 노예제 폐지라는 목표는 비록 사유재산 자체를 겨냥하지는 않았지만 엄청난 반향을 불러왔다. 그것은 국민의식의 성장은 물론 개인과 집단의 관계에 영향을 미쳤다. 사회정의, 즉 더 공정하고 윤리적이고 문화적인 사회에 대한 요구가 커졌다. 이러한 경향이 진전됨에 따라 쿠바에서는 일찍이 19세기부터 민중의 참여가 초보적인 형태로 융성할 수 있었다.

　사유재산은 모든 서양 체제와 그들의 식민지에 존재한다. 미국에서는 건국 초기부터 존재했다. 미국은 영국에서 독립했지만 결코 사회혁명을 겪지는 않았다. 이와 대조적으로 쿠바에서는 19세기부터 사회혁명이 시작되었으며, 미국과 마찬가지로 사유재산이 존재하기는 했지만 조건이 달랐다. 쿠바는 비록 처음에는 제한적이고 분명하지는 않았지만, 19세기에 이미 한 사회 체계에서 다른 체계로 이행을 겪고 있었다. 이러한 이행이 이루어 낸 진전에 따라 민중 참여의 공간이 열렸다. 19세기에는 실제로 사회에서 가장 주변적이고 배제되었던 부문들이 권력 신장에서 주도적인 역할을 했다. 1959년 혁명 직후에도 한 체계에서 다른 체계로 이행이 일어났지만 사유재산이 정도를 달리하여 계속 존재했다. 하지만 1959년 이후 시간이 지남에 따라 새로운 체계의 '사회적-집합적' 성격이 사유재산 축적을 압도하게 된다.

이미 살펴본 바와 같이 오늘날 미국에서 전능한 소수 과두제에 대한 도전은 오직 밑바닥으로부터만 가능하다. 점거운동의 목표는 정치·경제 체계에 대한 민중의 참여를 높이는 것이다. 이는 미국이 사유재산 축적에 깊이 뿌리내린 체계에서 광범한 대중의 집합적 복지에 기초한 다른 체계로의 이행을 결코 경험하지 못했기 때문이다. 미국과는 대조적으로 베네수엘라와 에콰도르, 볼리비아는 비록 초기 단계이고, 정도의 차이는 있지만 그러한 이행을 겪고 있다. 쿠바에서는 그러한 전환이 19세기 후반에 시작되어 미국의 개입으로 중단되었다가 1950년대에 다시 점화되었다.

여기에서는 쿠바에서 1868년부터 1952년까지 긴 기간 동안 뿌려진 참여적 정치문화의 씨앗과 그것에 대한 반대에 초점을 맞춘다. 뒤에서 1976년 이후 쿠바의 정치 체계가 어떻게 진화했는지를 분석할 때, 이러한 참여의 유산을 염두에 두면 도움이 될 것이다. 마찬가지로 쿠바가 오늘날 계속 주요한 변화를 겪고 있는 상황을 탐구할 때에도 전통을 알게 되면 많은 시사점을 얻을 수 있을 것이다.

쿠바는 19세기부터 유래하는 헌법과 선거, 국가, 민주주의 투쟁과 관련하여 풍부한 자생적 경험을 갖고 있다. 거기에는 두 가지 공통적인 씨줄이 있는데, 하나는 민중의 참여이고 다른 하나는 사유재산보다 사회정의를 높은 가치로 놓는다는 것이다. 이러한 모티브는 필연적으로 처음에는 에스파냐 식민주의자들에 반대하여, 그다음에는 미국의 신식민지적이고 제국주의적인 이해관계에 반대하여 쿠바의 주권을 방어하는 것을 의미한다.

쿠바 최초의 자생적 헌법과 선거

1820년대에 장로교과 펠릭스 바렐라의 등장은 쿠바의 정치사상에서 하나의 전환점이었다. 바렐라의 사상은 19세기 후반 독립전쟁에 영향을 주었다. 바렐라는 사상이 진화함에 따라 에스파냐든 미국이든 모든 외국 지배에 반대하는 쿠바 독립을 추구하는 입장을 가지게 되었다. 그는 또 노예제에 반대했다. 그는 "생각하는 것[en pensar]을 처음으로 우리에게 가르친 사람"으로 알려지게 되었다(Torres-Cuevas, 2011: 136에서 인용). 바렐라는 일상생활과 동떨어진 추상적인 사상의 범위를 벗어난 가르침으로 쿠바에 중요하게 기여했다. 그는 학생들에게 "자신의 머리로 추론하고" "스스로 생각하고 결정하라"고 가르쳤다(EcuRed, n.d.). 사람들이 실제로 정치과정에 효과적이고 의식적으로 참여하기 위해서는 스스로 생각할 수 있어야 한다. 이런 방식으로 지위 고하를 막론하고 모든 쿠바인들에게 호소함으로써 그는 쿠바 정치문화의 대중적 토대를 구축하는 데 기여했다. 이는 식민주의가 지지한, 사유재산의 가장 괴상한 형태인 노예제를 반대함으로써 자기 나라의 가치를 평가하는 모든 쿠바인들이 갖고 있는 전통을 보여 주는 것이다. 이러한 지향은 사상을 종교제도의 상아탑에서 구출한 바렐라의 사상과 행동이 가진 풀뿌리 태도와 연결되어 있었다. 이러한 유산은 미래의 쿠바 지도자들이 의지한 토대가 되어 인구의 중요한 부문들에 영향을 미쳤다. 이처럼 쿠바 역사에서는 매우 일찍부터 독단에 반대하는 사상과 사회정의의 추구가 정치문화의 일부가 되었다. 이제 1860년대부터 시작하여 19세기 후반까지 살펴보기로 하자.

19세기에는 에스파냐의 쿠바 지배 강화를 포함한 다양한 국내외 요인들이 쿠바 엘리트들에게 중대한 영향을 미쳤다. 엘리트들은 대부분 설탕 플랜테이션 소유주들이거나 커피 농장주, 목장주들이었다. 이 시기에 카를로스 마누엘 데 세스페데스가 무대에 등장했다. 그는 유럽을 두루 여행하고 에스파냐에서 법학 학위를 취득했으며 프랑스혁명에 관해 잘 알고 있었다.

세스페데스가 프랑스혁명의 영향을 받기는 했지만, 쿠바 섬의 상황이 달랐기 때문에 프랑스 모델을 그대로 쿠바에 적용할 수는 없었다. 프랑스에는 노예가 없었던 반면에, 쿠바는 식민지 지배 하의 노예제 사회였다. 세스페데스는 독창적인 상상력으로 새 헌법을 만드는 작업을 해야 했다. 헌법은 표면적으로 보면 어떤 면에서는 미국식, 다른 면에서는 프랑스식 접근 방법과 유사하게 보일 수 있었다. 하지만 쿠바의 구체적인 상황을 고려하면 헌법을 갖춘 이동하는 '무장 공화국'(Republic in Arms)이 필요했다(인터뷰: Fung Riveron, 2009).

세스페데스는 1850년대 초에 쿠바로 돌아와서 설탕 플랜테이션을 세워 여느 농장주와 마찬가지로 노예 소유주가 되었다. 그러나 그는 곧 에스파냐 지배를 공공연히 비판하기 시작했다. 1868년 10월 10일, 세스페데스는 자신의 노예들을 해방시킨 후 함께 싸우자고 호소했다. 그는 쿠바를 에스파냐 지배에서 해방하기 위한 공동 투쟁에 500명의 협력자들을 모았다. 그는 또 투쟁에 참여하기를 원하지 않는 노예들도 자유를 찾을 수 있을 것이라고 선언했다. 이 역사적 사건이 노예제의 폐지를 의미하지는 않았다. 노예제의 종말은 점진적으로 이루어졌다. 하지만 세스페데스는 이 첫걸음을 뗌으로써 노예들을 자신들의 해방에 개입시켜 쿠바 국민을 형성하는 씨앗을 뿌렸다. 세스페데스는 군사적 승리를 거두는 한편, '무장 공화국'의 수도 바야모에 최초로 매우 초보적인 지역정부를 수립하는 작업에 착수했다. 그 지역정부는 지역공동체의 요구에 부응하는 사업을 벌이기 시작했다. 이는 반란군들이 자신들의 프로그램을 적용할 수 있는 해방구를 스스로 획득했기 때문에 가능했다. '무장 공화국'은 이전에 에스파냐의 지배 아래에 있던 지역 자치위원회의 사회적 구성을 선거를 통해 변화시켰다. 이로 인해 쿠바 역사상 최초로 지방 정부에 물라토와 노동자가 선출되었다.

'무장 공화국'이라는 상황 속에서 이루어진 이러한 경험은 식민지 체제 안에서 형성 중이고 이동하는 국가였음이 밝혀졌다. 세스페데스는 또 에스파냐 식민주의와, 나중에는 미국 지배에 대항하는 자생적인 정치적 실체이자 보루로서 쿠바 국가를 창건한 사람이기도 했다. 이동하는 국가는 풀뿌리 수준에서 지역 조직들로 확장되었다. 따라서 새로운 국가 중추의 형성과, 쿠바 국민 형성의 전조로서 민중의 통일은 동시에 이루어졌다. 에스파냐의 군사적 점령과 식민지 구조 속에서 이루어진 이 초보적인 쿠바 국가는 1950년대 후반에 미국이 지원한 바티스타 국가 안에서 만들어진 국가의 선구가 되었다. 노예들을 해방에 개입시킨 사실의 중요성은 미국의 경험과 대조함으로써 완전하게 평가될 수 있다. 조지 워싱턴을 비롯한 노예 소유주들이 이끈 미국 독립전쟁은 노예제에 기초한 국가로 귀착되었던 것이다(인터뷰: Cristóbal, 2009).

세스페데스가 자기 노예들을 해방하기로 한 결정이 주로 군사적·경제적 고려에 따른 것은 아니었다. 그는 노예들을 해방시키면서 군사 활동에 참여할 것을 강요하지 않았다. 1868년 10월 10일, 세스페데스는 노예들에게 이렇게 말했다. "나를 따르고 싶은 사람을 나를 따를 수 있고, 남고 싶은 사람은 남을 수도 있다. 모두 다 아무런 조건 없이 해방될 것이다"(Alarcón de Quesada, 2002b: 26). 이처럼 세스페데스의 행동은 군사적이거나 상업적인 고려를 넘어서 있었다. 노예제가 폐지된 과정은 일회성 행동이나 선언이 아니라 몇 단계를 거쳤다. 많은 플랜테이션 소유주들은 노예제에 의존하고 있었기 때문에 노예제 폐지를 받아들일 준비가 되어 있지 않았다. 저명한 쿠바 역사가 에두아르도 토레스-케바스에 따르면, 점진적인 접근 방법이 "세스페데스가 노예를 소유한 부르주아지를 설득하기 위해 채택한 훌륭한 전술이라고 해석"될 수 있는 것은 이 때문이다(Torres-Cuevas et al., 1996: 26). 어떤 정치적 인물이 일관성 있는 원칙을 가졌는지를 평가하는 가장 좋은 방법은 아마도 그 사람이 생을 마감할 때까지 살아간 방식을 살펴보는 것일 것이다. 세스페데스의 경우, 일단 에스파냐에 저항하는 전쟁에서 부당하게 지도적 지위를 잃게 된 후에는 은퇴하여 외딴 곳으로 물러났다. 그는 글을 모르는 어린이들에게 읽고 쓰는 법을 가르치는 데에 힘을 쏟았다. 1874년에 그는 에스파냐 군대에 발각되어 살해되고 만다(Torres-Cuevas et al., 1996: 114-15).

노예들을 비롯한 여러 부문의 사람들이 참여한 가운데 1869년, 쿠바 최초의 헌법이 과이마로 제헌의회에서 제정되었다. 헌법 역사 전문가인 쿠바 법학박사 파비오 라이문도 토라도는 그 과정을 설명한다. 민중들과 '해방군' 전사들이 여러 조그만 마을에서 모임을 가졌다. 거기에는 재산에 관한 어떤 요건도 없었다. 민중들은 거수투표를 통해 대표자를 뽑았다(인터뷰: Torrado, 2008).

권리를 정하는 회기 동안 제헌의회는 재산 소유를 따지지 않고 참여와 평등의 규범을 강조했다. 대표자가 아니면서 공개 집회에 참여한 시민 마누엘 산길리는 법 앞의 평등을 옹호하는 감동적인 연설을 했다. 권리에 관한 조항이 아직 평등을 규정하지 않았다는 점을 고려하면 그의 역할은 중요했다. 산길리의 연설 내용은 결국 최종적인 헌법 초안에 포함되었다(Del Carmen Barcia, García and Torres-Cuevas, 1996: 45-48; Loyola Vega, 2002: 235, 243-46). 사회정의와 평등의 정신과 더불어 참여가 이루어진 사례는 제헌의회의 다른 회기 동안에도 있었다. 아나 베탄쿠르트는 여성의 권리를 옹호하는 발언을 공개적으로 했으며, 아그라몬테(세스페데스와 함께 주요 지도자)는 그것을 제헌의회에서 낭독했다. "시민들 …… 여러분들은 하인들을 해방시킴으로써 피부색의 형태로 존재하던 노예제를 폐지했습니다. 이제 여성을 해방시킬 시간이 왔습니다"(Torres-Cuevas et al., 1996: 50).

"과이마로 헌법(Constitución de Guáimaro): 독립전쟁이 끝날 때까지 쿠바에서 효력을 가지는 정치 헌법, 1869년 4월 10일"은 '무장 공화국'의 공식적 수립을 표현했다. 헌법의 구조는 미국이나 유럽의 것과 비슷했지만 이동하는 '무장 공화국' 상황에 적용한 점은 달랐다. 게다가 헌법은 유권자의 권리 규정에서 재산이나 문자해득에 관한 어떤 조건도 두지 않았다. 헌법은 또 "공화국의 모든 주민은 완전히 자유이다"라고 선언했다(Constitución de Guáimaro, 1973: 376-79). 이는 일반적으로 노예제의 폐지를 의미하는 것으로 여겨졌다. 하지만 노예제 폐지는 효력을 발휘하기 전에 일련의 단계를 거쳤다. 게다가 노예들의 해방에는 노예 소유주들에 대한 보상이 포함되어야 했다. 모든 공화국 주민들이 자유롭다는 원칙을 뒷받침하는 1869년 헌법이 채택된 뒤에도

'무장 공화국'의 법률국은 1869년 7월에 노예들의 완전한 독립을 제한하는 법률을 채택했다. 하지만 세스페데스는 제한을 둔다는 이유로 곧바로 그 법률을 거부했다. 노예제 폐지 문제에 관한 논쟁이 계속되어 1870년 12월에 가서야 세스페데스는 노예제를 법으로 완전히 폐지할 수 있었다(Loyola Vega, 2002: 235, 247; Del Carmen Barcia, García and Torres-Cuevas, 1996: 48). 미국과의 병합 문제도 '무장 공화국'의 대오 안에서 에스파냐를 패퇴시키기 위한 전술로서 수면 위로 떠올랐다(Pérez, 1995: 124-25). 지금까지도 미국과의 병합 찬성파와 반대파 사이에 투쟁이 계속되고 있다는 점을 고려하면 그것은 다가올 사건들의 전조였다.

노예제를 포함하여 많은 문제들에 관한 이러한 입장 차이에도 불구하고, 가장 중요한 교훈은 쿠바인들이 에스파냐 식민주의 영역의 바깥에서 참여를 통해 스스로 자신들의 새로운 길을 열어 나가고 있었다는 사실이다. 그러한 참여는 자신들의 헌법과 '무장 공화국' 형태의 맹아적 국가에서 나왔다.

참여는 다른 방식으로도 표현되었다. 에스파냐 군대가 바야모에 진군하여 도피할 수밖에 없게 되자 사람들은 공개 집회를 열어 도시를 불태우기로 결정했다. 에스파냐에 대한 저항 행동으로서 에스파냐 군대가 접근하는 것에 대비하여 도시를 잿더미로 만든 것이었다.

지역 수준에서 '무장 공화국'은 해방된 지역에서 마을 단위로 프레펙투라(prefecturas, 관할 구역) 체계를 구성했다. 프레펙투라는 '해방군'에 대한 물질적 지원을 조직했다. 거꾸로 '해방군' 쪽에서는 프레펙투라를 통해 가능한 한 민중의 주요한 사회경제적 필요를 개발했다. 그러한 과정에서 응집성과 통일성이 형성되었다. 이러한 프레펙투라를 풀뿌리 수준까지 확대하기 위해 헌법에 따라 수립된 의회는 프레펙투라와 하위

프레펙투라를 이끌도록 위임된 사람들의 기능과 의무를 상세하게 규정했다. 민중들은 자신의 프레펙투라에서 각각 대표자들을 선출했다. 프레펙투라의 기능 가운데 하나는 어린이와 어른들에게 무상으로 기초교육을 제공하는 것과 같은 법률을 자신의 지역에서 시행하는 것이었다. 프레펙투라는 농장, 대장간, 탄약을 생산하고 무기를 수리하는 작업장, 철공소, 목공소, 기본적 의류 작업장, 치즈 공장, 주택에 설립된 우체국과 기본적인 우편 서비스 등을 갖추고 있었다. 몇몇 지역에서는 심지어 수혈을 위한 작은 병원도 있었다. 프레펙투라가 직면한 주요한 문제는 에스파냐 군대와 무장 세력의 끊임없는 파괴 시도였다. 에스파냐 사람들은 프레펙투라가 반란군의 중요한 기지가 된다는 사실을 알고 있었던 것이다(Izquierdo Canosa, 1998: 14-33).

에스파냐 사람들은 결국 세스페데스와 주요 지도자 아그라몬테를 살해했다. 1878년 '무장 공화국'이 조인한 불리한 평화협정 '산혼 협약'(Pact of Zanjón)에 대한 반대가 있었다. 그러한 반대는 쿠바 전통에 점점 더 뿌리내린 아래로부터 참여의 또 다른 사례였다. 가장 전투적인 분파들은 두 가지 이유로 '산혼 협약'을 배신이라고 보았다. 첫째, 협약에 동의한 사람들은 에스파냐의 계속되는 쿠바 통제를 승인했다. 둘째, 그들은 노예제의 완전한 폐지를 거부하고 오직 해방군에 가담한 노예들에게만 적용했다(Pérez, 1995: 125). 에스파냐로부터의 독립과 노예제 폐지는 독립전쟁의 두 가지 주요 목표였다.

미천한 출신의 물라토 안토니오 마세오가 협약에 반대한 지도자였다. 그의 사회적 출신은 노새로 물건들을 운송하는 일이었다. 그는 산티아고데쿠바(Santigo de Cuba) 동부의 농민이었던 아버지와 함께 그일을 했다. 마세오는 1868년 10월, 독립전쟁이 시작된 불과 이틀 후에 일반 병사로 '해방군'에 가담했다. 그는 '해방군' 안에서 평범한 출신으로 승진한 수많은 사람들 가운데 하나였다. 그는 장군으로서 동료들과 함께 '산혼 협약'을 인정하지 않았다. 마세오 등은 그 협약을 항복문서로 간주하고 에스파냐 당국에게 쿠바인들은 '산혼 협약'에 동의하지 않는다고 말했다. 그것은 10년간의 투쟁과 희생을 치른 독립전쟁을 끝내는 방식이 아니었다. 물라토나 이전의 노예들이 아닌 다른 대표자들도 '산혼 협약'이 "독립과 노예제 폐지라는 [자신들의] 프로그램을 전혀 포함하고 있지 않다"고 선언했다(Buznego, Loyola and Pedroso, 1996: 148). 마세오와 그를 따르는 사람들은 에스파냐에 저항하였으며, '무장 쿠바공화국'의 새 헌법을 기초했다(Loyola and Pedroso, 2002: 285-92). '바라과 헌법'이라고 알려진 이 두 번째 헌법은 1878년에 채택되었다. 그것은 1868년에 만들어진 헌법을 계속 유지하고자 한 열망을 표현했다. 이 헌법의 요점은 "독립에 기초한 평화"였는데, 그것은 "민중이 잘 알지 못하고 동의하지 않으면" 승인될 수 없는 것이었다 (Constitución de Baraguá, 1973: 405-6).

1868~1878년의 제1차 독립전쟁은 패배로 끝났다. 그러한 실패에는 몇 가지 이유가 있었다. 중요한 논쟁 가운데 하나는 '무장 공화국'에서 군사 부문과 민간 부문 중 어느 부문이 주도할 것인가를 결정하는 문제였다. 다른 부정적인 요인들로는 지역주의의 잔존과 분명하고 일관된 프로그램의 결여였다.

호세 마르티(José Martí)는 무엇보다도 이러한 문제들을 해결하기 위해 국민과 혁명을 지도하는 정당이라는 획기적인 개념을 도입하는 책임을 떠맡았다. 마르티는 1853년 에스파냐 부모 밑에서 태어났다. 그는 15세가 되던 어린 나이 때부터 경험을 바탕으로 에스파냐 식민주의와 불의에 반대하기 시작했다. 그는 노예에 대한 가혹한 대우와 농민에 대한 착취를 몸소 경험하면서 자신의 결론에 도달했다. 1865년 어린 나이에 중학교에 들어갔을 때 그러한 생각은 더욱 발전되었다. 교장이던 라파엘 마리아 멘디베는 에스파냐로부터 쿠바의 독립을 옹호하였으며, 쿠바인들에게 혁신하라고 가르친 펠릭스 바렐라를 무척 존경했다. 멘디베는 제1차 독립전쟁(1868~1878) 동안 성장한 마르티에게 중요한 영향을 끼쳤다. 마르티는 16세가 되기 전에 글을 써서 독립전쟁을 공개적으로 지지했다. 이러한 처신으로 그는 1869년에 체포되어 6년간의 강제 노역형을 선고받았으며, 감옥에서 독립을 위해 싸우기로 결심했다. 2년 동안의 감옥 생활 후 건강이 너무 악화되자 에스파냐 당국은 그를 에스파냐 유형에 처했다.

마르티는 형기가 끝난 후 여행을 하다가 1880년에 미국 뉴욕으로 갔다. 그때는 1878년에 제1차 독립전쟁이 패배한 후였다. 1879~1880년에 '작은 전쟁'(guerra chiquita)이 일어났지만 그 역시 패배했다. 마르티는 망명한 쿠바인들을 조직함으로써 제3차 독립전쟁을 준비했다. 그는 먼저 뉴욕에서 시작하여 키웨스트(카요 우에소), 탐파, 필라델피아, 뉴올리언스 등 망명한 쿠바인들이 있는 모든 주요 도시들에서 쿠바인들을 조직했다. 1892년, 마르티는 몇 년간의 준비와, 특히 1891년 마지막 몇 달간의 노력 끝에 쿠바혁명당(PRC, Partodo Revolucionario Cubano) 창당을 주도했다. 그는 주로 미국에 머물다가 1895년에 쿠바로 건너가서 쿠바 섬에 있는 지지자들과 협력하여 제3차 독립전쟁을 시작했다(Kirk, 2012: 26-45, 79).

1880년 미국에 도착한 마르티는 처음에는 미국과 그 정치·경제구조에 매료되었다. 하지만 그는 곧 미국 정치와 경제 체계에 관한 비판적 분석을 발전시켰다. 이러한 비판적인 관점은 경험을 통해 확고해졌다. 현실은 그에게 미국의 양당제(민주당과 공화당)와 선거, 통치에 관해 가르쳤던 것이다. 마르티는 1885년 3월 15일, 선거가 어떻게 작동하는지에 관해 많은 사례를 제시하면서, "몇 가지 차이는 별도로 하더라도 두 정당은 권력을 장악하면 똑같이 함부로 하는데, 이는 둘 다 같은 부류의 사람들이기 때문이다"라고 썼다(Martí, 1988: 65, 71, 85). 마르티 연구의 권위자인 존 커크는 다음과 같이 요약했다. "마르티는 강력한 기업 이해관계가 공화당과 민주당 양당의 공식적 정책을 통제하고 자신들의 목표를 극대화하기 위해 두 정당을 노골적으로 조종한다는 점을 라틴아메리카 독자들에게 알렸다"(Kirk, 2012: 54).

그러나 마르티가 쿠바와 푸에르토리코, '우리의 아메리카'에 대한 미국의 의도를 의심하기 시작한 것은 그보다 한참 전이었다. 늦어도 1882년, 그는 미국의 자본과 산업이 다른 영토로 확장함으로써 초래하는 당연한 부작용을 알아챘다. 그는 그해 1월에 이렇게 썼다.

  필그림의 후손들은 조상들을 찬양했다. 하지만 얼마나 달라졌는가! 오늘날 그들은 더 이상 검소하지도 않고 노동자 신발을 신고 케이프 코드의 눈밭을 걷지도 않는다. 대신에 그들은 군화를 공격적으로 졸라 매고 한쪽으로는 캐나다를, 다른 한쪽으로는 멕시코를 넘본다. (Kirk, 2012: 56에서 인용)

커크는 마르티의 통찰력을 강조하고 있는데, 마르티는 "미국의 산업은 궁극적으로 값싼 원료 공급지와 잉여 제조 상품을 판매할 시장을 필요로 할 것이며, 라틴아메리카는 그러한 두 가지 필요를 충족할 수 있는 확실한 선택"이라는 점을 내다보고 있었다(Kirk, 2012: 57).

마르티는 사상과 실천이 진화함에 따라 정당, 곧 쿠바혁명당의 건설이 매우 필요하다는 결론을 내렸다. 주요한 목표는 제1차 독립전쟁의 약점을 극복하기 위해 미국과 쿠바에 있는 모든 쿠바인들을 단결시키는 것이었다. 쿠바혁명당은 1868~1878년 제1차 독립전쟁에서 반란군들을 괴롭히던 정치적·이데올로기적 혼란을 극복하기 위해 일관된 정치 프로그램을 갖추어야 했다. 그는 또 미국에 대한 어떠한 병합주의적 경향도 반대함으로써 제1차 독립전쟁에 지장을 준 그러한 경향을 해방운동에서 추방하고자 했다. 그는 생애 마지막 순간에 이르러 미국 체제와 미국의 쿠바와 라틴아메리카에 대한 골리앗 방식의 저의에 반대하는 강한 사상을 갖고 있었다. 1895년 5월 18일, 전투에서 사망하기 하루 전에 그는 "나는 괴물 속에서 살아오면서 그 내장을 속속들이 알고 있다. 나는 다윗의 돌팔매다"라고 썼다(Martí, 2007b: 253).

군사-민간 문제에 관한 논쟁에서 마르티는 군사적 경향을 반대했지만 제1차 독립전쟁의 경험에서 배운 것이 있었다. 지도력은 민첩해야 하며 불필요한 구조들의 방해를 받아서는 안 된다는 점이었다. 쿠바혁명당의 창당은 미국 망명자들과의 협의와 투표를 통해 이루어졌다. 1892년 4월 8일, 합의에 이른 후 지역 조직들은 만장일치로 마르티를 대표자(delegado)로 선출했다. 이 에스파냐어 단어의 가장 정확한 번역은 단순히 '지도자'라기보다는 자기를 선출한 사람들과 더불어 참여적 방식으로 지도를 위임받은 사람을 말한다. 1892년 4월 10일, 쿠바혁명당은 공식적으로 창당을 선포했다. 쿠바혁명당은 다양한 정치적 신념을 옹호하는 사람들로 구성되어 있었다. 거기에는 사회주의자들(이들은 나중인 1925년, 쿠바 최초의 공산당을 형성하는 중요한 역할을 했다)에서부터 실질적인 사회적 내용이 없이 단지 에스파냐로부터의 독립만을 원한 사람들에 이르기까지 걸쳐 있었으며, 모든 인종이 참여했을 뿐 아니라 여성 클럽과 제1차 독립전쟁의 퇴역군인들도 있었다. 그들을 하나의 정당으로 묶어세운 것은 중요한 성취였다(Ibarra, 2008: 116-17; Martí, n.d.: 25; Kirk, 2012: 79-83, 163-64). 쿠바혁명당은 마르티가 초창기부터 정당의 발전 과정에 민중의 직접적 참여를 독려한 것이 특징이었다.

호세 마르티는 '주요한' 모순을 해결해야 할 필요성을 알았다. 그 모순이란 한편으로는 민중, 다른 한편으로는 식민주의와 미국으로 대표되는 새로운 제국주의 사이의 모순이었다. 그는 미국에 살면서 그 나라 경제와 사회를 살펴봄으로써 기본적인 수준에서 제국주의를 발견했다. 마르티의 성취는 심지어 레닌보다 앞선 것이었는데, 레닌은 제국주의에 관해 마르티 이후에 알게 되어 1916년에야 그것에 관한 글을 썼다. 마르티는 쿠바와 푸에르토리코에 대한 미국의 지배 욕구가 이 섬나라들을 남반구의 나머지 지역을 정복하는 기지로 사용하고자 할 것이라는 점을 예견했다. 마르티는 당시 쿠바와 플로리다에 존재하던 생산방식하에서 노동자들과 농민들의 상황을 잘 알았으며 그들에게 동정심을 갖고 있었다. 하지만 그는 모든 계급의 쿠바인들은 우선 에스파냐 식민주의를, 그다음으로 필요할 경우 미국 제국주의를 청산해야 한다는 생각이 강했다.

쿠바혁명당이 건설되기 전 형성기 동안 미국에서 마르티의 주요한 협력자 가운데 하나였던 카를로스 발리뇨와 마르티의 관계는 관심을 끈다. 발리뇨는 나중에 쿠바공산당(PCC, Partido Comunista de Cuba)의 두 주요 창당자 가운데 한 사람이 되었다. 마르티는 무엇보다도 사회변혁을 선호했던 발리뇨에게 쿠바를 해방하는 투쟁에 함께 하자고 설득했다. 마르티는 쿠바 해방의 목표를 이룬 후에 쿠바 사회 자체의 모순에 대처할 수 있다고 주장했다(인터뷰: Fung Riverón, 2008, 2009). 아바나대학 교수 올리비아 미란다 프란시스코에 따르면, 마르티는 이 문제에 관해 발리뇨를 말로써 설득했을 뿐 아니라 "사회정의와 민주주의가 있는 사회는 …… 오직 사회혁명과 함께 가능하다고 주장하는 글을 썼다. 마르티는 우선 식민지 지배에 저항하는 투쟁을 하는 것과, '쿠바 민중이 권력을 장악한' 다음에 어떻게 사회 문제를 해결할 것인가를 분석하는 작업을 구분했다"(인터뷰: Miranda, 2008, 강조는 지은이).

반식민지 투쟁은 그다음 단계인 사회정의로 연결되었다. 이때 사회정의는 대규모 사유재산 소유를 철폐하는 것을 목표로 하는 대신, 주로 부의 정당한 분배에 초점을 맞추었다. 가장 미천한 쿠바인들을 위한 이러한 프로그램은 기층 민중이 독립전쟁에 참여하도록 자극하는 데 기여했다. 이처럼 쿠바에서 한 사회 체계에서 다른 체계로의 이행이 맹아적 형태로 시작되었다.

19세기 초반의 바렐라로부터 세스페데스와 마르티에 이르기까지 쿠바의 전통적 사상에서 배울 수 있는 중요한 교훈이 있다. 마르티가 쓴 모든 글을 연구한 존 커크는 그가 독단에서 해방되어 있었다고 결론짓는다. "편지글과 일기를 포함하여 마르티가 쓴 글을 연구해 보면, 그는 추상적인 지식의 영향을 받았다기보다는 …… 주로 자신의 극적인 삶 자체에서 영향을 받았다는 것을 확인할 수 있다"(Kirk, 2012: 149-50).

마르티는 새로운 방법론을 갖출 필요가 있다는 것을 알았다. 커크는 그것을 "모든 구성원들이 '적극적으로 참여'하도록 기대되는 접근 방법"이라고 보고 있다(Kirk, 2012: 92, 강조는 지은이). 참여에 대한 이런 강조는 1895~1898년 독립전쟁 동안의 헌법과 여러 제도에 반영되었다. 쿠바혁명당은 '무장 공화국'의 두 차례 헌법 제정과 프레펙투라의 견고한 토대 구축을 지도했다. 그것은 '해방군' 전사들의 원동력이었다. 쿠바혁명당은 마르티가 죽은 지 3년 후인 1898년에 실제로 에스파냐를 패퇴시켰다. 마르티는 '미래의 쿠바 헌법'에 관해 쓰면서 모든 법 중의 법인 헌법의 필요성을 여러 차례 주장했다(Martí, 2007a: 156). "나는 우리 공화국의 첫 번째 법이 인간의 완전한 존엄성을 숭배하는

쿠바 법전이 되기를 바란다"라고 그는 썼다(Martí, 2007c: 143). 1895
년 마르티가 전투에서 사망한 후, 제1차 독립전쟁 때의 두 차례 헌법
에 이어 세 번째 헌법이 제정되었다. 그 헌법은 다시 한 번 쿠바 정치
문화에서 진행형의 참여적 전통을 표현했다. 제헌의회 선거는 1895년
네 지방 가운데 세 곳에서 전쟁 승리가 확실해져 가는 가운데 맘비세
스(mambises, 남성 독립투사들)와 맘비사스(mambisas, 여성 독립투사
들)에 의해 실시되었다. 선거가 실시된 지역은 쿠바 섬 전체의 70퍼센
트를 차지했다. 마르티의 사망에도 불구하고 헌법이 제정되었다(Loyola
Vega, 2002: 355). 제헌의회 대의원들의 선출은 대의원 선출 규정에 따
라 실시되었다. 다섯 개 '해방군' 부대에서 거수투표가 실시되었는데,
이는 그 당시 서부 지방을 제외한 모든 지역에서 선거가 실시되었다는
것을 의미한다(인터뷰: Torrado, 2008). 다섯 개의 군부대는 각각 4명의
대의원 선출권을 갖고 있었으며 모두 합쳐서 20명의 대의원을 선출했
다(Pérez Guzmán, 1996a: 450).

이 세 번째 헌법이 1895년 '히마과유 헌법'이다(Constitución de
Jimaguayú, 1973: 497-99). 여기서 지적해 두어야 할 매우 중요한 점은
쿠바인들이 다시 한 번 스스로 헌법을 썼다는 것이다. 히마과유 헌법
의 전문은 마르티 사후에 작성되었음에도 불구하고 마르티의 가치 기
준과 정치사상을 따랐다. 헌법 전문은 "쿠바는 에스파냐 왕정과 그 헌
법으로부터 분리되며, 쿠바공화국이라는 이름으로 최고 권위의 정부
를 가진 자유로운 독립국가임을 선언한다"(Constitución de Jimaguayú,
1973: 497)라고 되어 있다. 헌법 전문은 또 쿠바공화국이 "혁명이 선
출한 대표들로 구성된 제헌의회"의 이름으로 출현했음을 강조한다
(Constitución de Jimaguayú, 1973: 496-99).

1895년 히마과유 헌법이 제정되고 채택된 후 주요한 선거 과정이 진

행되어 제헌의회 선거를 위한 두 가지 선거법이 제정되었다. 1895년 히마과유 헌법에 따라 선거는 2년 후에 실시하도록 정해졌다. 그래서 1897년 1월에 통치위원회는 16세 이상의 모든 남성에게 직접선거권을 부여하는 선거법을 승인했다(인터뷰: Torrado, 2008). 이는 쿠바의 또 하나의 창조적인 특징이었다. 왜냐하면 당시에 그렇게 젊은 사람들에게 투표권을 주는 나라는 없었기 때문이다. 쿠바는 오늘날에도 16세 이상의 청년들에게 선거권을 주는 전 세계에서 몇 안 되는 나라들 가운데 하나이다(7장 참조). 재산이나 문자해득 능력 같은 요건도 물론 없었다.

새로운 선거법은 제1차 독립전쟁 시기의 선거법보다 훨씬 더 정교했다. 선거는 비밀투표를 도입했으며 선출된 투표위원회의 감독을 받았다. 대의원들은 1897년 10월에 열린 제헌의회에 소집되었다. 그 목표는 1868~1898년 독립전쟁의 마지막 제4차 헌법 '야야(Yaya) 헌법'의 초안을 만드는 것이었다(인터뷰: Torrado, 2008).

야야 헌법은 역사적으로 중요한데, 무엇보다도 공포한 날부터 이미 다가올 쿠바의 완전한 독립을 상정하고 있었기 때문이다. 야야 헌법의 규정에 따르면, 일단 에스파냐와 조약이 체결되면 다가올 임박한 쿠바 승리의 기초인 '무장 공화국'이 "확정적인 제헌의회가 열릴 때까지" 유지될 터였다(Constitución de La Yaya, 1973: 500-7).

게다가 가장 단호한 세력은 헌법 전문에 "쿠바 섬 전체의 절대적이고 즉각적인 독립을 성취하여 민주공화국을 구성한다고 하는 확고하고 흔들림 없는 목표를 규정하는" 내용을 확실하게 포함시켰다(Constitución de La Yaya, 1973: 500-7). 해방된 쿠바에서는 "투표권이 보편선거권에 기초하여 정부에 의해 규제될 것"이라고 헌법은 규정했다. 게다가 "교육은 공화국의 모든 지역에서 무상으로 제공될 것이다"(Constitución de La Yaya, 1973: 500-7; Loyola Vega, 2002: 385-86; Portuondo Zúñiga,

1965: 566; Pérez Guzmán, 1996b: 506-9).

제1차 독립전쟁 때와 마찬가지로 제3차 독립전쟁 동안 지역 수준의 풀뿌리 참여자들은 몇 가지 기본적인 사회경제적 서비스를 받았다. 예컨대, 일상 용품과 전쟁 물품은 프레펙투라 작업장에서 생산되었으며, 몇몇 작업장에서는 책임자를 선출했다(Izquierdo Canosa, 1998: 37-41). 민중들은 무상교육의 권리를 갖고 있었다. 법률은 "소년들을 위한 초등학교와 소녀들을 위한 초등학교가 각각 프레펙투라에 설립된다"라고 규정했다(Izquierdo Canosa, 1998: 153).

'무장 공화국'은 에스파냐에 대한 승리를 확실하게 한 풀뿌리 수준에서 확고한 기반을 갖고 있었다. 쿠바혁명당은 국민정당 및 혁명정당으로서 독립투쟁을 지도했다. 쿠바혁명당은 1868~1878년의 제1차 독립전쟁 기간에 일어났던 문제들을 해결했다. 야야 헌법에 기초하여 군사 지도자 막시모 고메스와 칼릭스토 가르시아는 거점 도시들에서 에스파냐에 대한 마지막 공세를 준비하고 있었다. 유명한 미국 역사학자 루이스 A. 페레스의 설명에 따르면, 고메스는 "적이 분쇄되는 것"은 오로지 시간문제라고 보고했다. 페레스는 "에스파냐는 이미 쿠바를 잃었으며, 만약 워싱턴이 행동을 취하지 않았다면 미국도 쿠바를 손에 넣지 못했을 것이다"라고 썼다(Pérez, 1995: 176-77).

1868~1898년, 에스파냐에 저항한 독립전쟁 기간에 쿠바는 네 차례의 헌법을 제정했는데 그것들은 식민지 기구 안에서 출현한 발생 초기 국가와 연결되어 있었다. 제헌의회와 지역 기구의 선거도 실시되었다. 이러한 것들은 지속적인 참여와 관련하여 맹아적 단계의 민주화 유형으로서 독특한 성격의 일면을 보여 준다. 민중의 참여와 자기 권력은 1868~1898년 독립전쟁 전 과정을 관통해 온 특징이었다. 독립투사들은 또 스스로 혁명정당을 만들었다. 쿠바혁명당은 전혀 선거 지향적이

지 않고 오히려 사회와 민족의 해방을 향하여 국민과 혁명을 지도하는 역할을 맡았다. 1898년에 미국은 1868~1898년의 쿠바 독립투쟁을 가로챘다. 하지만 1868~1898년의 쿠바 독립전쟁은 혁명이 재점화되어 결국 1959년 1월 1일 성공하기까지 1950년대 동안에 영향을 끼쳤다.

미국식 '언론 자유'와 군사 개입

미국은 쿠바의 승리를 탈취하여 에스파냐 대신 쿠바를 장악했다. 미국은 1898년 2월 15일 아바나항에서 'USS 메인호'(USS Maine)의 폭발과 파괴를 구실로 군사적으로 개입했다. 미국 언론은 "메인을 기억하라"라는 평계로 쿠바에 대한 개입 여론을 형성하는 데 중요한 역할을 했다. 에스파냐가 저질렀다는 아무런 증거도 없었음에도 1898년 2월 17일, 《뉴욕저널》은 "전함 메인의 파괴는 적의 소행이었다"를 머리기사 제목으로 뽑았다.

그 기사는 이어서 "우리는 미국인 258명의 목숨을 앗아간 범죄자들에게 5만 달러의 배상을 제시한다"라고 썼다(New York Journal, 1898). USS 메인호 사건과 언론의 역할을 보면 추상적 개념으로서 '언론의 자유'라는 개념은 존재하지 않는다는 것을 분명히 알 수 있다. 따라서 오늘날 쿠바의 민주주의를 탐구하기 위해서는 미국을 비롯한 서방의 제도언론이 내세우는 '언론의 자유'를 포함하여, 선입관이 있는 미국중심주의적 민주주의 개념은 구체적인 맥락 속에서 다시 평가되어야 한다.[1]

---

1) www.democracyintheus.com, "'Remember the Maine' and U.S. Freedom of the Press."

$50,000 REWARD. —WHO DESTROYED THE MAINE?—**$50,000 REWARD.**

The Journal will give $50,000 for information, furnished to it exclusively, that will convict the person or persons who sank the Maine.

EDITION FOR GREATER NEW YORK.

NEW YORK JOURNAL
AND ADVERTISER.

NO. 5,573.   Copyright, 1898, by W. R. Hearst.—NEW YORK, THURSDAY, FEBRUARY 17, 1898.—16 PAGES.   PRICE ONE CENT In Greater New York. | TWO CENTS Elsewhere.

DESTRUCTION OF THE WAR SHIP MAINE WAS THE WORK OF AN ENEMY.

$50,000!

$50,000 REWARD!
For the Detection of the
Perpetrator of
the Maine Outrage!

The New York Journal hereby offers a reward of $50,000 CASH for information, FURNISHED TO IT EXCLUSIVELY, which shall lead to detection and conviction of the person, persons or government responsible for the explosion which resulted in the destruction, at Havana, of the United States ship Maine and the loss of 258 lives of American sailors.

The $50,000 CASH offered for the above information is on deposit with Wells, Fargo & Co.

No one is barred, be he the humble, but unheralded, woman who cut a few miserable dollars by acting as a spy, or the attaches of a government secret service, placing, by any devilish means, to revenge financial insults or religious rancors.

This offer has been cabled to Europe and will be made public in every capital of the Continent and in London this morning.

The Journal believes that any man who can be induced to commit murder can also be bought to betray his comrades. FOR THE PERPETRATOR OF THIS OUTRAGE HAD ACCOMPLICES.

W. R. HEARST.

Assistant Secretary Roosevelt Convinced the Explosion of the War Ship Was Not an Accident.

The Journal Offers $50,000 Reward for the Conviction of the Criminals Who Sent 258 American Sailors to Their Death. Naval Officers Unanimous That the Ship Was Destroyed on Purpose.

$50,000!

$50,000 REWARD!
For the Detection of the
Perpetrator of
the Maine Outrage!

The New York Journal hereby offers a reward of $50,000 CASH for information, FURNISHED TO IT EXCLUSIVELY, which shall lead to detection and conviction of the person, persons or government responsible for the explosion which resulted in the destruction, at Havana, of the United States ship Maine and the loss of 258 lives of American sailors.

The $50,000 CASH offered for the above information is on deposit with Wells, Fargo & Co.

No one is barred, be he the humble, but unheralded, woman who cut a few miserable dollars by acting as a spy, or the attaches of a government secret service, placing, by any devilish means, to revenge financial insults or religious rancors.

This offer has been cabled to Europe and will be made public in every capital of the Continent and in London this morning.

The Journal believes that any man who can be induced to commit murder can also be bought to betray his comrades. FOR THE PERPETRATOR OF THIS OUTRAGE HAD ACCOMPLICES.

W. R. HEARST.

The Journal will give $50,000 for information, furnished to it exclusively, that will convict the person or persons who sank the Maine.

"전함 메인호의 파괴는 적의 소행이었다," *New York Journal*, February 17, 1898

미국의 지배와 간섭, 점령

반란군이 쿠바 섬 전체에서 정치권력을 장악했을 즈음에, 사회정의를 고양하고 노예제를 반대한 마르티의 윤리는 현재진행형 민주주의의 초석이었다. 하지만 그러한 운동은 미국의 군사적 개입으로 방해받았다.

미국은 'USS 메인호'를 구실로 전쟁에 개입한 뒤 쿠바를 점령했다. 쿠바 북쪽의 이 이웃 나라는 곧바로 마르티의 영향 아래 발전하고 있던 쿠바의 반미적인 초보적 민주주의 모델을 미국식 민주주의로 대체하기 시작했다. 그래서 쿠바가 무제한적 사유재산 축적에 적대적이고 사회정의를 추구하는 사회 체계로 처음 이행하려 한 움직임은 교착상태에 빠졌다. 미국의 이러한 방해로 민중의 참여도 중단되었다. 이에 대한 가장 훌륭한 설명은 미국의 이익을 위해 쿠바를 전환시킨 책임자였던 레너드 우드의 말과 행동에 들어 있다. 《레너드 우드: 기병대원, 외과의사, 미국 제국주의의 건축가》라는 책에서 잭 맥칼럼은 우드에 대해 상대적으로 호의적인 그림을 그리고 있다. 맥칼럼에 따르면, 우드는 1868~1898년의 쿠바 독립투쟁이 헌법 제정과 선거, 투표권 등 참여 영역에서 이룬 성과들을 완전히 뒤집었다(McCallum, 2006).[2]

그러나 1868~1898년 독립전쟁 이후에도 맘비(mambí, 독립투사)들은 항상 위협적인 존재로 남아 있었다. 쿠바에서 봉기의 위험은 1898년부터 61년 후인 1959년 1월 1일 미국이 결국 패퇴할 때까지 미국을 괴롭혔다. 실제로 1898년 이후 미국과 미국의 동맹자들은 말과 행동에서 언제나 19세기의 반란을 고려하지 않으면 안 되었다.

---

2) www.democracyintheus.com, "Imperialism and Democracy in Cuba."

1898~1902년에 우드가 워싱턴의 이익을 위해 추진한 미국 제국주의 정책은 배제와 편입 및 군사적 위협을 결합한 것이었는데, 이는 나중에 민중봉기에 직면했다. 우드가 처음 미국식 민주주의를 위한 사전 정지 작업을 한 후 시간이 흐르면서 저항이 계속 성장했다. 이 책의 초점과 관련하여 여기서 잠깐 또 하나의 중요한 여파를 언급하고자 한다. 그것은 1933년 혁명과 1940년 헌법인데, 특히 1940년 헌법은 피델 카스트로가 이끈 혁명에서 중요한 역할을 했다. 1933년 혁명에서는 쿠바공산당과 노동조합, 혁명적인 학생들이 핵심적인 역할을 했다. 1925년 홀리오 안토니오 메야와 함께 쿠바공산당을 창당한 사람들 가운데 하나는 마르티와 가장 가까운 동지였던 발리뇨였다.

쿠바의 친미적이고 보수적인 세력은 1933년 혁명을 완전히 되돌릴 수는 없었다. 혁명의 결과 새로운 제헌의회가 구성되고 헌법이 제정되었다. 그것은 당시 라틴아메리카에서 가장 진보적인 헌법이었다. 새 헌법은 1869년에 처음 헌법이 제정되었던 과이마로에서 서명되었다. 중요한 사실은 헌법이 공포된 날이 10월 10일이었는데, 이 날은 1868년 세스페데스가 자신의 노예들을 해방하고 에스파냐에 대항하여 독립전쟁의 신호탄을 쏘아올린 날이었다. 1940년 헌법이 쿠바인들의 고유한 유산과 관련되었다는 사실은 1940년 헌법의 전위적 성격을 보여 주는 것이다. 헌법은 그 당시로서는 내용 면에서도 혁명적이었다. 예컨대, 헌법 제1조와 제2조는 쿠바가 "민주공화국"이며 "주권은 국민에게 있다"고 규정하고 있다. 제20조에서는 "모든 쿠바인들은 법 앞에 평등하다"고 규정한다. 제90조에는 "라티푼디아(대토지 소유)는 법으로 금지된다"라고 되어 있다. 제97조에 따르면 "보통·평등·비밀 선거권은 모든 쿠바 시민들의 권리이자 의무로 정해진다"(Constitución de la República de Cuba, 1940: 91-92, 98, 133, 136). 이러한 조항들을 비롯한 많은 헌법 조항들이 당시로서는 매우 진보적인 것이었지만, 그 실행에 필요한 법률은 제정되지 않았다. 1950년대에 카스트로가 이끈 새로운 운동은 헌법을 실행할 구체적인 법률의 필요성을 제기했다.

피델 카스트로와 그의 운동은 다음과 같은 상황 속에서 일어났다. 대통령선거와 의회선거 일정이 1952년으로 잡혀 있었다. 여론조사에 따르면 야당인 정통당 대통령 후보가 앞서가 승리를 눈앞에 두고 있었던 반면, 친미적인 바티스타 후보는 한참 뒤쳐져 3위를 달리고 있었다. 피델 카스트로는 정통당 후보로 의원 선거에 출마하고 있었다. 쿠바혁명 과정에 대해 상대적으로 비판적인 역사학자들조차 바티스타는 "한참 뒤쳐진 3위를 달리고 있었기 때문에 쿠데타를 도모할 충분한 이유가 있었다"라고 쓰고 있다(Domínguez, 1979: 113). 아니나 다를까 바티스타는 1952년 3월 10일 이른 아침 쿠데타를 감행했다(Torres-Cuevas et al., 1996).[3]

지금까지 우리는 19세기부터 1952년까지 쿠바혁명이 어떻게 전개되어 왔는지를 살펴보았다. 그 과정에서 쿠바의 애국자들과 진보 세력이 추구한 민주주의는 미국식 민주주의와 대조적이라는 점이 두드러졌다. 반대되는 두 세력은 격렬한 전투에 들어갔다. 이제 미국에 저항하는 물결이 밀려오기 시작한 1952년 바티스타 쿠데타 이후 시기를 살펴보도록 하자.

---

3) www.democracyintheus.com, "Two Visions of Democracy: U.S. vs. Fidel Castro."

5장 혁명과 풀뿌리 민주주의

좌파 독단주의와 바티스타 독재에 대한 반란(1953)

쿠바의 민주주의와 선거, 그리고 혁명 국가에 관한 오늘날의 국제적인 논쟁은 대체로 그 기원이 1953~1962년 시기로 거슬러 올라간다. 1953년 7월 26일, 피델 카스트로는 한 무리를 이끌고 쿠바 동부에 있는 몬카다(Moncada) 병영을 공격했다. 카스트로는 나중에 재판 변론에서 그러한 공격 행위의 지적 창시자는 "[바렐라] 사상의 종결자"라고 자임한 호세 마르티라고 주장했다(Castro Ruz[Fidel], 2007: 419). 카스트로는 19세기 독립전쟁 경험에도 정통해 있었다. 또 그는 1917년 러시아혁명과 마르크스와 엥겔스, 레닌의 저작들을 잘 알고 있었다. 몬카다 공격은 그가 이러한 모든 경향들을 쿠바의 구체적 상황에 기초하여 행동과 사상으로 융합하는 능력이 있었다는 것을 반영한다. 그것은 쿠바혁명의 혁신적 성격을 증명하는 것이었다.

몬카다 공격의 의도는 1868~1898년 독립전쟁을 다시 시작하는 것이었다. 합법적이고 선거를 통한 방법을 시도한 후 결행한 몬카다 공격은 쿠바의 좌파뿐 아니라 국제적 좌파의 독단을 거부하는 것이었다. 당시 좌파는 위기에서 벗어날 수 있는 혁신적인 길을 추구할 능력이 없었다. 에르네스토 체 게바라는 국제 혁명운동의 폭넓은 경험을 바탕으로 나름대로의 관점을 가진 행동주의자였다. 1967년 7월 26일 볼리비아 일기에서 "오늘밤 나는 과두제와 혁명적 독단에 대한 반란으로서 7월 26일의 중요성에 관해 짧은 연설을 했다"라고 썼다(Guevara, 2000: 296). 몬카다 공격 사흘 전인 1953년 7월 23일자의 선언문이 공개되었다. 몬카다 공격이 성공하면 라디오를 통해 국민들에게 낭독될 예정이었다. 그 선언문에서 몬카다 공격은 "가장 진실한 크리오요(criollo)의 [쿠바 토착적] 가치를 동기로 하고 있으며 …… 쿠바 민중의 영혼으로부터 나온 것"이라고 선언했다. 더욱이 "혁명은 호세 마르티의 이상과 쿠바혁명당(PRC, Partido Revolucionario Cubano)의 프로그램," 그리고 여타 진보적·혁명적 조직들을 "잘 알고 그러한 것들에 기초하고 있음을 선언한다"고 밝혔다(Castro Ruz[Fidel], 1972a: 157-58).

바렐라에서부터 세스페데스와 마르티, 피델 카스트로에 이르기까지 쿠바혁명의 혁신적 성격은 그 정치적 DNA에 배태되어 있는 것처럼 보인다. 맘비(mambi)들의 크리오요 전통은 그들이 풀뿌리 민중과 긴밀한 관계를 가진 데서 유래한다. 수많은 독립투사들은 미천한 배경 출신이었다. 전쟁이 계속됨에 따라 몇몇 중요한 지도자들이 가장 가난하고 미천한 사람들 속에서 나타났다. 이러한 기반의 확대는 1898년에 에스파냐를 패퇴시킨 중요한 요인이었다. 풀뿌리 민중의 참여는 암암리에 1950년대의 새로운 세대에 생기를 불어넣은 영혼의 일부가 되었다. 1953년, 지난 세기부터 시작된 현재진행형 민주주의는 새로운 조건에서 좀 더 진전된 사상으로 새롭게 태어났다.

몬카다 공격 과정에서 5명의 반란군이 사망했으며, 잇따라 바티스타 정권은 56명을 살해했다(Castro Ruz[Fidel], 2007: 133). 공격 이후 카스트로 등은 체포되어 재판을 받았다. 1953년 10월 16일, 카스트로의 장시간 최후변론은 〈역사가 나를 무죄로 하리라〉로 알려져 있다. 그것이 얼마나 급진적인지에 관해서는 다소 논란이 있다. 하지만 〈역사가 나를 무죄로 하리라〉를 편집한 쿠바 연구자 페드로 알바레스 타비오와 길예르모 알론소 피엘에 따르면 '몬카다 행동 프로그램'(나중에 그렇게 불려졌다)은 "당시 쿠바의 구체적 상황"에 대한 반응이었으며, "도시와 농촌 프티부르주아지를 포함하여 쿠바 사회에서 광범한 피착취계급들을 결집시킬 수 있는 가장 진보적인 정치적·경제적·사회적 요구들이었다"(Álvarez Tabío and Alonso Fiel, 1998: 19-20). 그것은 카스트로의 혁신적 성향을 반영한 것이었다. 그는 주어진 시기에 폭넓은 대중의 염원에 기초하여 그 순간의 행동 수준을 포착할 수 있는 능력이 있었다. 카스트로는 혁명 투쟁의 과정에서 더 넓은 지평을 전망하기 위해 그러한 행동의 가치를 평가할 줄 알았다. 그는 원칙을 포기하지 않고 그 일을 해냈다. 2007년, 카스트로는 스스로 〈역사가 나를 무죄로 하리라〉에 관해 언급할 때, 그것은 "당장은 오지 않겠지만 미래의 사회주의 혁명의 기본 요소들"을 포함하고 있었으며, "조금씩 점진적으로 수행될 수 있는 것이었지만 확고하고 억제할 수 없는 것이었다"라고 지적했다. 그리고 "만약 필요하다면 급진적으로 추진하는 것을 주저하지 않았을 것이지만"이라고 그는 덧붙였다(Castro Ruz[Fidel], 2007: 168).

체 게바라가 지적한 것처럼, 몬카다 공격 자체가 "과두제와 혁명적 독단에 대한 반란"이었던 것과 마찬가지로 〈역사가 나를 무죄로 하리라〉도 하나의 반란이었다. 이러한 접근 방법은 쿠바의 경험이 다양하게 발전하고 있는 21세기 사회주의, 즉 반신자유주의 자주 노선을 추구하고 있는 베네수엘라와 볼리비아, 에콰도르의 경험과 부분적으로 공통적 기반이 있다는 점을 보여 준다. 이들 나라들은 모두 사회주의로 향하는 다양한 장기적 접근과 미국 지배에 대한 반대에 반신자유주의 정책을 토대로 하는 원칙을 연결 짓는다. 그래서 이 나라들은 상황에 따라 스스로 급진화하고 지속적으로 진행 중인 과정을 보여 준다. 이처럼 다양한 길을 통해 사회주의를 추구하는 나라들은 공통적으로 사회주의와 민주주의, 혁명에 대한 독단주의와 이상주의, 정태적 관점에 반대하기 때문에 서로의 가치를 인정한다.

카스트로는 재판에서 기억에 의존하여 두 시간 동안 최후변론을 했다. 세심하게 준비한 노트를 당국이 빼앗았기 때문이다. 카스트로는 변론 전체에 걸쳐 셀 수 없을 만큼 마르티를 자주 인용했다.

일찍이 카스트로 전기를 쓴 가브리엘 가르시아 마르케스는 "카스트로는 28권의 마르티 저작 전체를 잘 알고 있었다"고 썼다(García Márquez, 1998: 17). 카스트로가 2010년 자전적 에세이에서 썼듯이 고등학교를 다닐 때, "마르티, 마세오, 세스페데스, 아그라몬테의 이름은 모든 곳에서 등장하여 많은 학생들의 존경심과 관심을 불러일으켰다" (Castro Ruz[Fidel], 2010: xxv). 그는 이처럼 '탁월한 반독단주의자'였다(García Márquez, 1998: 17). 자신의 사상과 행동을 스스로 개발했던 바렐라나 세스페데스와 마찬가지로 카스트로는 자서전에서 어린 시절에 관해 "나는 멘토가 없었다"라고 썼다(García Márquez, 1998: 134). 연구자 콘셉시온 니에베스 아유스는 "카스트로는 타고난 마르티아노(martiano, 마르티 사상 추종자)였다"고 지적한다. 하지만 카스트로는 "[저작에 대한] 연구를 통해서뿐만 아니라 현실과의 대결을 통해 마르크스-레닌주의자가 되었다." 마르티 자신은 "현실의 샘에서 물을 마시기도 했지만, 바렐라와 같이 앞서간 혁명적 사상을 끌어들였다"(인터뷰: Nieves Ayús, 2008). 이러한 인식론은 자신의 실천적 경험을 다른 사람들의 사상이나 행동과 결합시킴으로써 자신의 생각과 가슴에 주요한 자양분을 공급하는 독특한 방법에 기초한 것이다.

카스트로는 최후변론 〈역사가 나를 무죄로 하리라〉에서 네 차례의 쿠바 맘비(mambí) 헌법과 1940년 헌법을 특히 주목했다. 그는 "몬카다 병영을 장악한 후 즉시 선포할 예정이었던 다섯 가지 혁명적 법률"을 열거했다(Castro Ruz[Fidel], 1998: 58). 그 법률들은 나라 전체에 방송될 예정이었다. 예를 들어 첫 번째 혁명적 법률은 "주권을 인민에게 되돌려 주고 1940년 헌법을 국가의 최고 법으로 선언"했다(Castro Ruz[Fidel], 1998: 58). 두 번째 혁명적 법률은 라티푼디아(대규모 토지 소유)를 몰수하여 "5카바에리아(약 67헥타르 또는 165.85에이커) 이하의 토지를 가진 모든 농민들에게 소유권을 넘기는 것"이었다. 카스트로는 도시와 농촌의 노동자와 농민의 권리, 주택, 불법적으로 횡령한 재산의 몰수 등 수많은 문제들을 다루었다.

재판이 끝난 후 카스트로는 독방에서 기억을 더듬어 최후변론을 재구성하여 출판을 준비했다. 1954년 10월, 〈역사가 나를 무죄로 하리라〉 수만 부가 쿠바 전역에 배포되었다(Álvarez Tabío and Alonso Fiel, 1998: 12, 15, 17). 몬카다 행동 프로그램은 비록 분명하지는 않았지만 사회주의를 향한 쿠바식 노선의 진일보를 보여 주었다. 그것은 특히 농촌 과두제의 사유재산 축적을 분명하게 겨냥했다. 무제한적 사유재산 축적은 바로 자본주의적 정치 체계가 딛고 서 있는 기반이다. 주택을 비롯한 도시 문제와 노동자·농민의 권리 같은 정책들과 함께 대규모 토지개혁이 추진되면 쿠바 자본주의 체제의 기초 자체가 암묵적으로 도전받을 수 있었다. 앞에서 언급한 바와 같이 "첫 번째 혁명적 법률은 주권을 인민에게 되돌려 주는 것이었다." 이는 당시 미국이 지지하는 바티스타 정권이 장악하고 있는 정치권력을 거부하는 것이었다. 막대한 사적 특권들이 모두 1953년 당시 실질적인 최고 권력이었던 이 정권에 매달려 있었다. 그때 시작된 새로운 현재진행형 정치적 민주주의는 사회경제적 토대의 민주화에서 분리될 수 없었다. 1953년 민주화 이행의 불꽃은 정치와 사회경제적 차원 모두를 아우르고 있었다.

참여적 '무장 공화국'의 재탄생(1957~1958)

몬카다의 패배에도 불구하고 혁명세력은 1956년 말에는 쿠바 동부의 시에라마에스트라 산악 지대로 돌아왔다. 몬카다 공격 날짜를 따서 이름붙인 새로운 '7·26 운동'(Movimiento 26 de Julio)과 '반란군'(Ejército Rebelde)은 영향력을 널리 확장했다. 1957~1958년에는 농촌 지역에서 견고한 지지를 바탕으로 국가 안에서 맹아적 국가를 세웠다. 이는 '무장 공화국'과 제3차 독립전쟁(1895~1898) 기간에 건설된 프레펙투라를 연상시켰다(인터뷰: Toledo Santander, 2008). 19세기에는 쿠바에 국가가 없었으며, 쿠바 섬은 단지 에스파냐 식민제국의 부속물일 뿐이었다. 따라서 그 당시의 맹아적 국가는 '식민지 기구 속의 국가'였다. 하지만 미국 지배 아래에서는 쿠바 국가가 세워졌다. 그래서 시에라마에스트라의 경험은 '미국 지배하의 국가 안에 세운 국가'였다. 민중이 자기 해방에 참여하는 것은 독립과 사회정의를 위한 19세기 투쟁의 유산이다. 스스로 권력을 쟁취하고자 한 이러한 민중의 전통은 1950년대 시에라마에스트라의 경험에 전해졌다.

'7·26 운동'은 임박한 혁명의 성공을 예상했으며, 민중은 결국 바티스타 독재를 무너뜨릴 정치권력을 획득해 가고 있었다. 맹아적 국가가 어떻게 조직되었는지를 보여 주는 많은 실례들이 있다. 예컨대, 민중은 자기 지역의 통치와 관련된 정부 기능을 맡도록 이웃들을 지명했다. 그러한 기능에는 보건과 교육, 재정 지원 등이 포함되었다(Fernández Ríos, 1988: 220-23).

해방구에서 만들어진 1958년의 농지개혁법은 노동자와 농민의 적극적인 참여 속에 시행되었다. 노동자와 농민의 '무장한 의회'가 처음으로 해방구에서 열렸다(August, 1999: 165). 토지는 경작하던 사람들뿐 아니라 임차농과 소작인들에게도 분배되었다(Torrado, 1998).

1959년 1월 1일 권력을 실제로 장악하기 전에 몬카다 행동 프로그램이 적용된 것은 쿠바 민중이 토착적 유형의 사회주의의 길로 가고 있었다는 사실을 보여 준다. 그것은 국제적인 혁명적 전통뿐 아니라 마르티가 전제한 윤리적·사회적 정의에 기반을 두고 있었다. 그것은 또 기층 민중의 참여에 토대를 두고 있었다.

반란군이 승리를 하나씩 쟁취해 가자 미국으로서는 행동을 취하지 않으면 불가피한 상황이 올 것이 분명해졌다.

1958년의 교훈: 풀뿌리 민주주의 VS 선거, 편입 및 반체제

비밀 해제된 1958년 이후 미국 정부 공식 문서를 면밀히 검토하면 현재 쿠바의 국내 정치 지형과 미국의 관계를 조망할 수 있다. 쿠바에 관해서는 서방의 일부 학계와 모든 미국 제도언론이 만들어 낸 가설이 있다. 그러한 가설은 미국의 경쟁적 다당제와 그에 수반된 자본주의가 본디 우월하다고 전제하는 프리즘을 통해 쿠바의 정치 체계를 재단하려고 한다. 그러한 가설은 단순히 생각으로만 그치는 것이 아니다. 미국은 또 자신이 선전하는 개념에 쿠바가 일치하도록 쿠바의 정치·경제 지형을 만들기 위해 실제로 노력한다. 1958년, 혁명 세력이 강해져서 승리를 눈앞에 두자 미국은 그러한 진전에 제동을 걸기 위해 쿠바에 있는 세력들을 편입하려고 시도했다. 이는 1958년부터 오늘날까지 미국이 추구해 온 방식이다. 1958년 이래 상황은 변화되었지만, 미국의 기본 정책은 그때나 지금이나 거의 똑같다. 그래서 그러한 정책은 쿠바 민주주의에 대한 편협한 관점을 형성하도록 한다. 아래에서는 오바마 사례 연구에서 다룬 것과 동일한 방식으로 미국이 어떻게 편입과 개인적인 정치적 야망을 이용하는지도 살펴볼 것이다.

미국은 한편으로 바티스타에게 무기를 공급하면서 동시에 첫 번째 '반체제 인사들'(dissidents)을 편입하여 충원하는 정책을 실행에 옮기고 있었다. 하지만 당시 미국이 조직한 반대 세력은 상이한 사회적 기반을 갖고 있었으며 반체제 인사라고 알려지지는 않았다. 1980년대 이래로 '반체제 인사'라는 용어는 국제 여론에서 이전의 소련과 동유럽 블록에 반대한다고 선언한 사람들을 의미하는 것으로 알려지게 되었다. 대부분의 경우 그러한 정치체제의 사상이나 정책을 처음에는 공유하다가 나중에 그러한 신념을 저버린 개인이나 운동을 지칭했다. 쿠바의 맥락에서 '반체제 인사'라는 용어는 1953년 이래로 한 때 혁명운동에 가담하다가 나중에 그만둔 사람들을 가리킨다. '쿠바 반체제 인사'는 또한 혁명에 관여하지 않았거나 공감하지 않았던 사람들도 가리킨다. 이 책에서 '쿠바 반체제 인사'는 (직접 또는 간접적으로) 미국 민주주의 촉진 프로그램의 돈을 받는 사람들뿐만 아니라 돈을 받지 않고 쿠바 헌정질서를 반대하는 사람들도 포함한다.

쿠바와 여타 지역에서 나온 광범한 문헌과 여러 웹사이트는 미국뿐 아니라 에스파냐 같은 유럽 나라들이 반체제 인사들에게 어떻게 돈을 대고 있는지를 보여 준다. 미국 언론인 트래시 이튼은 쿠바혁명 지지자는 '아니지만,' 미국이 쿠바 반체제 인사들에게 자금을 대는 것을 추적하는 웹사이트를 계속 업데이트하고 있다(Cuba Money Project, n.d.). 따라서 이 책에서는 자금 지원에 초점을 맞추기보다는 반체제 인사의 역사적 맥락과 그들의 공통된 정치적·이데올로기적 내용을 주목할 것이다.

반체제란 단순히 반대하는 사상의 문제가 아니다. 6장에서 보겠지만 쿠바에서는 추구해야 할 길과 어떻게 변화를 적용할 것인지에 관한 활발한 논쟁이 진행 중이다. 이러한 논쟁은 '카스트로주의'를 주요 목표물로 설정하고 체제 전환을 이끌어 내면서 헌정 질서에 반대하는 반체제 인사의 길과는 다르다. 좌파에서 우파까지 다양한 스펙트럼에 걸쳐 있는 반체제 인사들의 공통적인 불만은 쿠바에서 민주주의가 완전히 결여되어 있으며 쿠바 지도자가 권위적이거나 독재적이라고 가정하는 데서 나온다. 이러한 관점은 1959년 이래 워싱턴이 실행해 온 체제 전환 정책과 일치한다. 때때로 에스파냐와 같은 몇몇 유럽 국가들도 이런 정책을 추구했다.

오늘날 쿠바 정치에서 사용되는 '반체제'는 1958~1962년에 처음 나타났다. 하지만 당시에는 반체제 인사로 지칭되지는 않았다. 그들은 주로 해체된 바티스타 정권 하의 프티부르주아지와 부르주아지 잔존자들이었다. 그들은 미국으로 도피하거나 쿠바에 남아 미국의 도움으로 혁명 체제를 전복하기 위해 은밀하게 활동했다. 미국은 나중에 '반체제 조장'이라고 알려진 것의 1950년대 후반 판본을 만들었다. 미국은 또 혁명운동을 막기 위해 대안적 인자들을 충원하는 비슷한 전술을 개발했다. 이와 동시에 바티스타와 미국은 쿠바 동부의 시에라마에스트라 혁명 세력에게 폭격을 계속했다. 1958년 2월 7일에 쿠바 주재 미국 대사가 국무부에 보낸 전신을 보면 미국에서 훈련받은 군사 요원과 B-26

폭격기가 바티스타 정권을 지원하기 위해 시에라마에스트라에서 어떤 활동을 했는지 상세하게 알 수 있다. 바티스타 정권은 미국이 절차에 따라 승인한 쿠바의 합법적 정부로 간주되었다(Foreign Relations, Document, 11).

미국은 카스트로가 이끄는 혁명운동을 억압할 수 없게 되자 카스트로에 대한 '대안'을 조직하는 정책을 시작했다. 1958년 4월 2일에 미국 정보국에서 국무부 장관에게 보낸 비망록에는 몇 가지 주요한 점이 보인다. 하나는 "바티스타는 물러나야 한다"는 나팔소리가 정치 지형을 압도하기 시작했으며, 심지어 미국 정책에서도 그랬다. 미국 정책에서 이러한 주요한 변화가 일어난 이유는 비망록에서 언급하듯이 "온건한 중간 인자들이 정치 활동에서 물러나거나 반대 세력[카스트로가 이끄는 7·26 운동]을 공공연히 지지했기" 때문이었다(Foreign Relations, Document, 47). 비망록에 따르면 이런 이유로 '제3의 대안'이 필요했다(Foreign Relations, Document, 47, 강조는 지은이). 그 선택지는 바티스타를 몰아내는 것이었지만, 동시에 카스트로가 지배하는 혁명적 체제의 수립에 맞서 싸우는 것이었다. 제3의 대안은 "바티스타를 축출하고 카스트로를 지배적 위치에 허용하지 않을 군부-민간 위원회의 출현이될 수 있었다"(Foreign Relations, Document, 47).

기본적인 미국 외교정책은 혁명을 가로막기 위해 다른 인물을 편입시켜 바티스타와 같은 충성스런 동맹자를 갈아치우는 것으로 다시 한 번 작동하기 시작했다. 이런 점에서 목표는 "바티스타는 물러나야 한다"는 움직임을 현존 질서 '유지'를 위한 계책으로 되돌리는 것이었다. 이러한 목표를 달성하는 데 중요한 것은 '여론' 또는 언론의 역할이었다. 그 목적은 주로 선거를 통해 쿠바에 대한 미국의 지배를 재확인하는 것이었다. 예컨대 1958년 4월 22일, 미국 비망록은 미국 언론에 초점을 두었다. 목표는 "대다수의 쿠바인들이 수용할 수 있는 선거를 치르려고 하는 [미국] 정부의 의도가 미국 대중의 여론과 언론, 의회에서 용인되도록 하는 것이었다"(Foreign Relations, Document, 52). 1958년 5월 2일의 펜타곤 비망록은 "[당시에] 바티스타가 대다수 쿠바인들의 지지를 받지 못했음"에도 불구하고, 그에게 무기를 계속 수송했다는 것을 확인해 준다. 선거 실시는 정권을 정당화하는 데 이용됨으로써 무기 지원을 계속하는 핑계가 되었다. 하지만 쿠바에서 선거는 신뢰할 수 없는 것이었다 할지라도 무기 지원은 계속될 터였다. 미국 국무부 비망록이 인정한 바에 따르면 바티스타가 "6월에 자유선거를 약속했지만 선거가 실제로 자유롭게 치러질 것이라는 것을 국민들에게 납득시키지 못했음"에도 불구하고, 무기는 쿠바로 유입될 것이었다(Foreign Relations, Document, 54).

바티스타 정권과 바티스타 정권의 민중 반란 진압을 위한 무기 사용에 대해 미국의 국내 여론이 계속 매우 회의적인 가운데, 워싱턴은 1958년 11월 3일로 예정된 선거에 기대를 걸었다(Foreign Relations, Document, 55). 비망록에서 "대통령 바티스타는 자유선거를 약속했었다"라고 기록했듯이, 바티스타 정권에서 선거는 다시 한 번 주요 쟁점이 되었다. 하지만 미국은 바티스타 정부가 선거를 실시하려는 실질적인 의도가 있는지에 관해 불만을 표시하면서도 바티스타에 대한 군사 지원은 계속했다. 미국 비망록은 "순수한 [민주주의] 개념의 하나"라는 표현을 써서 쿠바의 [바티스타 치하] 정치 체계를 옹호했다. 바티스타가 쿠데타로 권력을 잡았기 때문에 정당성이 없다고 하는 미국의 불평에 대해 미국 주재 쿠바 대사는 "바티스타 정부가 바로 선거 절차를 마련하고, '1954년 11월에 적법한 절차에 따라 선출되었다'는 사실은 분명하다"라고 대답했다(Foreign Relations, Document, 58, 강조는 지은이).

그러나 쿠바혁명에 비판적인 쿠바문제 전문가 호르헤 I. 도밍게스조차 1954년에 "바티스타가 반대 없이 대통령으로 '선출'된 것"은 상대 후보가 당시 선거제도에 신뢰성이 없다고 하여 기권했기 때문이었다고 썼다 (Domínguez, 1979: 124). 게다가 등록된 유권자 중 투표율은 1948년의 79.5퍼센트에서 1954년에는 52.6퍼센트로 떨어졌다(Domínguez, 1979: 124). 이러한 미국의 책동을 염두에 두는 것은 오늘날 쿠바의 선거와 민주주의를 이해하는 데 도움이 된다. 우리는 미국이 이집트에서 군부를 통해 그 나라에 대한 통제권을 재확인하기 위해 어떻게 선거를 이용했는지도 살펴보았다. 하지만 쿠바는 자신의 고유한 민주주의 전통을 갖고 있기 때문에, 미국중심주의적 민주주의 촉진이라는 프리즘을 통해서가 아니라 쿠바 자신의 장점과 한계에 바탕을 두고 분석해야 한다.

선거는 원래 1958년 6월에 실시될 예정이었지만 정당들이 신뢰성을 보장받을 수 없다는 불만을 표시하여 연기되었다. 그럼에도 불구하고 혁명이 승리하기 불과 2달 전인 1958년 11월 3일, 미국 지배 아래에서는 마지막이 될 선거 준비가 계속되었다. 미국 문서에 따르면 "쿠바에서 수용될 수 있을 것 같은 어떤 선거도 가능성이 거의 없어 보였다"는 점이 인정되었다(Foreign Relations, Document, 112). 대답은 무엇이었을까? 미국 문서는 계속하여 "이 시점에 쿠바에서 폭력적 이행(혁명)을 최소화할 수 있는 명백하게 유일한 가능성은 바티스타 정부와 '조직된 반대 세력의 책임 있는 지도자들' 사이의 타협을 모색하는 것이다"라고 기록했다(Foreign Relations, Document, 112, 강조는 지은이). 여기에서 지금은 '반체제 인사'라고 알려진 반대 집단을 조직한 미국의 역할을 다시 한 번 보게 된다.

혁명 승리 이틀 전인 1958년 11월 29일 이후에 작성된, 이전에는 비밀이었던 두 가지 문서를 이용할 수 있게 되었는데, 하나는 아바나의 미국 대사관에서 나온 것이고 다른 하나는 워싱턴에서 나온 것이다. 첫 번째 문서는 쿠바 주재 미국 대사가 국무부에 보낸 전신이다. 주요 주장은 바티스타를 버리고 다른 괴뢰 정권을 세우되, '7·26 운동'을 패퇴시키기 위한 최후의 시도에 더 많은 무기를 제공할 수 있어야 한다는 얘기였다(Foreign Relations, Document, 196).

두 번째 문서인 비망록은 미국이 또 다른 시나리오를 썼다는 사실을 폭로한다. 비망록은 "쿠바 상황을 공부하기 위해 아메리카국가기구(OAS)의 라틴아메리카 대사들로 소규모 비공식 모임"을 구성할 것을 제안하고, "그 모임으로 하여금 1차 자료 연구를 위해 쿠바를 방문하도록 바티스타에게 초청을 요청하라고 권한다." 그러한 조사에는 1958년 11월 3일에 실시된 선거에 대한 평가도 포함되었다. 하지만 쿠바 사람들에게 1958년 선거가 어떤 신뢰성이 있었겠는가? 쿠바혁명에 비판적인 도밍게스를 다시 한 번 인용하면, "바티스타 정권이 무너지기 몇 달 전에 실시한 1958년 대통령선거에서 두 후보가 출마했지만, 선거가 너무나 기만적이었기 때문에 그것은 정부를 강화하기보다는 다시 한 번 그 기반을 무너뜨렸다"(Domínguez, 1979: 124).

모든 방해와 군사적 억압에도 불구하고 '7·26 운동'과 그 동맹의 전진은 막을 수 없었다. 혁명 승리의 주요한 수단 가운데 하나는 바로 '라디오 레벨데'(Radio Revelde)였다. 바티스타 정권은 1952년 3월 12일 쿠데타 첫 날부터 바로 라디오 방송국과 송신소, 야당 신문과 사무실, 원거리 통신 등 미디어를 탄압했다(Pérez, 1995: 288-89). '라디오 레벨데'는 바티스타가 통제하지 못하는 실제로 유일한 라디오였다.

발전기와 최초의 라디오 장비가 체 게바라의 시에라마에스트라 사령부에 도착하고 일주일 후인 1958년 2월 24일에 '라디오 레벨데'가 첫 방송을 시작했다. 전쟁이 끝날 무렵에는 각 반란군 부대는 자신의 라디오 장비를 갖추었으며, 결과적으로 32개 지역 반란군 방송국이 결합하여 '라디오 레벨데'에 맞추어 동시에 송출했다(Radio Revelde, n.d.). 민중들, 특히 젊은이들은 반란군의 승리를 알리는 라디오 보도에 환호했다. '라디오 레벨데'는 혁명의 임박한 성공을 막으려는 음모를 저지하는 데 이용되었다. 그렇게 하기 위해 라디오 방송국은 쿠바인들에게 직접 소식을 알렸다(Dorschner and Fabricio, 1980: 222-23, 132, 296). 바티스타 세력들로부터 방어하면서 '라디오 레벨데'를 설립하고 영향력을 확대한 것은 민중의 협조와 참여가 없었다면 불가능했을 것이다.

임시 혁명정부와 헌법(1959)

1959년 1월 1일 새벽에 바티스타는 도망쳤다. 그날 카스트로는 '라디오 레벨데'를 통해 선언문을 발표했다. 그는 혁명 세력(반란군)과 민중은 어떠한 쿠데타 시도도 경계해야 한다고 선언했다(Castro Ruz[Fidel], 2008a: 8-9).

같은 날, 카스트로는 '라디오 레벨데'를 통해 '산티아고데쿠바' 민중들에게 성명을 발표하여 도시는 완전히 해방되지 않았으며 아바나에서 쿠데타를 조심해야 한다고 다시 한 번 지적했다. 카스트로는 라디오에 계속 귀를 기울여 달라고 하면서 사람들에게 이렇게 방송했다. "일을 중단하고 거리로 나와 [해방] 전사들과 연대하기 바랍니다 …… 1895년의 역사는 반복되지 않을 것입니다! 오늘 맘비들은 산티아고데쿠바로 입성할 것입니다"[1](Castro Ruz[Fidel], 2008a: 10; (Castro

---

1) 1898년 독립전쟁이 끝날 무렵, 레너드 우드가 지휘한 미군은 자신의 이해관계에 따라 에스파냐에 대한 승리를 만회하기 위해 맘비들이 산티아고데쿠바로 입성하는 것을 허용하지 않았는데, 여기서 카스트로는 이 사건을 가리키고 있다.

Ruz[Fidel], 1972c: 446-47).

같은 날인 1월 1일, 카스트로는 '라디오 레벨데'를 통해 바티스타가 나라를 떠났지만 그 공모자들은 아직 남아 있다고 다시 한 번 선언했다. 카스트로는 쿠바인들에게 "자유와 민주주의, 혁명의 승리를 위해 '아직 해방되지 않은 모든 지역에서 총파업을 지지하라'"고 호소했다 (Castro Ruz[Fidel], 1972b,: 448-49, 강조는 원문). 몇 시간 후 카스트로는 '라디오 레벨데'를 통해 중부 지역과 아바나를 포함한 서부 쿠바에서 모든 부대원들은 주요 도시로 진격하여 나라 전체를 통제하라고 명령했다(Castro Ruz[Fidel], 2008a: 13).

1월 1일 늦은 밤, '라디오 레벨데'는 산티아고데쿠바의 세스페데스 공원에서 열리는 대중 집회에 사람들을 불러 모았다(Bush and Suárez, 2004: 43). 카스트로는 말했다. "우리는 마침내 산티아고에 도착했습니다! …… 혁명은 이제 시작되었습니다. 그것은 쉬운 일이 아닐 것입니다"(Castro Ruz[Fidel], 2004: 44). 1959년 1월 2일, 세스페데스 공원에서 카스트로는 의기양양하게 선언했다. "혁명은 실제로 결론에 이를 것입니다. 이번에는 1895년과 같지 않을 것입니다"(Castro Ruz[Fidel], 2008a: 14). 1월 2일 저녁, 카밀로 시엔푸에고스와 체 게바라 부대는 쿠바 섬의 중부를 해방하고 아바나로 진격했다. 1월 3일 이른 시간에 콜롬비아 병영을 비롯한 아바나의 모든 무기가 '7·26 운동'의 통제 아래에 들어갔다(Bush and Suárez, 2004: 48-49).

1958년과 1959년 처음 며칠간의 경험에서는 지도자들과 기층의 참여자들을 분리하는 것이 어려웠다. 마치 한 물결을 이룬 것처럼 보였다.

새로운 임시정부가 1959년 1월 3일에 구성되었다. 진보적인 법률가로서 산티아고데쿠바 형사재판소 소장이었던 마누엘 우루티아가 1957년 12월에 이미 임시 대통령으로 지명되어 있었다. 임시정부의 첫 각료회의 구성원들이 지명되었다. 공화국의 임시 대통령인 우루티아는 카스트로를 군 총사령관으로 임명했다(Bush and Suárez, 2004: 49-50). 새로운 혁명정부의 기반을 위한 법률적 기초가 된 헌장이 만들어졌다. 헌장은 바티스타가 해산한 의회를 대신하여 잠정적인 헌법을 채택할 입법 기구의 필요성을 강조했다(Acta de Constitución del Gobierno Revolucionario, 2004: 172-74). 다음 날인 1월 4일, 각료회의는 다시 회의를 열어 "기본적으로 1940년 헌법에 기초하여 현재의 상황과 혁명의 필요에 따라 수정을 가하여 '쿠바 국가의 기본법'을 승인한다"고 결의했다(Bush and Suárez, 2004: 52-53).

이 '공화국 기본법'은 1959년 2월 7일에 공포되었다. 이 기본법은 민중이 참여하여 다듬고 승인한 1976년 헌법이 제정될 때까지 헌법으로 기능했다(Constitución de la República de Cuba, 1976). 1940년 헌법의 주요한 문제 가운데 하나는, 미국 영향 아래 바티스타 정부에서는 헌법을 실행하는 데 필요한 효력을 가진 법률이 통과된 적이 없었다는 것이다. 1959년에 각료회의는 스스로 입법권과 함께 집행의 의무를 부여했다. 그리하여 각료회의는 혁명의 목표에 발맞추어 매우 긴급한 조치들을 도입하기 위해 기본법에 기초하여 법률들을 채택할 수 있는 권리를 가지게 되었다(인터뷰: Teledo Santander, 2008).

기본법에는 가장 논쟁적인 두 가지 변화가 있었다. 하나는 사형 제도에 관련된 것이다. 1940년 구헌법은 25조에 이렇게 규정하고 있었다. "사형을 선고해서는 안 된다. 다만, 군인들이 저지르는 군사적 성격의 범죄, 전쟁 시기에 외국과의 관계에서 적을 이롭게 하는 반역 또는 간첩 행위는 [사형 금지에서] 제외한다"(Constitución de la República de Cuba, 1940: 100). 1959년 기본법의 새로운 조항은 사형 금지의 예외를 확장하여 '억압적 독재 집단,' 즉 바티스타의 심복들을 명시적으로 포함시켰다(Constitución, Ley Fundamental de Cuba, 1959). 쿠바혁명가들은 뉘른베르크에서 연합국이 나치 전범들에게 사형을 선고한 것처럼 쿠바인들도 마찬가지로 바티스타 학살자들에 대해 같은 권리를 가진다고 생각했다. 악명 높은 바티스타의 범죄는 심지어 미국조차 인정했다. 존 F. 케네디는 1960년의 연설에서 "풀헨시오 바티스타는 7년 동안 2만 명의 쿠바인들을 살해했는데, 이는 쿠바 인구 전체에서 차지하는 비율로 보면 두 차례 세계대전에서 죽은 미국인들의 비율보다 더 높은 비율이다"라고 말했다(Kennedy, 1960). 같은 맥락에서 미국 정부는 1969년 조사에서 다음과 같은 결론을 내렸다. "보복 테러가 바티스타 정부의 전략이 된 것이 틀림없다. 2만 명이 넘는 시민이 살해된 것으로 추정된다"(Graham and Gurr, 1969: 582).

피델 카스트로는 2007년, 재판이 이루어진 방식에서 일어날 수 있었던 잘못에 관하여 전기 작가의 질문에 대답했다. 카스트로는 공공장소를 사용한 이유를 이렇게 설명했다. "저질러진 수많은 범죄들에 대해 정당하게 분노하는 수많은 국민들이 재판 과정에 참여할 수 있도록 하기 위해서였습니다 …… 우리는 명확하게 잘못한 것을 교정하는 데는 시간을 지체하지 않았습니다"(Castro Ruz[Fidel], 2007: 220). 카스트로는 또 '7·26 운동'은 뉘른베르크 재판을 모델로 삼아 바티스타 부역자들에 대해 린치를 가하지 않았다는 점을 설명했다(Castro Ruz[Fidel], 2007: 220-21).

1959년 기본법에서 또 하나의 중요한 변화는 라티푼디아와 토지개혁에 관한 것이었다. 1940년 구헌법은 라티푼디아를 불법화함으로써 토지 집중 문제를 다룬 바 있다. 헌법은 다음과 같이 규정하고 있었다. "법률은 외국인과 외국 회사에 의한 토지 취득과 소유를 엄격하게 제한할 것이며 토지를 쿠바인 소유로 되돌리는 조치를 채택할 것이다"

(Constitución de la República de Cuba, 1940). 1959년 기본법에서는 이러한 조항이 어떠한 수정도 없이 온전하게 유지되었다. 하지만 1940년 헌법은 법률로 규정되지 않아 실제로는 결코 적용된 적이 없었다는 점을 염두에 두고, 1959년 기본법은 더 나아가 라티푼디아를 어떻게 폐지할 것인가에 대해 이렇게 규정했다. "토지개혁이 실효성을 띠기 위해 사용되는 강제 몰수의 경우에는 …… 사전 보상이 현금으로 이루어질 법적 의무는 없을 것이다(다만, 채권과 같은 다른 형태의 보상은 가능하다)"(Constitución, Ley Fundamental de Cuba, 1959). 중요한 사실은 추가된 규정이 명백하게 '토지개혁'을 가능하게 만들었다는 점이다.

입법권을 가진 임시정부 역할을 한 각료회의는 1959년 5월 17일, 최초의 농지개혁법을 제정했다. 농지개혁법은 토지 보유에 제한을 두고 나머지는 보상하는 조건으로 몰수했다(Franklin, 1997: 21). 이는 쿠바에서 미국의 이해관계에 타격을 가했다. 2008년 미국 농무부 보고서에 따르면, 1950년대 말에 "미국 이해관계자들은 …… 경작지의 75퍼센트를 소유하고 있었다"(Foreign Agricultural Service, 2008). 이러한 토지개혁으로 토지 소유는 경제적 필요에 기초한 약간의 예외를 제외하고 1천 에이커로 제한되었다. 몰수된 토지와 국가 소유 토지는 협동조합이나 개인 농업 노동자들에게 무상으로 분배되었다. 미국은 날짜가 정해져 있지 않은 보상 조건에 반대한 반면, 다른 나라 정부들은 저마다 상황에 관해 성공적으로 협상했다(Franklin, 1997: 21).

최초의 농지개혁법과 도시 지역에서 시행된, 특히 미국 회사의 국유화 조치는 주요한 생산수단을 새로운 국가의 수중에 장악하는 사회주의적 지향의 토대를 놓았다.

혁명정부와 선거 문제

1959년 1월 1일 혁명이 승리한 후, 선거 문제가 혁명정부와 미국 모두에게 의제로 떠올랐다. 미국은 쿠바를 막 잃었다. 1959년 직후와 이후 시기의 선거를 둘러싼 논쟁은 오늘날까지도 반향을 일으키고 있으며 앞으로도 계속될 터였다.

1959년 이후 선거 논쟁 연대기는 또한 참여민주주의의 가장 훌륭한 사례이기도 하다. 1월 1일 승리 직후, 시민들과 함께한 대중 집회 장소에서 카스트로 스스로 선거 실시 가능성에 대해 언급했다. 대중 집회에 참여한 사람들은 그 제안에 야유를 보내면서 실제로 선거에 반대했다. 1959년 1월 3일부터 쿠바 대통령이었던 우루티아는 산타클라라 라스비야의 마르타아브레우중앙대학에서 열린 집회에 참석했는데, 나중에 이런 논평을 했다.

> 선거 약속의 거부를 처음 들은 것은 카스트로와 내가 라스비야의 마르타아브레우대학 도서관에서 열린 공개 집회에 참석했을 때였다. 집회 막바지에 카스트로가 선거에 관해 언급하자 수많은 청중들은 선거 반대를 외쳤다. 연설이 끝난 후 카스트로가 내게 물었다. "그들이 얼마나 선거를 반대하는지 눈치채셨습니까?"(Pérez, 1995: 321-22에서 인용)

얼마 지나지 않아 1959년 3월 16일에 카스트로는 또 다른 대규모 집회에서 이렇게 물었다.

> 여기 모인 사람들 중에 누가 선거를 반대한다고 말했습니까? 아무도 반대하지 않습니다 …… 하지만 그러한 장황함을 기억에 떠올리고, 하

나의 무대에서 다른 무대로 옮겨 가는 그러한 위선의 행진을 떠올리면, 사람들이 얼마나 권태를 느끼고 또 얼마나 혐오감을 느낍니까! …… 우리는 선거를 선호합니다. 하지만 정치적 술책을 끝장낼 수 있는 절차에 따라서 실시되어 민중의 의지를 진정으로 존중할 그러한 선거여야 합니다.[2] (Castro Ruz[Fidel], 2006b: 122)

1959년, 다른 곳에서 카스트로는 또 다시 물었다.

여러분은 당장 내일 선거를 실시하기를 원합니까? 우리가 사람들에게 내일 투표하라고 할까요? [청중들은 "아니오!"하고 외쳤다] …… 정말 이상한 것은 대중의 지지를 받지 못하는 사람들이 선거에 관해 떠듭니다 …… 정부에는 민주주의가 있습니다. 정치 패거리나 과두 세력이 아니라 민중에 봉사하는 정부입니다 …… 우리는 지금 우리 역사에서 처음으로 민주주의를 하고 있습니다(Castro Ruz[Fidel], 2006a: 122).

이듬해인 1960년 1월 4일, 미국 언론 NBC와의 한 인터뷰에서 진행자가 카스트로에게 "1960년에 선거가 있을 것이라고 생각합니까?"하고 물었다. "카스트로는 [대답했다]. 그것은 민중들에게 달려 있습니다. 그건 민중들 손에 있는 문제입니다"(Cuba-L Direct, 2011).

---

2) 나는 아바나에서 D. L. 레이비 교수가 오랜 시간 동안 연구해 준 것을 매우 고맙게 생각한다. 그녀는 1959년 1월 1일 이후 첫 몇 년 동안, 피델 카스트로가 선거에 관해 표현한 관점이 들어 있는 신문 《레볼루시온》의 구절들을 꼼꼼하게 번역해 주었다. 카스트로의 관점을 엮는 작업을 한 의도는, 나의 이전 연구 및 다른 저자들의 연구와 더불어 비록 완전하지는 않지만 1959년부터 1960년까지 이 주제, 특히 민중의 참여적 역할과 관련하여 상황이 어떻게 전개되었는지 그림을 보여 주기 위한 것이다.

1960년 노동절에 수많은 사람들과 대화를 주고받는 연설에서 카스트로는 이렇게 말했다. "오늘 이러한 직접적 형태로 민주주의는 압도하고 있습니다. 왜냐하면 우리는 혁명 과정 한 가운데 있기 때문입니다 …… 쿠바인들은 연필이 아니라 자신들의 피와 2만 동포의 목숨으로 투표했습니다(August, 1999: 193-94에서 인용).

혁명 직후 선거를 둘러싸고 논쟁이 계속되는 동안, 쿠바 혁명정부는 급진적이고 광범한 사회경제적 변혁을 수행했다. 예컨대 혁명정부는 도시와 농촌 지역의 미국 소유 대규모 산업들을 국유화했다. 정부는 임차인들을 수탈하던 부재지주와 여타 대규모 부동산 소유자들의 특권을 폐지했다. 많은 의사들이 미국으로 도피하는 등 온갖 어려움에도 불구하고 쿠바는 도시와 농촌 지역에서 무상의료서비스 네트워크를 갖추기 시작했다. 나아가 쿠바는 모든 사람들을 위한 무상교육을 실시하기 시작했다. 여기에는 1961년 문자해득운동이 포함되었는데, 이 운동으로 70만 명 이상의 사람들이 읽고 쓸 수 있게 되었다(Kapcia, 2000: 111). 문화와 스포츠 활동도 활기를 띠기 시작했다. 이 모든 것을 가능하게 한 것은 국가의 혁명적 전환이 있었기 때문이다.

바티스타 국가의 군대는 전투에서 패배했다. 미국이 이들 중 소수 비타협적인 인자들을 혁명정부에 반대하는 행동에 투입하려고 한 시도에 대해 대부분의 사람들은 거부했다. 이처럼 거부가 고조됨에 따라 미국 통제 아래에 있던 구래의 정치체제는 급속하게 약화되었다. 예컨대, 앞에서 언급한 1958년 4월 국무부 문서가 보여 주듯이 "온건한 중간 인자들이 …… 정치 활동에서 물러나거나 반대 세력[카스트로가 이끄는 7·26 운동]을 공공연히 지지했다." 이러한 경향이 1959년 1월 1일 혁명 승리 이후에는 더욱 심해졌다. 새 임시 혁명정부는 몇몇 '제도화된 정당들'에서 대표자들을 끌어들였다(Pérez, 1995: 313). 1959년 1

월 1일 이후 바티스타와 밀접한 관계가 있던 수천 명의 사람들이 쿠바를 떠났다. 그들 가운데 일부는 자발적으로, 일부는 임시 혁명정부 때문에, 또 일부는 미국의 권유로 나라를 떠났다(Domínguez, 1979: 139-40). 남은 바티스타 세력들 가운데 가장 악질적인 암살자와 고문자들은 재판을 받고 처참한 결과를 맞았다.

그러나 낡은 미국 모델 다당제는 한꺼번에 완전히 사라지지 않았다. 주류 정치 엘리트들은 1959~1960년 무대에서는 더 이상 나타나지 않았지만 여전히 폭력적인 비밀 활동을 통해 정치적으로 재기하기 위해 애쓰고 있었다. 따라서 낡은 정당 시스템을 해체하는 것은 여전히 높은 우선순위를 차지했다. 그것을 해체하는 데 가장 중요한 요소는 위에서 지적한 바와 같이 선거 문제에 관해 카스트로와 더불어 집회에 참여한 민중 자신들이었다. 민중은 본능과 정치적 경험으로 다당제가 실행 가능하지 않다는 점을 알고 있었다.[3] 그리하여 새로운 국가가 나타났다. 새로운 국가에 바탕을 두고 새로운 국가에서 나온 새로운 사회경제적 지향으로 인해 민중들은 자신들이 애호하는 정치 체계를 유지하도록 고무되었다. 풀뿌리 민중은 처음부터 미국 모델을 거부한다는 의지를 표현했다. 무엇보다도 쿠바의 정치과정에 맞지 않은 어떤 것이 사회경제적 토대에서 수행되는 변혁을 방해할지도 모른다는 두려움이 있었다. 혁명 과정으로서 정치·경제 체계의 동시적이고 급진적인 민주화는 오직 혁명의 사회주의적 지향 덕분에 이루어질 수 있었다. 이러한 사회주의적 성격은 1961년 4월에 선언되었다. 극히 적은 소수를 위한 사유재산 축적의 탁월함이냐, 아니면 광범한 다수의 경제적·사회적·문화

---

3) 이러한 결론에 관해서는 이 시기에 관해 폭넓은 연구를 해온 연구자 올가 페르난데스 리오스에게 빚지고 있다. 그녀는 이 책의 초고를 읽고, 낡은 1959년 이전 정당 시스템이 일거에 사라지지는 않았다고 내게 지적해 주었다.

적 필요냐 사이에 구분선이 그어졌다. 민주주의는 빠른 속도로 진행되는 중이었다.

1959년 이후 초기 시기의 선거에 관해 한 쿠바계 미국인 쿠바문제 전문가 마리델리 페레스-스타블레는 이렇게 썼다. "1960년 아바나에 모인 백만 명의 쿠바인들 앞에서 카스트로는 정부가 선거를 실시하지 않을 것이라고 공식적으로 선언했다. 청중들은 이미 피델에게 투표했다고 외쳤다"(Pérez-Stable, 1993: 77). 페레스-스타블레는 앞에서 지적한, 1959년 1월 3일 이후 전개된 선거 문제의 혁명적 성격을 이해하지 못하고 있다. 게다가 1960년 5월 1일 대중 집회에 관한 페레스-스타블레의 설명은 정확하지 않다. '카스트로 연설' 데이터베이스는 해외방송 정보서비스(FBIS)의 기록에 근거하여 카스트로의 연설과 인터뷰, 기자회견의 전문 번역을 담고 있는데, FBIS는 세계 전역의 방송과 인쇄 매체를 모니터하는 '미국의 정부 기구'이다. 그 기록은 현재 공개되어 있다(Latin American Network Information Center, n.d.). 카스트로의 1960년 5월 1일 연설에 관한 미국의 보고는 다음과 같다.

민중이 엄청난 힘을 갖고 희생을 치렀음에도 불구하고, [이전의] 지배자들은 대다수 민중이 통치하지도 않고 중요하지도 않은 그러한 민주주의를 창조했다고 카스트로는 말했다. 하지만 진정한 민주주의에서는 다수가 중요하고 다수의 이해관계가 보호받으며, 사람들은 먹고 일하고 문화를 누릴 수 있는 권리를 가진다. 이것이 민주주의이며, 이것이 바로 쿠바혁명의 민주주의라고 카스트로는 말했다. 이때 운집한 대중은 함성을 지르면서 오랫동안 환호했다. "피델, 피델, 피델!"이라는 외침과 혁명 슬로건으로 보이는 함성이 거의 몇 분간 [몇 분간인지는 기록되지 않음] 계속되었다. 함성에 이어 피델이 연설을 이어 갔다. "우리는 모두 희생하고 있지만 아직 우리의 적들은 우리를 비방하고 선거를 요구합니다." 이때 군중 속에서 "안 돼요, 피델!"이라는 함성이 터져 나왔다. 연이어 알아들을 수 없는 노래가 뒤따랐다. 노래는 약 5분간 계속되었다. 그런 다음 피델이 말했다. "그렇습니다. 이 적들은 선거를 요구하고 있습니다." 그러자 군중은 다시 한 번 "안 돼, 안 돼, 안 돼, 피델!"이라고 외쳤다. 두 번째 함성은 약 2분간 계속되었다(Latin American Network Information Center, 1960, 이해를 돕기 위해 문법적으로 약간 수정).

페레스-스타블레는 혁명 승리 이후, 선거에 관한 논쟁이 피델 카스트로와 수백만 대중들 사이의 참여적인 시너지로 표현되면서 전개되었다는 점을 무시한다. 그것은 쿠바혁명이 담고 있는 혁신적 성격의 한 사례로서 독특한 참여 형식을 만들어 냈다. 게다가 이러한 대중 집회에 관해 심지어 미국이 수집한 데이터베이스조차 카스트로와 시민들 사이의 논쟁적 관계를 강조하고 있다. 대중 집회에서 지도자들이 대중과 공개적으로 의사를 교환함으로써 의사 결정을 하는 변증법적 유대가 만들어졌다는 점에서 그것은 혁명의 연대기에서 획기적인 것이다.

또한 편향된 관점을 갖고 있는 쿠바문제 전문가 호르헤 I. 도밍게스는 "[1959년] 4월 9일, 카스트로 총리는 바티스타에 맞서 반란을 일으키고 도전한 중요한 명분으로 오랫동안 약속한 선거를 철회했다"고 쓰고 있다(Domínguez, 1979: 144). 이러한 평가는 대중 집회에 대해 카스트로가 보는 관점과 대조적이다. 카스트로는 대중 집회에서 말할 때 선거 문제가 있다는 것을 상기시켰지만 사람들은 "우리는 선거를 원하지 않는다"라고 말하면서 저지했다. 카스트로는 되받았다. "왜 선거를 거부하는 움직임이 있는 것입니까? 쿠바에서 언제나 정치가 어땠는지 모두 알고 있기 때문입니다"(Castro Ruz[Fidel], 1959). 따라서 도밍게스처럼 "카스트로는 선거를 철회했다"고 주장하는 것은 정확하지 않다. 모든 강조점이 카스트로 개인에게 잘못 놓여 있는 것이다. 카스트로 개인에게 초점을 맞추게 되면, 그 집회가 열리기까지 진행된 상황과 그 집회 자체와 이후 몇 달간 민중이 수행한 역할을 부정하는 셈이 된다. 쿠바혁명의 참여적 성격에 관해 맹점이 있는 것이다.

쿠바문제 전문가들의 관점과는 대조적으로 이러한 참여민주주의 과정을 실제로 경험한 에르네스토 체 게바라는 다소 가치 있는 논평을 내놓았다. 그는 피델 카스트로와 대중에 관해 이렇게 쓰고 있다. "대규모 대중 집회에서 볼 수 있는 현상은 두 개의 확성기가 진동의 상호작용으로 새로운 소리를 내면서 대화하는 것 같은 어떤 것이다." 더욱이 게바라는 대중들이 의사 결정에 참여하는 방식을 강조하면서, "피델과 대중은 함께 공명하는 대화를 시작해서 점점 집중하여 마침내 전격적인 결론에 이르는 클라이맥스에 도달한다"고 기억한다. 그는 "개인과 대중이 서로 연관된 가운데 그들 사이에 형성되는 밀접한 변증법적 통일"을 가리키면서 "그러한 경험을 하지 않은 사람들에게 그것은 이해하기 어려운 일"이라는 점을 인정한다. 체 게바라는 개인의 역할에 대한 자신의 평가에 충실하면서도 "개인들의 집합체로서 대중은 지도자들과 상호작용한다"고 결론짓는다(Guevara, 2006: 6).

오늘날 쿠바에서 선거가 있을 때면 미국의 제도언론은 종종 자신들의 관점을 홍보하기 위해 쿠바문제 전문가들의 말을 인용한다. 하지만 쿠바의 민주주의를 평가하고자 할 때 그들의 분석은 동전의 한 면에 불과하다는 점을 고려하는 것이 신중한 태도일 것이다. 7장에서는 현대 쿠바 선거에 관한 쿠바문제 전문가들의 관점에 대해 자세하게 다룰 것이다.

1959년 직후, 미국중심주의와 민중 참여 문제에 관해 내려야 하는 중요한 결론이 있다. 당시 쿠바인들에게는 미국식 선거를 비롯한 어떤 선거도 반대하는 것이 자연스러운 일이었다. 새로운 선거제도가 아직 도입되지 않았지만 그것은 그 시기 풀뿌리 민중의 생각이었다. 하지만 쿠바인들이 미국의 압력을 거부한 것은 선거를 극복하는 데 중대한 진전이었다. 여기에 민주주의와 선거에 대한 쿠바의 관점과 미국중심주의적 개념 사이의 기본적 모순이 놓여 있다. 쿠바인들에게는 그러한 상황에서 선거를 거부하는 일이 크게 문제될 것이 없었다. 그것은 자연스럽고 토착적인 관점에서 나온 것이다. 이와 비슷한 맥락에서 광범한 대다수 쿠바인들은 자본축적과 외국 지배가 쿠바 사회에 본래적인 것이라고 받아들이기를 거부했다.

참여민주주의와 미국의 좌절

1959년 1월 1일 이후 처음 몇 년간 쿠바 지도자와 풀뿌리 민중은 자신들의 독특한 정치적 상호작용 체계를 발전시키는 한편, 사회경제적 변혁을 이루기 위해 적극적으로 참여했다. 미국은 1960년에 국무부를 통해 "대다수의 쿠바인들은 카스트로를 지지하고" 있으며, "유의미한 정치적 반대 세력은 없다"고 인정했다. 따라서 결론은 "기아와 자포자기 상태를 야기하여 정부를 전복하는 것"을 목표로 쿠바에 대한 봉쇄 작전을 펴는 것이었다(Foreign Relations, Document 499, 강조는 지은이). 이러한 목표를 가진 미국은 체제 전환의 선봉에 설 정치적 반대 세력을 조성하면서 사회주의는 작동하지 않는다는 사실을 '증명할' 수 있는 조건을 창출하기를 바랐다. 이러한 정책은 미국이 1958년에 전진하는 혁명 세력에 직면하여 수행하려고 시도한 정책의 연속이었다. 정치적 반대 세력은 어떤 기반 위에 구축되었는가?

"카스트로는 쿠바를 '배신했다 …… 민중 혁명의 본래 목표'와 일치하는 확고한 프로그램이 [필요하다]"(Foreign Relations, Document 607, 강조는 지은이). 언뜻 보면 '혁명의 본래 목표'를 편입하면서 배신을 끌어들인 것은, 오늘날 반대 집단과 반체제 인사들이 가진 모종의 경향에서 유래할 수도 있는 것처럼 보인다. 하지만 그 근원은 1960년 11월 7일 미국 국무부 비망록이다(Foreign Relations, Document 607). 1960년 미국이 내세운 '배신'이라는 구실은 오늘날 모든 경향의 반체제 인사들의 지침이 되었다. 그들이 겨냥한 주요 목표물은 이른바 '권위주의적 카스트로 체제'와 쿠바에서 민주주의 및 선거(미국식)의 결여이다. 이 주제는 현대 쿠바를 다루는 장에서 살펴볼 것이다. 다만, 여기서는 새로운 민주주의에 대한 조직적인 반대의 정치적 기반과 역사적 기원을 살펴볼 것이다. 초기부터 '배신' 명제에 기초한 수많은 미국 문서들이 있는데, 거기에서 미국은 주로 자유주의자들에게 희망을 걸었다.[4]

혁명 직후 미국이 만들어 낸 '배신'이라는 명제는 오늘날 반체제 인사들에게 핵심적인 정치적 구실이다. 가장 저명한 반체제 인사 가운데는 오바마가 종종 칭찬한 쿠바 블로거 요아니 산체스가 있다. 그녀는 1959년 혁명에 대한 평가를 묻는 질문에 대해 "그것은 커다란 희망의 불꽃이었지만 대다수 쿠바인들을 '배신했다'"고 말했다(Lamrani, 2010, 강조는 지은이). 이것이 바로 우파와 좌파 반체제 인사 모두 공통적으로 갖고 있는 배신 명제이다. 예컨대 요아니 산체스는 자신을 우파라고 하면서 공공연히 자본주의를 옹호한다(Lamrani, 2010). 반면에 사

---

4) www.democracyintheus.com, "'Betrayal': Common Denominator of Cuban Dissidents."

회주의를 옹호한다고 주장하는 좌파 인사들도 배신을 시사한다. 예컨
대, 《아바나타임스》라는 반체제 웹사이트에서 그들은 "바티스타 독재
에 저항한 투쟁을 이끈 혁명 원칙을 진정으로 지키고" 있다고 쓰고 있
다(Fernández, 2012). 동일한 '좌파' 반체제 웹사이트는 친자본주의적
인 요아니 산체스를 두둔한다(Robinson, 2012). '좌파'와 우파 반체제
웹사이트 사이의 상호 인용의 사례는 헤아리기 힘들 정도로 많다. 좌파
와 우파 사이의 공통적 기반을 완성하는 것은 배신 명제와 함께 이른
바 "카스트로 형제의 권위주의 또는 독재 지배"에 대한 반대이다.

배신 명제와 친민주주의, 반권위주의 대 독재라는 반복적인 모티브
는 모두 1958~1961년에 기원을 두고 있다. 이 시기는 바로 미국이 쿠
바에 대한 체제 전환 정책을 처음 시작한 때이다. 심지어 쿠바에서 체
제 전환과 민주주의를 위한 유일한 길이라며 미국의 군사적 개입을 공
개적으로 촉구하는 '강경론자'와 '온건주의자'인 요아니 산체스 사이에
는 공모조차 존재한다.[5] 그렇다면 1959년 1월 승리 이후 쿠바에서 민
주주의는 실제로 어떻게 전개되었는가?

대중조직과 참여를 통한 민주화

1959년과 1960년대 초, 미국은 여러 가지 간섭과 봉쇄를 시작하면
서 또 다른 'USS 메인호 유형'의 구실을 구상했다. 워싱턴은 또 '배신'
명제와 반대 세력 조직과 같은 자신의 방침을 세밀하게 추진했다. 이러
한 행동 과정과 지도 원칙은 쿠바의 헌정질서 전복을 목표로 삼았다.

---

5) www.democracyintheus.com, "'Democracy Promotion' Through U.S.
   Military Intervention"

이러한 정책들은 워싱턴의 방침에 기초가 되어 오늘날에도 여전히 채택되고 있다. 하지만 1960년대 초 쿠바는 미국의 위협과 미국이 조장한 반대 세력에도 불구하고 민주화 과정을 계속 추진했다.

쿠바혁명의 혁신적인 참여적 성격은 1959년 직후에 선거에 관한 결정에 도달한 방식에서 잘 드러났지만, 다른 형태로도 계속되었다. 이러한 정치적 과정과 그 당시에 일어난 사회경제적 변혁 사이에는 직접적인 연계가 있었다. 쿠바 정치 체계의 맹아적인 참여적 성격과 관련하여 눈에 띄는 또 하나 전위적인 개념은 '혁명수호위원회'(CDR, Comités de Defensa de la Revolución)의 창립이었다.

1960년 9월 28일, 약 1백만 명의 사람들이 아바나의 과거 대통령 궁 앞에 모였다. 카스트로가 유엔 일로 뉴욕에 다녀온 것이 계기가 되었다. 대중 집회가 진행되는 가운데 참가자들은 폭탄이 터지는 소리를 들었다. 군중은 애국주의적인 반대 함성을 질렀다. 두 번째 폭탄이 터지자 카스트로는 '집단적인 혁명 감시' 체제를 만들 필요가 있다고 선언했다(Castro Ruz[Fidel], 1960). 그는 아바나의 모든 이웃공동체, 아파트 빌딩 및 거리 구역이 대중 집회에서 대표되고 있다는 점을 지적했다(Castro Ruz[Fidel], 1960).

그리하여 민중들은 이웃공동체에서 자발적으로 위원회를 만들기 시작하여 전국적으로 조직되었는데, 이것이 나중에 CDR이 되었다. 1960년 창립 후 처음 몇 년 동안, 이웃공동체 위원회들의 CDR 네트워크는 혁명 감시뿐 아니라 사회경제적 활동을 수행하는 실질적인 지역정부로 기능했다. CDR 위원회들은 민중이 참여하는 사실상의 조직적 통로가 되었다. 회원이 되는 것은 그때나 지금이나 자발적이지만, 창립 1년 만에 80만 명의 쿠바인들이 열성적인 회원이 되었다(인터뷰: Lezcano, 2008b; Martínez Canals, 2009).

쿠바 정치 체계에서 참여적 전통의 또 하나의 사례는 1959년 가을에 창설된 '혁명국민군'(MNR, Milicias Nacionales Revolucionarias)이다. 그 목표는 쿠바 섬의 모든 지역에서 실제로 일어나고 있었던, 미국 테러주의자들이 주도하는 활동에 맞서 나라를 지키는 것이었다. 혁명국민군 구성원은 곧 영예의 징표가 되었다. 사람들은 가능한 침입에 대항하여 나라를 지키기 위해 무기를 지급받았다(인터뷰: García Brigos, 2009b). 이 군부대는 맘비들의 '무장 공화국'과 시에라마에스트라 반란군의 이미지를 본받아 구성되었다. 과거의 여러 역사적인 참여 경험에는 해방구를 확장하는 과정에서 지역에서 민중들을 충원하여 무장하는 전통이 있었다.

사회적·정치적 참여에 기여한 가장 중요한 변화 요인들 가운데 하나는 1961년에 시작된 획기적인 '문자해득운동'(Literacy Campaign)이었다. 이 운동은 미국이 문자해득운동 활동가들에 대해 조직적으로 도발하는 가운데 전개되었다(인터뷰: Rojas Hernándes, 2009a; Castro Espín, 2009). 해결해야 할 문제로서 문자해득 과정에 민중이 참여한 방식은 현재진행형 민주주의의 가장 좋은 사례에 속한다. 민중을 개입시키는 그러한 창조적인 쿠바식 방법은 읽고 쓸 줄 알게 된 사람들의 삶을 변화시키는 결과를 가져왔다. 마찬가지로 중요한 것으로 문자해득운동을 수행한, 연령의 고하를 막론한 풀뿌리 참여는 자신들의 삶과 가치에 지속적으로 영향을 주었다. 전국에 걸친 그러한 활동은 사람들 사이 유대의 원천이 되어 혁명의 대의를 강화하는 데 기여했다. 이 운동의 선봉에 선 주요한 세력들 가운데 하나는 1960년 8월에 창립된 쿠바여성연맹(FMC, Federación de Mujeres Cubanas)이다.

CDR, MNR, FMC 등 대중조직의 설립은 문자해득운동과 더불어 민중이 권력을 획득하는 과정을 고무하는 데 기여했다. 쿠바 사회는 자신의 전통과 사상에 기초하여 하나의 과정으로서 혁신적으로 민주화되고 있었다. 민중들은 자신들이 혁명에 참여하고 있었기 때문에 스스로 혁명운동의 일부라고 느꼈다. 이것이 가능했던 이유는 미국 지배와 밀접하게 연결되어 있던 무제한적 사유재산 축적에 타격을 가하면서 민중을 위한 사회경제 체계의 변혁을 동시에 추진했기 때문이다.

1959년, 행정관이 이끄는 지역정부가 이전의 바티스타 통치 하의 기초지자체와 광역지자체를 대체했다. 1961년에는 지역정부가 더욱 발전된 풀뿌리 제도로 대체되어 지역 대중조직과 정치조직의 대표자들로 구성되었다. 지역정부에는 중앙정부에서 임명한 사람들도 포함되었다. 지역정부에서 이러한 첫 시도가 목표로 한 것은 대규모 외국 기업들의 국유화와 같이 중요한 변화가 있을 때, 전국적·지역적 활동을 조정하는 것이었다. 정부의 일에 민중을 참여시키려고 했지만(García Brigos, 1998: 45-47), 아직 구조와 경험이 부족했다(Roman, 2003: 64; LeoGrande, 1981: 275-78).

1966년, 이러한 지역 체계는 정부 활동에 민중이 체계적이고 조직적으로 참여하는 방향으로 변화되었다. 이웃공동체와 직장, 지역정부에서 대의원들을 선출하기 위한 선거가 실시되었다. 후보자를 추천하는 추천회의가 열리고 투표가 거수로 이루어졌다(García Brigos, 1998: 47-48; Roman, 2003: 65-66). 이러한 '지역 권력'은 참여를 증진하는 중요한 실험이었지만, 대의원들은 생산과 서비스 제공에 연관된 일상적 활동 때문에 많은 에너지를 빼앗겼다(García Brigos, 1998: 49). 하지만 이러한 지역 권력은 결점과 한계에도 불구하고, "쿠바의 정치 참여 발전에서 중요한 국면이었으며 …… 어느 정도 공적인 책임성을 가진 정부 기구를 만들려는 첫 번째 체계적인 시도였다"(LeoGrande, 1981: 279).

정치과정에 적극적으로 참여한 민중들은 19세기 '무장 공화국' 맘비들의 경험에서 어느 정도 선례를 발견했다. 풀뿌리 참여의 선구는 1950년대 말 반란군에 의해 바티스타 지배에서 해방된 시에라마에스트라 지역에서도 있었다. 19세기와 1950년대 말의 경험은 모두 맹아적인 것이었지만 미래에 건설할 과정에 친숙해지는 데 기여했다. 쿠바의 정부 및 선거 실험의 뿌리를 또 다른 관점에서 분석한 것으로 피터 로먼의 예외적인 책 《민중권력: 쿠바의 대의 정부 경험》(Roman, 2003: 9-59)을 참고하기 바란다.

1960년대의 지역정부 실험은 그 취약성으로 인해 결국 와해되었을 뿐 아니라, 1970년에는 대중 동원에 기초한 1천만 톤 설탕생산 목표 달성도 실패로 끝났다. 이러한 문제를 비롯한 여러 문제들은 쿠바가 대처해야 하는 시험대가 되었다. 이러한 시행착오는 민중이 정치 체계에 좀 더 효과적으로 참여할 수 있도록 하는 수단을 찾는 과정에서 일어났다.

쿠바공산당의 어제와 오늘

1959년부터 1960년대 말까지 대중조직들이 발전하고 지역 민중권력을 수립하려는 시도와 더불어 쿠바공산당(PCC, Partido Comunista de Cuba)이 첫걸음을 내딛었다. PCC는 결국 세 조직의 결합으로 모양을 갖추었는데, '7·26 운동'과 인민사회당(PSP, Partido Sicialista Popular), '3·13 혁명위원회'(DR-13-M, Directorio Revolucionario 13 de Marzo)가 그것들이었다. 이들은 혁명과 1959년 이후의 활동에 참여한 세 주요 집단이었다.

셋 가운데 '7·26 운동'이 가장 중요했다. 왜냐하면 그것은 공산당이 드러내고 있었던 독단이나 타성과 결별하고 쿠바의 혁명운동을 이끌었기 때문이다. '7·26 운동'이 없었다면 쿠바혁명은 1953년에 다시 불붙을 수 없었을 것이고 1959년의 승리도 없었을 것이다. 그럼에도 불구하고 혁명은 혼자 힘으로 성공한 것은 아니었다. 공산당을 비롯하여 다른 조직들도 일단 길이 열리자 대의에 동참했다. '7·26 운동'은 언제나 운동이었지, 결코 정당이 아니었다. 그것은 국제 공산주의운동과 쿠바 자체의 공산당에서 지배적이던 경향에 반대한 1953년의 몬카다 공격에서 나왔다. 기존의 공산주의자들은 몬카다 공격을 모험주의이자 반란으로 간주했다. 통합에 참여한 두 번째 집단인 인민사회당(이전의 쿠바 공산당)은 처음에는 몬카다 공격에 동의하지 않았지만 결국 대의에 동참했다. 3·13 혁명위원회는 새로운 정당을 수립하는 통합에 참여한 세 번째 중요한 조직으로서 주로 중부 지역에서 바티스타에 대항하여 싸웠다.

세 조직들을 통합하기 위한 협력이 시작되었다. 1961년, 첫 결실은 '통합혁명조직'(ORI, Organizaciones Revolucionarias Integradas)으로 나타났다. 일련의 복잡한 상황이 전개된 후 이 조직은 두 번째 단계로 '사회주의혁명통일당'(PURS, Partido Unido de la Revolución Socialista)으로 발전했고, 1965년에야 비로소 현재의 PCC가 탄생했다. 창당 대회는 1975년에 열렸다(Kapcia, 2008: 31-35; Kapcia, 2000: 124; LeoGrande, 2008: 50-51; 인터뷰: Cristóbal, 2009).

새로운 PCC(1965년 통합의 결과)는 다양한 세력에서 나왔지만, 주로 '7·26 운동'이 원천이었다. 분파주의 문제와 같은 통합 과정에서 나타난 장애에도 불구하고, 참여한 집단들은 인내심을 갖고 목표를 달성했다. 호세 마르티에서 그 기원을 찾을 수 있는 통일이라는 쿠바의 가치가 중요한 역할을 했다. 이러한 맥락에서 블라스 로카(PSP 지도자)와 PSP가 '7·26 운동'과 통합한 태도는 역사적으로 무척 중요하다(인터뷰:

Fernández Ríos, 2008).

   새로운 공산당을 건설한 이러한 혁신적 접근 방법은 주로 쿠바의 정
치적 전통에 기원을 둔다. 카스트로를 비롯한 1940년대 세대는 마르티
의 사상과 유산으로 길러졌다. 학교에 다닐 수 있었던 대부분의 청년
들은 마르티를 공부했으며, 다수는 그의 주요한 가르침을 알고 있었다.
마르티의 가르침은 첫째로 통일, 둘째로 국가와 혁명을 이끌 정당의 필
요성, 셋째로 의식적인 민중 참여의 필요성, 마지막으로 윤리와 사회정
의였다. 게다가 1925년 옛 쿠바공산당의 초기 창당자 가운데 한 사람
으로 발리뇨가 있었다. 그는 쿠바혁명당을 건설한 마르티의 동지였다.
1930년대 이후 쿠바공산당의 지도자였던 로카도 마르티를 따랐다. 로
카는 1960년대에 카스트로의 운동과 통합하여 카스트로의 리더십 아
래로 들어갔는데, 이는 극히 중요한 결정이었다(인터뷰: Gómez, 2008;
Fung Riverón, 1982). 공산당 지도자가 자기 조직을 공산주의자가 아닌
다른 조직으로 통합시키는 것은 매우 이례적인 일이다. 게다가 로카는
카스트로와 그 운동의 지도적 역할을 인정했던 것이다.

   1965년 카스트로의 리더십을 통해 공산당이 창당되었다고 해서 당
시 쿠바가 경제적 관계를 발전시키고 있었던 소련에 무릎을 꿇은 것은
아니다. 캅시아에 따르면 공산당의 기초는 "쿠바 지도자들이 자신들을
점점 공산주의와 일치시키고 혁명이 공산주의 사회를 향해 순조롭게
나아가야 한다는 믿음을 가지게 된 점을 중요하게 반영했다"(Kapcia,
2008: 74). 하지만 쿠바 지도자들의 관점은 1945년 이후의 모스크바가
정책을 강요하는 것에 반대했다. 소련의 이러한 노선은 동유럽에서 그
랬던 것처럼 공산당들을 다른 이름으로 부른 데서 드러났다. 이러한 대
안적인 용어 사용은 '인민민주주의'라고 하거나 (오직 소련만이 주장할
수 있는 '공산주의 체제'와 비교하여) '부차적인 중요성'을 가진다고 한 데

서 반영되었다(Kapcia, 2008: 74).

조지 램비는 쿠바가 상대적으로 독립적인 입장을 유지하고 있었다는 평가에 동의한다. 그는 쿠바가 소련에 점점 더 가까이 갔지만, "쿠바는 대리 국가가 되지 않았으며, 쿠바의 '소비에트화'도 단지 부분적일 뿐이었다"고 말한다(Lambie, 2010: 159). 램비는 몇 가지 실례를 제시하고 있다. 하지만 이 책의 주요 관심에서 볼 때 가장 중요한 것들 중 하나는 "소련과의 밀접한 관계로 인한 제약이 있었던 데다가 소련의 관행을 일부 도입했음에도 불구하고 …… 참여와 정치의식 형성"의 중요성을 쿠바가 고집했다는 점이다(Lambie, 2010: 159). PCC의 기원과 쿠바혁명의 발전 과정은 쿠바가 결코 소련의 위성국이 되지 않았다는 점을 상기시키는 요인이다.

선거, 새로운 국가 구조, 헌법(1970~1976)

PCC는 1965년 창당 후 오래 지나지 않아서 민중이 정치 체계에 효과적으로 참여할 필요성을 제기했다. 1970년, PCC 지도자들은 좀 더 참여적이고 효과적인 선거제도를 고안하기 위한 프로그램을 조직했다. 이러한 탐색에는 공식적 국가 구조를 최고 수준에서 풀뿌리 단위까지 구성하는 것도 포함되었다. 혁명 자체와 1959년 이후 초기에 나타난 민주화는 또 다른 수준으로 이행해야 했다. PCC의 제안에 따라 PCC와 정부는 1974년 마탄사스 도에서 새로운 정치 체계를 시험하기 위한 시범 프로젝트를 실시했다. 그것이 만약 성공하면 나라 전체 모든 수준의 정부에 적용될 예정이었다.

'민중권력기구'(OPP, Órganos del Poder Popular)에 관한 초안은 소련과 미국을 포함한 여러 나라의 선거제도 연구와 쿠바 자신의 경험을

바탕으로 만들어졌다. 그런 다음 새로운 시스템을 시험하기 위해 1974
년 여름, 마탄사스에서 시의회 및 도의회 선거를 포함하는 시범 프로젝
트가 실시되었다(인터뷰: lezcano, 2008a, 2008b; García Brigos, 1998:
29, 49, 52). 1974년 8월 22일, 라울 카스트로는 마탄사스의 시와 도 단
위에서 역할을 맡은 OPP 대의원들을 위해 마련한 17일간의 세미나 마
지막 세션에서 1,046명의 선출된 대의원들에게 이렇게 말했다.

우리 혁명의 초창기에는 이러한 제도를 마련할 필요가 있는 상황이
아니었을 뿐 아니라 당장 필요하지도 않았습니다. 이러한 제도는 초창기
혁명이 마주한 과업들을 수행하는 데 결정적이지 않았습니다. 그러한
상황에서 작동하고 그 순간의 과제들에 대처하기 위해 우리는 기능적이
면서 동시에 즉시 행동할 수 있는 국가기구가 필요했습니다……
혁명의 초기 몇 년 동안 우리는 대의 제도를 마련하는 과제에 대처
할 준비가 되어 있지 않았습니다. 그 당시 우리에게는 강력한 정당이 없
었고 대중조직들도 충분히 발전하지 않았습니다. 요컨대, 지금은 이용할
수 있는 조직적 수단을 그때는 갖고 있지 않았습니다……. 이 모든 요소
들에 더하여 이러한 대의 제도와 그것이 하는 역할의 중요성에 관해 우
리들 대부분이 경험과 이해가 부족했다는 점을 덧붙여야 합니다……
국가의 대의 제도를 마련하는 일은 혁명 과정에서 거대한 전진을 의미
합니다……. 생존을 위해 투쟁하던 초창기 동안, 처음에는 그것[대의 제
도]이 필요하지도 않았고 국가의 사활적인 부분이 아니었으며, 정말로
당시 긴급하게 움직일 필요가 있었던 국가에 제동을 거는 역할을 할 수
도 있었습니다. (Castro Ruz[Raúl], 1974)

1974년 여름의 마탄사스 시범 프로젝트에 기초하여 그해 가을, 헌

법 전문가들뿐 아니라 CDR 같은 대중조직의 대표자들로 구성된 PCC 특별위원회가 만들어졌다. 이 특별위원회는 새로운 선거 시스템의 기본 골격을 포함하여 헌법 초안을 만드는 책임을 맡았다. 선거 시스템은 나중에 새로운 선거법으로 상세하게 규정될 터였다. 헌법 초안은 국가의 역할도 규정했다. 초안은 1975년 2월 24일에 완성되었고 4월 10일부터 대중 토론에 부쳤다. 직장과 교육 기관, 농촌 지역에서 지역 수준의 모든 대중조직들이 직접 참여한 두 달 동안의 토론이 이어졌다. 지역 PCC 수준에서도 토론이 이루어졌다. 70,812회의 이웃공동체 토론 모임이 열려 2,064,755명이 참가했다고 CDR은 보고했다. 칠레의 연구자 마르타 하르네케르의 관찰을 근거로 하면 생생한 발의와 토론이 있었던 것이 분명하다. 신문과 텔레비전도 정보를 제공하고 질의응답 프로그램을 만들어 개입했다. 하르네케르의 보고에 따르면 1975년 7월,

> 토론의 책임을 맡은 PCC 위원회는 17만 차례의 회의가 열려 헌법 초안 12개 장 가운데 많은 곳에서 수정이 가해졌다고 표를 만들어 보고했다. 6백만 명이 넘는 사람들이 참가했다. 토론에서 나온 제안들에 따라 초안 가운데 60군데가 수정되었다. (Hernecker, 1980: 44-45)

1975년 말, PCC 제1차 당대회는 헌법 초안의 수정안을 채택했다. 헌법에 대한 국민투표가 1976년 2월 24일 보통·비밀 투표로 실시되었으며 투표율은 98퍼센트를 기록했다. 투표자들 중 97.7퍼센트가 찬성표를 던졌다. 이 헌법을 토대로 그 해 10월에 처음으로 시 수준에서 전국적으로 선거가 실시되었다. 이어 11월에는 시의회 대의원들이 도의회 대의원들을 선출했으며, 그다음에 도의회 대의원들이 국가 수준의 대의원들을 선출했다. 이 국가 수준 대표 기구는 1976년 12월 2일에 구

성되었다. 이로써 선거 시스템이 개혁되었다(인터뷰: Lezcano, 2008b).

'민중권력국가의회'(ANPP, Asamblea Nacional del Poder Popular 또는 의회)는 최고 수준의 혁명 국가로서, 19세기 '무장 공화국'과 1957~1958년 시에라마에스트라 경험에서 어느 정도 영감을 얻고 있다. ANPP 회기 동안에는 독립전쟁의 맘비 깃발이 현재 쿠바의 공식 국기와 나란히 게양된다. 게다가 쿠바는 적어도 1940년대 이래로 역사적 기념일을 강조하는 문화를 추구해 왔기 때문에 새로운 ANPP 임기가 시작되는 날짜를 언급할 필요가 있다(Kapcia, 2000: 170). ANPP 임명식은 해마다 2월 24일에 열리는데, 이날은 마르티가 1895년 독립전쟁을 개시한 기념일이다.[6)]

PCC 제2차 당대회는 1980년에 열렸는데, 그 주요 의제는 한층 더 높은 사회경제적 발전이었다. 1986년에 열린 제3차 당대회는 "과오와 부정적 경향에 대한 교정(Rectification) 캠페인"으로 알려진 과정이 특징이었다. '교정 과정'이라고도 이름 붙여진 이 캠페인은 쿠바 자체의 문제에 관련된 것이었지, 1986년 이후 소련에서 분출하기 시작한 문제들에 관련된 것은 아니었다. 본질적으로 교정 과정은 피델 카스트로가 경제적 효율성과 관련된 부정적인 경향에 관해 두 가지 중요한 연설을 한 1984년 12월에 시작되었다. 나아가 그것은 카스트로가 동일한 주제에 관해 연설한 1986년 4월부터 시작된 대중적 기초를 가진 사회적 과정

---

6) 내가 ANPP를 가리키기 위해 '의회'(parliament)라는 용어 사용을 선호하지 않는 이유는 이 때문이다. '의회'라는 표현은 지루한 절차에 기초한 14세기 영국 의회, 즉 옛 앵글로-라틴어로 'Modus Tenendi Parliamentum'(의회를 붙잡는 방법)에서 유래한다. '의회'라는 용어는 그 어원을 옛 프랑스어 parler(말하다)의 파생어 parlement에서도 찾을 수 있다. 오늘날에는 우리는 이것을 '업무상 대화'(talk shop)라고 부른다. 그래서 이 책에서는 '민중권력'(민중권력국가의회)을 나타내는 에스파냐어 약어 ANPP가 사용된다. 이것은 쿠바 안팎에서 종종 '의회'라고 불리는 것에 해당한다.

이 되었다. 이러한 것들이 그해 말 제3차 당대회의 마지막 회기에까지 온 것이다.[7] 제4차 당대회는 1991년 10월에 열렸다. 이 당대회가 열리기 전에 쿠바혁명의 중요한 국면을 맞아 민중의 참여를 획득하기 위해 풀뿌리 수준에서 대중적 토론이 있었다. 그러한 광범한 토론은 시민들이 새로운 헌법을 제정하기 위해 참여한 1976년 이래로 전례 없는 일이었다. 1991년, 선거와 국가 체계를 민주화하기 위한 개혁을 포함하여 많은 쟁점들이 제기되었다. 그 결과 1992년에 헌법이 개정되고 새로운 선거법이 만들어졌다(다른 개혁들은 2002년 헌법으로 넘겨졌다). 제5차 당대회는 1997년에 열렸다. 당대회는 정치 일선에서 〈우리가 수호하는 통일된 당, 민주주의, 그리고 인권: 쿠바공산당 제5차 당대회〉라는 문서를 통해 소련 해체 이후 시기의 민주주의에 대한 PCC의 전망을 자세하게 규정했다(Castro Ruz[Fidel], 1990a; *Granma*, 1990; García Brigos, 2005: 113; Reed, 1992; Congreso del Partido Comunista de Cuba, n.d.; Constitución de la Republica de Cuba[1976], 2003: 3-4).

지금까지 PCC는 선거 정당이 결코 아니다. 그러나 민주적인 제도들과 선거 과정의 발전에서 지도력을 발휘한다. 더욱이 쿠바혁명은 1953년에 그랬던 것처럼 주로 자신의 전통과 유산에 기초하여 발전했다. 그리하여 쿠바혁명은 주요한 도전들을 극복할 수 있었을 뿐 아니라 수많은 난관에도 불구하고 생존하고 나아가 융성할 수 있었다. 하지만 혁명

---

7) 쿠바 연구자 헤수스 가르시아 브리고스는 이 책의 초고를 읽고 제3차 당대회의 역사적 배경에 관해 지적해 주었다. 교정 과정은 1984년 12월에 나타나기 시작했다. 피델 카스트로가 한 1984년 12월의 두 차례 연설을 주의 깊게 읽어 보면 교정 과정의 기본적 형태가 1984년 12월에 시작되었음을 알 수 있다. 그것은 1986년 4월에 더욱 진전되었는데, 그때는 그 해 12월 당대회 주요 회기가 열리기 전이었다. 아시크리는 처음 시작을 1982년까지 추적하는 다른 쿠바 문헌을 인용한다. 하지만, 1984년 12월과 1986년 4월은 여전히 주요한 선례들이다(Azicri, 2000: 329).

의 미래에 대한 가장 거대한 시험은 이제 시작되고 있다. 쿠바혁명은 승리할 수 있을까?

3부
쿠바의 민주화 실험

6장 쿠바공산당 당대회와 전국회의
(2011~2012)

민중이 통제하는 민주화와 언론

미국과 베네수엘라, 볼리비아, 에콰도르의 민주주의에 관해 다룬 2장과 3장에 따르면, 민주주의를 보는 관점이 한 가지만 있는 것이 아니라는 점은 분명하다. 쿠바는 민주주의의 또 다른 사례이다.

쿠바의 민주주의를 이해하기 위해서는 주요한 정치경제 체계의 특징을 염두에 두면서 선거 과정과 국가의 기능을 분석해야 한다. 이 장에서는 선입관을 가진 관점에서 보면 민주주의와 반대되는 측면, 즉 쿠바 정치 체계 속에서 쿠바공산당(PCC)의 역할을 먼저 살펴본다. PCC의 기능은 미국중심주의 개념에서 쿠바 민주주의를 둘러싸고 있는 거미줄 가운데 중요한 가닥을 구성하고 있다. PCC는 시간 포장지에 싸여 꼼짝하지 않는 휴면 상태의 전형일 뿐 아니라 원래부터 '권위주의적'이라고 묘사된다. 하지만 PCC는 구소련이나 동유럽 공산당들과는 전혀 다른

215

맥락에서 출현했다. PCC는 그 성격과 유산에서 부분적으로는 호세 마르티가 정당을 건설한 전통을 바탕으로 참여를 통한 현재진행형 민주주의를 진전시키려는 노력을 하고 있다. 정말로 PCC는 여러 면에서 새로운 길을 열고 있다. 당대회에 이르기까지 민중을 참여시키는 정책은 모든 단계의 전체 정치과정에서 참여민주주의를 활성화하는 토론을 자극한다. 또 민중의 권력을 신장하려는 이러한 노력을 연구한 몇몇 쿠바 사회과학자들의 기여도 간략히 살펴볼 것이다.

쿠바의 '언론 자유'에 관해 미국중심주의 관점에서 보면 쿠바에 민주주의는 존재하지 않는다. 하지만 이러한 편견은 쿠바의 민주주의를 둘러싸고 끊임없이 둘러쳐진 또 하나의 중요한 거미줄 가닥이다. 쿠바에서는 경제와 정치 민주화를 앞당기기 위한 노력이 경주되어 온 동시에, 언론의 적절한 역할에 관해서도 풀뿌리에서부터 모든 수준에서 논쟁이 분출되어 왔다. 이러한 논쟁들은 민중이 스스로 참여하고 자신의 운명을 통제할 수 있는 능력과 곧바로 연결되어 있다.

오늘날 쿠바는 하나의 발전 모델에서 다른 모델로 이행을 겪고 있다. 쿠바 연구자 콘셉시온 니에베스 아유스와 호르헤 루이스 산타나 페레스에 따르면, 사회주의 체제 안에서 일어나고 있는 이런 이행은 가장 복잡한 문제 가운데 하나이다. 현재 쿠바의 전환에 관해서 "공식적인 정치 담론은 …… 이러한 변화를 경제 모델의 개선이라고 부르고 있지만, …… 사실은 핵심적인 사회적 변화이다." 달리 말하면 이러한 변화는 '사회주의적 민주주의의 기능'과 관련되어 있다(Nieves Ayús and Santana Pérez, 2012).

현재 채택되고 있는 새로워진 쿠바 모델을 살펴보기 위해서는 민주화 과정에 관련된 몇 가지 요소를 고려해야 한다. 여기서 중요한 것은 새롭게 진화하는 이 상황에서 민주화를 촉진하는 민중 참여의 역할이다. 앞 장에서 우리는 오늘날 쿠바의 배경으로서 '민중권력'이라는 확장된 쿠바 정치 체계를 처음으로 가져온 1976년 개혁에 이르는 과정을 살펴보았다. 하지만 1976년 이후의 진화 과정에서 당시의 상황과 쿠바의 경제 모델 개선을 둘러싼 논쟁에 직접적인 영향을 끼친 중요한 국면들이 있었다.

첫째로 1980년대에는 "오류와 부정적 경향에 대한 교정 과정"이 있었다. 둘째로 1989년부터 소련과 동유럽(쿠바는 경제적으로 거의 전적으로 이들 나라에 의존하고 있었다)이 몰락하면서 쿠바는 1959년 이래 가장 큰 시련을 겪었다. 1990년대 초에 시작된 이 '특별시기'는 소련과 동유럽의 몰락에 직면하여 쿠바 사회주의를 지키려는 노력이었다. 미국의 봉쇄 강화는 쿠바가 처한 끔찍한 상황을 더욱 악화시켰다. 워싱턴은 구소련이 쿠바를 버림으로써 초래된 새로운 상황이 쿠바혁명을 끝장낼 더 없이 좋은 기회라고 보았다.

막스 아시크리 같은 학자들은 소련이 붕괴하기 몇 년 전인 1980년대 초에 교정 과정이 시작되었다고 본다. 목표는 "쿠바의 특수성과 발전 과정을 고려하지 않고 유럽의 사회주의 정치·경제 모델을 무비판적으로 추종한" 정책에서 벗어나는 것이었다(Azicri, 2000: 55-56). PCC 공식 문서에 따르면, 교정 과정은 "쿠바혁명을 소련과 동유럽의 그릇된 사회주의 개념에서 확실히 분리하고자 하는 것이었다"(Azicri, 2000: 329). 하지만 '특별시기'와 미국의 봉쇄 강화 탓에 교정 과정은 "추진력을 잃었다"(Azicri, 2000: 329). 니에베스 아유스와 산타나 페레스는, 오늘날 쿠바의 주요한 변화를 고찰하려면 1959년 이래 두 가지 '사회주의 발전 모델'이 연이어 등장한 점을 주목해야 한다고 주장한다. 첫 번째는 1959년 1월 1일부터 1980년대의 교정 과정에 이르는 시기에 해당한다. 이 시기 동안에 쿠바는 고유의 혁명적 정책을 추진하는 한편,

"이른바 '현실 사회주의'(소련과 동유럽)의 기본적 특징을 자신의 모습에 편입시키기도 했다." 하지만 경제적 오류를 제거하려던 1980년대의 교정 과정은 1990년대 초 '특별시기'가 시작되면서 갑작스럽게 타격을 받았다. 따라서 두 학자는 1980년대의 교정 과정이 "오늘날 우리 나라(쿠바)에서 꽃피고 있는 필수적인 사회변동의 기원"이라고 생각한다(Nieves Ayús and Santana Pérez, 2012). 이런 분석은 오늘날 구소련과 동유럽의 영향을 둘러싸고 벌어지는 논쟁의 중요성을 부각시킨다. 교정 과정은 민중 참여의 질에 직접적으로 영향을 미치는데, 왜냐하면 구소련의 유산은 쿠바 고유의 참여적 정치문화와는 매우 다르기 때문이다.

관료제는 참여민주주의의 적 가운데 하나이다. 현대 쿠바를 다루는 이 장부터는 계속 관료제 문제를 다루기 때문에 이 용어에 대해 간략하게 정의할 필요가 있다. 관리라는 일반적 개념으로서 관료제는 서양 문명뿐 아니라 이집트와 중국, 라틴아메리카의 토착 문화를 비롯한 고대 문명까지 거슬러 올라가는 긴 역사를 갖고 있다. 막스 베버 같은 학자는 19세기 말과 20세기 초 이후의 서양 관료제를 폭넓게 연구했다. 쿠바의 맥락에서 보면 관료제는 1959년 이전의 자본주의 체제에서 존재했을 뿐 아니라 오늘날 사회주의 체제에도 버티고 있다.

1963년, 에르네스토 체 게바라는 관료제에 대해 가장 날카롭고 간명한 개념을 제시했다. 거기에는 경멸적인 뜻을 담고 있는 '관료주의'(burocratismo)까지 포함된다. 비록 상황은 달라졌지만, 체 게바라의 생각은 오늘날에도 유효하다. 1959년 이전 쿠바 정부 관료제의 '원죄'는 "권력 주변에 어슬렁거리는 사람들이나 기회주의자들"과 연관되어 있었다(Guevara, 2005: 179). 게바라가 설명했듯이, 이처럼 관료주의는 자본주의 사회에 존재했다. 그가 보기에 1959년 1월 1일 이후 쿠바에서 중요한 문제는 초기 '게릴라' 시기의 관리 체계를 중앙집권 국가로 전환하는 일이었다. 게바라는 사회주의 진영의 영향 아래에서 쿠바의 "선회가 너무 멀리 갔다"고 설명한다. 고도의 중앙 집중화는 "관리자들의 진취성에 너무 많은 제약"을 가하는 결과를 불러왔다(Guevara, 2005: 178). 또 숙련된 중견 간부급 공무원들이 부족했으며, 오류를 찾아내고 고칠 수 있는 통제 장치도 결여되어 있었다. 가장 의식이 높고 관심 있는 공무원들은 "관리 기구의 느릿느릿한 움직임에 적응하기 위해 자신들의 진취성을 억제했다"(Guevara, 2005: 178-79). 일부는 "그 어떤 권위도 존중하지 않아도 된다는 생각으로 자기 편한 대로 계속 일을 처리했다"(Guevara, 2005: 179). 이러한 상황에 대처하기 위해 쿠바 정부는 '새로운 통제 조치'를 도입해야만 했다. 다른 특징들과 더불어 "이것이 바로 우리 혁명이 관료주의라고 부르는 악으로부터 고통을 당하기 시작한 방식이다"(Guevara, 2005: 179). 그런 다음 게바라는 동기 부족 같은 새로운 문제를 오랜 특징들에 추가하고 있다. 물론 모든 공무원들이 다 그렇지는 않다. 대다수는 관료주의의 희생자이기도 하다. 관료주의는 마치 "문제를 해결하기 위해 최선을 다하고자 하지만, 계속 시간만 허비하고 해결책을 찾지 못한 채 다시 관행에 따라 일을 처리하는 유형의 관리들을 옥죄는 족쇄와 같다"(Guevara, 2005: 180).

1960년대 이래로, 누적된 문제들 때문에 관료주의는 어떤 식으로든 부패와 결합되었다. 참여민주주의는 관료적 관행과 부정직함 또는 모든 수준의 관료들에 대항할 수 있는 주요한 잠재적 전투원이다.

1976년부터는 1980년대의 관료제와 경제적 비효율에 대한 교정 운동과 1990년대의 '특별시기' 말고도 세 번째 중요한 전환점이 있었다. 1992년의 정치 체계 개혁도 직접적으로 민주화와 관련된 것으로서 하나의 중요한 국면을 조성했다. 이러한 1992년의 변화에 대해서는 7장과 8장에서 좀 더 자세히 살펴볼 것이다.

논쟁이 열리다

1992년 이후 현재까지의 변화 과정은 "동일한 사회체제 안에서 하나의 발전 모델에서 다른 모델로의 이행"의 일부로서, 2011년 PCC 제6차 당대회 결정에서 핵심적인 위치를 차지한다. 현재의 이행 단계는 당대회를 전후하여 제기되어 채택된 다양한 범주의 법률안과 결의안에서도 분명하게 확인된다. 쿠바 사회주의의 미래에 매우 중대한 이러한 전반적 논쟁에서 민중의 참여는 어떤 역할을 하는가? 이러한 주요한 수정과 성공적인 제도화를 감시하고 통제하는 데에서 반드시 제고되어야 하는 풀뿌리 참여는 어떤 전망을 갖고 있는가? 사회과학자들은 이러한 맥락에 어떤 방식으로 개입하고 있으며 어떤 관점을 갖고 있는가? 이러한 변화가 쿠바 역사에서 상대적으로 새로운 것이고 이전에 나타난 그 어떤 전환도 넘어서는 것인 한, 이러한 질문들은 매우 중요하다.

몇몇 쿠바 사회과학자들에 따르면, 이러한 현재의 과정은 2005년에 나온 피델 카스트로의 연설에서 시작되었다. 한 대중 집회에서 카스트로는 관료제와 부패 문제를 주로 다루었다. 카스트로는 "이 나라는 자멸할 수도 있습니다. 우리의 혁명은 혁명 그 자체를 파괴할 수는 있으나 우리를 파괴할 수는 없습니다. 우리는 우리 스스로를 파괴할 수도 있으며, 그렇게 된다면 그것은 우리의 과오가 될 것입니다"라고 결론지었다(Castro Ruz[Fidel], 2005). 만약 조치가 취해지지 않으면 혁명은 위험에 빠질 것이다. 이 주제를 비롯한 여러 주제에 관한 인터뷰에서 아바나대학 정치학 교수 에밀리오 두아르테 디아스는 혁명의 자기 파괴가 공식적인 대중 연설에서 공개적으로 언급된 것은 이번이 처음이라고 확인해 주었으며, 그 연설은 "예사롭지 않은 충격을 주었다"고 말했다(인터뷰: Duharte Díaz, 2009).

그 연설은 발표된 그대로이지만 연설이 나온 맥락을 이해하는 것이 중요하다.[1] 관료제를 포함하여 1980년대 이래 곪아 온 해결되지 않은 온갖 문제가 있었다. 그 해결은 1990년대의 '특별시기'에 중단되었다. 2005년 피델 카스트로의 연설은 획기적인 것이었는데, 왜냐하면 연설 전에 부패의 증거가 조사된 결과 부패가 체제에 뿌리박혀 있다는 점이 밝혀졌기 때문이다. 게다가 2005년 연설은 순간적인 통찰력에서 나온 것이 아니었다. 오히려 카스트로는 누적된 문제들에 대한 관찰을 근거로 자신의 결론을 내렸다.

혁명이 자멸할 수 있다는 가능성을 제시한 피델 카스트로의 2005년 연설 이후에 라울 카스트로가 그 논쟁을 이어받았다. 2007년 7월 26일 당시 국가평의회 제1부의장이던 라울 카스트로(피델 카스트로는 병세가 회복되고 있는 중이었다)는 카마구에이에서 중요한 연설을 했다. 그는 PCC와 정부 지도자들이 충분히 연구해 온 바를 토대로 민중의 여러 경제적·사회적 문제와 관심 사항들을 상세하게 열거했다. 가장 중요한 것은 직면하고 있는 난제들에 관한 논평이었다. 그는 "모든 사람들이 일상적인 전투에 들어갈 필요가 있습니다"라고 강조하고, "지도자들은 물론 일반 노동자들에 이르기까지 우리 모두 모든 문제를 정확하게 확인하고 깊이 있게 분석할 의무가 있습니다"라고 덧붙였다(Castro Ruz[Raúl], 2007).

2007년 9월과 10월, 이 연설을 토대로 이웃공동체와 직장, 교육기관의 풀뿌리 수준에서 모든 시민들이 참여하는 회의가 조직되었다. 이러한 지역 회의들은 "카스트로의 연설에서 다루어진 주제들로 한정된 것

---

1) 이후에서 서술하는 것들 가운데 많은 부분은 2012년 쿠바 연구자 올가 페르난데스 리오스와 라파엘 알아마 벨라마릭이 이 책의 초고를 검토하는 과정에서 주고받은 수차례 이메일 교환에서 나온 것이다.

이 아니었으며 …… [또한] 어떤 문제에 관해서도 저마다 자신들의 이해관계를 표현할 수 있도록 [고무되었다]"(Castro Ruz[Raúl], 2009).

엘레나 마르티네스 카날스는 아바나 도(아바나 시 지역의 2007년 당시 명칭)의 플라사데라레볼루시온 시 CDR(혁명수호위원회) 위원장이다. 그녀의 CDR은 두 블록을 관할한다. 인터뷰에서 그녀는 자신의 CDR 블록에서 있었던 토론에 관해서 설명했다(인터뷰: Martínez Canals, 2009). 블록 회의가 열리자 이웃들은 대부분 이미 각 직장과 교육기관, PCC 또는 공산주의청년동맹(UJC, Unión de Jóvenes Comunistas) 세포에서 토론에 참가했다. 라울 카스트로의 연설은 TV와 라디오를 통해 이미 방송되었기 때문에 참가자들은 카스트로의 연설을 다시 읽을 필요 없이 곧바로 '문제 제기'(planteamientos, 건의, 불만, 제안)를 시작하여 결정을 내렸다. 이어 마르티네스 카날스는 매우 높은 참가율을 보였다고 설명했다.

많은 참가자들은 "바꾸어야 할 것은 모두 바꾼다"는 정신으로, 제기된 내용들을 "분명한 문제 제기"로 만드는 작업을 했다. 식료품 가격, 물품들의 조달 가능성, 은퇴 연금 등 구체적인 문제들이 제기되었다는 점에서 그것은 '풍성한 논쟁'이었다. 게다가 많은 사람들이 "혁명 과정에서의 난제와 성공, 강점과 약점, 그리고 이웃공동체에서 대중조직의 역할"에 관해 저마다 자신의 의견을 제시했다. 각각의 '문제 제기'는 사람들의 이름을 표기하지 않고 거의 자구대로 '공식 문서'(acta, 의사록)로 기록되어 상급 CDR에 전달되었다. 거기에서 '의사록들'은 절차에 따라 상급 구조로 올라갔다(인터뷰: Martínez Canals, 2009).

에밀리오 두아르테 디아스는 한 인터뷰에서 라울 카스트로의 2007년 연설은 "민중들의 문제의식을 일깨운" 사건이었다고 잘라 말했다(인터뷰: Duharte Díaz, 2009). 두아르테 디아스에 따르면 대중 회의에서 제기된 비판들은 예컨대 부적당한 임금, 낮은 농업 생산, 시민들에 대한 규제와 금지, 빈약한 주거 수준, 언론 등의 문제를 지적했다. 2007년 가을의 이러한 회의들에서 나온 정보는 정부가 참조할 수 있도록 체계적으로 분류되었다. 두아르테 디아스의 논평은 국가가 취한 조치와, 토론이 시작된 2007년 가을과 2009년 사이에 라울 카스트로가 한 연설을 분석한 것에 기초하고 있다(Duharte Díaz, 2010: 58-59).

두아르테 디아스가 언급하고 있는 조치 가운데는 2008년 7월에 시행된 '법령 259호'가 있다. 이 법령의 내용은 유휴 국가 토지의 용익권을 지대 없이 개인과 가족들에게 분배하는 것이었다. 이는 식량 생산을 다양화하고 분배를 개선하는 한편 가격을 낮추기 위해 고안된 프로그램의 일부였다(Gaceta Oficial de la República de Cuba, 2008: 93-95). 이 법령의 목표는 가능한 한 빠르고 효과적으로 해결해야 할 중요한 문제로 쿠바의 식량 가운데 60~80퍼센트가 수입되는 상황을 언급한 데서 드러난다(Pável Vidal, 2012). 세계경제 위기에 따라 빠르게 상승하는 식량 수입 비용 역시 고려해야 했다. 이는 쿠바의 경제를 더욱 심하게 압박하고 있었다. 목표는 이러한 수입을 될 수 있으면 국내 농업으로 대체하는 것이었다. 개인들에게 용익권을 지대 없이 분배하는 이러한 프로그램은 쿠바의 경제 모델을 개선하는 일부로서 처음 시행된 것들 가운데 하나였다. 그 법령은 2011년 당대회가 열리기 거의 3년 전에 제정되었다.

두아르테 디아스는 유휴지를 지대 없이 분배하는 것과 같은 조치들은 "쿠바 사회의 본질적인 필요에 조응하는 것으로서 변화된 정치적 의지를 보여 준다고 결론짓는다. 그러한 조치들 가운데 다수는 [2007년 9~10월] 전국적 정치 토론에서 대중들이 제기한 요구들을 반영한 것이다"(Duharte Díaz, 2010: 59). 무엇보다도 이러한 조치들로 인해 2007년부터 2008년까지만 보더라도 "온 나라는 끊임없는 토론 속에 있었다"(인터뷰: Duharte Díaz, 2009).

2009년 8월 1일에 라울 카스트로가 보고한 바에 따르면 2007년 9월과 10월(2007년, 민중이 직면한 모든 문제들에 관해 토론하여 제안을 제출하라고 라울이 요구한 이후), 5백만 명이 넘는 사람들이 직장과 교육기관, 이웃공동체 회의에 참여했다. 11월에는 "정보의 수집과 요약 작업이 이루어졌다." 3,255,000건의 건의 사항(앞에 나온 인터뷰에서 마르티네스 카날스가 서술한 것처럼 모든 개인적인 발언들을 적은 의사록)이 있었는데 그 가운데 1,301,203건은 아주 구체적인 제안이었다. 이러한 건의 사항들 가운데 48.8퍼센트는 정부 정책에 대한 비판이었다. 12월에 라울 카스트로는 "당에서 최종 보고서를 검토할 수 있을 것"이라고 말했다. 그는 "이러한 활동의 결과물은 바닥없는 바구니[바닥없는 구덩이]로 던져지지 않았다"고 결론지었다. 반대로 그것은 "이 나라의 지도자들이 계속되는 작업을 하는 데 매우 유용"할 것으로 판명될 것이었다(Castro Ruz[Raúl], 2009).

2011년 당대회와 심의 과정

PCC 당대회는 사실상 2010년에 이미 시작되었다. 당대회를 위한 2010 '지침 초안'(Draft Guidelines)은 전반적으로 사람들의 뜨거운 관심과 기대, 요구, 불만에 관해 벌어진 2007년 가을 논쟁을 반영했다.[2]

---

2) 위에서 언급한 엘레나 마르티네스 카날스와 에밀리오 두아르테 디아스가 토론 및 풀뿌리의 참여와 그 직접적 결과에 관해 제공한 정보가 이러한 결론을 내리는 데 기여했다. 또 2010년 11월 당대회 문건이 출간된 때부터 2011년 4월 당대회 때까지 여러 쿠바 동료들과의 수차례 이메일 교환도 이러한 논의를 하는 데 도움을 주었다. 2012년, 연구자 올가 페르난데스 리오스는 이 문제에 관해 상술할 수 있도록 친절하게도 일련의 이메일 통신을 정리해 주었다.

2011년 4월로 예정된 당대회를 위해 2010년 11월 1일에는 291개 항의 〈경제·사회 정책 지침 초안〉이 출간되었다(VI Congreso del Partido Comunista de Cuba, 2010). 아래의 서술은 2011년 5월의 요약 문건에 의존하고 있다(VI Congreso del Partido Comunista de Cuba, 2011a).[3] 풀뿌리에서부터 ANPP(민중권력국가의회)에 이르기까지 모든 수준에서 2010년 12월부터 2011년 2월 28일까지 2010년 11월의 '지침 초안'에 관한 토론이 이루어졌다. 총 163,079차례의 회의에 8,913,838명이 참가했고, 그 결과 3,019,471건의 건의 사항이 나왔다.

토론과 건의 사항들은 2차 '지침 초안'에 반영되었다. 2차 지침 초안에서는 291개의 지침 가운데 68퍼센트가 수정되었다. 다른 수정 사항과 함께 36개의 새로운 지침이 추가되어 모두 311개의 지침이 되었다. 2011년 4월 16일부터 19일까지 열린 당대회 기간 중 986명의 대표자들과 97명의 초청 인사가 참여한 5개 분과위원회에서 토론이 벌어졌다. 그 결과 또 다른 수정이 가해져 2차 지침 초안 가운데 28퍼센트가 수정되었다. 이 초안이 2011년 4월 18일 당대회에서 최종적으로 승인되었다(VI Congreso del Partido Comunista de Cuba, 2011b).

다음은 승인된 지침들 가운데 극히 일부를 간략하게 정리한 것이다. 지침의 승인 과정은 참여의 과정이나 수준을 잘 보여 준다. 수집된 자료는 2010년 12월 1일부터 3차(최종) 초안이 나온 2011년 4월 17일까지 '모든' 수준(풀뿌리에서 지도자들까지)에서 진행된 '모든' 토론의 결과를 반영하고 있다.

자료 수집은 최종 지침을 포함해 당 문서(VI Congreso del Partido

---

3) 영문으로 출간된 쿠바의 공식 판본이 없었기 때문에 내가 직접 영어로 번역했다. 하지만 마르세 카메론이 번역한 것은 매우 유용했다. 그의 엄청난 노력에 깊이 감사한다.

Comunista de Cuba, 2011a)가 제공하는 정보에 기초하고 있다. 일부 지침에서 수정된 사항들을 보면 노동자와 민중은 좀 더 큰 통제를 원하고, 도시와 농촌에서 관리의 탈집중화를 바라고 있음을 알 수 있다. 예컨대, 새로이 탈집중화된 구조 속에서 기업의 권력 확대를 다루는 지침에서 민중들은 "기업 관리자의 결정이나 행동, 태만이 경제에 해를 끼치기 때문에 기업 관리자의 책무를 요구할 필요성과 함께" 그러한 권력 확대가 이루어져야 한다고 덧붙였다(379건의 의견, 8호 지침).

당대회에서는 국가 경제계획과 여타 활동의 탈집중화 문제에 관해서도 수정이 있었다. 예컨대 당대회는 원래 초안에 언급되었던 도 행정위원회뿐 아니라 시 수준의 행정위원회도 포함하여 개입하는 수정안을 도입했다(160건의 의견, 121호 지침). 수정안은 농업 생산물의 관리와 분배, 상품화 체계를 수정하는 절차를 명시적으로 더 유연하게 만들었다. 수정안은 지침 초안을 확장하여 생산자가 자신의 계획에 따라 생산물을 시장에 내다 팔 수 있도록 했다(1,295건의 의견, 18호 지침).

교육과 보건에서도 서비스의 질에 관해 점점 커지고 있는 우려를 반영하여 많은 부분 수정되었다. 예컨대, 교사 훈련 프로그램의 수준과 엄격성을 높이는 것과 관련하여 수정된 지침은 '교수 역량 제고'(적절하게 가르치는 능력)를 명시했다(13,126건의 의견, 145호 지침). 보건의료 서비스에 관한 초안의 문구는 무엇보다도 서비스 질의 개선을 지적했다. 여기에 대한 수정으로 "사람들을 만족시키고, 노동조건을 개선하고, 보건의료 [서비스] 요원들에게 관심을 쏟을 것"을 추가했다(16,600건의 의견, 154호 지침).

당대회는 지대한 정치적·사회적 의미를 가지는 여타 중요한 문제들도 다루었다. 예컨대, 배급표는 1960년대 이래로 시행되어 온 중요한 제도였다. 현재 그것은 국가가 매우 높게 보조하는 가격으로 약 40~50퍼센트의 식료품 필요를 충족하고 있다. 당대회 전에 배급표의 급격한 폐지에 대한 민중의 반대가 폭넓게 제기되었다. 그래서 원래의 지침은 단지 '질서 정연한 폐지'와 여타 조건들을 규정한 반면에, 수정안은 개인이나 가족들이 갑작스럽게 동요하지 않도록 '점진적인' 폐지를 추가했다. (이 쟁점은 가장 많은 수의 개입으로 기록을 세웠는데, 174호 지침에 925건의 의견이 제시된 것 이외에도 54,979건의 우려와 유보가 있었다.)

주택의 판매와 구매에 관해서 원안은 단지 "주택에 대한 민중의 요구를 충족하는 해결책을 촉진하기 위해 주택의 교환, 구매, 판매 및 임대에 좀 더 용이한 절차를 도입할" 필요를 규정했다. 이 원안은 "주택의 구매와 판매를 허용하는 한편, 개인들 사이에 다른 형태의 소유권 이전(교환, 증여 등)도 좀 더 유연하게" 하기 위해 주택 판매의 개념을 확대하는 것으로 수정되었다." 수정안은 또 "주택에 대한 민중의 요구를 해결하기 위해 주택의 개축, 보수, 건축, 임대 및 소유권 이전의 절차"를 단순화할 필요성을 강조했다(10,942건의 의견, 297호 지침).

자동차의 구매와 판매에 관해서는 '새로운' 지침이 도입되었다. 지침은 "기존 차량에 대해 개인들 사이의 구매와 판매"를 허용했다. "대중교통을 개선한다는 우선순위는 유지되었다"(13,816건의 의견, 286호 지침). 새로운 지침은 "시내, 농촌, 시간, 도간 여객 수송에 일차적 관심"을 요구했다(16,875건의 의견, 283호 지침). 국제 언론은 자동차를 매매할 수 있는 새로운 권리를 주목했지만, 지침은 여전히 대중교통에 우선순위를 둘 필요성에 초점을 맞추었다. 또한 민중의 참여로 도시와 농촌 지역에서 여객 수송을 개선하는 새로운 지침이 추가되었다. 이 지침에 대한 투입은 자동차 매매에 관한 지침에 대한 투입보다 훨씬 더 많았다(약 13,000건에 비해 16,000건).

위에서 언급하지 않은 다른 지침들 속에는 자영업, 개인의 토지 용익권, 그리고 농촌과 (처음으로) 도시 지역의 협동조합에 관련된 것들이 포함되었다. 또한 시의 발전에 강조점을 두었으며, 무엇보다도 시의 지역 발전에 자금을 조달하기 위해 자영업자에 대한 새로운 조세 규제가 도입되었다.

위에서 사례로 든 지침들을 비롯하여 수정되거나 새로운 지침들이 실질적으로 시행되기 위해서는 극복해야 할 문제가 남아 있다. 라파엘 에르난데스가 편집장을 맡고 있는 《테마스》(Temas)는 "사상들에 대한 비판적 성찰과 논쟁"에 기초하여 유용한 관점을 제공한다. 하버드 대학 방문교수이기도 한 에르난데스는 당대회 이후 미국에서 한 인터뷰에서 당대회가 채택한 지침은 당연히 '결점이나 공백'을 갖고 있다고 말했다. 지침의 실제적인 적용과 관련하여 이러한 격차가 존재한다는 점은 "수백만 명이 …… 몇 주 동안 토론하는 과정에서 제기되었다"(Hernández, 2011). 만약 지침을 라울 카스트로의 당대회 기조연설[중심 보고]과 함께 고려하지 않으면 지침의 궁극적인 적용을 제대로 평가할 수 없을 것이라고 에르난데스는 지적했다.

> [라울 카스트로는] 정치적 사업 방식을 전환하지 않고서는, 당의 역할을 보는 방식을 바꾸지 않고서는, 그리고 당내 민주주의, 참여, 민중과 관련된 당의 사업 방식을 전환하지 않고서는, 이 모든 변화가 없이는 개혁이 성공할 수 없을 것이라고 단언했다(Hernández, 2011).

에르난데스는 또 지침을 관통하는 축은 비록 사회경제적인 것이지만 사실은 정치적인 것이라고 판단했다. 예컨대 탈집중화, 국가의 전능성 탈피(desestatización), 사회의 탈관료화를 비롯한 정치적 변화가 필요하다는 것이다(Hernández, 2011). 이와 비슷하게 아바나대학 부설

철학연구소의 올가 페르난데스 리오스는 이러한 과정은 전체적 차원에서 고찰해야 한다고 지적한다. 행동의 과정은 전체적인 정치적·법적 체계에 중요한 정치적 반작용을 가한다는 것이다(Olga Fernández Ríos, email, June 19, 2012).

의견 차이와 합의의 변증법

논란이 많았던 배급표 폐지 이외에 과다 급여명단(즉 과도하게 충원되거나 부풀려진 급여명단)의 축소 문제에도 사람들 사이에 의견 차이가 있었다. 라울 카스트로는 2010년 4월 4일에 과다 급여명단 문제를 제기했는데, 국가 부문과 관련하여 "일부 분석가들은 일자리에서 잉여 인원이 무려 1백만 명을 넘는다고 추산한다. 이는 우리가 정치적 상식을 갖고 확고하게 대처해야 할 매우 민감한 문제이다"라고 말했다 (Castro Ruz[Raúl], 2010a). 과다 급여명단 문제가 제기된 것은 이번이 처음은 아니었다. 예컨대 피델 카스트로도 1990년에 이 문제를 제기한 바 있다. 그는 공장과 모든 직장에서 "급여명단 부풀리기가 일어나고 있다"고 말했다. 피델은 여기에 단서를 달아 "우리가 인원 감축을 오늘 내일 당장 실시할 것이라고 말하는 것은 아니다"라고 했다. (비록 이것은 1980년대의 교정 과정 맥락에서의 평가에 초점을 맞춘 것이었지만)(Castro Ruz[Fidel], 1990b).

현재의 과다 급여명단 감축 문제로 돌아가서, 2010년 9월 13일에 쿠바노동자총연맹(CTC, Central de Trabajadores de Cuba) 기관지 《트라바하도레스》(Trabajadores)는 국가 부문에서 50만 개 이상의 과다 급여명단을 감축하는 계획을 발표했다. 이러한 계획의 첫 번째 단계는 2011년 1사분기에 완료하도록 되어 있었다. 목표에는 민간 부문, 즉 자영업에서 25만 개의 새로운 면허를 발급하여 더 많은 수의 새로운 일자리를 급속하게 도입하는 것이 포함되었다. 전체적으로 목표는 경제를 개선하기 위한 것이었다(Trabajadores, 2010). 하지만 CTC의 발표가 있은 지 불과 몇 주 후, CTC 총서기 살바도르 발데스 메사가 2010년 9월 17일 노조 회의에서 급여명단 감축 계획은 "노동자들과 민중이 많은 우려를 하고 있다"는 점을 보여 주었다고 말한 것으로 알려졌다(Rodríguez Gavilán, 2010).

2010년 10월 25일, 《관보》(Gaceta Oficial de la República de Cuba, 20101, 2010b) 타블로이드판 특별호(2010년 10월 1일자와 8일자)가 대량으로 공개되었다. 관보는 국가평의회와 각료회의, 일부 장관들이 내린 결정을 상세하게 보여 주었다. 결정의 결과는 과다 급여명단 계획뿐 아니라 될 수 있으면 많은 국가 피고용자를 흡수할 수 있도록 고안된 '자영업'의 정의를 상당히 확장하는 것을 다루는 법령과 결의안의 형태를 띠었다. 이러한 발표는 6차 당대회를 6개월 앞 둔 시점에 나왔다(Gaceta Oficial de la República de Cuba, 2010c: 73-88; Gaceta Oficial de la República de Cuba, 2010d: 89-168). 하지만 일단 결의안과 법령이 공개되자 CTC가 표현했듯이 노동자들의 우려가 깊어졌다. 이는 쿠바 언론에서 분명하게 드러났다.

예컨대 《후벤투드 레벨데》(Juventud Rebelde) 기자 루이스 섹스토는 사태 진행 과정에서 일어난 변칙에 관해 2010년 9월 주간에 두 번에 걸쳐 보도했다. 두 번째 구체적인 사례에서는 "한 노동자가 생산상의 고려나 정해진 자리(ocupación) 때문이 아니라 [관리를 위한] 편의 때문에 급여명단에 남을 수 있도록 보장한" 시도가 있었다. 그 기자는 또 생산에 직접 관련이 없는 사람들이 자신들의 자리를 지키기 위해 절차를 어설프게 고친 일부 직장이 있다는 것을 시사했다(Sexto, 2010a).

1963년에 체 게바라가 경고한 관료주의가 뿌리내리고 있어 그 계획의 실행을 가로막는 요인으로 작용했던 것이다.

2011년 2월 25일, 과다 인원 감축 문제에 관한 확대 각료회의 중에 나온 공산당 기관지 《그란마》(Granma)의 보도에 따르면, 라울 카스트로는 그 계획에 관해 "유연하지 않은 시간 제약 속에서 도입될 수 없으며, 추진 속도는 조건들이 준비되는 데 따를 것"이라고 선언했다 (Martínez Hernández and Puig Meneses, 2011a). 언론인 마르티네스 에르난데스와 푸이그 메네세스에 따르면 카스트로는 "그 계획의 개시를 연기하는 것을 고려했으며, 실행을 위한 시간 계획을 조정하라고 지시했다"(Martínez Hernández and Puig Meneses, 2011a).

2011년 4월 당대회 후 《그란마》는 5월 14일의 확대각료회의는 "부풀려진 급여명단 감축 과정을 위한 시간 계획을 연장하는 결의안을 승인했음"을 보도했다(Martínez Hernández and Puig Meneses, 2011a). 부정적인 영향을 최소화하기 위해 지도자들은 과다 급여명단 감축 계획의 시행 속도에 관해 나중에 생각을 바꾼 것이다. 속도는 민중의 이해관계를 존중하여 민중이 표현한 정서를 따랐다. 사회정의를 존중하는 쿠바의 전통은 대중적이지 않은 정책 추진보다 우선한다. 그래서 그 정책은 원래의 시간 계획에 따라 추진되지 않았다. 따라서 일반적으로 말하면, 당대회 이후 적어도 추진 과정의 속도에서는 합의가 도출되었다. 이는 심지어(또는 특별히) 가장 불리한 상황 속에서도 쿠바에서 참여민주주의가 어떻게 작동하는지를 보여 주는 하나의 사례이다. 이러한 전통적인 정책은 합의에 기여한다.

19세기 후반기 이래로 합의와 통일의 추구는 쿠바 정치문화의 특징이 되어 왔다. 동시에 관점의 차이도 이러한 전통을 규정한다. 쿠바인들은 자신들의 견해를 표현하면서 살아가는 편이다. 합의와 의견 차이 사이에는 변증법적 관계가 존재한다. 합의는 영원한 것이 아니라 일시적이다. 사태가 전개됨에 따라 합의는 변하고 달라진다. 이와 마찬가지로 의견 차이도 영원하지 않으며 상황이 전개됨에 따라 변한다. 의견 차이는 또 쿠바 체제 내부의 여러 수준에서 발견된다. 예컨대 '과학기술환경부' 산하의 철학연구소는 2012년 7월, 이행 과정에 관한 워크숍을 열었다. 쿠바 연구자 라파엘 알아마 벨라마릭은 이러한 의견 차이들을 되돌아보면서 워크숍에서 논문을 발표했다. 그는 당대회 지침 가운데 하나로 지적된 인원 감축의 기초에 관해 썼다. 그것은 자리를 유지하는 '적합성'(suitability)과 '유용성'(availability, 어떤 사람이 다른 일에 종사하면 경제에 더 유용할 것이라는 점을 가리키는 데 사용되는 용어)에 기초하고 있었다. 하지만 그는 이러한 기준이 충분하지도 적절하지도 않다는 점을 받아들였다. 노동력을 재조직하는 문제는 오직 전체적인 "경제 및 생산과 고용의 재구조화"의 일부가 될 수 있을 뿐이다. 그렇지 않으면 수십 년 동안 전체 경제 상황을 고려하지 않은 정책으로 인해 현재 진행 중인 일련의 과다 급여명단 사태는 계속될지도 모른다(Alhama Belamaric, 2012).

합의와 의견 차이 사이에 변증법적 관계가 존재하는 것과 마찬가지로 지도자들과 민중 사이에도 변증법적 유대가 존재한다. 지속적이고 상호적인 상향식과 하향식 과정이 일어난다. 뭉뚱그려 이 두 가지 변증법적 연계(합의와 의견 차이, 지도자들과 민중)는 쿠바 정치 체계의 중요한 혁신적 성격을 구성한다. 쿠바 체제는 또 오래 지속되어 온 민주적인 참여 정치문화와 함께 기층과 지도자들 사이의 상호 교환이라는 영감을 받아 왔다. 이러한 특징은 1959년부터 현재까지 무척 다양한 형태와 질로 나타났다. 이 가장 최근의 사례는 원칙을 지키면서도 유연한 대응 능력을 제공하는 쿠바의 창조성을 보여 주는 사례 가운데 하나이다. 하지만 현재 일어나고 있는 변화의 결과는 아직 정해져 있지 않다.

당대회 지침 시행과 민중의 참여

지침에 대한 수정이 가해진 경제계획은 2011년 4월 당대회에서 공식적으로 승인되었다. 하지만 실행의 문제가 남아 있다. 두 가지 난관을 극복해야 하는 상황이다. 하나는 변화의 속도 문제이다. 다른 하나는 이러한 변화에 대해 이기적인 이해관계 때문에 반대하는 사람들에 어떻게 대처하는가 하는 문제이다. 오직 지역적 참여라는 구조적 목표만 달성하고 당대회가 끝난 다음에는 민중들이 실제로 더 이상 개입하지 않는 상황을 어떻게 피할 수 있는가 하는 문제가 시험대에 올랐다. 새로운 조정에 장애가 되는 관료제나 부패 같은 부정적 특징들을 어떻게 통제할 수 있는가 하는 것이 논쟁의 관심사이다.

페르난데스 리오스는 생각해 볼 만한 중요한 문제를 제기했다. 2011년 4월 PCC 당대회에 관한 논문 세 편 가운데 첫 번째 논문에서, 그녀는 이른바 "'현실 사회주의'[구소련과 동유럽]에서 유래한 국가 중심적이고 관료적인 모델의 구조와 관행의 영향력"을 내다 버려야 한다는 '폭넓은 믿음'이 있다고 쓰고 있다. 이전의 두 차례 PCC 당대회(1991년과 1997년)와 계속된 교정, 개혁에도 불구하고 이러한 소련식 '현실 사회주의'의 영향력은 "기본적으로 유지되어 왔다." 현재의 상황에서 PCC에게 필요한 것은 "특히 의사 결정 과정에서의 민중의 참여와 관련하여 끊임없이 새로운 활력을 요구하는" 좀 더 민주적인 방법을 사용하는 것이라고 그녀는 주장한다. 2011년 당대회 전에 있었던 협의와 논쟁을 거쳐 당대회에서 내려진 결정은 국가가 수행하는 역할에 새로운 조정과 변화를 배제하지 않는다. 반대로 결정은 "민중의 협의와 참여를 상시적인 특징으로서 유지할 것"을 요구한다. 페르난데스 리오스는 마르크스주의를 다루면서 쿠바는 이 이데올로기를 유지해야 하지만, 엥겔스와 레닌이 그랬던 것처럼 '행동 지침'으로 보아야 한다고 주장한다. 이런 면에서 그녀는 피델 카스트로가 그랬던 것처럼 "사상과 행동에 관한 가장 앞선 쿠바 전통"과 함께 마르크스주의를 적용할 필요가 있다고 강조한다. 당대회는 "개인적인 것과 사회적인 것의 상관관계(이것은 분석과 관심이 더 필요한 개념이다)가 온전하게 실현되지 못하도록 가로막는" 요소들과 대결하는 문제들에서 분리되어 있지 않았다 (Fernández Ríos, 2011c).

두 번째 논문에서 그녀는 당대회 이전에 벌어진 토론 과정을 다루고 있다. 당대회 이전의 토론은 민중을 참여시킬 필요가 있다는 증거가 된다. 하지만 그녀는 덧붙여 "성패가 걸린 문제는 공공 관리의 투명성과 민중의 상시적인 평가 및 정당화를 요구하는 사회주의로 향하는 발전의 요건으로서 그것[토론 과정]을 유지하고 더욱 확대하는 것이다"라고 주장한다(Fernández Ríos, 2011b). 그녀는 끊임없이 민중의 참여를 끌어내는 것을 일반 원칙으로 삼아야 한다고 강조한다. 페르난데스 리오스는 또 혁명에 가속도가 붙은 첫 몇 십 년을 경험하지 못한 새로운 세대들을 고려해야 한다는 또 하나의 중요한 문제를 제기한다. 혁명 초기 국면에는 민중의 직접적인 참여가 활발했다. 그녀는 안정적인 구조 또는 형태(de forma estable)로서 민중 참여를 높일 필요성이 있다고 주장한다. 이러한 참여의 대상으로는 지역의 공공 관리와 지역 계획, 공동체 프로젝트뿐 아니라 탈집중화된 정부 형태의 혁신도 포함되어야 한다(Fernández Ríos, 2011b).

세 번째 논문에서 페르난데스 리오스는 수백 년 동안의 자본주의 국가들뿐 아니라 구소련에서 관료제가 전개되어 온 과정을 추적한다.

쿠바의 관점에서 그녀는 고도로 집중된 소비에트 모델을 모방하는 것은 중간층 공무원들의 증가와 같은 부정적인 결과를 불러온다고 주장한다. 그녀는 이런 점에서 관료적 사고방식과 부패 사이의 연계를 지적한다. 이것은 특히 금지와 지연 체계의 변화를 원하지 않는 사람들의 특징이다. 만약 이런 체계가 없어진다면 부패한 관료들이 '모르디다스'(mordidas, 뇌물 또는 리베이트)를 받지 못할 것이다. 뇌물은 시민들의 서류 작업이 '완성되는' 조건으로 기능하고 있다(Fernández Ríos, 2011a).

따라서 초점은 구소련에서 유래하는 낡은 독단과 관행을 강력하게 거부하는 데 있다. 그 대신에 '효과적이고 규칙적이며 지속적인' 민중 참여가 수반되는 민주화가 강조되어야 한다. 이것은 민중이 상황의 전개를 통제하고 관료들에게 구체적으로 대항하는 수단이다. 부정직한 관료에 대한 어떠한 환상도 품을 수 없다. 페르난데스 리오스는 '민주주의의 완성'(perfeccionamiento)이 필요하다는 점을 강조한다(Fernández Ríos, 2011b).

쿠바의 탁월한 경제학자 오마르 에베레니 페레스와 알레한드로 파벨 비달은 페르난데스 리오스의 관료제에 관한 우려에 동의한다. 이 두 경제학자는 한 걸음 더 나아가 "모든 수단을 동원하여 자신의 자리를 지키려고 하는 관료제의 [변화에 대한] 반대"에 관해 경고하고 있다. 또 다른 경제학자들은 현재의 과정에서 다음과 같은 약점을 제기한다. 즉 쿠바가 크게 빚지고 있는 소비에트 모델에 대한 심각한 비판이 없이 현재의 과정이 진행되고 있기 때문에 '모호함과 불확실성'이 나타나고 있다는 것이다(Arreola, 2012). 오늘날 쿠바의 주요 지도자 가운데 한 사람인 저명한 역사학자 에우세비오 레알 스펜레르는 변화에 관해 중요한 경고를 했다. "나는 변화에 대해 일체 말하려고 하지 않는 부류들이

······ 있다는 것을 믿어 의심치 않는다"(Leal Spengler, 2012).

언론은 점점 더 자주 관료제 문제를 제기해 왔다. 하나의 사례만 들면 《후벤투드 레벨데》 기자는 2010년 11월 사설에서 일부 직장에서에서 나타나는 비생산적 부문에 관해 다루었다. 그 기자는 관료제를 묘사하는 데 말을 아끼지 않는다. 그는 관료제를 이렇게 규정했다.

> [관료제는] 과다 급여명단을 정당화하기 위해 시간 때우기에 사용할 시간[하루 일과]과 보통 시민들에게 고통을 안겨 주는(내가 보기엔 병적인 즐거움) 번거로운 서류 작업을 발명해 낸, 지긋지긋하고 제도화된 기계이다. 관료제가 아니라면 노동자의 낭비된 노동시간은 생산적이고 유용했을 것이다. (Rius, 2010)

변혁을 수행하려면 '민중의 적극적 참여'를 이끌어 낼 필요가 있다고 니에베스 아유스와 산타나 페레스는 주장한다. 그들은 연구자 미겔 리미아 다비드를 인용하고 있는데, 가장 좋은 접근 방법은 하향식과 상향식 관점 및 실천을 결합하는 것이라고 주장한다(Nieves Ayús and Santana Pérez, 2012). 하지만 이러한 적극적인 참여에 도달하기 위해 극복해야 하는 장애물은 무엇인가? 아바나의 한 사회과학자는 개인과 사회에 각각 책임성을 부여한다. '펠릭스발레라센터' 책임자 마릿사 몰레온 보로도스키의 주장에 따르면, "시민 문화를 바꿀 필요가 있다. 시민들은 사회에서 좀 더 주도적이고 의식적으로 역할을 해야 한다." 그러려면 대화가 필요하다. 마찬가지로 '견해차를 표현하는 행위'를 주저하지 않는 것도 중요하다(Chappi Docurro, 2012). 2010년에 벌어진 경제 변혁에 관한 논쟁의 열기 속에서 토론된 쟁점들은 무엇보다도 "참여와 민중권력의 관료제에 대한 효과적인 정치적 통제"였다고 라파엘 에르난데스는 쓰고 있다(Hernández, 2010). 쿠바 정치학자 다리오 마차도 로드리게스는 "시민 참여를 가능하게 하는 형식과 정치적 통제를 행사할 수 있는 양식을 확대하는 것"과 같이 쿠바 정치 체계의 근본적인 개념을 도입하는 것이 중요하다고 본다(Machado Rodríguez, 2012). 사회과학자들과 언론인들은 점점 더 민중의 통제권을 확대할 필요성을 제기하고 있다.

2012년 공산당 전국회의와 언론

시민의 참여와 통제는 대체로 언론에 의존한다. 시민들은 온전히 참여하기 위해 어떤 일이 일어나는지 알고 충분한 정보를 가져야 한다. 미국중심주의 개념이 자신의 정의를 세계에 강요하려 하기 때문에 '언론의 자유'는 혼동의 원천이 된다. '언론의 자유'에 관한 미국의 제1차 수정헌법에서는 '언론의 자유'에 대한 명시적인 제한이 없다(Constitution of the United States, 1791). 하지만 미국 민주주의를 다룬 2장에서 살펴본 것처럼, 언론을 포함한 미국의 모든 정치적 상부구조는 무제한적 사유재산 축적에 기초하고 있다. 미국에서 언론은 미디어를 통제하는 사유재산의 수중에 있다(Chomsky and Herman, 2002: xx-xxii, 1-35, 297-302). 따라서 언론은 지배 과두제의 일부인 미디어 거물들의 이해관계를 반영할 수밖에 없다. 4장에서 언급한 1898년 '메인(Maine)을 기억하라' 사건은 이런 사정을 보여 주는 가장 확실한 증거이다. 그것이 오늘날에는 다소 세련된 형태로 이어지고 있다.

쿠바 헌법 53조에서는 (이 주제에만 초점을 맞추면) "시민들은 언론의 …… 자유를 가진다"라고 규정하고 있다. 언론의 자유는 "사회주의 사회의 목표에 발맞추어야" 하며, "결코 사유재산이 될 수 없다"라고 규정되어 있다(Constitution of the Republic of Cuba[1976], 2003).

미국의 '언론의 자유'가 독점적인 이해관계와 얼마나 밀접하게 연결되어 있는가에 관계없이, 쿠바의 언론이 개인의 수중에 있지 않다고 해서 이상적이라고 할 수는 없다. 쿠바 언론에는 여러 가지 문제가 존재해 왔으며 지금도 여전히 존재한다.

쿠바에서 언론인들은 어떤 사람들인가? 언론은 사회 속에서 어떤 역할을 하고 있는가? 쿠바 기자들은 시민들로부터 분리되어 있지 않다고 한 지역 언론인이 설명했다. 기자들은 이웃공동체 활동에 참여하고, 비싼 자동차를 몰고 다니지 않으며, 다른 사람과 같은 봉급을 받는다. 그 언론인이 관심을 갖고 말하는 것은, 기자들은 단순히 생계를 꾸려 갈 뿐 아니라 다른 '삶의 감각'(sentido de vida)을 갖고 언론인으로서 직업 활동을 한다는 것이다(인터뷰: Chirino Gamez, 2008).

2012년 1월 28일, PCC 제1차 전국회의는 여러 가지 쟁점들을 다루었다. 하지만 여기서 전국회의를 주목하는 것은 현재진행형 민주주의를 강화할 수 있는 가능성으로서 미디어와 민중의 관계라는 관점에서이다. 쿠바 사회주의 체제의 개선이 얼마나 성공적인가 하는 정도는 여러 면에서 언론의 변혁에 달려 있다.

2012년 1월 PCC 전국회의에 상정하기 위해 2011년 10월 13일에 배포된 기본 문서 초안에서, 처음 97개의 과제들 가운데 하나인 '과제 67호'는 다음과 같은 필요성을 제기하고 있다.

대중매체가 문화와 논쟁을 위한 표현의 효과적인 무대가 되어 지식과 분석, 의견을 상시적으로 발표하는 길을 제공하도록 자극할 필요가 있으며, 자기 검열이나 진부함, 관료적이고 거짓으로 꾸민 언어, 편의주의, 미사여구, 승리주의, 따분함 따위를 추방할 수 있게 하는 객관적인 탐

사 저널리즘을 발전시킬 필요가 있다. (Partido Comunista de Cuba, n.d.[a])

이러한 것들을 비롯한 많은 정치적 쟁점들이 전국회의가 열리기 전에 PCC와 UJC의 지역 세포에서 토론에 부쳐졌다. 당원들은 1백만 건이 넘는 건의 사항을 제출했다. 그 결과 논쟁에 부쳐진 96개 과제 가운데 78개 과제가 수정되었을 뿐 아니라 5개의 주제가 추가되었다(Barredo Medina and Puig Meneses, 2011). 이렇게 해서 새로운 두 번째 초안이 만들어졌다.

2012년 1월 28일부터 29일까지 열린 전국회의는 회의 첫 날, 네 분과위원회로 나누어 진행되었다. 대의원들과 초청 인사들은 새로운 2차 초안 문건의 다양한 측면들을 토론했다. 그 문건은 기층의 PCC와 UJC 당원들이 사전에 토론한 결과물이었다.

네 분과위원회 가운데 하나(제2분과)는 정치와 이데올로기 문제를 다루었다. 미디어의 역할은 이 주제의 일부가 되었다. 이 논쟁 대부분을 나흘 저녁 연속으로 상세하게 재방송한 텔레비전과 인쇄 매체가 보도한 것은 중요한 자료 출처가 되었다. 미디어의 수준이 주요한 관심 사항이었다. 예컨대 대의원 아벨 팔콘(비야클라라 지방의 지역 라디오 언론인)은 "정보 제공 정책의 달성을 촉진하기 위한 법적 기구의 필요성을 두고 수많은 언론인들의 관심을 전달했다"(Puig Meneses and Menéndez Quintero, 2012). 초청 인사로 참석한 PCC의 일간지 《그란마》 편집국장 라사로 바레도 메디나는, 미디어는 '전체 사회'가 개입되어 있는 "매우 심각하고 중대한 문제"에 직면해 있다고 말했다(쿠바 텔레비전 2012년 2월 1일자 방송에서 지은이가 채록). 그는 언론인들이 관리들한테 정보를 얻는 데 어려움을 겪고 있는 상황을 비판했다. 그는 공무원들이 "정보에 대한 접근을 차단하고 방해함으로써 결과적으로 언론인들은 매주 약간의 자료를 얻거나 [상황에 대한] 평가를 얻기 위해 죽도록 노력하면서 지켜워한다는 점"을 들어 공무원들을 강하게 비난했다. 나아가 일부 공무원들이 어떤 식으로 "설명을 제공하기를 원하지 않고 언론을 회피하는지" 설명한다. 그는 또 "정보의 출처를 검증하지 않고" 들은 것을 되뇌는 일부 언론인들의 행태도 힐책했다. 이런 언론인들은 "일부 공무원들의 말을 듣고 그것을 다시 살펴보거나 검증하지 않음으로써 결과적으로 [대중들에게] 잘못 알리고 거짓 정보를 제공하는 경우도 많다." 바레도 메다나는 "언론이 대중의 신뢰를 잃는 것은 혁명과 당의 정책에 커다란 위험 요소가 된다"고 결론지었다(쿠바 텔레비전 2012년 2월 1일자 방송에서 지은이가 채록). '최종 보고서'(Dictamen Final)는 언론과 정보 출처 모두 쿠바 저널리즘의 개선을 위해 저마다 역할을 완수할 필요성을 포함하는 것으로 결정했다(Puig Meneses and Menéndez Quintero, 2012). '최종 보고서'는 또 최근 대중 논쟁 증가의 중요성을 강조하면서 이러한 발전이 "아직 대중매체에 반영되지 않고 있다"는 결론을 내린 라파엘 에르난데스의 견해를 공식화했다(Hernández, 2011).

제2분과위원회에서 나온 최종 보고서에는 언론 쟁점들에 관한 건의 사항들을 포함되어 있다(*Granma*, 2012b). 전국회의 대의원들은 2012년 1월 29일, '작업 과제들'(Objetivos de Trabajo)이라는 제목의 최종 문서를 승인했다. 분과위원회 논의 이후에 회의 주관자들은 위에서 언급한 원안에 몇몇 사항을 추가했다. 이 추가 사항은 토론을 반영한 것으로, "보도 가치가 더 크고 객관적이며 탐사적인 저널리즘의 발전을 보증하기" 위해, "언론과 정보 출처"는 각각 정보를 제공할 책임을 다할 것을 요구한다는 것이다.

언론 쟁점 이외에도 PCC 전국회의 최종 문서의 '과제 46호'는 "의사 결정과 프로젝트의 실행에서 민중의 실질적이고 효과적인 참여를 촉진할 것"을 요구했다. 부패와의 투쟁이라는 맥락에서 '과제 53호'는 "민중의 통제권을 강화할" 필요성을 지적했다. 이 과제는 또 면책에 대처할 수 있는 적절한 기구를 요구했다. '과제 76호'는 모든 정치 직위와 국가 직위에서 연속해서 두 차례의 임기를 최대 재임 기간으로 제한할 것을 제안했다(Partido Comunista de Cuba, 2012).

라울 카스트로는 전국회의 폐막 연설에서 무엇보다 언론의 역할을 강조했다. 그는 '쿠바언론인동맹'(UPEC, Unión de Periodistas de Cuba)의 지원을 직접 요청했다. 카스트로는 PCC가 "언론 노동자들의 더 높은 직업 정신을 북돋워야" 한다고 주장했다. 그는 또 "기관들은 …… 그들[언론인들]에게 신뢰할 수 있고 적절한 정보를 제공해야 한다"고 선언했다(Castro Ruz[Raúl], 2012a).

많은 기자들 스스로 이러한 논쟁의 중심에 있는 당사자들이다. UPEC는 1963년에 설립된 직업 결사체이다. UPEC 대회를 준비하는 과정에서 UPEC 전국위원회에 문제를 제기하여 제안서를 만들기 위해 지역 미디어센터에서 4천 명이 넘는 기자들 가운데에서 대의원들이 선출되었다(Marrero, 2006: 5, 24; 인터뷰: Chirino Gamez, 2008).

2012년 1월 PCC 당대회가 끝난 직후인 2월에 UPEC 위원장 투발 파에즈 에르난데스를 비롯한 이 직업 결사체의 지도부는 동료들을 만나기 위해 지방을 순회했다. 기관들이 정보를 제공할 필요성이 있다는 라울 카스트로와 UPEC 위원장의 지적은 많은 관리자들의 태도에 영향을 끼친 것 같지 않았다. 반대로 시엔푸에고스 도에서 발행되는 주간지 대표에 따르면, 언론인들은 여전히 (당 전국회의 한 달 후) 행정기관과 기업들의 지연이나 '침묵'에 직면해 있었다. '침묵'과 집행 연기로 인해 독자들은 편집자에게 편지를 쓰는 방식으로 불만을 토로한다. 난

처한 상황이라고 어떤 기자가 말했다. 사람들이 언론인들을 민중을 계도하고 정보를 제공하는 책임을 가진 '사회적 실체'로 여기기 때문이라는 것이다. 이런 이유로 언론인들은 지역과 나라 전체에서 어떤 일이 일어나는지 "알아야 하는 첫 번째 사람"이 되어야 한다고 그는 되받았다 (Chaveco, 2012).

상크티스피리투스 도에서 기자들은 일부 정보원들이 "적에게 정보를 제공하지 않는다"는 핑계를 대면서 자료 제공을 거부하는 문제를 부각시키기도 했다(Morales[Gisselle], 2012). "만약 [쿠바가] 경제 전환에 민중을 참여시키고자 한다면" 이러한 '비밀주의'(secretismo)는 밝혀져야 한다(Morales[Gisselle], 2012). 라스투나스 도에서는 언론인들뿐 아니라 언론이 대중에게 제공해야 하는 정보를 내놓지 않는 관리자들의 사고방식이 변화될 필요가 있다고 언론인들은 말했다(Rosendo González, 2012). 다른 여러 도에서도 정보 출처와 언론인들의 행태 모두 바뀌어야 한다고 요구하는 비슷한 지적들이 있었다. 한편 UPEC 위원장은 언론 직업에 적용할 수 있는 법적 규범(normativa jurídicas)의 필요성을 표명했다(Beatón Ruiz, 2012).

비밀주의 문제는 적어도 2007년까지 거슬러 올라간다. 그해 PCC 중앙위원회 정치국 결의안은 "비밀이 아니거나 엄밀하게는 내부적인 문제이지만 실질적으로 공공의 이해관계를 포함하는 정보를 국가 조직들이 스스로 누설 또는 비밀로 하는 권한을 행사하는" 경향을 지적했다. 나아가 그 결의안에는 "무엇을 언론기관에 배포할 것인지 결정하는 특권"은 언론 담당 책임자들에게 "전적으로 맡겨져 있다"고 쓰여 있다. 결의안은 계속하여 "모든 수준의 국가 지도자들과 공무원들은 언론과 접촉을 회피하고 있으며," "자신들의 비밀주의를 정당화하기 위해 구실을 만들어 내고 있다"고 말한다(Barredo Medina, 2012에서 인용).

논문이나 출판된 논쟁들에서도 많은 관료들과 기업 관리자들이 여전히 우위에 선 채 오만하다는 점이 드러난다. 언론인들은 사회에서 마땅히 누려야 할 위상을 갖고 있지 못한 것처럼 보인다. 게다가 언론인들 자신의 조직인 UPEC나 위에서 인용한 필자들에 따르면, 많은 언론인들도 잘못을 저지르고 있다. 이러한 상황은 관료들의 '비밀주의' 때문이 아니라 그들 스스로 낡은 방식을 깨지 않으려 하기 때문에 형성되어 왔다. 따라서 풀뿌리 민중도 미디어가 마땅히 확보해야 하는 정보를 갖고 있지 않다. 이러한 정보 접근권은 현재의 경제 변화 과정에서 시민들의 참여를 개선하는 데 더 없이 중요하다. 민중의 참여를 높이려면 무슨 일이 일어나는지 그들도 알 수 있도록 해야 한다. 무슨 일이 일어나는지 민중이 알 수 있게 하는 데 언론이 주요 수단이듯이, 사회과학자들도 민중의 권력을 강화하는 수단이 되기 위해 한층 더 노력하고 있다.

참여민주주의, 언론과 사회과학자들

참여민주주의를 한층 발전시키는 데 현실적·잠재적 수단으로서 언론과 사회과학자의 역할에 관해 몇 가지 중요한 점을 지적하고자 한다.

언론은 경제 모델의 전환을 방해하는 국내의 의도적인 관료주의적 장애물을 상대해야 하는 과제를 안고 있다. 이러한 장애물은 민중이 상황에 대한 통제권을 행사할 필요성을 요구한다. 이처럼 민중이 압도하면 경제적 변화를 일정에 맞추어 가장 현실적이고 질서 정연하게 추진하는 데 유리할 것이다. 이러한 내부 관료주의적 장애물을 극복하기 위해서는 민중이 이용할 수 있는 언론이 중요한 수단이 된다. 언론은 민중의 언론일 수도 있고 그렇지 않을 수도 있다.

이런 점에서 쿠바의 언론인들은 오늘날 가장 어렵고도 중대한 과제를 안고 있다. 그들은 경제적·정치적 변화로 잃을 것이 많을지도 모르는 사람들이 세우는 방어벽을 돌파하지 않으면 안 된다. 언론에 정보를 내놓지 않는 사람들은 변화의 목표물이 되는 구조 속에서 발견되는 이들과 동일한 인물일 수 있다. 그래서 악순환이 일어나는 법이다.

미국에서는 '언론의 자유'가 이론상으로 무제한적이지만 실제로는 미디어 독점이 통제하고 있다는 점은 아이러니이다. 이와 대조적으로 쿠바는 가식을 부리지 않고 언론의 자유를 사회주의적 목표라는 틀 속에 결합한다. 마찬가지로 언론은 쿠바의 주권을 수호하려는 필요성 속에서 발전해야 한다는 기대가 있다. 쿠바의 맥락에서 독립은 사회주의의 필수 요소이다. 역설적인 것은 현재 쿠바에서 언론의 자유를 제한하고 있는 것은 '사회주의가 아니다.' 오히려 현재의 비정상적인 현상은 다른 무엇보다도 '사회주의 개선에 저항하는' 관료들과 부패한 개인들이 언론의 자유에 제한을 가한다는 사실에서 비롯된다. 경제적 변화의 목표는 사회주의를 더 효율적으로 만들어 민중의 요구에 부응하는 것이다. 그런데 그러한 변화는 부패에 빠져든 관료들의 생활양식과 물질적 혜택을 직접적으로 침해한다. 이러한 현상에 관해 체 게바라가 한 말은 오늘날에도 유효하다. 그는 일부 관리들이 "관리 기구의 나태한 움직임에 적응하기 위해 스스로 진취성을 억제했다"고 썼다(Guevara, 2005). 하지만 일부는 "어떠한 권위도 존중하지 않아도 된다는 생각으로 자신들이 편한 방식으로 꾸준히 일을 처리했다"(Guevara, 2005).

새로워진 쿠바 사회주의의 길은 혁명 지도자들과 풀뿌리 민중이 추진하려고 하는 급진적 변화를 겪고 있다. 관료제를 비롯하여 여러 곳에 똬리를 틀고 있는 반대자들은 어떤 문제가 걸려 있는지 잘 알고 있다. 만약 이 사회주의 개선 프로그램이 성공하면 그들의 특권적 지위는 곧바로 위협받게 될 것이다. 특권적 지위는 구소련 방식의 고도로 중앙

집중적인 국가를 토대로 그 속에 가려져 있다. 앞에서 '미묘한' 쿠바식 뇌물(모르디다스)에 관해 언급한 것처럼 특권적 지위도 사회를 병들게 하는 독약이다. 게다가 PCC 전국회의에서 바레도 메디나가 말한 것처럼, 일부 언론인들도 자신의 타성을 직시하지 않으면 안 된다.

쿠바 언론에 가해지고 있는 추가적인 압력은 나라 안팎의 '좌파'와 우파 반체제 블로거들의 활동이다. 그들은 일반적으로 (미국 헌법에 존재하는 것처럼) 추상적 개념으로서 '언론의 자유' 또는 '발언의 자유'라는 높은 도덕적 기반에 자기 근거를 둔다. 그것은 여지없이 PCC에 대한 미국중심주의 관점과 결합되어 있으며, 그에 따라 미국 모델에 (음으로 양으로) 영감을 받은 다당제 같은 것에 대한 반체제적 요구로 나타난다. 그들은 이러한 다당제 개념을 쿠바에 적용해야 한다고 주장한다.

예컨대 2012년 8월, 쿠바를 비롯하여 북아메리카, 라틴아메리카, 카리브 지역, 유럽에 거주하는 쿠바 반체제 인사들이 서명한 〈더 나은 쿠바를 호소함〉이라는 문서에서 첫 번째 사항은 '표현과 정보'의 자유에 대한 요구였다. 또 하나의 호소는 쿠바 섬에서 '정당들의 형성'이다 (Chaguaceda, 2012e). 서명자 명단에는 '좌파'와 우파 인물들이 포함되어 있다.

서명자 가운데 '좌파' 반체제 인사들의 명단이 아주 뚜렷하게 보인다. 그들은 쿠바에서 사회주의를 옹호한다고 주장한다. 예컨대, 위에서 인용한 바 있는 《아바나타임스》(공식적으로는 "개방된 관점의 글쓰기"이지만 '반카스트로,' '좌파, 반체제 인사들로 편향성이 드러나 있다)는 독자들에게 '더 나은 쿠바를 호소함'에 서명해 달라고 간청하고 있다. 서명자 명단에는 또 자칭 가장 유명한 '좌파' 반체제 인사인 아롤도 디야 알폰소도 들어 있다. 자신이 기고하고 업데이트를 돕고 있는 위키피디아 페이지에서 "그는 카스트로 정부에 대한 좌파 저항 지식인들 가운데 한 사람으로서, 자기 나라와 망명자 공동체의 문화적 생활에 가장 큰 영향력을 가진 사람으로 인정받고 있다"고 주장한다(Wikipedia, n.d.).[4] 게다가 디야 알폰소는 《아바나타임스》에 그 호소를 홍보하고 있다(Dilla Alfonso, 2012c). 그는 또 자신이 직접 관여하고 있는 웹사이트 《쿠바 엔쿠엔트로》(Cuba Encuentro)에서도 그 호소를 옹호하고 있다(Dilla Alfonso, 2012b). '좌파'와 우파의 융합은 디야 알폰소가 공공연한 우파 통신원들과 함께 핵심 일꾼으로 참여하고 있는 《쿠바 엔쿠엔트로》에서 잘 드러난다. 《쿠바 엔쿠엔트로》는 에스파냐 정부한테서 자금과 지원을 받고 있다(Cuba Encuentro, n.d.). 노골적인 우파 정당이 권력을 잡았던 시기와 비교하여, '사회주의자들'이 에스파냐 정부를 구성했을 때 에스파냐의 자금 지원이 실제로 증가했다는 사실이 《쿠바 엔쿠엔트로》에 기록되어 있다. 워싱턴에 있는 '민주주의를 위한 전국 기부'(NED)도 《쿠바 엔쿠엔트로》에 대한 이러한 자금 지원을 보충하고 있다(Serrano, 2009). '더 나은 쿠바를 호소함'을 지지하는 서명자 명단에는 '사회주의자'를 자임하는 페드로 캄포스도 포함되어 있다(Chaguaceda, 2012e).

반체제 인사 요아니 산체스는 (5장에서 지적한 것처럼 쿠바의 자본주의를 선호하는) 우파 서명자에 포함되어 있다. 정치적 스펙트럼으로 보아 노골적인 우파 쪽 저명인사인 카를로스 알베르토 몬타네르도 서명자 명단에 들어 있다. 그는 오랫동안 쿠바에 대한 테러 활동이나 CIA와 연계된 인물로 알려져 있다(Allard, 2005). 우파 《마이애미헤럴드》는 요아니 산체스와 몬타네르가 서명한 것을 자랑했다(Chávez[Juan Carlos],

---

4) 에스파냐어 원문은 다음과 같다. "Es considerado como uno de los intelectuales de izquierda opositores al gobierno castrista de mayor influencia en la vida cultural de su país y del exilio"(Wikipedia, n.d.).

2012). 2012년 8월 15일에 웹사이트에 들어가 보니 《마이애미헤럴드》는 1983년 이래 몬타네르에 대해 1,938건의 조회수를 기록하고 있었는데, 대체로 그의 입장을 옹호하는 논평이거나 자신이 기고한 글들이었다(*El Nuevo Herald*, 2012). '카스트로 형제'를 제거하기 위해 군사적 개입을 옹호한다고 선언한(5장 참조)[5] 공공연한 우파 쿠바 반체제 인사 에르네스토 에르난데스 부스토도 자신의 웹사이트에서 그 호소를 홍보하면서 무엇보다도 '표현과 정보'의 자유에 서명할 것을 간청했다(Penúltimos Días, 2012).

차베스와 볼리바르혁명의 2012년 10월 7일 선거 승리는 민주주의와 선거 문제에 관해 국제적으로 폭넓은 논쟁을 불러일으켰다. 그것은 쿠바 '좌파' 반체제 인사들 사이에서 일대 혼란을 야기했다. 선거 승리로 인해 '더 나은 쿠바를 호소함'에서 표현된 것과 같은 그들의 '언론의 자유'와 다당제 요구가 의미한 진정한 성격이 폭로되었다. 우리는 그 호소에 쿠바의 우파뿐 아니라 '좌파' 반체제 인사들도 서명했음을 기억한다. 그리하여 볼리바르혁명의 승리는 '좌파'와 우파 반체제 인사들이 같은 동전의 양면이라는 점을 한층 잘 드러내 주었다.

앞서 베네수엘라의 2012년 10월 선거를 다룬 부분에서 살펴본 것처럼, 나라 안팎의 제도언론은 야당 지도자 엔리케 카프릴레스에게 유리한 이미지를 만들어 냈다. 그와 동시에 베네수엘라 과두제와 미국 통제 아래에 있는 국제 언론이 지원하는 텔레비전과 신문들은 차베스를 악마로 만드는 데 한층 열을 올렸다. 반대로 차베스 후보는 몇몇 소규모 미디어와 볼리바르혁명이 만든 새로운 미디어의 지지를 받았다. 이러한

---

5) www.democracyintheus.com, "'Democracy Promotion' Through U.S. Military Intervention"(5장에서 인용)

'언론의 자유'의 상황에서 쿠바의 '좌파' 반체제 인사들은 맞선 두 후보 가운데 누구의 편에 섰던가? 게다가 이와 관련된 문제로서 그들은 베네수엘라의 '다당제'를 쿠바와 관련해서는 어떻게 해석했는가?

'좌파' 반체제 인사들의 입장은 2012년 10월 선거를 사흘 앞두고 아르만도 차과세다가 《아바나타임스》에 쓴 기사에 아주 분명하게 드러났다(Chaguaceda, 2012a, 2012b). 그는 "적지 않은 민주주의자들과 사회 활동가들의 시선이 차베스의 승리를 저지하는 데 초점을 맞추고 있다. 그의 승리는 …… 정치 무대를 급진적으로 장악하고 변화시킴으로써 정치적 다원성을 표현할 수 있는 가능성을 부정하는 위협이 될 것이다"라고 밝힌다. 이 '좌파' 반체제 인사는 계속하여, 이와 대조적으로 "만약 카프릴레스가 승리하면 그는 대중적으로 인정받고 있는 현재 정부의 정책들(사회적 미션들과 공동체 참여)을 편입하고, 국민 화합의 방식과 프로그램으로 통치해야 할 것이다"라고 쓰고 있다. 《아바나타임스》의 고정 필진인 차과세다는 "시민들의 권리 와 자율성 행사, 정치적 다원주의를 위한 더 나은 기초를 놓기 위해 [카프릴레스는] 객관적으로 반대파와 협상해야 할 것"이라는 구실을 대면서 카프릴레스를 대안으로 지지한다고 밝히고 있다. 자신이 카프렐레스를 지지하는 배경으로서 이 반체제 기자는 모든 종류의 반대파들이 '카스트로 형제'에 대해 한 것과 비슷한 방식으로 자신이 규정한 것들을 차베스의 모든 부정적인 특징으로 나열한다. 차과세다 본인의 말을 빌리면, 볼리바르혁명과 특히 차베스는 "커져 가는 개인적 야망," "초대통령 체제," "지배적인 정치조직(베네수엘라통일사회당, PSUV)," "국가 자원의 임의 사용[미션을 위한 석유?]," "정당들과 …… 미디어의 강탈," "권위적·국가주의적 경향," "차베스에 …… 집중되는 권력," "언론 통제와 감시," "14년 동안 권좌에 있는 정부," "그의[차베스의] 권위주의적 방식" 등이 특징이다(Chaguaceda, 2012a). 이러한 입장은 쿠바 반체제 인사들에 대한 미국인 자문가 테드 헨켄 같은 다수의 "권위주의적 카스트로 체제" 반대파들에 의해 재생산되었다(Chaguaceda, 2012d).《아바나타임스》의 고정 필진이면서 '사회주의적' 반체제 단체 '레드 옵세르바토리오 크리티코'(Red Observatorio Crítico)의 회원인 에라스모 칼사디야는 심지어 워싱턴보다 한술 더 뜬다. 만약 2012년 10월 선거에서 근소한 차이로 결과가 나올 경우, 선거 후에 쿠바와 베네수엘라에 영향을 미치는 내전과 재앙의 공포가 나타날 것이라고 주장했다. 그는 "쿠바 지도자들이 [베네수엘라에] 군대를 파견하되, 처음에는 특별 비밀 미션으로, 나중에 만약 갈등이 국제화되면 정규 군대를 파견하는" 시나리오를 떠올리게 했다(Calzadilla, 2012b).

2012년 10월 7일 선거에서 차베스가 승리하자 쿠바의 '좌파' 반체제 인사들은 위기에 빠졌다. 그들은 다양한 입장을 갖고 있지만 모든 길은 로마로 통했다. 그들은 '카스트로 형제'에 반대하고 쿠바에서 '언론의 자유'와 특히 미국식 다당제를 옹호하는 데 베네수엘라 선거를 이용했다. 예컨대 《아바나타임스》에 기고한 기사에서, 쿠바 '좌파' 반체제 인사 차과세다는 부정선거 의혹을 제기함으로써 자신의 실망을 감추지 않았다(3장에서 보았듯이 심지어 상대 후보인 카프릴레스 본인이 선거 과정과 결과의 정당성을 인정했는데도 말이다). 하지만 차과세다는 선거 후에 쓴 기사에서 2012년 12월의 지방선거를 겨냥하여 베네수엘라 야당을 위한 선거운동을 시작한다. 그는 "차베스를 상대할 가장 훌륭한 후보와 선거 과정에서 형성된 연합에 기대를 걸면서, 오늘의 비통함을 앞으로 있을 지방선거에서 효과적인 행동으로 전환할 것"을 친미적인 야당에게 충고하고 있다(Chaguaceda, 2012c).

사회주의적 '레드 옵세르바토리오 크리티코' 회원 페드로 캄포스가

《아바나타임스》에 쓴 기사는 "베네수엘라 국민에게 통일사회당(PSUV) 과 특히 차베스 동지의 승리를 축하한다"(Campos, 2012a). 독자들은 쿠바 '좌파' 반체제 인사들의 대오에 균열이 있는 것 아닌가 의아해 할 지 모른다. 왜냐하면 그들 중 한 사람은 차베스를 반대하고 카프릴레스 를 지지하는 반면에 다른 한 사람은 차베스를 축하하기 때문이다. 만 약 차베스 '지지자' 캄포스가 베네수엘라의 경험을 쿠바에 적용하면서 도달한 결론을 무시하면 분명히 차이가 존재한다. 하지만 그의 결론을 고려하면 두 반체제 인사들이 선택한 길은 모두 같은 로마로 통한다. 이 경우 로마는 두 '좌파' 반체제 인사들 모두 쿠바 헌정 질서를 반대하 기 위해 2012년 10월 베네수엘라 선거 결과를 이용하는 것이다. 예컨 대, 캄포스는 쿠바가 "민주적 과정, 국민투표, 언론과 결사의 자유, 사 회적 연결망 웹사이트에 대한 자유로운 접근, 서로 다른 사고방식에 대 한 존중, 평화적이고 민주적인 반대파 인정, 대통령 직접선거 등"을 베 네수엘라와 에콰도르, 볼리비아로부터 배울 수 있을 것이라고 주장한 다(Campos, 2012a). 같은 온라인 신문의 또 다른 글은 쿠바의 '일당 체 제'에 반대되는 베네수엘라로부터 쿠바가 배울 수 있을 것이라고 주장 함으로써 캄포스를 거들고 있다(Aquique, 2012).

'좌파' 반체제 인사들의 역할은 쿠바에 가장 위험하다. 그들의 프로 그램이 '사회주의' 내지 '사회주의적 민주주의'로 포장되기 때문이다. 게 다가 이들 '좌파' 반체제 블로거들은 다각적으로 절충하는 접근 방법을 사용한다. 쿠바 안팎의 좌파들 사이에서 신뢰를 얻기 위해 쿠바에 긍 정적으로 간주될 수 있는 몇몇 고립된 거점들을 결합하는 것이다. 그래 서 '좌파' 블로그들은 신뢰성을 높일 수 있도록 쿠바 정치체제와 '카스 트로 형제'의 '권위주의적' 성격에 초점을 맞춘 수많은 부정적인 기사들 을 전면에 내세운다. 이러한 방법은 나라 안팎의 일부 지식인과 젊은이들 사이에서 성과를 거두어 왔다. 절충주의는 국내외 지식인과 젊은이들을 감염시키는 질병이다. 하지만 쿠바 정부는 절충주의 덫에 빠지지 않고 반체제 인사들에게 일상적으로 대응하는 매우 다양한 블로거들을 육성하고 있다. 쿠바의 언론과 언론인들은 2011~2012년 PCC 당대회와 전국회의가 열린 이래 이러한 복잡하고 어려운 상황 속에서 활동하고 있다. 쿠바 언론은 자신의 활동을 개선하는 동시에 쿠바 '좌파' 반체제 인사들 및 국제무대의 일부 좌파들 가운데 존재하는 자신의 우군도 주시해야 하는 것이다.

쿠바는 커다란 변동을 겪고 있는 중이다. 하지만 북반구에서 대부분의 사회과학자나 국회의원, 활동가들이 이용할 수 있는 정보는 선입관으로 편향된 개념들 때문에 왜곡되어 있다. 쿠바혁명에 대해 다양하고 폭넓은 적대감을 갖고 있는 쿠바문제 전문가들이 너도나도 발언하고 있다. 게다가 '좌파'에서 우파에 이르는 광범한 무리의 관점(하지만 '반카스트로' 욕설이라는 공통분모로 귀착된다)을 포괄하는 반체제 인사들이 서방세계의 라디오와 텔레비전, 인쇄 매체, 인터넷을 독점하고 있다. 쿠바에서 사회과학자들의 작업에 실질적인 검열이 있기는 하지만, 사회과학자들은 현재의 변화와 그 정치적 영향에 관한 활발한 논쟁과 의견교환에 둘러싸여 있다. 사회과학자들은 사회주의와 참여민주주의를 개선하기 위한 변화의 길을 방어하는 동시에 비판적이고 새로운 지평을 확장할 수도 있다.

그런 사례 가운데 하나가 올가 페르난데스 리오스이다. 그녀는 역사학으로 석사학위를 받고 철학 박사학위를 취득한 아바나대학 조교수이다. 그녀의 전공은 정치권력, 국가와 민주주의, 민중의 참여, 기타 연관된 주제들에 걸쳐 있다. 또 이러한 주제들에 관해 글을 쓰는 한편, 라틴아메리카와 유럽, 미국에서 열리는 학술행사에도 참여해 왔다.

페르난데스 리오스는 2012년 6월 19일 무엇보다도 '사회주의의 갱신'이라는 주제에 초점을 맞춘 한 아바나 세미나에서 논문을 발표했다 (Fernández Ríos, 곧 나올 책). 그녀는 발표에서 10곳이 넘는 연구 기관과 아바나대학을 포괄하는, 실제로 모든 영역의 사회과학에서 학문적 작업이 이루어지고 있음을 지적했다. 이러한 연구는 지도자들과 기층 민중이 상황을 바꾸려는 노력이 있었기에 이루어질 수 있었다.

당대회 전에 있었던 2010~2011년의 협의 경험에 기초하여 그녀는 특히 풀뿌리 참여의 심화를 옹호한다. 그녀가 말하는 풀뿌리 참여의 심화는 심의와 관점 제공을 넘어선다. 그녀는 2010~2011년 협의 경험을 상시적인 의사 결정의 수단으로 전환할 뿐 아니라(이것 자체만도 무척 중요하다), 다른 차원으로 전환해야 할 필요성을 자세히 설명한다. 민중이 "정책 프로젝트를 입안하는" '주인공'으로서 스스로 '권력'을 갖고 참여할 필요가 있다고 그녀는 주장한다. 이는 쿠바 정치 체계의 공백, 즉 모든 의사 결정과 새로운 프로젝트 제안에서 민중의 상시적인 참여 부족을 채우는 데 기여할 것이다. 이러한 맥락에서 그녀는 관료주의를 비롯한 여러 부정적인 모습들이 정치 체계에서 구할 수 있는 "참여적 공간을 이용하는 것을 거부하고 저평가하는 것"에 기인한다고 지적한다. 이러한 부정적인 모습들은 때때로 '관료적 행동'에서 비롯되기도 한다. 그녀는 현재의 쿠바 상황에 대한 신선한 시선을 갖고 "민중 참여의 접근 방법과 형태는 사회의 새로운 요구에 부합하면서 개선될 수 있다"고 주장한다. 이러한 접근 방법은 참여민주주의를 한층 확대하는 데 기여하는 학자들의 잠재적 중요성을 강조한다. 많은 쿠바 학자들 사이에 나타나는 이러한 풍부하고 활발한 의견 교환은 북반구에서 그들에게 투사하는 이미지와는 사뭇 다르다.

페르난데스 리오스는 자신의 논문에서 쿠바가 현재 시기로 한 단계

이행한 시점은, 라울 카스트로가 민중이 직면한 모든 문제들에 관해 풀뿌리 수준에서 논쟁을 고무하기 위해 연설한 2007년이라고 본다. 그 국면은 2011년 당대회로 마무리되었다. 쿠바가 새로운 경제 모델로 나아가기 위한 교차로에 서 있다는 점을 전제로 할 때, 논리적으로 보면 참여민주주의가 때맞춰 부상할 것이라는 점은 분명하다. 페르난데스 리오스가 주장하듯이, 참여민주주의는 현대의 필요에 부응하는 수준으로 상승하기 위해 스스로 갱신하지 않으면 안 된다.

자본주의와 사회주의, 쿠바의 오류들

쿠바에서 일어나고 있는 주요한 변동은 오류의 문제를 제기한다. 페르난데스 리오스의 논문에 따르면, 쿠바 체제는 연속과 단절의 변증법적 과정으로 전개되어 왔다. 연속성은 사회주의를 향한 전략적 진전으로 표현되는 반면, 단절은 성공과 실패, 전술적 오류가 교차하면서 나타나는 것을 말한다. 여기에서 관심을 끄는 것은 붕괴와 실수, 성취라는 불규칙한 맥락에 대한 페르난데스 리오스의 증언이다. 이러한 사태 전개에 대해서는 지도자들과 기층 모두에서 비판이 있어 왔다. 하지만 연속과 단절의 반복된 순환에 대해 사회의 모든 수준에서 이처럼 반대가 있다는 사실은 "혁명을 평가하는 하나의 방식을 의미하는 것이다." 그러한 반대는 혁명을 해치거나 좌절시키려는 목표를 갖고 있지 않다. 따라서 페르난데스 리오스는 이러한 지속적인 평가가 지적 활동이 아니라 오히려 '변화의 도구'라고 주장한다.

라울 카스트로에 따르면, 사회정의에 기초한 혁명의 제도화 과정에서 지나치게 가부장적이고 관념적이며 평등주의적인 접근 방법 탓에 몇 가지 오류가 있었다(Castro Ruz[Raúl], 2010c). 그리하여 "각자는 능력에 따라, 각자는 노동에 따라"라고 하는 마르크스주의 원칙이 교란되었다(Castro Ruz[Raúl], 2011a). 이는 사회와 집단 전체에 대한 기여의 양이나 질에 관계없이 모든 사람들이 동일한 혜택을 받는 그릇된 '평등' 개념에 연결되어 있다.

라울 카스트로가 지적하는 또 하나의 오류는 "현재 우리 경제의 특징을 이루는 지나치게 집중적인 모델"이다. 목표는 "모든 노동자들의 규율과 참여를 통해 질서 정연하게 탈집중적인 체계로 이행하는 것"이다. 이 새로운 체계에서는 "현재의 시장 경향을 무시하지 않으면서도 사회주의적 관리의 특징인 계획이 주도할 것이다"(Castro Ruz[Raúl], 2011a). 구소련의 영향을 받은 부정적인 중앙 집중적 모델에서 학습한 바가 있기 때문에, "우리는 다시는 어느 누구도 모방하려는 의도를 갖고 있지 않다. 여러 차례 잘못 모방함으로써 우리는 충분한 대가를 치렀기 때문이다"라고 카스트로는 결론짓는다. 그는 나아가 "우리는 다른 나라의 경험을 무시하지 않을 것이며, 심지어 자본주의의 긍정적인 경험일지라도 다른 나라로부터 배울 것이다"라고 경고함으로써 문제를 분명히 하고 있다(Castro Ruz[Raúl], 2010c).

라울 카스트로는 2010~2011년 시기를 이렇게 생각한다. "우리는 우리가 저지른 실수를 잘 알고 있으며, 지금 토론하고 있는 '지침들'은 교정으로 가는 길과 우리 사회주의 경제 모델의 필수적인 개선이 시작되었음을 정확하게 보여 주는 것이다." 하지만 그는 결론적으로 현재의 '교정 과정'을 과거에 있었던 것들과 구분한다. "우리는 더 이상 벼랑을 우회할 시간이 없기에 교정을 하지 않으면 안 된다. 그렇지 않으면 우리는 침몰하고 말 것이다"라는 것이다(Castro Ruz[Raúl], 2010c).

위에서 간단히 기술한 바와 같이, 오류에 대한 카스트로의 관점과 거기에 대한 해결책의 적용이 긴급하다고 본 점은 훌륭한 판단으로 보인다. 쿠바가 실험실이며 그 복원력은 부분적으로 시행착오를 통한 혁신적인 성격에서 비롯된다고 하는 명제는 이러한 상황으로 인해 부정되는가? 반드시 그렇지는 않다. "'전략적' 중요성이 있는 오류를 범하는 것을 피하면서도" 앞으로 나아갈 필요가 있다고 라울 카스트로는 경고했다(Castro Ruz[Raúl], 2010b, 강조는 지은이). 변한 것은 현재는 '시행착오'를 허용하는 방책을 쓸 수 있는 여지가 상당히 축소되었다는 점이다. 이 때문에 카스트로는 쿠바가 벼랑 끝에 있으며 만약 쿠바가 그것을 뛰어넘지 못하면 혁명은 심연 아래로 추락할 것이라는 점을 인식하고 있다. 게다가 성공의 기회를 극대화할 수 있는 필수적인 조치를 취하지 않고 변화의 속도를 가속화하고 확대하라는, '좌파'와 우파 양쪽에서 오는 새로운 압력을 거부할 필요성은 이러한 상황을 악화시키고 있다. 이러한 비판들은 쿠바를 실패의 나락에 빠뜨리는 것이다. '좌파'에 속한 일부 사람들의 관점에서 보면, 이는 현재의 헌정 질서와 '카스트로 형제'의 리더십으로는 사회주의를 발전시키는 것이 불가능하다는 증거가 될 것이다. 우익 회의주의의 목표는 쿠바 섬을 자본주의로 빠뜨려 다시 한 번 미국의 지배 아래로 밀어 넣는 것이다. 정치적 스펙트럼이 정반대라고 주장하는 진영에서 나오는 것이지만, 이 둘의 궁극적인 목표는 똑같다.

2011년 당대회는 사회주의에서 자본주의로의 전환, 따라서 북반구의 관점에서 보면 결국 쿠바의 '민주주의' 이행을 표현하는 것인가? 그렇지 않으면 2007년에 시작된 이 과정은 또 다른 길을 보여 주는 것인가? 그것은 결국 새로운 사회주의적 접근 방법의 강화를 나타내며, 그 과정에서(그리고 해결책의 일부로서) 민중의 참여와 권력을 제고하는 것인가? 앞에서 우리는 이 책에서 적용되고 있는 사회주의 개념을 간단히 살펴보았다. 21세기에는 사회주의에 오직 하나의 접근 방법만 있는 것이 아니기 때문에 그것은 다양한 사회주의를 포함하는 특정한 공통분모로 구성된다. 페르난데스 리오스는 자신의 논문에서 사회주의를 매우 폭넓게 다루고 있다. 그녀는 여러 가치 있는 측면들을 강조하고 있는데, 특히 두드러지는 한 가지가 있다. "수립되고 있는 모델은 사회주의에서 개성의 역할을 제자리로 돌려놓을 것을 요구한다." "사회주의에 관한 가장 해로운 한 가지 독단적 해석의 신비를 벗길 필요가 있는데, 그것은 [사회주의] 사회에서는 개인이 부정되고 사회[집단]에 절대적인 형태로 종속된다는 주장이다"(Fernández Ríos, 곧 나올 책). 사회 속에서 개인의 중요성이 복원되어야 한다는 이러한 개념을 끝까지 추적하면, 그것은 경제에 중요한 긍정적 영향을 가져올 수 있다. 예컨대, 그것은 국가 부문과 비국가 부문 모두에서 개인의 노력에 대한 신뢰를 높이는 것을 촉진할 것이다. 개인과 집단의 역할을 결합하는 이러한 관점은 사회주의를 해치기보다는 오히려 사회주의에 기여할 것이다.

쿠바 경제 모델을 개선하는 것은 사회주의에 대한 거부가 '아니다.' 오히려 그것은 사회주의를 '지키기' 위한 또 하나의 실험이다. 주요 생산수단은 여전히 국가의 수중에 있다. 쿠바 경제는 식료품, 주택, 교육, 보건, 스포츠, 사회보장, 사회부조, 문화에 이르기까지 모든 측면에서 민중의 기본적 필요 충족을 개선하도록 설계되어 있다.

자영업자들과 농촌 및 반농촌의 개인적 토지 소유가 증가하고 있다. 게다가 농촌 지역뿐 아니라 처음으로 도시 지역에서도 협동조합 설립이 촉진되고 있다. 공급과 수요의 시장 메커니즘이 계획경제와 공존한다. 현재의 주요한 변동을 사회주의의 포기 내지 자본주의로 나아가는 길이라고 낙인찍는 데는 다양한 뿌리가 있다. 그러한 원천 가운데 하나는 마르크스나 레닌에서 고립된 구절들을 인용하는 낡은 '마르크스-레닌주의 편람'에 집착하는 것이다. 만약 쿠바가 자본주의로 향하고 있다면 2011년 당대회에 제출된, "재산의 집중을 옹호하는 45가지 제안과 같은, 공공연히 사회주의의 본질과 충돌하는" 제안을 지도자들이 거부하지 않았을 것이다(Castro Ruz[Raúl], 2011a). 그러한 제안을 받아들였다면 쿠바의 투쟁하는 참여민주주의를 갉아먹는 데 기여했을 것이다. 또한 그러한 요구를 수용했더라면 정치 체계에서 사유재산의 축적으로 혜택을 받는 사람들에게 더 큰 힘을 제공했을 것이다. 미국 자본주의와 같은 극단적인 경우에 재산 집중은 배타적이고 비참여적인 민주주의의 기반이다. 게다가 경쟁적 다당제라는 미국식 방법을 도입함으로써 (의견 차이와 논쟁을 제고하면서도) 합의와 통일이라는 쿠바의 가치를 해치는 시도를 확실하게 거부한 것은, 쿠바가 자본주의로 이행하는 것이 확실하게 '아니라는' 점을 보여 주는 것이다.

쿠바가 자본주의로 전환하고 있다는 주장에 관한 논쟁과 관련하여 쿠바의 구체적인 상황에 대해 간단히 살펴보자. 우선 자영업자 또는 소농 비당원을 예로 들어 보자. 이 사람은 열심히 일하고 면허세를 비롯한 세금을 꼬박꼬박 내고 모든 법 규정을 준수할 뿐 아니라 사회정의와 연대, 애국주의라는 쿠바 정신을 공유하고 있는 전형적인 쿠바인이다. 이 개인은 또 생산을 증대시키기 위해 협동조합을 건설하여 상품과 서비스를 파는 데 적극적이다. 이 쿠바인은 변화의 길을 관료주의로 가로막거나 심지어 횡령이나 부패에 관련되어 있는 당원보다 사회주의의 미래에 훨씬 더 가치 있는 사람이다. 쿠바 사회에서 긍정적인 성격과 경향이 부정적인 기생적 부분들을 얼마나 압도할 수 있고 실제로 압도하고 있는가 하는 문제는 아직 결정되어 있지 않다.

페르난데스 리오스가 제안하듯이 사회주의 사회에서 개인의 역할을 되돌리는 것도 민주적 과정에 개인의 참여를 확장하고 강화하는 길을 열 수 있다. 그것은 시민들을 대신하여 책임을 수행하는 선출된 대표자들을 포함하여 "다른 사람들에게 기대하는" 낡은 개념을 대체하는 데 기여할 것이다. 개인의 권력은 민중에게 부여된 주권의 강화에 중요한 영향을 끼친다.

쿠바의 선거제도에 관한 다음 장에서는 사회주의적 민주주의에서 무엇보다도 유권자들과 선출된 사람들이 자신들의 역할을 어떻게 보는지에 관해 살펴볼 것이다.

7장 쿠바의 선거와 정치 시스템

쿠바의 선거 과정

쿠바의 선거 과정은 길고 독특하다. 이 장에서는 폭넓은 관점을 제공하기 위해 우선 선거제도 전반을 살펴보고자 한다. 이는 나중의 자세한 설명이나 분석뿐만 아니라 건설적인 비판을 위한 맥락을 제공할 것이다.

쿠바의 선거는 1976년 국민투표로 채택되어 1992년에 수정된 헌법에 바탕을 두고 있다. 1992년에 선거법이 통과되어 모든 규칙과 절차가 명확하게 규정됨으로써 선거에 관한 가장 최근의 헌법 조문이 실효성을 가지게 되었다.

앞 장에서는 공산당과 언론 및 사회과학자들의 역할에 초점을 맞추어 쿠바인들의 높아진 민중 참여 문제를 다루었다. 그러한 것들은 쿠바의 현재진행형 민주주의의 한 부분을 이룬다. 선거는 쿠바식 민주주의를 탐구할 때 고려해야 할 또 하나의 중요한 측면이다.

쿠바공산당(PCC)은 후보자를 추천하거나 선출하는 데 개입하지 않는다. 선거는 시, 도, 전국 세 수준에서 이루어진다. 선거인 등록은 16세 이상의 시민이면 자동적으로 이루어진다. 보편선거권에 대한 이러한 접근 방법 덕분에 시민들은 선거권자가 되기 위해 아무런 노력을 하지 않아도 국가에 의해 선거권이 주어진다.

선거에는 총선거와 부분선거 두 가지 유형이 있다. 5년에 한 번 실시된다. 총선거는 두 단계로 구성되는데, 예컨대 2012년 7월부터 2013년 2월까지 치른 선거는 모두 합쳐 7개월이 걸렸다.

두 단계 중 첫 번째 단계는 시의회에 보낼 '대의원'(delegates, 쿠바에서는 이렇게 부른다)을 추천하고 선출하는 과정이다. 추천을 위해 각 시의 지역 '선거구'(circunscripción, 매우 작은 '구'riding, '지구'district 또는 '선거구')는 아주 작은 이웃공동체 '대의원 추천 구역'으로 나뉜다. 각 구역은 도로로 나뉜 블록에 따라 지리적으로 분할되어 경계가 정해진다. 이들 각 구역에서 추천회의 기간에 사람들은 거수로 직접 이웃 가운데 후보자를 추천한다. 그다음에 시민들은 추천된 사람들 중에서 비밀·보통선거로 시의회에 보낼 대의원들을 선출한다. 이 과정에서 후보자 비용과 선거운동은 없다. 선출된 대의원들의 임기는 2년 6개월이다. 대의원들은 자기 직장에서 일을 마친 뒤에 자원봉사 개념으로 대의원 직무를 수행한다. 일단 시의회가 구성되면 대의원들은 자신들 가운데 임원(의장과 부의장)을 선출한다. 오직 의장과 부의장만이 전일제로 근무하면서 원래 직장에서 받던 봉급과 같은 급료를 받는다. 그 밖에 다른 특전 같은 것은 없다.

두 번째 단계에서는 도의회의 대의원과 '민중권력국가의회'(ANPP 또는 의회) 대의원을 뽑기 위한 선거가 실시된다. (논의를 단순화하기 위해 여기서는 전국 수준의 ANPP만 다루고, 전국 수준의 선거와 비슷한 과정으로 동시에 실시되는 도의회 선거는 다루지 않는다.) ANPP는 최고 국가권력기구로서 '의회'로 알려져 있다.

쿠바에는 6개의 주요한 대중조직이 있으며([표 7] 참조), 모두 ANPP 선거를 위한 추천 과정에 직접 관여한다. 대중조직 회원들로 구성되는 후보자위원회도 추천 과정에 개입한다.

시의회에 선출된 대의원들은 ANPP 대의원 50퍼센트까지를 선출한다. 일단 ANPP에 추천되어 선출되면 그들은 비공식적으로 '기층'(de base) 대의원이라고 불린다. 그들은 본디 (어떤 조직에 의해서가 아니라) 이웃공동체의 기층에서 개인들에 의해 추천된다. 이는 쿠바 선거 시스템의 두 단계가 분리될 수 없는 이유 가운데 하나이다. 전국 수준의 대의원으로 선출된 시의회 대의원들은 지역 대의원으로서 역할을 계속하는 동시에 '기층' 전국 대의원으로서 임무를 수행한다. 따라서 그들은 이중의 역할을 한다. 시 수준과 마찬가지로 국가 수준에서도 '기층' 대의원은 자신의 일을 마친 뒤에 자원봉사 개념으로 직무를 수행한다. 이러한 규칙에는 몇 가지 예외가 있는데, 선출된 개인의 책무가 일과 후에 수행하기에는 너무 많은 시간이 필요한 경우이다. 예컨대, 시의회의 의장이나 부의장으로 선출된 대의원들은 자신의 직장에서 받던 봉급과 동일한 급료를 받으면서 전일제로 근무한다. 만약 이들이 나중에 ANPP 대의원으로 선출되면 전일제로 일하는 몇 안 되는 대의원들 속에 포함된다. 이처럼 '기층' 대의원들에게 의석을 배정하는 것은 쿠바 체제를 다른 체제들과 구분하는 특징 가운데 하나이다.

나머지 50퍼센트 이상의 ANPP 대의원들은 '디렉토'(directo)들로 구성된다. 이 '디렉토' 대의원은 각계각층으로부터 나온다. 예컨대 정치인, 경제학자, 노동조합 활동가나 여타 대중조직 활동가, 교육자, 의사, 과학자, 체육인과 예술인, 학생 등이 '디렉토' 대의원이 될 수 있다. 그들은 비공식적으로 '디렉토'라고 불리는데, 왜냐하면 시의회 대의원을 선출하는 풀뿌리 과정을 통해서가 아니라 조직들에 의해 직접 추천되기 때문이다. 이것은 시의원이면서 동시에 ANPP 대의원으로서 이중적 역할을 수행하는 '기층' 대의원들과 그들을 구분하는 지점이다. 이미 시의회 대의원으로 추천되어 선출된 사람들을 제외하면 누구든지 '디렉토' 대의원으로 선출될 수 있다. '기층' 대의원들이 선출되는 곳은 시의회이다.

ANPP 대의원들은 모두 시 단위에서 선출된다. 다만 '디렉토' 후보들은 선출되는 바로 그 시에 거주할 필요는 없다. 이는 '기층' 대의원들에게 거주 요건이 적용되는 것과는 다른 점이다. '기층' 대의원들은 추천되고 선출되는 당해 시에 거주해야 한다. 시의회는 후보자위원회가 제출한 후보자 명단을 승인하거나 거부한다. 거기에는 어떤 선거 비용도 없다. 선거운동 대신에 '후보자 면담' 회의가 이웃공동체와 직장, 교육기관에서 조직된다. 다수 후보자가 있는 시의회 선거와 달리, ANPP의 각 의석을 뽑는 선거에서는 오직 한 명의 후보만 있다. ANPP 대의원이 되려면 과반수 득표가 필요하다.

ANPP 대의원들('디렉토'와 '기층' 모두)은 선출된 대의원으로서 하는 일에 대해 보수를 받지 않는다. 그들은 자신의 일과 시간 후에 자원봉사 개념으로 직무를 수행한다. 몇몇 예외는 있다. ANPP의 의장, 부의장 및 서기, 국가평의회의 주요 지도자들, 상임위원회 위원장들이 그들이며, '기층' 대의원으로 선출된 시의회 의장들도 시 수준에서 대의원 책무로 인해 전일제이다. 전일제 ANPP 대의원들은 모두 선출되기 전 직장에서 받던 봉급과 같은 급료를 받는다. ANPP 대의원들은 2년 6개월의 임기로 선출되는 시의회 대의원들과는 달리 5년 임기로 선출된다.

'기층' 대의원의 경우에도 2년 6개월 임기 후에 시 수준에서 (어떤 이유든) 다시 선출되지 않을 경우에는 5년 임기 중 남은 기간 계속 대의원으로 재임할 수 있다.

선거가 끝나면 다가오는 2월 24일에 ANPP가 공식적으로 구성된다. 2월 24일은 1895년 호세 마르티의 지도 아래 제3차 독립전쟁이 시작된 날이다. 이날 후보자위원회가 ANPP 의장, 부의장 및 서기, 그리고 국가평의회 평의원들을 대의원들 중에서 선출하는 과정을 주도한다. 여기에는 예컨대 라울 카스트로를 '디렉토' 대의원으로서 국가평의회와 각료회의 의장으로 선출한 것도 포함된다. ANPP 임원들과 국가평의회는 ANPP에 책임을 진다. 국가평의회는 각료회의(정부)에 새로운 구성원을 지명할 수 있다. 각료회의는 정부로서, 예컨대 외무부 장관의 지휘하에 외교 문제에 대한 책임을 진다. 각료회의의 구성원들은 모두가 반드시 대의원일 필요는 없다. 국가평의회와 달리 각료회의는 선거 주기마다 매번 갱신되지는 않는다. 각료회의는 ANPP에 책임을 진다.

두 단계로 이루어지는 시의회·도의회 총선거와 ANPP 총선거에 대한 요약을 통해 알 수 있는 것은 두 단계가 서로 연관되어 있다는 점이다. 최대 50퍼센트까지의 ANPP 대의원들은 시의회에서 나오며, 시의회 대의원들의 추천과 선출은 첫 번째 단계를 구성한다.

하지만 시의회 선거는 총선거의 첫 번째 단계 선거 후 약 2년 반 만에 (전국 선거의 일부로서가 아니라 시의회 선거만) 다시 실시된다. 이는 모든 ANPP 대의원의 임기가 5년인데 반해 시의회 대의원의 임기는 2년 6개월이기 때문이다. 두 총선 사이에 이루어지는 이러한 시의회 선거는 '시의회 부분선거'라고 불린다. 우리는 나중에 총선의 두 단계와 시의회 부분선거에 관해 좀 더 자세하게 살펴볼 것이다.

소비에트 정치 모델?

쿠바의 선거에 부정적인 미국중심주의적 편견은 PCC가 선거를 완전히 통제한다고 가정한다. 이런 편협한 생각은 민중의 참여가 없거나 기껏해야 최소한에 그친다는 선입관을 지속시킨다. 이러한 관점은 쿠바의 경험을 평가하는 렌즈로 작용해 온 구소련에 대한 통념 탓에 더 조장된다. 이러한 기계적인 접근은 구소련과 쿠바의 주요한 차이를 고려하지 않고 쿠바가 소련의 정치 체계를 모방했다는 관점을 홍보한다. 이러한 가정은 또 쿠바가 소련의 위성국에 불과하다는 주장에 믿음을 주려고 시도한다. 이런 그릇된 개념들이 어떤 작용을 하는지 더 자세히 설명하는 데는 베네수엘라의 사례가 적절하다. 3장에서 살펴본 바와 같이 베네수엘라 사례에서 민중의 참여를 무시하는 것은, 차베스 개인에 관심의 초점을 맞추는 미국중심주의 개념에서 유래하는 것이다. 그래서 베네수엘라에서 발전되고 있는 사회경제적 진보에 바탕을 둔 활기찬 풀뿌리 참여 정치문화는 실제로 외부세계에 알려져 있지 않다.

쿠바에서 소비에트 정치 모델이 가지는 의미를 조명하는 데 도움을 주기 위해 호르헤 레스카노는 이 주제를 포함한 몇 가지 쟁점에 관해 세 차례나 인터뷰에 응했다. 그는 ANPP 의장 리카르도 알라르콘 데 케사다의 보좌관이다. 레스카노는 새로운 '민중권력'에 관한 1974년 마탄사스 세미나에 참석했으며, CDR 전국 위원장(1973~1979년)을 지냈다.

레스카노는 CDR 위원장으로서 1974년부터 1975년까지 쿠바 대표의 일원으로 몇 차례 소련에 파견되었다. 쿠바인들의 임무는 두 나라 관계를 굳게 다지고 경험을 서로 교환하는 것이었다. 소련 방문이 이루어진 맥락은 1974년 마탄사스 세미나(5장 참고)와 새로운 쿠바 정치 체계를 수립하는 작업을 준비하기 위해서였다. CDR의 중요성을 강조하기 위해 그는 "당시에는 쿠바가 아직 '민중권력'이라는 정치 체계를 수립하지 않았기 때문에 나는 CDR을 자신들의 상대로 여긴 소련 최고 소비에트[의회] 서기의 영접을 받았다"고 밝혔다. 더욱이 그는 "소련에서 선거가 어떻게 치러지는지를 연구하기 위한 목적으로 1974~1975년에 CDR 대표단을 이끌고 그 나라에 파견되었다. 우리는 소련의 경험을 조사했지만 그것을 모방할 의도는 결코 없었다"라고 말했다. 다른 쿠바 대표들은 미국과 영국, 프랑스의 선거제도를 연구했다고 그는 지적했다. 레스카노는 또 "소비에트 체계 중에 어떤 측면은 우리의 관심을 끌었다 …… 그러나 후보자 선택에서 당이 하는 역할 같은 것은 좋아 보이지 않았다"라고 밝혔다. 그는 후보자를 추천하고 추천된 후보자를 위해 선거운동을 벌이는 당의 역할과 관련하여 소련의 사례를 자세히 설명했다. "당이 선거라는 정치과정에서 실제로 어디에든 존재했다. 사실 우리는 그런 면을 좋아하지 않았다."(인터뷰: Lezcano, 2007).

이어진 인터뷰에서 같은 주제에 관해 더 자세한 질문을 던지자 레스카노는 대표단이 부정적으로 바라본 또 하나의 측면을 드러냈다. 그것은 후보자와 유권자 사이 접촉의 질에 관련된 문제였다. 그는 이렇게 말했다. "그들은 정말로 형식적이었다. 나는 개인적으로 그런 모습을 목격했다. 대표들이 연설문을 가져왔으며 사람들은 그저 그것을 읽을 뿐이었다. 너무나 정치적이었다. 어떤 문제 제기도 없었고 질문 시간도 없었다. 그러고는 모두가 박수를 쳤다."(인터뷰: Lezcano, 2008a). ANPP의 역할과 관련된 쿠바의 최근 경험에 기초하여 그는 소련 최고 소비에트 상임위원회와 현재 쿠바의 ANPP 상임위원회를 구별했다. 쿠바의 ANPP는 실제로 일부 입법 과정에서 초안 단계부터 법 제정에 이르기까지 민중을 참여시킨다. 소련의 경우는 그렇지 않았다(인터뷰: Lezcano, 2008b). 쿠바에서 민중이 입법 과정에 이처럼 개입하는 경우는 특히 논란거리가 되어 시민들이 직접 투입될 필요가 있는 법안이 제안되었을 때이다. 시민들의 입법 개입은 대중조직들이 발의한 법안뿐 아니라 때로는 법률안의 경우에도 이루어진다. (입법 과정에서 ANPP와 상임위원회의 역할에 관해서는 8장에서 상세하게 다룰 것이다.)

1974~1976년 마탄사스 세미나의 다른 참석자는 쿠바 체계가 구소련을 포함하여 어떤 나라의 체계도 모방하지 않았다고 주장한다. ANPP '지역민중권력기구 상임위원회' 위원장 토마스 빅토리아노 카르데나스 가르시아는 인터뷰에서 옛 사회주의 진영의 어떤 나라도 쿠바처럼 시민들이 직접 후보자를 추천하는 제도를 갖고 있지 않았다고 밝혔다(인터뷰: Cárdenas García, 2007).

쿠바 연구자 콘셉시온 니에베스 아유스는 1970년대에는 약간의 모방이 있었다고 인정한다. 하지만 그녀는 "우리의 혁명은 그 어떤 곳에서도 수입된 것이 아니다. 우리를 위해 혁명을 만들어 주려고 온 사람은 아무도 없었다"고 주장한다(인터뷰: Nieves Ayús, 2008). 1976년 헌법 제정에서 쿠바가 독자적인 길을 걸었다는 평가는 저명한 쿠바 법률가 페르난도 알바레스 타비오도 지지한다. 그는 헌법을 제정할 책임이 있었던 1970년대 위원회에 참여했는데, 위원회에서 만들어진 헌법 초안은 민중의 참여를 거쳤다. 그는 또 시민들의 견해와 판단에 기초하여 최종안을 만드는 작업에도 관여했다(Roca, 1985: 10). 알바레스 토비오의 지적에 따르면, 헌법 초안 작성자들은 "사회주의와 공산주의의 길을 걸어온 나라들의 경험뿐만 아니라 …… 혁명 권력 15년[1959~1974]의 경험을 고려하면서 …… 혁명으로 구축된 사회경제적 현실 위에 그 프로젝트"를 설계하라는 지침을 받았다. 준거 틀 속에는 "우리 민중의 진보적이고 혁명적인 전통"을 고려할 필요성도 포함되었다(Álvarez Tabío, 1985: 26). 이런 점에서 1976년 헌법은 1959년 이후 "잠정적 시기 동안에 이 나라가 이루어 낸 누적된 변화의 결과"였다(Prieto Valdés, 2000: 33).

1959년부터 1963년까지 채택된 모든 법률(예컨대 농지개혁과 국유화)은 당시에 헌법으로 기능한 1959년 '기본법'을 적용했다. 이러한 법들은 1976년 새 헌법에 영향을 끼친 '헌법적 틀'의 일부가 되었다(Vega Vega, 1997: 105, 136). 다른 쿠바 헌법 전문가들은 1976년 헌법이 1959년에 결국 실현된 "쿠바 국민의 헌법적 표현"이었던 4개의 19세기 맘비 헌법에서 영감과 원천을 찾아낸 많은 실례들을 보여 주고 있다(Paraza Chapeau, 2000: 23). 쿠바 정치 체계와 1976년 헌법이 자생적인 기원을 갖고 있다는 사실은 쿠바가 구소비에트 체제로부터 상대적으로 독립적이었다는 점을 보여 주는 점 가운데 하나이다. 조지 램비는 비록 소련과 가깝기는 했지만 "쿠바는 대리 국가가 되지 않았으며 '소비에트화'는 부분적이었을 뿐이다"라고 주장한다. 그는 쿠바의 자율성을 보여 주는 몇 가지 사례를 들고 있는데, 그 가운데 하나는 민중의 참여와 정치의식을 최우선으로 고려한다는 점이다(Lambie, 2010: 159).

1992년 헌법 개정이 선거에 미친 영향

PCC는 1991년에 제4차 당대회를 열었는데, 그 전에 경제와 정치 문제를 다룬 문서에 바탕을 둔 폭넓은 논쟁이 풀뿌리 수준에서 벌어졌다. 이러한 풀뿌리 논쟁과 당대회 자체에서 정치 체계의 이런저런 단점이 제기되었다. 그 해결책으로 헌법이 개정되어 새로운 선거법이 만들어졌다. 선거에 관한 중요한 두 가지 헌법 개정 가운데 하나는 ANPP 대의원 선출과 관련된 것이었다. 개정 전에는 선거에 추천된 대의원은 유권자들의 직접선거로 선출되지 않았다. 1992년 이전에는 후보자가 시의회에 추천되면 시의회가 ANPP 대의원을 선출했다. 즉 시의회가 시민들에 의한 직접선거를 대신했다. 다시 말해 ANPP 대의원들은 간접적으로 선출되었다. 하지만 1992년부터는 시민들이 ANPP 추천 대의원들을 직접선거로 선출하게 되었다(Constitution of the Republic of Cuba[1976], 2003).

두 번째 중요한 개혁은 1992년 선거법 72조에서 나타난다(Electoral Law No. 72, 1992). 1992년 개혁 이전에는 ANPP 대의원 후보를 추천하는 후보자위원회에 PCC가 참여하여 주도했다. 새로운 선거법에서는 후보자위원회에 PCC의 참여가 완전히 배제되었다. 오직 대중조직들만이 후보자위원회에서 대표가 되는 실체이다(Electoral Law No. 72, 1992).

1992년의 헌법 개정은 비록 선거와 직접 관련이 있는 것은 아니지만, 이 헌법 개정을 주목할 필요가 있다. 헌법 개정으로 PCC와 민주주의 개념의 기반과 전망이 확대되었다. 예컨대, 마르티의 지도 사상이 마르크스와 엥겔스, 레닌의 사상에 추가되었다. 주권은 '노동계급'이 아니라 '인민'에게서 나온다. PCC는 이전에는 마르크스-레닌주의를 따랐다면 이제는 마르티의 사상을 따르는 것으로 인식된다. PCC는 '노동계급'의 전위가 아니라 '쿠바 국민'의 조직된 전위로 정의된다. 쿠바는 "모두와 함께 모두의 선을 위해" 조직되어야 한다는 마르티의 개념이 추가되었다. 헌법은 정치 체계가 작동하는 명시적 원리로서 '민주집중제'를 삭제하고, 그 개념 대신에 '사회주의적 민주주의'로 대체했다. 그럼에도 '민주집중제'라는 용어가 더 이상 쓰이지는 않지만 상부와 하부 기구의 관계는 비슷하게 유지되고 있다. 국제주의의 맥락에서 담고 있던 소련에 대한 언급이 개정 헌법에서는 삭제되었다(Constitution of the Republic of Cuba[1976], 2003).

선거와 헌법, 정치 시스템

 미국중심주의 모델에서 보았듯이, 민주주의의 가장 중요한 특징은
바로 선거이다. 선거는 필수적인 요소이다. 쿠바에서는 선거가 실시되
지만 선거와 전체 정치 체계의 관계는 훨씬 복잡하고 심오하다. 쿠바
국가는 1957~1958년 시에라마에스트라 경험과 1959년 1월 1일 혁명
의 승리로 성립되었다. 혁명이 일어난 후 지금까지도 여전히 광범한 다
수 민중을 개입시키고 사회주의를 개선하기 위해 분투하는 노력이 폭
넓게 이어지고 있다. 선거는 여러 방면에 걸친 현재진행형 민주주의의
맥락에서 이루어진다. 더욱이 선거는 대의민주주의보다는 참여민주주
의를 지향하고 있다. 앞 장에서 우리는 PCC와 혁명적 리더십이 2007
년부터 사회의 여러 문제들에 관한 논쟁에 풀뿌리 수준의 시민들을 어
떻게 개입시켰는지 살펴보았다. 더욱이 그러한 토론은 2011년 PCC 당
대회를 앞두고 2010년에도 이루어졌다. 당대회에서 결정된 정책들은
ANPP와 국가평의회 및 각료회의에 제안되고, 이 기구들은 그런 제안
들을 다양한 유형의 법률과 결의안으로 전환시킨다. 다음 장에서 살펴
보게 되겠지만, 시민들은 선거에서 배제되는 것이 아니라 권력을 행사
하는 여러 가지 방법으로 참여한다.
 앞에서 논의했듯이 쿠바의 참여적 유산은 혁명 국가의 1959~1962
년 활동에서 중요한 역할을 했다. 사실 쿠바 사람들은 그 당시에 스스
로 선거를 거부했다. 그리하여 주요한 경제적·사회적 변혁을 수행하는
길에서 벗어나지 않을 수 있었다. 무제한적 사유재산 축적과 미국의 지
배는 1959년 이후 광범한 대다수 민중의 사회경제적 복지 앞에 무릎
을 꿇었다. 혁명 국가는 오늘날 혁명의 주요한 위험 요소 가운데 하나
인 관료주의와 부패를 물리치기 위해 투쟁하고 있다. 혁명 국가는 1961

년에 그랬듯이 오늘날에도 미국이 지원하는 군사적 개입이나 도발을 격퇴할 준비가 되어 있다(그때 미국에서 훈련받는 침입자들은 히론 전투에서 패퇴했다). 따라서 쿠바에서는 선거가 중요하기는 하지만 전체 정치 체계를 대표하는 것은 아니다. 선거는 경쟁 프로그램이나 공약에 기초하여 실시되지 않는다. 정책 결정이나 혁명의 전반적 지향, 입법은 선거의 결과물이 아니다. 정책 결정이나 행동 방향, 입법은 다른 방식으로 이루어진다.

위에서 언급한 바와 같이 민중이 입법 과정에 참여한 2007~2012년 시기는 쿠바식 민주주의에서 의미 있는 사례이다. 다음 장에서는 입법 과정에서 민중의 역할을 자세히 살펴볼 것이다. 19세기로까지 거슬러 올라간 시기부터 수십 년 동안 발전해 온 쿠바의 정치문화는 의견 차이의 중요성을 무시하지 않으면서도 협의와 합의를 추구한다.

이는 미국과 반체제 동맹자들이 쿠바에 강요하려고 하는 미국중심주의적 개념과는 구별된다. 미국의 방식은 모든 것이 선거라는 이름 아래 치열한 경쟁과 육박전을 바탕으로 이루어진다. 이런 분위기는 미국 의회에도 존재하는데, 거기에서는 상이한 과두 세력 분파들의 공통적 이해관계에 맞지 않으면 실제로 할 수 있는 것이 아무것도 없다. 이와 달리 쿠바에서 선거는 결정을 토론하고 다듬고 만들고 수행하는 데 가장 훌륭한 사람들을 선택하는 것을 목표로 한다. 그렇다고 해서 쿠바 선거 시스템에 개선할 여지가 없다는 말은 아니다. 이 문제는 뒤에서 좀 더 살펴보기로 한다.

3장에서 우리는 대표자들을 선출하는 선거가 실시되는 베네수엘라 볼리바르혁명의 성격을 살펴보았다. 2012년 10월의 대통령 선거가 보여 주었듯이 그것은 참여적 혁명의 일부였다. 이러한 베네수엘라와 볼리비아, 에콰도르의 사례는 과두정치를 보호하도록 고안된 미국중심주의 모델인 비참여적 민주주의와는 구분되어야 한다.

쿠바에서는 선거 과정과 모든 수준(시, 도, 전국 수준)의 국가기구로서 '민중권력기구'(OPP, Órganos del Poder Popular)의 기능이 여전히 중요하다. 마찬가지로 '지역민중권력기구'(OLPP, Órganos Locales del Poder Popular)는 OPP 안에서 시와 도 수준의 국가권력을 구성한다. 이것들도 마찬가지로 중요하다.

쿠바의 선거 시스템은 헌법에 바탕을 둔 정치 체계의 일부이다. 헌법 전문에는 지울 수 없는 쿠바 전통의 흔적이 새겨져 있다. 쿠바인들은 원주민들과 노예반란, 그리고 19세기 독립전쟁이 조성한 창조적인 과업과 전투적인 전통을 상속자로서 지속시킬 책임이 있다고 헌법은 선언하고 있다. 헌법은 또 노동자와 농민의 투쟁, 20세기 미국 지배 아래에서 최초의 마르크스-레닌주의 조직 건설, 그리고 몬카다와 시에라 마에스트라, 히론에서 분출시킨 새로운 운동을 언급하고 있다. 헌법 전문은 다음과 같은 선언으로 끝맺는다. 공화국 헌법은 "다음과 같이 마침내 성취된 호세 마르티의 강력한 소망에 이른다. '나는 우리 공화국의 기본법이 인간의 완전한 존엄성으로 쿠바인들에게 헌정되기를 바란다.'" 헌법은 자유투표를 통한 국민투표로 채택되었다고 선언하고 있다 (Constituon of the Republic of Cuba[1976], 2003).

1단계 총선거: 시의회 선거

헌법에 따라 국가평의회가 총선거를 공고한다. 전국 및 도 수준에서 선출되는 대의원의 임기가 5년이라는 사실 말고는 정해진 날짜도 없다. 보통 총선거는 7월에 시 수준의 1단계 선거 날짜를 특정함으로써 공고된다. 2단계(전국 선거)의 정확한 날짜는 진행 과정에 따라 나중에 결정된다. 예컨대 2007~2008년과 2012~2013년 총선거는 각각 2007년과 2012년 7월에 공고되었으며, 시의회 선거는 석 달 뒤인 2007년 10월과 2012년 10월에 실시되었다.

일단 선거가 공고되면 국가평의회는 전국선거위원회(CEN, Comisión Electoral Nacional) 위원들을 지명한다. CEN이 선거를 감독하는 가운데 후보자위원회는 오직 대중조직의 회원들만으로 구성된다. 이 후보자위원회가 실제로 후보자 추천 과정에 참여한다. 한편 CEN은 선거에 전혀 참여하지 않지만, 헌법과 선거법에 따라 선거가 이루어지는지 전체 과정을 조사하고 감독할 책임이 있다. 2007~2008년 총선거에서 국가평의회는 13명으로 구성된 CEN의 위원장으로 법무부 장관 마리아 에스테르 레우스 곤살레스를 지명했다. 레우스 곤살레스로서는 처음 맡은 일이었다. 그녀는 법무부 장관으로서가 아니라 법률과 절차를 잘 아는 전문가로서 CEN을 이끈다. 이전 선거에서는 최고법원 부원장이 CEN 위원장으로 활동한 바 있다. 2012~2013년 총선거에서는 변호사 알리나 발세이로 구티에레스가 CEN 위원장으로 지명되었다. CEN은 각 도선거위원회(CEP, Comisión Electoral Provincial) 위원들을 선임한다. 그런 다음 CEP는 동일한 절차에 따라 모든 시선거위원회(CEM, Comisión Electoral Municipal) 위원들을 지명한다. 그런 다음 CEM은 풀뿌리 수준의 선거위원회 구성을 주도하게 된다.

CEN은 이러한 여러 수준의 선거위원회(도, 시, 풀뿌리 수준)와 협력하여 선거가 법에 따라 진행되도록 보장하는 책임을 진다.

탈집중화
쿠바의 선거와 정치 체계의 혁신적 특징은 탈집중화되어 있다는 점이다. 그것은 쿠바인이 아닌 보통 사람들이라면 이해하는 데 오랜 시간을 들여야 할 정도로 분산적이다. 2007~2008년 선거 때에는 14개의 도와 이슬라데라후벤투드라는 하나의 특별시가 있었다. 2010년 새로운 법률에 따라 쿠바는 현재 15개 도와 1개 특별시로 이루어져 있다.

아바나 '시'(ciudad)는 하나의 시가 아니라 여러 시들로 탈집중화하기 위해 '도'로 분류된다. 현재 아바나 도(아바나 시로 알려져 있기도 하다)의 인구는 2,135,498명이다. 이는 미국 텍사스 주 휴스턴의 인구와 거의 비슷하다. 아바나 도는 15개의 기초지자체 또는 시로 나뉘어져 있다. 헌법에 따르면 이들 시는 "각 영역 안에서 국가 기능을 행사하기 위한 최고 권위를 부여받는다. 따라서 시는 법률적 관할 아래에 있는 전반에 걸쳐 통치권을 가진다." 더욱이 시 행정기구(시의회)는 "권역 내의 경제, 보건의료, 상호부조, 교육, 문화, 스포츠, 레크리에이션 서비스에 이르기까지 수요를 집단적으로 충족하기 위해 시에 부속되어 설립된 경제·생산·서비스 기구들을 지휘한다"(Constituon of the Republic of Cuba[1976], 2003). 시의회는 통치 행위를 펼치는 지역 국가기구이다. 시의회는 '지역민중권력기구'(시와 도 수준)의 일부로서 민중권력기구(전국, 도, 시에 걸친 세 수준)에 통합되어 있다. 시의회는 원칙적으로 자기 영역에 대한 대부분의 측면에 책임을 진다. 말하자면 시(기초지자체)는 뉴욕, 런던, 몬트리올의 경우처럼 매우 제한된 권력을 가진 한 도시의 단순한 하부 단위로 존재하는 자치구가 아니다.

인구 면에서 보면 아바나 도는 미국의 한 주도로서 휴스턴이 15개 구로 나뉘어져 있는 것으로 생각할 수 있다. 아바나 도의 이러한 15개 시 또는 기초지자체 가운데 하나가 여기에서 사례 연구 대상이 되는 플라사데라레볼루시온(Plaza de la Revoución)이다.[1] 이 시의 인구는 152,318명으로 아바나 도 전체 인구의 7.1퍼센트를 차지한다. 플라사데라레볼루시온은 108개 선거구(circunscripcion)로 구성되어 있으며, 각 선거구는 한 사람의 대의원을 선출한다. 전형적인 도시 선거구는 약 1,450명의 유권자로 구성된다. 북아메리카의 행정구나 선거구의 주민 숫자와 쿠바 선거구의 약 1,450명 사이에는 엄청난 차이가 있다. 이 둘은 분명하게 지역 정치 구조의 매우 상이한 두 가지 유형이다. 이처럼 매우 작고 밀집된 지역 선거구는 쿠바 정치 체계에 독특하게 기여하는 요인들 가운데 하나이다.

선거와 여러 현지조사 사례 연구 대상이 된 12번 선거구는 플라사데라레볼루시온 시의 108개 선거구 가운데 전형적인 선거구이다. 이 선거구는 조밀하고 인구가 집중된 8개의 거리 블록('도시에서 네 개의 거리로 둘러싸인 구역'으로 매우 짧은 거리이다)으로 구성되어 있다. 2007년 선거에서 이 선거구에 등록된 유권자 1,450명은 결국 대의원 한 명을 대표로 선출했다. 이것은 19세기 맘비들과 1957~1958년 시에라마에스트라의 참여적 정치문화에까지 거슬러 올라가는 쿠바 전통을 상기시킨다. 그 특징은 지도자와 기층 사이의 밀접한 연계였다. 이러한 상호작용은 현재 쿠바 정치 체계의 쇄신을 위해 필수적인 전통으로서 더욱 활성화될 것을 요청받고 있다. 혁신을 위한 이러한 호소는 사회의 모든 수준에서 나온다. 이 점에 관해서는 6장에서 오늘날 역사의 교차로에 서 있는 쿠바를 살펴보는 가운데 확인한 바 있다.

---

1) 위에서 언급한 2010년의 지역 경계의 변동(2011년에 효력이 발생했다)은 이 시에서는 소수의 가로 블록에만 해당되었다. 따라서 그러한 조정은 사례 연구에 전혀 영향을 주지 않았다. 2012~13년 총선거에서는 더 이상의 변화가 없었다.

유권자 등록

선거인명부의 작성은 7월에 선거가 공고되자마자 시작된다. 등록된 주소록은 시민들의 생년월일과 주소 자료를 책임진 정부기구에 의해 연중 꾸준히 갱신된다. 주소록에는 각 선거구 유권자들의 이름과 생년 월일, 주소가 담겨 있다. 각 선거구 선거인명부는 등록 주소록에 기초하여 작성된다(Electoral Law No.72, 1992). 선거인명부는 주민들이 쉽게 확인할 수 있다. 도시에서는 선거인명부를 확인하기 위해 한 블록 이상을 걸어갈 필요도 없다. 1997~1998년과 2007~2008년 선거 기간 동안 관찰한 결과, 도시와 농촌에서 시민들은 선거인명부에 수월하게 접근했음을 알 수 있었다. 유권자들은 오류의 정정하거나 수정하라고 요구할 수 있다. 최종적으로 수정된 선거인명부는 선거일에 사용하기 위해 준비된다.[2]

최소 투표연령은 16세이다. 시의회나 도의회의 대의원으로 선출되기 위한 최소 연령은 16세이며, ANPP에 선출되기 위해서는 18세가 되어야 한다. (이러한 청년 투표권은 19세기 맘비 선거에서 그 기원을 찾을 수 있다. 에스파냐와 싸우는 사람이라면 누구든 투표권을 보유했다.) 법적으로 "정신적인 장애가 있는" 사람들이거나 범죄를 저질러 복역 중인 사람들은 투표권을 행사할 수 없다(Constituon of the Republic of Cuba[1976], 2003).

선거구선거위원회(CEC, Comisiones Electoral de Circunscripción)

---

2) 미국이 쿠바를 차지하려고 하는 꿈을 실현하려고 한다면, 다음과 같이 아랫사람 다루듯 하는 말투로 미국의 계획을 밝힌 점을 지적하는 것은 유익하다. "효과적이고 공평하며 차별 없는 선거인 등록 절차를 확립하고, 자격을 가진 모든 사람들에게 투표가 평등하게 이루어지도록 하며 …… 선거인 등록과 선거인명부를 유지하는 선거 관리요원들을 훈련시킨다"(Powell, 2004). 제한된 보편선거와 차별적인 선거인 등록을 가진 미국의 전통과 이러한 계획을 비교해 보라.

는 전국, 도, 시 아래에 네 번째로 가장 낮은 수준의 선거위원회이다. 플라사데라레볼루시온의 12번 선거구는 선거 과정 동안 다섯 곳에 투표소(colegios electorales)가 설치된다. 각 선거구의 투표소 수는 인구에 따라 달라진다. 선거 목적을 위해 마련된 이러한 탈집중화의 목표는 시민들이 좀 더 쉽게 선거 과정에 접근할 수 있도록 하기 위한 것이다. 이러한 근접성이 주는 이점 가운데 하나는 수정된 선거인명부를 확인하기 쉽다는 점이다. 12번 선거구는 8개의 블록으로 이루어져 있기 때문에 각 투표소는 한두 블록 이상 떨어져 있지 않다. 각 투표소에는 일반적으로 대중조직들이 보내는 자원봉사 선거요원(mesa electoral) 다섯 명씩 배치된다.

시의회 대의원 선출을 위한 후보자 추천

후보자 추천회의를 열기 위해 각 선거구는 2~8개 구역으로 나뉜다. 그 목적은 추천회의가 풀뿌리에 기초하여 매우 압축적으로 진행되도록 하기 위해서이다. 추천 지역의 수는 선거구의 인구에 따라 결정된다. 농촌과 반농촌 지역에서는 지역의 면적과 접근성도 고려된다. 법률에 따라 선거에 최소한 두 후보자가 출마해야 하기 때문에 최소 두 개의 추천 지역이 있어야 한다. 최대는 8개 지역인데, 그 이유는 한 선거구의 인구 규모가 작아서 선거구들 가운데 어느 곳도 8개 이상의 작은 지역으로 나눌 필요가 없기 때문이다.

사례 연구 대상인 12번 선거구는 CEC가 5개의 추천 지역으로 나누었다. 추천회의의 날짜와 장소를 알리는 것은 주로 CDR의 지역위원회가 맡는다. 추천 지역은 하나 또는 몇 개의 CDR 위원회 지역과 일치하기 때문에 지역 CEC와 더불어 CDR은 추천회의 과정에서 중추가 된다. 이 다섯 개의 추천회의에서 사람들은 자신이 거주하는 추천 지역에서만 참여하여 추천하고 투표할 수 있다.

지역 추천회의는 보통 주중에는 저녁 8시, 주말에는 낮 시간에 열린다. 이 회의는 도시의 경우 주택 앞 인도나 거리 또는 아파트 1층 같은 임시로 마련한 장소에서 열린다. 2007년 9월 연구에서 12번 선거구 전체의 평균 참석률(유권자 가운데 실제로 참석하는 사람들의 비율)은 81.17퍼센트였다. 이러한 참석률은 전국적으로 대체로 비슷하다.

이웃공동체 추천회의는 지역의 선거구선거위원회가 주재하는 가운데 진행된다. 추천은 누구에게나 열려 있다. 당해 추천 지역에 살기 때문에 참석한 개인들은 자신의 선거구 안에 거주하는 사람이면 어디에 사는 사람이든 추천할 수 있다. 달리 말해 피추천인은 추천회의가 열리는 그 추천 지역에 거주하지 않아도 된다. 하지만 추천된 사람은 자신이 추천을 승낙한다는 사실을 밝혀야 하며, 추천하는 사람은 추천 이유를 대야 한다. 추천 이유는 일반적으로 피추천인의 개인 업적과 성격, 이력, 지역공동체에 대한 헌신이나 유대 등에 집중된다. 피추천인이 PCC나 UJC 당원인지 여부는 일반적으로 거론되지도 않는다.[3] 참석한 사람들은 또 추천에 반대하는 주장을 펼칠 권리가 있다.

첫 번째로 추천된 사람은 하비에르 이스키에르도였다. 그는 추천 지역에 살고 있지 않기 때문에 출석하지 않았다. 하지만 자신을 추천한 사람에게 추천을 받아들인다는 뜻을 전달했다. 두 번째로 추천된 사람은 헤수스 가르시아 브리고스였는데, 그는 그 추천 지역에 살고 있는 재임자로 참석해 있었다. 그 역시 추천을 받아들인다는 의사를 밝혔다. 다른 추천이 없다는 사실이 확인된 후에 거수투표가 이루어지고 선거

---

3) 회의 과정에 PCC 당원이 몇 명 있었다. 하지만 그들은 헌법과 선거법에 벗어나는 일이 없도록 오직 선거위원회 위원들과 대화하고 접촉할 뿐이었다. 그들이 유권자들과 접촉하는 일은 없었다.

위원회가 숫자를 세었다.

가장 많은 득표를 한 사람이 '해당' 추천 지역에서 피추천인이 된다. 이 추천 지역에서는 이스키에르도가 추천되었다. 다른 네 추천 지역에서는 다른 날 저녁에 추천회의가 열려 이스키에르도나 가르시아 브리고스 또는 둘 다 추천되었다. 가르시아 브리고스는 한 지역에서 거수로 다수표를 얻었다. 다섯 지역의 추천회의 결과, 플라사데라레볼루시온 시의 12번 선거구 대의원 선거에는 두 명의 후보자가 정해졌다.

두 명만을 후보자로 내는 경우가 보통이다. 하지만 플라사데라레볼루시온의 108개 선거구에서 30개 선거구는 3명의 후보자를, 7개 선거구는 4명을, 1개 선거구는 심지어 7명의 후보자를 냈다.

거수투표는 시의회 선거 과정에 대한 반체제 인사들의 주요 불평 가운데 하나이다. 그들은 사람들이 손을 들어 투표를 하는 행위가 너무 '공개적'이라고 본다. 그들의 논리인 즉, 시민들은 공개적으로 반체제 인사들과 연관되는 것을 좋아하지 않기 때문에 거수투표는 반체제 인사들에게 불리하다는 것이다. 하지만 모든 지표로 볼 때, 쿠바인들 가운데 압도적인 다수는 공개적으로든 다른 식으로든 자신들이 이들 반대파들과 연관되는 것을 원하지 않는 것 같다.[4]

추천 과정에서 PCC의 역할

PCC는 후보자를 추천할 권리가 없다. 그런데도 반체제 인사들과 대부분의 서방 언론은 PCC가 모든 것을 통제하기 때문에 쿠바에서는 실

---

[4] 1999년 책에서 당시 내 경험을 기초로 썼듯이, 이것은 반체제 인사들의 문제이지 선거 시스템의 문제가 아니다. 만약 반체제 인사들에 대한 지지가 자신들이 주장하는 것처럼 광범하다면 (그들은 종종 자신들이 쿠바인들 다수를 대표한다고 말한다) 그들은 거수투표로 손쉽게 추천되었을 것이다.

질적인 선거가 없다고 주장한다. 위에서 설명한 추천 과정은 이러한 주장과 모순된다. 그럼에도 불구하고 2007년에 사례 연구의 일환으로 추천 과정에서 PCC의 개입 여부를 자세히 관찰하고 조사해 보았다.

플라사데라레볼루시온 시선거위원회의 위원 5명은 추천회의 전에 훈련을 받고 사전 준비를 했다고 설명했다. 위원들에 따르면, PCC는 후보자 추천 과정에 개입할 권리가 없다(인터뷰: Municipal Electoral Commission, 2007). 추천 과정이 기층에서 헌법과 선거법에 따라 진행되는지 상급 선거위원회가 확인하는 것이 보통의 관행이다. 예컨대 아바나 도선거위원회(그 위원들은 법률과 선거 과정에 경험이 있는 법률가들이다)는 법에 저촉되지 않는지 확인하기 위해 불시에 방문한다. 이러한 방문 목적에는 PCC의 선거 개입 금지를 확인하는 것도 포함된다(인터뷰: Comisión Electoral Provincial, 2008).

PCC가 개입하지 않는다는 가장 생생한 증거는 12번 선거구 사례 연구 경험에서 찾아볼 수 있다. 후보자 가운데 한 사람인 이스키에르도는 PCC 당원인 반면에 또 다른 후보자 가르시아 브리고스는 당원이 '아니다.' 이스키에르도에게 유리한 가시적인 압력은 없었다. 가르시아 브리고스를 추천한 이웃 사람은 공개적으로 추천했으며 자기주장을 펼쳤다. 마찬가지로 이웃 사람들은 모두 투표할 때 사람들이 볼 수 있도록 공개적으로 저마다 자신의 견해를 표명했다. 당의 역할에 대해 선입관을 가진 개념의 실체를 꿰뚫어 보기 위해서는 PCC가 주로 마르티 전통, 즉 마르티가 미국 선거 정당을 비판한 것에 기초한 유산에서 기원을 찾고 있다는 점을 염두에 둘 필요가 있다. 이러한 마르티 유산은 나라 전체를 이끈 혁명정당인 쿠바혁명당(PRC)의 개념에서도 발견된다. PCC의 목표가 반드시 선거정치에 참여하는 것은 아니었다. 그럼에도 서방의 제도언론과 반체제 블로거들은 추천 과정에서 PCC의 역할에

관해 국제 여론을 끊임없이 집요하게 호도하고 있다.[5]

추천회의 개선을 둘러싼 논쟁

PCC가 모든 것을 통제한다는 반체제 인사들의 기만적인 주장은 쿠바 섬에서는 한 줌도 안 되는 소수만이 자신들의 미디어나 외국의 정치적 후원자들과 더불어 관심을 가질 뿐이다. 이러한 속임수는 비쿠바인들에게 흔히 알려져 있는 거짓 정보이다. 하지만 광범한 대다수 쿠바인들에게 관심사는 OPP를 향상시키기 위한 노력으로 추천회의를 '개선' 하는 것이지, 그것을 미국 이미지에 따라 다른 정치 체계로 바꾸어 내는 것이 아니다.

추천 과정에 대한 개선 문제는 상당 기간 동안 의제가 되어 왔으며, 풀뿌리에서 ANPP 지도자들에 이르기까지 모든 수준에서 관심사이다. 예컨대 ANPP 의장 알라르콘이 1995년에 인정한 바에 따르면, "추천 과정에서 더 나은 질을 추구하는 것이 필요하다 …… 집단적인 심사숙고를 통해 가장 훌륭한 자질을 가진 가장 적절한 이웃들을 생각해 낼 필요가 있다." 그는 시의회가 하는 일을 개선하기 위해 추천과 선거 과정에 대한 의식적인 참여를 높이는 것에 이 말을 연관 지었다(Alarcón de Quesada, 2002a: 99). 그 의도는 무엇보다도 사람들이 대의원의 역할을 더 잘 이해하도록 하는 것이다. 그렇게 하여 추천의 질을 높이는 동시에 잠재적인 피추천인들이 의식적으로 수락하도록 북돋우는 것이 목표이다(인터뷰: Lezcano, 2009).

가르시아 브리고스는 한 인터뷰에서 레스카노가 표현한 ANPP의 우

---

5) www.democracyintheus.com, "Dissidents in the Nomination Process as Part of U.S. Democracy Promotion."

려에 실체를 제공하는 주장을 덧붙였다. 쿠바의 텔레비전이 경제나 스포츠, 문화 활동에 관련된 사람들에 관해 너무 많은 뉴스를 내보낸다고 가르시아 브리고스는 지적했다. 하지만 핵심적인 역할을 하는 "대의원들이나 시의회에 관해서는 거의 뉴스가 없다"고 밝혔다. 그가 예를 들어 설명한 바에 따르면, 어떤 지역이 허리케인 피해를 입을 때조차도 뉴스는 지역 공산당 서기에 초점을 맞춘다는 것이다. 당서기의 역할이 중요하다는 점은 그도 인정했다. 하지만 미디어가 실제로 시의회와 대의원들이 하는 일을 무시하는데, 사람들이 어떻게 대의원들의 역할을 제대로 평가할 수 있으며, 누구를 왜 추천하며 누구에게 투표해야 할지에 관해 더 많은 정보를 얻을 것이라고 기대할 수 있겠는가 하고 가르시아 브리고스는 간곡하게 말했다(인터뷰: García Brigos, 2009a). 사실상 내가 지난 몇 년 동안 관찰한 바에 따르면, 쿠바의 텔레비전 뉴스와 인쇄 매체는 대의원들의 역할이 중요하지 않다는 인식을 의도치 않게 조장한 것이 분명해 보인다. 하지만 실제로는 일반적으로 대의원들은 일에 무관심하게 떨어져 있는 것이 아니라 사실상 개입되어 있다. 역설적인 것은 대부분의 일에서 대의원들이 치르는 희생에도 불구하고 그들의 관여나 활동에 관한 뉴스가 매우 적다는 점이다.

2012년 8월 30일, 황금시간대 토론 프로그램 〈메사 레돈다〉(Mesa Redonda)는 2012~2013년 총선거를 다루었다. 앵커 아렌 데리베트 로드리게스는 출연자 중 한 사람인 ANPP 의장 라카르도 알라르콘에게 어떤 시청자가 보낸 질문 내용을 읽어 주었다. 쿠바 언론이 선거에 충분한 시간과 중요성을 부여하고 있는가 하는 질문에 대답하면서 알라르콘은 "솔직히 말하면 그렇지 않다"고 시인했다. 그는 이어 쿠바의 미디어는 쿠바 선거보다 미국 선거에 더 많은 시간을 할애하고 있다고 말했다(Mesa Redonda, 2012년 8월 30일, 지은이 채록).

대의원을 지낸 아바나대학 정치학자 에밀리오 두아르테 디아스는 추천 절차를 비롯한 전반적인 과정을 개선해야 한다고 썼다(Duharte Díaz, 2008: 56, 121-131). 한 인터뷰에서 두아르테 디아스는 이렇게 주장했다.

일부 추천회의는 잘 조직되지만 그렇지 않는 경우도 있다 …… 게다가 형식주의가 압도하는 추천회의가 많다 …… 추천회의가 정치 체계의 기본이라는 사실을 실제로 깨닫지 못하는 것처럼 이런 일이 일어나고 있다. 그 결과 추천 과정이 빨리 끝나기를 바라면서 [모방하는 말투로] "얼른 끝냅시다"라고 말하는 사람들이 상당수 있어서 추천회의의 질에 문제가 생기고 있다. 앞으로 치르게 될 선거에서는 이 점에 주의를 기울일 필요가 있다. OPP에 관여하고 있는 사람들은 물론이고, 전문가인 우리를 비롯한 다른 사람들도 이 주제에 관한 대중적 논쟁에 실질적인 도움을 줄 수 있다고 나는 생각한다(인터뷰: Duharte Díaz, 2009).

추천회의의 질에 관해서는 장소에 따라 상당한 차이가 있다. 예컨대, 1997년 내가 사례 연구를 실시한 시엔푸에고스의 아브레우스 같은 농촌 지역에서 추천회의는 매우 적극적이고 자발적이었다. 아브레우스에서 어떤 시민은 혁명적이라는 이유를 대면서 한 사람을 추천했다. 추천회의를 주재한 선거위원회 위원이 쿠바에서는 대부분의 사람들이 스스로 혁명적이라고 생각한다는 의미로 "비꼬는 투로 [제안자에게] '뭐 또 다른 기준은 없습니까?' 하고 물었다." 참석자들은 그 말의 의미를 충분히 이해했으며, "좌중은 폭소를 터뜨려" 그 사람에게 선거법에 따라 추가적인 주장을 내놓도록 다그쳤다(August, 1999: 271). 이와 대조적으로 그해 (아바나 같은) 도시 지역에서 몇몇 추천회의는 형식주의의 모습을 보였다. 더욱이 도시 지역 아바나의 1997년 추천회의 같은 지역의 2007년 추천회의를 비교해 보면, 두아르테 디아스가 '형식주의'라고 부른 모습이 나타나고 있으며 '얼른 해치우려는' 욕구가 갈수록 증가하고 있다.

라파엘 에르난데스에 따르면, "추천 과정이 개선될 수 있는 건 분명하지만, 추천 과정의 결함은 구조 자체와 관계가 있는 것은 아니다. 문제는 오히려 사람들이 대의원을 어떻게 보느냐 하는 점이다." 추천회의의 개선에 대해서는 에르난데스도 두아르테 디아스와 마찬가지로 추천회의를 진행하는 과정에 나타나는 "형식주의와 관례적 태도"에 문제가 있다고 주장한다(인터뷰: Hernández, 2009).

추천회의의 질을 개선하는 문제에 관한 토론은, 비록 상대적으로 제한적이기는 하지만 그 자체가 현재진행형 쿠바 민주주의의 특징이라고 할 수 있다.

시의회 선거

일단 후보자들이 추천되면(예컨대 12번 선거구 사례 연구에서는 가르시아 브리고스와 하비에르 이스키에르도), 지역 선거위원회는 후보자들한테서 간단한 이력서와 사진을 받는다. 이력서와 사진은 유권자들이 쉽게 볼 수 있도록 지역의 공공장소에 내걸리게 된다. 이것이 선거법이 허용하는 유일한 홍보이다. 공공장소에 게시하고 투표하기까지 충분한 시간이 있기 때문에 유권자들은 선택을 위해 이력서를 읽어 볼 것이다. 선거운동이나 선거 자금은 허용되지 않는다.

두아르테 디아스는 이력서와 사진을 게시하는 것만으로는 "충분하지 않다"는 의견을 갖고 있다. 유권자들이 "투표 전에 후보들의 면면을 좀 더 잘 알 수 있도록" 유권자와 후보자 사이의 교류 방법을 찾아낼 필요가 있다고 그는 말한다(인터뷰: Duharte Díaz, 2009). 에르난데스도 비슷한 견해를 갖고 있는데, 이력서를 지역 상점들의 출입문에 단순히 게시하는 것으로는 후보자와 유권자 사이의 사적인 상호작용을 촉진하는 방법이 아니라고 말한다(인터뷰: Hernández, 2009).

선거법은 선거 윤리를 고려하여 "모든 형태의 기회주의와 민중 선동, 수준 낮은 정치논쟁(politiquería)"를 금지한다. 하지만 같은 선거법 171조는 각종 행사나 회의에 함께 참여하거나 "노동자들과 의견을 나누기" 위해 직장을 방문할 수 있도록 하고 있다. 이웃공동체와 직장이나 교육기관에 함께 참여하는 조건은 개인적인 정치공작을 하지 않는다는 보장이 있어야 한다. 선거법에 따르면 이처럼 함께 참여하는 것은 노동자들과 다른 시민들이 "후보자들을 잘 알 수 있도록"할 것이다. 하지만 선거법에 따르면 "이것은 선전 선거운동으로 볼 수 없다"(Electoral Law No. 72, 1992). 이렇게 함께 참여하는 '후보자 대면' 회의는 ANPP 대의원 선거에서는 이루어지지만, 시의원 선거에서는 이루어지지 않는다. 에르난데스가 우려하는 이유는 바로 이 대목에 있다.

언제나 일요일에 실시되는 투표 날에 유권자들은 모든 쿠바인들이 지니고 있는 신분증을 제시함으로써 선거권자임을 확인한다. 투표소 요원들은 투표자에게 투표 과정을 설명한 다음 투표용지를 건넨다. 사례 연구 과정에 살펴보니 투표용지에는 이스키에르도와 가르시아 브리고스 두 사람의 이름이 적혀 있었다. 물론 비밀투표이다.

시의회 선거 결과 분석

2007년 10월 선거에서 시의회 대의원 1명을 뽑는 12번 선거구에는 1,450명의 유권자가 있었다. 당선되기 위해서는 과반수를 득표해야 한다. 12번 선거구에는 후보자가 2명뿐이었고 동수 득표가 아니었기 때

표 1 플라사데라레볼루시온 제12선거구 비밀투표 선거 결과, 2007년 10월 21일   단위 : %

투표소	투표구 투표율 (1차 선거)	백지투표	무효표	가르시아 브리고스 후보	이스키에르도 후보
1	87.50	87.50	87.50	87.50	87.50
2	91.74	87.50	87.50	87.50	87.50
3	90.65	87.50	87.50	87.50	87.50
4	93.16	87.50	87.50	87.50	87.50
5	88.62	87.50	87.50	87.50	87.50
합계	90.35	87.50	87.50	87.50	87.50

출처: Comisión Electoral de Circunscripción No. 12 (지은이에게 제공된 자료)

문에 결선투표는 필요 없었다. 추천회의에서는 이스키에르도가 가르시아 브리고스보다 더 많은 지지를 얻었지만, 막상 선거에서는 가르시아 브리고스가 근소한 차이로 승리했다(51.80% 대 48.16%, [표 1] 참고). 가르시아 브리고스는 당원이 아니었기 때문에 전국적으로 3분의 1가량 차지하는 비당원 시의회 대의원 가운데 한 사람이 되었다(인터뷰: Reus Gonzáles, 2008). 이 지역 선거구의 투표율은 90.35퍼센트였다. 백지투표가 2.20퍼센트, 무효표가 2.88퍼센트 나왔다. 이 결과는 아바나 도 전체 평균보다 낮은 수치였다. [표 2]에서는 투표율뿐 아니라 백지투표와 무효표에 특별히 관심을 두었다. 나중에 좀 더 자세히 다루겠지만, 추천 과정에 대한 반체제 인사들의 선동에서 나타나듯이 외국 언론에서는 이 문제에 관해 상당한 거짓 정보가 있다. 하지만 여기에서는 백지투표나 무효표를 행사함으로써 사람들이 정치체제에 대한 반대 의사를 표현한다는 점(모든 표가 그렇지는 않다 하더라도)만 언급해 두기로 한다. 물론 실수로 무효표가 나오기도 한다.

아바나 도(이전의 아바나 시)는 아바나 시를 전체를 포괄한다. 아바나는 전통적으로 백지투표와 무효표의 비율이 가장 높은 지역이다. 아바

표 2 아바나 도 비밀투표 선거 결과(2007년 10월 21일)

1차 선거 투표율	백지투표	무효표
94.52	3.90	4.58

출처: Comisión Electoral Municipal Plaza de la Revoución (지은이에게 제공된 자료)

나는 또 대부분의 반체제 인사들이 종종 사람들에게 백지투표나 무효표를 찍으라고 호소하는 활동을 벌이는 곳이기도 하다. 2007년 총선거의 시의회 선거 단계에서 아바나의 백지투표와 무효표는 각각 3.90%와 4.58%로 전국 평균보다 약간 높게 나타났다([표 2]).

CEN 위원장 레우스 곤살레스에 따르면, 전국적으로 15,236개 선거구 가운데 20퍼센트 가까운 곳에서는 두 가지 이유로 결선투표를 치러야 했다. 하나는 3명 이상의 후보자 가운데 아무도 대의원 선출에 필요한 과반수 득표를 하지 못한 경우였다. 결선투표를 치르는 선거구는 대부분이 이런 곳이었다. 다른 하나는 기술적 문제 때문이었는데, 7개 선거구에서 문제가 발생했다(표 3). 2차 투표에서는 네 곳에서 동수 득표를 기록하여 3차 투표를 실시한 끝에 네 곳 모두 결국 과반수 득표자가 나왔다(인터뷰: Reus Gonzáles, 2008). 전국의 백지투표와 무효표의 비율(7.01%)은 아바나의 경우(8.48%)보다 낮았다.

2010년 4월 시의회 부분선거는 2007년 10월에 선출된 지역 대의원의 2년 6개월 임기를 갱신하기 위해 실시되었다. 2012년 10월 21일에는 2012~2013년 총선거의 시의회 선거가 실시되었다. 2007년 시의회 선거(즉 총선거의 1단계)보다 2010년 시의회 부분선거에서는 백지투표와 무효표가 많아졌다. 예컨대 아바나 도에서 백지투표와 무효표가 2007년에는 각각 3.90%와 4.58%에서 2010년에는 4.67%와 6.56%로 증가했다([표 2]와 [표 4]). 전국적으로도 비슷한 경향이 나타났다.

표 3 1차 시의회 선거 전국 최종 결과(2007년 10월 21일)

3,027개 선거구 (약 20%)는 10월 28일 일요일에 2차 투표		
4개 선거구는 10월 31일 수요일에 3차 결선 투표		
투표율	백지투표	무효표
96.49	3.93	3.08

출처: *Granma*, 2007b.

표 4 시의회 부분선거 1차 투표(2010년 4월 25일)와 시의회 총선거의 1단계(2012년 10월 2일)

	백지투표		백지투표		무효표	
	2010	2012	2010	2012	2010	2012
아바나 도	94.71	93.12	4.67	4.99	6.56	6.26
전국	95.90	94.21	4.59	4.97	4.30	4.45

출처: *Granma*, 2010, 2012a; Hernández S., 2012.

2007년에 각각 3.93%와 3.08%이던 백지투표와 무효표는 2010년에 4.59%와 4.30%로 증가했다([표 3]과 [표 4]). 2010년의 백지투표와 무효표를 합치면 8.89%로, 1995년을 제외하면 최근 선거 역사에서 어떤 해와 비교해도 가장 높았다. 1995년에는 백지투표와 무효표를 합쳐서 11.3%를 기록했다. 2010년에서 2012년으로 가면서도 비슷한 경향이 나타났다. [표 4]가 보여 주듯이 2012년 10월의 시의회 선거에서는 2010년 선거와 비교하여 전국 투표율이 역사상 최저인 94.21%로 떨어졌다. 아바나의 투표율은 약간 떨어졌다. 하지만 반체제 인사들의 거점인 아바나에서는 백지투표와 무효표가 이전 선거와 거의 비슷한 가운데, 무효표는 실제로 약간이라도 감소했다.

투표율을 보여 주는 [표 5]에서 보는 바와 같이 2007년에서 2010년에는 투표율이 각각 96.70%에서 95.90%로 아주 조금 떨어졌다. 1976년에 실시된 첫 시의회 선거에서 2010년에 이르기까지 투표율은 매우

표 5 시의회 선거 투표율(1976~2012년)

연도	투표율(1차 투표)	연도	투표율(1차 투표)
1976(1단계 선거)	95.20	1997(1단계 선거)	97.60
1979(부분선거)	96.90	2000(부분선거)	98.10
1981(1단계 선거)	97.20	2002(1단계 선거)	95.80
1984(부분선거)	98.70	2005(부분선거)	96.70
1986(1단계 선거)	97.70	2007(1단계 선거)	96.70
1989(부분선거)	98.30	2010(부분선거)	95.90
1992(1단계 선거)	97.20	2012*(1단계 선거)	94.21
1995(부분선거)	97.10		

출처: Oficina Nacional de Estadístics, n.d.(a); *Granma*, 2012a

안정적이었는데, 1976년에 95.20%로 최저였으며 1984년에 98.70%로 최고를 기록했다. 하지만 2010년 투표율(95.90%)은 1976년 이래 세 번째로 낮았다. 이러한 경향은 2010~2012년에도 계속되어 2012년에는 투표율이 94.21%로 떨어졌다. 이는 1976년 선거가 시작된 이래 최저 수준이다.

무효표로 적절하게 분류된 투표용지 가운데 대부분은 체제에 대한 의도적이고 명시적인 반대로 보인다. [표 6]에서 보는 바와 같이 1995년을 제외하면 전체 백지투표와 무효표는 안정적이다. 하지만 2010년에는 2007년 선거에 비해 눈에 띄게 증가했다.

2010년 시의회 부분선거에서 백지투표와 특히 무효표가 증가한 것은 경제적 상황과 정치체제에 대한 일부 사람들의 불만 증가를 반영하는 것이라고 볼 수 있다. 투표율은 2010년 95.90%에서 2012년 10월에는 94.21%로 다시 약간 떨어졌다. 하지만 이것은 어느 정도 선거 전에 동부와 중부 지역을 덮친 허리케인 샌디 때문이었다. 선거위원회는 어려운 상황을 고려하여 투표소 개방 시간을 (오후 6시에서 오후 7시로)

표 6 시의회 선거, 전체 백지투표와 무효표 비율

연도	백지투표와 무효표	연도	백지투표와 무효표
1995(부분선거)	11.30	2005(부분선거)	5.30
1997(1단계 선거)	7.20	2007(1단계 선거)	6.00
2000(부분선거)	5.90	2010(부분선거)	8.90
2002(1단계 선거)	5.30	2012(1단계 선거)	9.42

출처: Oficina Nacional de Estadístics, n.d.(a); *Granma*, 2012a

연장했다. 따라서 투표율 하락에 관해서는 조심스럽게 결론을 내리면 문제가 없다. 그럼에도 전체 백지투표와 무효표는 [표 6]에서 보는 바와 같이 2010년 8.90%에서 2012년 선거에서는 9.42%로 증가하여 1995년 이래 최고를 기록했다. 하지만 이러한 경향이 나타난 상황을 분석할 필요도 있다. 2007년과 2012년 사이의 상황은 국내외적인 변동과 차질이 특징이었으며, 사회주의 모델을 개선하려는 정책의 성공에 대한 우려가 있었다.

2007년부터 2012년까지 전반적인 투표 경향을 고려하면, 경제변동의 속도와 효율성에 대해 일부 사람들이 불만을 갖고 있다는 사실을 무시하기 힘들다. 투표 경향은 또한 2007년부터 2011년 당대회에 이르는 과정에서 성취했던 것처럼 민중의 효과적인 참여를 정규적으로 보장할 수 있는 정치 체계의 능력에 대해 다소간 회의가 있다는 것을 반영한다. 하지만 투표 경향이 쿠바의 체제 전환을 갈망하는 미국과 그 동맹 세력들의 기대에 부합하는 것은 결코 아니다.[6]

---

6) www.democracyintheus.com, "Analysing 2010 and 2012 Municipal Blank and Spoiled Ballot: Hope for Democracy Promotion Advocate?"

2단계 총선거: 민중권력국가의회

도의회와 민중권력국가의회의 후보자 추천과 선거 과정은 1단계의 시의회 선거와는 다르다. 여기에서는 민중권력국가의회(ANPP)에 초점을 맞추고 있지만, 두 단계는 후보자를 추천하는 과정에서 PCC의 개입 없이 민중의 협의와 투입을 거친다는 점에서 공통적이다. 이 장 첫머리의 개관에서 언급했듯이 전국 대의원은 50퍼센트까지는 시의회에서 선출된 대의원들로 구성된다. 그들은 '기층' 후보 또는 (결국 선출되면) '기층' 대의원이라고 불린다. 이렇게 추천되고 선출되는 대의원들은 두 가지 지위, 즉 시의회 대의원과 '기층' 전국 대의원의 지위를 얻는다. 이는 1단계(시의회 선거)가 2단계(전국 선거)와 분리될 수 없는 이유이다. ANPP의 나머지 절반은 선거권자들 자신들이 아니라 대중조직들이 직접 추천하는 '디렉토'(directo)들이다. ANPP 대의원은 '기층'이든 '디렉토'이든 모두 시 단위에서 선출된다. '기층' 대의원은 반드시 자신들이 거주하는 지역에서 먼저 시의회 대의원으로 선출된 다음에 ANPP 대의원으로 선출되는 반면, '디렉토' 대의원은 전국의 어느 시에 거주해도 된다. 하지만 협의 과정(아래에서 자세히 설명)에서 '디렉토' 후보자들은 어디에 거주하든 관계없이 특정 시와 짝을 이루도록 되어 있다. '디렉토' 후보자들이 이렇게 배정된 시에서 선출되도록 하는 것은 선거 목적과 정치적 이유 때문이다. 시의회 대의원 중에서 추천되는 '기층' 후보자들은 물론 그들이 풀뿌리 단위 대의원으로 선출되는 시의회 선거에 나온다.

ANPP에서 개별 대의원은 시 거주민 1만~2만 명을 대표한다. 이 시 단위는 그래서 개별 대의원의 선거구로 간주된다. 대의원들의 기능은 '기층'이든 '디렉토'이든 관계없이 선거법에 의해 전국적 성격을 가지는 것으로 간주된다. 각 시의 대의원 숫자는 대의원이 선출되는 해당 시의 인구에 따라 정해진다. 각 시는 최소한 2명의 대의원을 가질 권리가 있다. 몇몇 시들(예컨대, 아바나나 산티아고데쿠바)은 농촌 지역에 비해 인구밀도가 매우 높다. 전국적으로 인구당 선출된 대의원들의 적정한 비율을 유지하기 위해 인구 10만 명이 넘는 시는 임시적으로 구역(distritos)으로 나뉜다. 이러한 구역은 미국의 선거구나 쿠바의 좁은 선거구(circunscripciones)와 혼동되어서는 안 된다. 오직 선거 목적으로 분할했다는 의미에서 임시적이다. 따라서 인구가 매우 밀집된 이들 도시 지역에서 선출된 대의원은 임시적인 구역이 아니라 시 전체에서 선출된 것으로 간주된다.

후보자위원회와 추천 과정

전국, 도 및 시 후보자위원회는 각 수준의 전체 대중조직 대표자들로 구성되어 추천 과정을 주도한다. 6개 대중조직(CTC, FMC, ANAP, FEU, FEEM 및 CDR) 대표자들이 후보자위원회를 구성한다. 후보자위원회는 전국, 도 및 시 수준의 선거위원회 감독 하에 설치된다([표 7]). 하지만 후보자위원회는 일단 구성되면 독립적으로 활동한다. ANPP의 복잡한 추천 과정을 자세하게 조사하고 분석하기 위해 나는 2008년 전국후보자위원회(CCN, Comisíon de Candidaturas National)와 다양한 방식으로 인터뷰를 했다.

한 인터뷰는 총 16명의 CCN 위원 가운데 6명이 참석한 원탁회의 방식으로 진행했다. CCN 위원장 아마릴리스 페레스 산타나는 CTC 전국서기로서 CCN에 대표로 지명되었다. 야니라 쿠페르 에레라는 쿠바여성연맹(FMC)의 전국대표로 CCN에 임명되었다. 24세의 로시벨 오소리오 아리아스는 대학생연맹(FEU) 전국사무국 대표였다. 19세의 훌리오

표 7 6개 대중조직과 세 수준의 후보자위원회

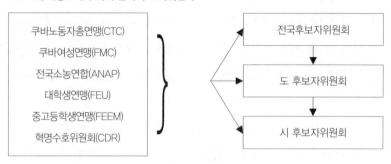

<table>
<tr><td>쿠바노동자총연맹(CTC)
쿠바여성연맹(FMC)
전국소농연합(ANAP)
대학생연맹(FEU)
중고등학생연맹(FEEM)
혁명수호위원회(CDR)</td><td>전국후보자위원회

도 후보자위원회

시 후보자위원회</td></tr>
</table>

카를로스 파리냐스 페레스는 중고등학생연맹(FEEM)을 대표했다. 마지
막으로 소농전국연합(ANAP)의 농부인 페드로 안드라스 아길라 테헤
라와 CTC의 또 다른 대표 엑토르 라울 파르도 마린도 원탁 인터뷰에
참여했다.

  CCN 위원장 페리스 산타나의 설명에 따르면, CCN은 전국선거위원
회(CEN)가 구성된 직후에 구성되었다. [표 7]에서 보는 바와 같이 풀
뿌리 대중조직들이 수평적으로 모든 수준에서 후보자위원회를 채우
고 있지만 각 후보자위원회의 실제 구성은 수직적인 하향식 접근 방
법을 따르고 있다. 예컨대 CCN은 동일한 절차를 따르는 각 도 후보자
위원회의 구성을 감독한다. 도 후보자위원회 위원들은 각 대중조직들
의 도 수준 사무국에서 충원된다. 이러한 도 수준의 후보자위원회는
다시 169개(2007~2008년) 시 수준의 후보자위원회 구성을 감독하여
모두 세 수준의 후보자위원회 구성을 완성한다(인터뷰: Comisíon de
Candidaturas National, 2008).

  CCN 위원들의 설명에 따르면, 선거 후보자로 추천하기 위해 6개의
대중조직들은 각각 세 수준 모두에서 총회를 소집한다. 예컨대 FEU 전
국회의는 후보자들을 추천하기 위해 185명의 회원이 참석한 총회를 열

었다. 추천된 후보자 명단은 후보자위원회에 송부되어 ANPP 선거 후보자를 선정하는 자료가 된다.

목표는 인구의 광범위한 단면을 반영하는 잠재적 후보자군을 얻는 것이다. 따라서 모두 세 수준(전국, 도, 시)의 6개 각 대중조직들은 각 시가 필요로 하는 ANPP 대의원 후보 숫자의 3배수를 추천할 권리가 있다. 시 후보자위원회와 시 수준 대중조직들의 총회는 주로 ANPP의 '기층' 후보자들을 추천하는 데 집중한다. 반면에 도 및 전국후보자위원회는 주로 ANPP의 '디렉토' 후보자들을 추천하는 데 관심의 초점을 맞춘다.

도 및 시 후보자위원회가 각 수준의 대중조직들로부터 받은 추천 후보자 명단은 CCN으로 송부된다. 그런 다음 CCN은 다양한 지역을 감안할 뿐 아니라 젠더, 피부색, 나이, 교육 및 직업을 고려하면서 우선 기다란 명단을 줄여 나갈 수 있다. 예컨대, 아바나에서 많은 추천이 나왔는데, 아바나 도에는 그들을 모두 받아들일 수 있을 만큼 충분한 시가 없을 수도 있다. 따라서 CCN은 아바나에서 추천된 사람들 중 일부를 다른 도에 추천해야 하는데, 이때는 결국 해당 지역 시의 동의를 얻어야만 한다. 인터뷰에서는 연령과 관련하여 인구의 60퍼센트가 혁명 후에 태어났다는 문제도 지적했다. 따라서 혁명의 연속성을 보장하기 위해서는 그러한 인구 구성도 고려해야 한다. 젠더에 관해서 CCN의 FMC 대표는 2008년 선거에서 여성들이 기록적인 수치에 도달할 것으로 기대된다고 지적했다(인터뷰: Comisíon de Candidaturas National, 2008).

CCN 위원장 페레스 산타나와 진행한 단독 인터뷰에서 ANPP 의석수인 614명의 최종후보자 명단을 CCN이 어떻게 마련하는가 하는 문제가 제기되었다. CCN은 모두 세 수준(시, 도 및 전국)의 6개 대중조직들로부터 '기층'과 '디렉토' 후보를 합쳐 전체 5,457명의 피추천인을 넘겨받았다고 페레스 산타나는 밝혔다.[7] 5,457명의 피추천인은 ANPP 대의원으로 추천된 것으로 도의회 대의원 피추천인은 포함되지 않은 숫자이다. 그 명단은 예컨대 중복된 것(적어도 두 번 이상 추천된 경우)을 걸러내고, 가장 인기 있는 사람을 남기는 식으로 결국 614명이 될 때까지 줄여 나갔다. 그래서 전국 수준 후보자로 추천된 3,787명이 남았다. 도와 시 수준의 후보자위원회, 시의회 대의원들과 협력하면서 추천된 후보자들의 자질과 관련한 대중 협의 과정이 각 직장, 이웃공동체 및 교육기관에서 진행되었다. 대의원으로 추천된 후보자는 과반수를 득표해야 선출된다.

이러한 대중 협의의 목표는 '기층' 후보이든 '디렉토' 후보이든 간에 풀뿌리 민중이 잠재적 후보자를 대의원으로 적절하다고 생각하는지 평가하기 위한 것이다. 그 목표는 또 출마한 '디렉토' 후보자가 자기 시에 거주하지 않더라도 후보자로 받아들일지 여부를 알아내기 위한 것이기도 하다. 일단 ANPP 의석수로 줄여진 최종 명단은 시의회의 승인을 받아야 한다.

명단은 시별로 나뉘어 각 시의회에 송부되며, 시의회는 후보를 거부할 수 있다고 페레스 산타나는 설명했다. 모든 대의원들이 시 단위에서 선출되는 것을 보면 이 풀뿌리 수준이 최종 결정권을 갖고 있다고 할 수 있다. 시 단위에서 거부할 가능성에 대비하여 CCN은 자신들이 선택한 614명의 후보자 명단 이외에도 거부당하는 후보를 대체할 예비 명단을 확보한다.

ANPP 대의원 후보가 '기층'이든 '디렉토'이든 간에 공식적으로 추천과 선출이 이루어지는 곳은 시 수준이다. 2007~2008년 선거에서는

---

7) 이러한 정보를 내게 제공한 아마릴리스 페레스 산타나에게 감사드린다.

오직 1개 시가 CNN의 추천을 거부했다. 그래서 CCN은 대안으로 예비 명단에서 다른 후보자를 추천했다.

이렇듯 전체 협의 과정은 2개월 동안 CCN 위원들의 강도 높은 활동으로 이루어지는데, 위원들은 협의 과정이 진행되는 동안 종종 CCN 본부에서 자면서 새벽 2~4시까지 일하기도 한다. 후보자 명단은 2007년 12월 2일 전국에 걸쳐 각 시의회 회의에 제출되었다. 일단 명단이 승인되면 614명은 ANPP의 대의원이 된다.

후보자위원회의 개선

ANPP 선거를 위한 추천 과정을 개선하는 것은 중요하다. 시의회 선거에서는 선택할 수 있는 적어도 두 명의 후보자가 있는 반면에 전국 선거에서는 의석당 단지 한 후보자만 있다. 추천 과정은 여러 면에서 효과적이다. 게다가 후보자는 과반수 득표를 해야 하는데, 이는 미래에 약간의 의미를 가질 수 있는 조건이다.

PCC 당원인 두아르테 디아스는 쿠바 정치 체계에 관해 확실히 비판적이지만 건설적인 견해를 갖고 있다. 그는 많은 쿠바인들이 자신과 같은 생각이라고 주장하며, 이미 그러한 견해 가운데 많은 것을 출판했다(인터뷰: Duharte Díaz, 2009). 후보자위원회를 더욱 개선해야 한다는 견해와 제안은 대체로 고려할 만한 가치가 있는 것 같다. 그는 비판적 입장에도 불구하고 다당제는 문제를 해결하는 방법이 아니라고 말한다. 그는 후보자위원회의 구성을 다시 생각해 볼 필요가 있다는 의견이다. 그는 후보자위원회가 모든 대중조직의 대표자들로 구성되고 PCC가 참여하지 않는 것은 매우 중요하다는 점을 인정한다. 대중조직들은 정치 체계의 일부로서 인구의 다양한 단면을 대표한다. 하지만 후보자위원회는 개선될 수 있다고 그는 주장한다. 두아르테 디아스의 조사에 따르면, 후보자위원회는 각계각층 사람들과의 대면 체계를 발전시켜 잠재적 후보자 발굴의 범위를 확장함으로써 업무를 향상시켜 왔다. 후보자위원회는 이전보다는 일을 더 잘 처리하고 있는 것이다.

하지만 이것으로는 충분하지 않다. 두아르테 디아스는 후보자위원회에 전문가들도 포함시키는 것을 가정하고 있다. 추가되는 이들 전문가들은 시, 도 및 전국 수준에서 인정된 위신과 권위를 가지는 인물이어야 할 것이다. 후보자위원회에는 또 실무적 경험과 사회적·과학적 훈련을 받은 사람들도 포함될 수 있다. 그는 후보자위원회에 포함될 수 있는 잠재적 인사들로는 정치 체계 연구에 조예가 있는 법률 전문가, 인류학자, 심리학자 등이 있을 것이라고 덧붙였다.

두아르테 디아스는 추천 과정의 약한 고리를 지적하고 있는데, 이는 다른 쿠바 전문가들도 강조하는 대목이다. 이 문제를 공개적으로 제기하는 사람은 거의 없지만, 이것은 현재 후보자위원회 추천 체계에서 반드시 풀어야 할 숙제이다. 시의회 대의원들은 총선거의 1단계인 10월에 선출된다. 그런 다음 ANPP 선거를 위한 추천 과정이 이 선거 후에 곧바로 진행된다. 문제는 거의 절반의 재임자들이 다양한 이유로(그 이유 중 하나는 일과 후에 자원봉사로 책임을 수행하는 것이 쉽지 않기 때문이다) 다시 대의원으로 돌아오지 않는다는 것이다. 이러한 높은 교체율로 인해 선거 후에는 대의원들 가운데 절반이 초선이다. 긍정적인 측면은 분명하다. 즉, 선거로 인한 엘리트 집단이나 특권의 축적이 생기는 일은 없다. 하지만 불행하게도 이것이 의미하는 바는 절반의 시의회 대의원들이 경험이 없고 많은 경우에 서로를 잘 모른다는 것이다. 그나마 재선된 대의원들은 최소한의 경험을 갖고 있지만, 새로 선출된 대의원들을 잘 알지는 못한다. 시의회 선거 직후, 바로 이러한 상황에서 후보자위원회가 활동해야 하는 것이다.

후보자위원회는 10월 선거 후에 모든 대의원들에게 접근하기 시작한다. 후보자위원회는 대의원들에게 시의회 대의원들 가운데 ANPP의 '기층' 후보자로 누구를 추천할지 의견을 구한다.

두아르테 디아스는 이러한 상황에서 지역 대의원들이 어떻게 적절하게 판단을 할 수 있는지 의문을 제기한다. 하나의 해결책으로 그는 총선거의 1단계(시의회 선거)와 ANPP 대의원 후보를 추천하는 과정이 시작되는 총선거의 2단계(전국 선거) 사이의 시간 간격을 늘릴 것을 제안한다. 그 목표는 풀뿌리 대의원들이 경험을 쌓고 서로를 잘 알도록 하는 것이다. 그는 이러한 지역 대의원들이 상위 수준의 국가권력에 추천되기 때문에 그 과정을 재고하는 것이 중요하다는 점을 강조한다(인터뷰: Duharte Díaz, 2009). 가르시아 브리고스도 비슷한 제안을 한다(García Brigos, 1998: 105; 인터뷰: García Brigos, 2007). 대의원들의 과도한 교체는 선거 과정뿐 아니라 시의회의 기능에도 영향을 미친다. ANPP 지역민중권력기구 상임위원회 위원장은 2년 6개월 임기 문제에 관한 인터뷰에서, 전국 대의원의 경우와 마찬가지로 시의회 대의원의 임기도 5년으로 확대하는 논의가 있었다고 털어놓았다. 하지만 다른 견해들도 있어서 지금까지는 논의가 더 이상 진척되지 않았다. 그것은 5년 동안 자원봉사로 대의원으로서 헌신하고 책임을 져야 하는 미묘한 문제이기 때문에 진지한 토론은 있었지만 합의에 이르지는 못했다(인터뷰: Cárdenas García, 2007, 2008b).

두아르테 디아스의 견해로는 2008년에 오직 하나의 시의회만 후보자위원회의 추천 제안을 거부했다고 CNN이 보고한 사실은, 후보 추천 과정에서 후보자위원회의 최종 단계의 신뢰성에 의문을 제기하게 만든다. 그것은 라울 카스트로가 말한 "만장일치의 그릇된 전통" 또는 내 식으로 표현하면 '만장일치주의'(unanismo)의 신호일 수 있다(인터뷰:

Duharte Díaz, 2009).

가르시아 브리고스도 이 점에 동의한다. 그는 후보자위원회가 시의회에 특정 '디렉토' 후보를 강요한 1990년대 사례를 제시한다. 이 시의회는 추천 제안을 거부했다. 하지만 후보자위원회는 시의회 대의원들에게 위원회의 제안을 받아들이라고 설득하면서 몇 번이나 돌려보냈다. 후보자위원회가 특정 후보를 강요한다는 사실을 피델 카스트로가 알게 되었다. 카스트로는 시 수준 PCC 활동가들 회의에서 후보자위원회는 최종 결정권이 있는 시의회 대의원들의 의사에 반하여 어느 누구도 강요할 권리가 없다고 밝혔다(인터뷰: García Brigos, 2009b).

라파엘 에르난데스는 추천 과정이 사회의 단면에 따라 균형 잡히도록 너무 경직되게 연결되어 있기 때문에 후보자들이 통제된다는 인상을 준다고 인터뷰에서 밝혔다. 그것은 '여과 과정'(proceso de filtraje)으로 보인다고 그는 넌지시 말한다. 이런 관점에서 그는 모든 사람들이 투표소에서 투표를 하지만, 높은 투표율이 마땅히 그래야 하는 것만큼 의미가 크지 않다고 본다. 에르난데스는 양이 아니라 질을 주장한다. 후보자위원회는 대중조직의 풀뿌리 회원들과 직접 협의하는 데 많은 시간을 들여야 한다. 대중조직에서 선출된 후보들만 개입하는 것은, 비록 민주적으로 선출되었더라도 불충분하다. 추천 과정을 더욱 더 탈집중화하여 추천되는 사람들에 제한을 두지 않아야 한다고 에르난데스는 말한다. 추천은 풀뿌리 민중의 적극적이고 공개적인 역할에 기초하여 이루어져야 하며, 만약 그렇지 않으면 정치적 분위기나 문화가 개선되지 않을 것이라고 그는 주장한다. 투표의 타당성은 투표한 96퍼센트에서 나오는 것이 아니라 후보들의 추천에 처음 참여할 수 있는 실질적 가능성에서 나온다는 것이다(인터뷰: Hernández, 2009).

후보자위원회를 둘러싼 논란은 꽤 오래 지속될 것으로 보인다. 예컨
대 아바나대학 법학교수이자 선거 및 협의 과정 전문가인 마르타 프리
에토 발데스는 참신한 견해를 갖고 있다. 그녀는 추천 과정을 맡고 있
는 후보자위원회와 대중조직 총회 이외에 개별 시민들과 대중조직의
일반 회원들도 추천 제안을 할 수 있어야 한다고 생각한다.[8]

ANPP 선거

ANPP 선거가 2008년 1월 20일 일요일로 공고된 가운데 2007년
12월부터 이듬해 1월 초까지, 직장과 이웃공동체에서 후보자들과 유권
자들이 만나는 회합이 열렸다.[9] 그 외에 홍보 또는 '선거운동'(더 적당한
표현이 없다)은 각 후보자들의 사진과 이력서가 전부였다. 유권자들은
충분한 시간을 들여 후보자의 면면을 검토한다.

사례 연구의 대상인 플라사데라레볼루션 시의 인구는 농촌이나 소
도시의 다른 기초지자체에 비해 무척 많은 편이다(152,318명). 그래서
선거구가 헌법이 정한 거주민 20,000명을 넘지 않도록 임시 선거구역
들로 나뉘어졌다. 사례 연구 대상이 된 구역은 3명의 후보자가 있었는
데, 한 사람은 시의회의 '기층' 대의원이었고, 두 사람은 '디렉토' 대의원
이었다. 다른 시나 임시 선거구역에서는 예컨대 모두 7명의 후보자 중
셋은 '기층' 대의원이고, 넷은 '디랙토' 대의원이 될 수 있다. 이렇게 하
여 ANPP 614석 가운데 전체 '기층' 대의원 숫자는 '기층' 후보로 배정

8) 이러한 견해는 마르타 프리에토가 이 책의 초고를 읽고 난 후 나와 주고받은 이메
일에서 한 논평에서 나온 것이다. 이 주제에 관한 그녀의 이메일은 2012년 6월 5
일자이다.
9) 일부 논평자들이 주장하듯이, 이러한 회합의 정도와 질에 개선의 여지가 있지만
2008년에 내가 참여한 회합들은 (1998년의 경우와 마찬가지로) 적어도 자발적이
었다.

된 최대 50퍼센트까지 가능하다.

선거는 전적으로 자원봉사로 수행된다. 2008년 선거에서는 50만 명이 관여했다. 여기에는 투표소 참관인과 선거위원회를 비롯하여 투표소에 음식을 준비하고 배달하는 사람들과 운전기사, 그리고 투표함을 지키는 청년들까지 포함되었다. 자원봉사 요원에는 또 최근(2007~2008년 선거)에 디지털 도표 작성을 개발한 컴퓨터 기술자도 일부 포함되었다(인터뷰: Reus González, 2008). 선거인명부는 시의회 1단계 선거와 마찬가지로 선거 전에 갱신되어 편리하게 게시되었다.

플라사데라레볼루시온의 한 임시 구역 사례 연구에서 보면, 모든 임시 구역 및 기초지자체에서와 마찬가지로 투표용지에는 몇 명의 후보자들이 있을 수 있다. 사례 연구에서는 투표용지에 세 명의 후보자가 함께 하나의 후보자 명부로 간주되었다. 후보자들 중 둘은 '디렉토' 후보자였고, 나머지 하나는 '기층' 후보자였다. 정부, PCC 및 대중조직들은 일괄 투표(voto unido) 또는 전체 후보자 명부 투표를 요청했는데, 그 논리는 이랬다. 만약 사람들이 상대적으로 잘 알려진 후보자들에게만 투표하면 다른 후보자, 주로 '기층' 후보자에게 불리하게 될 것이다. 또 ANPP 업무를 수행함에 있어서 '기층'과 '디렉토'에 관계없이 모든 대의원들에게 집합 의식 내지 동료 의식을 심어 주기 위한 의도도 있다. 선택적 투표는 일괄 투표에 반대된다. 선택적 투표란 투표용지의 모든 후보에 투표하는 것이 아니라 한 두 후보에 투표하는 것을 말한다. 사례 연구 구역에서 '디렉토' 중 한 후보 리카르도 알라르콘은 '매우 잘 알려진' 사람이었고, 다른 한 '디렉토' 후보는 대중의 관심에 크게 노출되지 않은 공무원이었기 때문에 잘 알려져 있지 않은 사람이었다. '기층' 후보는 시의회 대의원으로 자신이 살고 있는 선거구에서는 알려져 있었지만, 시 전체로 보면 반드시 잘 알려진 사람은

표 8 사례 연구 대상 플라사데레볼루션 투표소의 개표 결과, 2008년 1월 20일 전국 선거

5개 투표소의 투표자 수	
투표소	투표자 수
1	239
2	209
3	208
4	264
5	252

한 투표소의 투표 결과			
투표율	백지투표	무효표	백지투표와 무효표
99.56	5	6	5.37

5개 투표소의 백지투표와 무효표		
백지투표	무효표	백지투표와 무효표
44	30	6.60

출처: 직접 관찰

아니었다.

사람들은 투표하지 않을 권리가 있다. 기권하는 것이다. 다른 선택지는 일괄 투표하는 것인데, 이 경우에는 세 후보자 모두에게 투표하는 것이다. 또 다른 하나의 가능성은 선택적으로, 다시 말하면 세 후보 모두가 아니라 한두 후보에게 투표하는 것이다. 또 백지투표를 하거나 무효표를 찍을 수도 있다. 후보가 선출되기 위해서는 유효투표의 과반수 득표가 필요하다.

사례 연구 대상이 된 구역의 이웃공동체는 시의회 선거에서와 마찬가지로 촘촘하게 배치된 거의 동일한 5개의 투표소로 나뉘어졌다. 일단 투표가 끝나면 투표함이 개봉되고 공개적으로 개표가 집계된다.

5개의 투표소에서 내가 직접 관찰하여 적은 개표 결과는 [표 8]에

제시되어 있다. 이 수치는 대체로 전국적인 결과를 반영하고 있다.[10)]

일괄 투표 VS 선택적 투표: 정부를 거부하는 것인가?

ANPP 선거 결과에 관한 미국 언론의 거짓 정보는 시의회 1단계 선거에서 본 것과 비슷하다. 선거 결과 자료는 쿠바 정치체제와 헌정질서에 대한 커다란 반대 움직임이 있다는 인상을 주도록 조작되고 왜곡되었다. 예컨대 2008년 1월 ANPP 선거 다음날, 《뉴욕타임스》는 이렇게 보도했다.

> [유권자들은] 투표소에서 미묘한 메시지를 보냈다. 쿠바에서 전개되는 선거 과정을 추적한 하버드대학 교수 호르헤 I. 도밍게스에 따르면, 최근 선거에서 백만 명 이상의 유권자들은 어떤 식으로든 백지투표를 하거나 무효표를 찍거나 모든 후보가 아니라 일부 후보만 찍었다고 한다 (Lacey, 2008).

2012년 9월, 쿠바 '사회주의' 반체제 인사 페드로 캄포스 등은 《아바나타임스》를 통해 호르헤 I. 도밍게스나 《뉴욕타임스》와 동일한 계산을 했다(Havana Times, 2012). 선택적 투표("모든 후보가 아니라 일부 후보만 찍었다")가 정부에 반대하는 일종의 메시지라는 《뉴욕타임스》의 주장을 검토해 보자. 내가 개표 과정을 관찰한 두 개의 투표소에서 리카르도 알라르콘은 잘 알려진 사람으로서 '정부와 국가를 대표하는' 인물이었다. 《뉴욕타임스》가 암시하는 바에 따르면, 그 신문의 표현대로 '미묘

---

10) 외국인인 내가 개표를 관찰할 수 있도록 허용되었다는 사실은 쿠바의 투표 과정의 투명성을 보여 주는 것이다.

표 9 전국 ANPP 선거, 2008년 1월 20일, 일괄 투표 대 선택적 투표, 플라사데레볼루션 투표소의 개표 결과

제3 투표소	일괄 투표	선택적 투표
선택적 투표 33표 중 라카르도 알라르콘이 17표, 다른 두 후보 중 한 후보는 10표, 다른 후보는 6표		

출처: 직접 관찰

제4 투표소	일괄 투표	선택적 투표
선택적 투표 33표 중 라카르도 알라르콘이 13표, 다른 두 후보는 각각 10표		

출처: 직접 관찰

플라사데레볼루션 시 전체 개표 결과	
일괄 투표	선택적 투표
33.713	6.401
알라르콘이 유효투표 중 93.92%를 득표한 반면, 다른 후보는 각각 88.88%와 88.85% 득표	

출처: 직접 채록; Comisión Electoral Municipal Plaza de la Revolución(지은이에게 제공된 자료)

한 메시지'를 받는 대상이 될 것이라고 가정할 수 있다. 하지만 선거 결과는 다른 이야기를 말해 주고 있다.

[표 9]에서 보는 바와 같이 알라르콘은 다른 두 후보자보다 더 많은 득표를 했다. 그 이웃공동체의 모든 투표소에서 동일한 결과가 나왔다. 알라르콘은 이러한 결과에 대해 불만일지도 모르는데, 왜냐하면 그는 일괄 투표를 촉구한 지도자들 가운데 한 사람이기 때문이다. 그는 적어도 몇몇 투표소에서 잘 알려져 있지 않은 후보가 자기보다 더 많은 표를 얻기를 바랐을 수도 있다. 만약 유권자들이 정부에 '미묘한 메시지'를 보내기를 원했다면, 알라르콘이 아니라 다른 두 후보자에게 투표했어야 했다.

쿠바 섬 전체에서 같은 경향이 나타났다. 국가평의회 평의원, 따라서 상대적으로 잘 알려진 정치인 16명 가운데 12명이 1위 득표를 했다 (*Granma*, 2008: 지은이 수집). 비록 미묘한 메시지라 하더라도 만약 투

표장에서 혁명 지도자들에 반대하는 조직적이고 의식적인 운동이 있었다면, 잘 알려진 이 지도자들은 다른 후보들보다 더 많은 표가 아니라 더 적은 표를 받았어야 한다. 따라서 미국의 제도언론에 기초하여 쿠바 선거 결과를 분석하는 것은 불가능하다. 그들의 유일한 목적은 반체제 인사들의 도움을 받으면서, 대다수 쿠바인들이 '독재'와 '카스트로 형제'에 반대한다는 선입견에 맞추어 숫자를 조작하는 것이다.

ANPP 선거가 있을 때마다(예컨대 2013년) 비슷한 거짓 정보가 나오기 때문에 이《뉴욕타임스》거짓 정보를 자세히 들여다볼 필요가 있다.[11] 상당히 많은 사람들이(비록 소수파라 하더라도) 혁명에 반대하여 투표하고 있다는 인상을 주는 그림을 그리기 위해, 기권과 백지투표 및 무효표와 함께 선택적 투표를 추가하는 것은 불가능하다. 하지만 최근 네 차례의 선거(1993, 1998, 2003, 2008년) 결과를 분석해 보면, 시스템 개선을 위한 관점에서 놓쳐서는 안 되는 중요한 점들이 드러난다.

[표 10]에서 정리된 네 차례의 선거에서 투표율과 백지투표, 무효표 비율에 관해 몇 가지 언급할 만한 점들이 있다. 무효표의 비율이 가장 높았던 해는 1993년으로, 구소련 붕괴 이후 위기와 '특별시기'가 최고조에 달했을 때였다. 하지만 무효표 비율은 다음 선거(1998)에서 상당히 감소했고 2003년에는 또 다시 떨어졌으며 2008년에 약간 증가했을 뿐이다. 백지투표는 네 차례의 선거 동안 3.00퍼센트와 3.73퍼센트 사이를 오르내리면서 상대적으로 안정적이었다.

건설적인 논쟁의 관점에서 선거 결과를 분석해 보면 몇 가지 중요한 징표가 나타난다. 예컨대, [표 10]에서 보는 바와 같이 투표율이

---

11) www.democracyintheus.com, "The 2013 Election Results in Cuba and U.S. Desire for Regime Change"

표 10 시의회 선거, 전체 백지투표와 무효표 비율　　　　　　　　　　　　　　단위 : %

	1993	1998	2003	2008
투표율	99.57	98.35	97.64	96.89
일괄 투표	95.06	94.45	91.35	90.90
선택적 투표	4.94	5.55	8.65	9.10
백지투표	3.04	3.36	3.00	3.73
무효표	3.99	1.66	0.86	1.04

출처: *Granma*, 1993, 1998, 2003, 2008; Mayoral, 2008. (지은이가 편집한 자료)

99.57퍼센트에서 96.89퍼센트로 매번 감소했다. 대단한 것은 아니지만 어떤 불만을 나타내는 것일 수 있다. 하지만 더 눈에 띄는 것은 일괄 투표 대 선택적 투표의 비율이다. 일괄 투표의 비율, 즉 선택적 투표가 아니라 당과 정부가 홍보한 후보자 명부 전체에 대한 투표 비율은 네 차례의 선거를 치르면서 현저히 감소하여 1995년의 95.06퍼센트에서 1998년에는 94.45퍼센트, 2003년에는 91.35퍼센트, 2008년에는 90.90퍼센트를 기록했다. 쿠바 내의 몇몇 쿠바인들은 정치 시스템을 개선하는 관점에서 이것을 분석했다. 예컨대, 두아르테 디아스는 이러한 일괄 투표의 현저한 감소에 관해 이렇게 쓰고 있다.

　투표 유형에서 이러한 변화는 이른바 '비판적인 혁명적 투표'가 지속적으로 증가하는 것으로 해석될 수 있을까? 그것[일괄 투표의 감소]은 '혁명의 테두리를 벗어나지 않으면서도' 추천 과정과 후보자 추천에서 어떤 균열, 불충분함 또는 실패를 주목하는 경향을 나타내는 것일까? 다음에 선거 시스템을 개선하는 과정에서 이 점을 고려해야 한다(Duharte Díaz, 2008: 121-31, 강조는 지은이).

'비판적인 혁명적 투표'는 백지투표나 무효표와는 다르다. 백지투표나 무효표와 같이 유효하지 않은 표들 가운데 대다수는 경제·정치 체계에 대한 어떤 거부를 나타내는 것이다. 반면에 '비판적인 혁명적 투표'는 정치 체계의 유효성은 인정하지만 후보자위원회 과정이나 정치 체계의 다른 어떤 측면에 관한 모종의 떨떠름함을 반영하는 것이다. 일괄 투표의 꾸준한 감소와 '비판적인 혁명적 투표'의 증가는 또한 쿠바의 민주주의가 현재진행형이라는 점을 상기시킨다. 두아르테 디아스가 경고하는 것처럼 이러한 움직임의 일부로서 후보자위원회 과정을 개선해야 한다는 경고음이 있는 것이다.

ANPP 한 의석당 한 후보: 숫자를 말한다

쿠바 선거 과정과 관련하여 미국의 독점 언론과 '좌파' 및 우파 반체제 인사들의 거짓 정보는 ANPP의 한 의석당 한 후보자만 있다는 사실에 집중되어 있다. 추천 과정은 무시된다. 미국 독점 언론의 관심을 받는 사람들은 오직 경쟁적 다당제 미국 체계의 도입을 요구하는 쿠바 섬 안팎의 이러한 쿠바 반체제 인사들뿐이다.

이러한 경향을 가진 모든 관찰자들이 ANPP와 관련하여 유의미하게 보지 못하는 쿠바 선거 시스템의 특징 가운데 하나는, ANPP 대의원으로 선출되기 위해서는 적어도 과반수 득표를 해야 한다는 점이다. 하지만 선거 자료를 자세히 살펴보면 새로운 경향이 나타나고 있음을 알 수 있다.

최근 네 차례 전국 선거 결과를 상세하게 보여 주는 [표 11]에서 그러한 경향을 볼 수 있다. 각 선거에서 모든 ANPP 의석의 선출된 대의원들 숫자와 비율을 득표에 따라 세 범주로 나누어 계산했다. 첫 번째 범주는 91~100퍼센트 득표, 두 번째는 81~90퍼센트 득표, 세 번째는

표 11 ANPP 대의원의 득표수와 득표율

투표 결과	1993년 3월 11일	1998년 2월 4일	2003년 2월 1일	2008년 1월 30일
득표율 91~100%	558(99.49)	592(99.50)	589(95.93)	579(93.54)
득표율 81~90%	3(0.51)	3(0.50)	25(4.10)	29(4.68)
득표율 71~80%	0(0.00)	0(0.00)	0(0.00)	5(0.81)

출처: *Granma*, 1993, 1998, 2003, 2008. (지은이가 편집한 자료)

71~80퍼센트 득표이다.

[표 11]에서 분명하게 드러나듯이 91~100퍼센트를 얻은 대의원 비율은 1993년 이래로 안정적이었다. 예외는 2003년과 2008년인데, 이들 선거에서는 작지만 눈에 띄는 지지율 하락이 나타난다. 하지만 1993년 선거와 비교하면 이러한 경향은 더욱 분명하다. 90퍼센트 이상의 지지를 받은 대의원 비율이 99.49퍼센트(1993)에서 93.54퍼센트(2008)로 떨어진 것이다.

일반적으로 부끄럽지 않은 최소 득표율로 간주되는 81~90퍼센트 득표 범주는 몇몇 후보자들의 경우에 지지가 눈에 띄게 감소했음을 보여 준다. 1993년과 1998년 선거에서 이 범주에 들어간 대의원들은 단지 0.50퍼센트에 불과했다. 하지만 2003년 선거에서는 지지율이 눈에 띄게 떨어져, 81~90퍼센트 범주로 떨어진 대의원들의 비율이 2003년에는 4.10퍼센트, 2008년에는 4.68퍼센트를 기록했다.

하지만 71~80퍼센트 범주는 매우 뚜렷하게 구분된다. 1993년, 1998년, 2003년 선거에서는 단 한 사람의 대의원도 득표율이 80퍼센트 이하로 내려가지 않았다. 이에 비해 2008년 선거에서는 5명의 대의원(전체 ANPP의 0.81퍼센트)이 71~80퍼센트 득표를 했다. 이 비율(0.81)은 큰 수치는 아니지만 이전 선거와 비교할 때 추천에 대한 비판적 평가 경향이 있음을 보여 주는 듯하다. 그럼에도 불구하고 71퍼센트 이하를 득표한 대의원은 아무도 없었다.

이러한 가장 최근의 경향은 대의원으로 선출되기 위해서는 과반수 득표를 해야 한다는 조건을 정한 쿠바 선거 시스템을 정당화시켜 줄 뿐이다. 이 최소 요건은 이처럼 '유의미'하다. 유권자들이 선택권을 전혀 갖고 있지 않다고 주장하는 것은 정확하지 않다. 유권자들은 그저 표를 주지 않음으로써 적절하다고 생각하지 않는 후보자를 떨어뜨릴 수 있다. 유권자들은 50퍼센트 이하의 표를 줄 수 있는 것이다. 이렇게 되면 후보자위원회는 예비 후보자 명단에서 다른 후보자를 제시해야 한다.

의석당 한 후보 문제에 관해 두아르테 디아스는 의석당 한 후보 이상이 있을 경우 매우 복잡한 상황을 초래할 것이라는 의견이다. 표가 분산될 것이기 때문에 많은 후보자들이 50퍼센트 이하를 득표할 것이다. 이로 인해 일련의 2차 선거를 치러야 한다. 두아르테 디아스는 이어 쿠바가 다수 후보자를 내어야 한다는 압력은 다당제 정치 체계를 쿠바에 강요하는 미국 주도의 캠페인이라는 자신의 주요한 우려를 설명한다. 그는 모든 것이 후보자위원회가 일을 하는 방식에 달려 있다고 다시 강조한다. 만약 충분한 풀뿌리 협의가 없거나 부족하면 '의석당 한 후보'는 각본에 따른 선거가 될 것이다. 이 문제는 특히 후보자위원회를 포함한 전체 선거 시스템을 충분히 검토하는 가운데 고려해야 한다고 그는 결론짓는다(인터뷰: Duharte Díaz, 2009).

누가 대의원이 되는가? 자질을 말한다

ANPP 대의원에 관한 현지조사는 주로 상임위원회 위원장과 위원들에 집중되었다. 이 조사 연구를 통해, 추천 과정의 결함에도 불구하고 추천이 대체로 효과적임을 알 수 있었다. ANPP의 한 의석당 한 후보에

관한 논란에서 가장 중요한 문제는 선출되는 사람들의 '자질'(quality)
이다. 반체제 인사들에 의해 반영되는 민주주의와 선거에 관한 미국중
심주의적 개념에서는 오직 유권자들의 선택권만을 강조한다. 하지만 그
렇게 함으로써 가장 중요한 기준은 완전히 가려진다. 한계가 있기는 하
지만 추천 과정에는 협의가 있다. 게다가 ANPP에 최종적으로 선출되
는 사람은 누구인가? 선출되는 사람들의 출신 배경은 어떠한가? 그들
의 직업은 무엇인가? 이는 "자질을 말하는 것"이다. 불행하게도 이러한
점들은 쿠바 안팎의 관찰자들이나 언론인들이 거의 논의하지 않고 있
다.

모든 대의원들(2008년) 중에서 네 가지 사례를 들어 보기로 하자. 또
ANPP가 일 년에 단 두 차례 전원회의를 개최한다는 비판의 배후에
도 선입견을 가진 개념이 널리 퍼져 있다. 실제로 ANPP의 업무는 (양
과 질의 측면에서) 생각하는 것보다 훨씬 더 광범하다. ANPP는 헌법에
규정된 상임위원회를 통해 연중 업무를 수행한다. 처음에 개괄적으로
소개한 ANPP 상임위원회와 함께 아래에서 간단히 제시하는 대의원들
의 약력은 이 책의 중요한 초점을 잘 드러내 준다. 여기에서 준거는 현
재진행형 민주주의의 일부로서 ANPP의 참여적 성격과 풀뿌리 민중과
의 연계이다. ANPP 대의원들의 삶과 활동은 서방의 제도언론과 반체
제 인사들이 검열하여 삭제해 버리는데, 그것들은 ANPP의 영혼을 보
여 주는 데 큰 도움이 된다.

'기층' 대의원을 포함하여 대의원들 가운데 거의 절반은 ANPP의 여
러 상임위원회 가운데 하나에 소속된다. 레스카노에 따르면 그들은 민
중과 거의 연계가 없었던 구소련 의회의 위원회들과는 전혀 다르다. 쿠
바에서는 민중이 핵심적인 입법 과정에 직접 개입한다(인터뷰: Lezcano,
2008b).

ANPP 상임위원회 위원들은 대부분 연중 여러 방면에서 일한다. '기층' 대의원을 포함하여 대부분은 파트타임 자원자들이지만, 가능한 시간 범위 안에서 참여한다. 이러한 상임위원회와 개별 대의원들의 노력은 불행하게도 쿠바 바깥에서는 전적으로 알려져 있지 않다.

2008년 1월부터 12월 사이에 대의원 레오나르도 에우헤니오 마르티네스 로페스와 네 차례에 걸쳐 인터뷰를 했다. 그는 ANPP '식량 및 농업 상임위원회' 위원장이다. 그는 1953년 중부 쿠바에서 농민(campesino)의 아들로 태어났다. 마르티네스 로페스는 장학금의 도움으로 학업을 마치고 섬유 기술자가 될 수 있었다. 그는 쿠바의 전략 산업의 하나인 섬유 산업에서 몇 년 동안 일했다. 그는 나중에 자신이 일하던 아바나에 있는 중요한 공장의 책임자가 되었다. 그는 1993년 선거에서 대중조직과 후보자위원회에 의해 아바나의 한 시의회 대의원으로 추천되었다. 그가 일하는 곳의 책임자였음에도 불구하고 CTC의 지역 노동조합이 그를 추천한 것이다. 추천 이유는 그가 다른 노동자들과 관계가 밀접한데다가 노동조건과 공장의 생산을 개선하기 위해 부단히 노력했기 때문이었다. 1993년에 처음 대의원 임기를 시작한 때부터 그는 산업과 기타 연관 부문들을 포함하는 '생산활동 상임위원회' 위원장이 되었다. 고려된 요인은 산업에서 쌓은 그의 경험이었다. 그는 매 5년마다 다시 선출되어 지금까지 같은 상임위원회의 위원장을 맡고 있다. 그는 ANPP에서 전일제로 일하는 몇 안 되는 직업적 대의원 가운데 한 사람이다. 하지만 그는 공장 책임자로서 받았던 봉급과 동일한 급료를 받는다. 2008년에 ANPP에 새로 선출되었을 때, 비용이 많이 드는 수입품을 대체하기 위해 국내 식량 생산을 증가시킬 필요성 같은 중요한 새로운 전략을 고려하여 상임위원회에 변화가 있었다. 마르티네스 로페스는 새로 생긴 '식량 및 농업 상임위원회'의 위원장으로 추천되었다. 농민 출신인데다가 여전히 자신의 일곱 형제들 및 고향집과 유지하고 있는 밀접한 유대는 유리한 특징임이 드러났다(인터뷰: Martínez López, 2008a, 2008b, 2008c, 2008d). 여러 시간에 걸친 인터뷰 과정에서 보여 준 농업 및 공업, 민중의 필요와 경제에 관한 그의 정통한 지식은 인상적이었다. 또 쿠바의 문제들을 해결하기 위해 그가 헌신하는 모습도 눈길을 끌었다.

'기층' 대의원 카를로스 리란사 가르시아는 1963년 노동계급 가정에서 태어났다. 그는 '산업 및 건설 상임위원회'의 위원장이다. 그는 전기 기계 기술학교를 졸업하고 조사와 연구를 하는 회사에서 일하고 있다. 2003년에 그는 시의회 대의원 중에서 ANPP '기층' 대의원으로 추천되어 선출되었다. 2008년 새로이 (심각한 주택 문제를 해결하기 위한 노력의 일환으로) '산업 및 건설 상임위원회'가 설립되었을 때, 리란사 가르시아는 그 첫 번째 위원장이 되었다. 여기서 흥미로운 것은 그가 기술 연구 기업에서 계속 일하고 있다는 점이다. 그래서 그는 상임위원회 위원장 자리를 전업이 아니라 자원봉사로 수행하고 있다. 하지만 위원회의 과중한 일을 처리할 필요가 있을 때에는 직장에서 면제되어 여유 시간을 얻는다. 그는 또 지역의 시의회 대의원으로서 더 큰 풀뿌리 연계를 확보하고 있다.

2008년 7월에 가진 첫 번째 인터뷰에서 라란사 가르시아는 자신의 위원회가 쿠바 섬 전체에 걸쳐 주택 건설과 수리를 개선한 몇 가지 계획을 설명하면서 자랑스러워했다. 그로부터 다섯 달 후, 두 번째 인터뷰가 있었던 2008년 12월에는 세 차례의 허리케인이 쿠바를 강타한 후였다. 허리케인으로 특히 주택들의 파괴가 심했다. 여러 면에서 그 위원회는 피해를 입은 모든 지역을 방문하는 것 이외에도 이중의 과제를 안게 되었다. 그들은 애초의 주택 건설 목표를 완수해야 할 뿐 아니라 허리케인으로 파괴되거나 피해를 입은 구조물을 수리하지 않으면 안 되었다(인터뷰: Liranza García, 2008a, 2008b). 그럼에도 불구하고 그는 침착했으며 그런 상황을 극복할 자신들의 능력을 확신하는 것 같았다.

육상 세계 챔피언인 대의원 아나 피델리아 키로트 모레트는 산티아고데쿠바의 가난한 집에서 태어났다. 그녀는 ANPP '건강 및 스포츠 상임위원회' 위원이다. 그녀의 가족은 전통적으로 혁명과 육상 두 분야에서 두각을 드러냈다. 그녀의 아버지는 권투선수인데다가 형제자매들도 대부분 스포츠에 관련되어 있다. 그녀는 대학에서 체육교육을 공부했다. 그래서 육상뿐 아니라 지적, 문화적으로도 성장할 기회를 얻었다. 그녀는 자기 종목인 800미터뿐 아니라 때로는 400미터 경기에서 몇 번이나 세계 챔피언이 되어 국내외에서 유명해졌다. 키로트 모레트는 ANPP가 시의회 대의원, 평범한 노동자, 예술가, 운동선수, 의사, 지식인 등으로 구성되어 있다고 말한다. 자신의 경우에 관해서 그녀는 자신의 장점, 나라 안팎에서 사회에 대한 태도, 그리고 자신의 원칙 때문에 추천되고 선출되었다고 주장한다. 그녀는 아바나 도의 한 시에서 처음 대의원으로 선출되었을 때 쿠바-볼리비아 ANPP 우호협회의 회원이 되었다. 나중의 임기 동안 그녀는 '건강 및 스포츠 상임위원회' 위원이 되었다. 이 상임위원회는 업무의 일환으로 연중 쿠바 섬 전체의 스포츠 및 건강 센터에 자문과 지원을 하는 정규 프로그램을 운영하고 있다. (2012년 런던 올림픽 메달 집계에서 쿠바는 종합 16위로 라틴아메리카 중에서는 1위였고 이전 식민국가였던 에스파냐을 비롯하여 인구가 많은 선진국들을 앞질렀다.) 그녀는 또 육상 분야의 경험을 이용하여 이웃 베네수엘라를 방문하고 그곳의 육상 경험과 교류하고 있다.

미국과 같은 나라의 많은 운동선수들이 백만장자라는 사실에 관한 질문에 대해 키로트 모레트는 이렇게 대답했다.

글쎄요, 우리 쿠바 운동선수들도 어떤 관점에서 보면 백만장자들이지요. 쿠바에 수백만 명[천백만 명]의 사람들이 살고 있는데, 우리 운동선수들은 수백만 명의 사랑을 받고 있기 때문에 그런 의미에서 우리도 역시 백만장자들이지요……. 내가 더 이상 경기에 참가하지 않는 지금도 거리에 나가면 사람들은 사랑과 애정을 표시합니다……. 내가 선출된 산 미겔 데 파드론 시[현재 아바나 도에 있음]에서 나는 96.59퍼센트의 표를 얻었지요. (인터뷰: Quirot Morot, 2008)

몬카다 뮤지컬밴드 설립자이자 대표인 대의원 호르헤 헤수스 고메스 바란코와도 인터뷰를 했다. '교육, 문화, 과학 및 기술 상임위원회' 부위원장이다. 그의 활동과 태도 또한 '의석당 한 후보자' 선택지가 대의원의 자질을 검토하지 않고서는 제대로 설명될 수 없다는 점을 보여 준다. 그의 예명은 호르헤 고메스인데, 그는 아바나 동부 작은 소도시의 가난한 집에서 태어났다. 아버지는 직업이 교사였지만 종종 보잘것없는 봉급도 절반밖에 받지 못했다. 혁명 이전 정부는 공무원들에게 봉급을 지급할 때 수도 바깥에 있는 공무원들에게 지급할 몫이 충분하지 않았던 것이다. 상황을 개선하기 위해 모든 가족이 아바나로 이사했을 때에는 집세가 너무 비싸 상황은 실제로 더 나빠졌다. 가족은 1953년 7월 26일 몬카다 공격에서 고메스의 삼촌 라울 고메스 가르시아를 잃고 충격을 받았다. 혁명이 승리한 후 어린 고메스는 대학에 갈 수 있었지만 주요 관심은 음악 쪽에 있었다. 1972년, 그는 동료 학생들을 이끌고 밴드를 결성했다. 그 밴드는 나중에 '몬카다'라고 이름 붙였으며 지금까지 성공적으로 활동하고 있다. 그들은 쿠바 섬을 동서남북으로 가로지르며 공연을 했을 뿐 아니라 캐나다, 영국, 중국, 심지어 미국에서도 두 차례나 공연을 가졌다. 미국 공연과 관련하여 고메스는 몬카다 음악인들이 '적의 나라'라고 간주되는 온갖 편견을 갖고 여행했다고 밝혔다. 하지만 그들은 '적'(정부)과 국민들은 별개라는 점을 이내 알게 되었다. 미국 청중들은 몬카다의 공연에 "선풍적이고 폭발적"인 찬사를 보냈다. 인터뷰를 했을 때(2008년) 그는 대의원으로 두 번째 임기에 접어들고 있었다. 그래서 그는 국내외에서의 경험을 쿠바의 문화 정책에 기여하는 데 이용할 수 있다.

물러나는 대의원 마리아 호세파 루이스 메데로스(2003~2008년)에 따르면, 예술인 출신의 쿠바 대의원들은 이름을 떨치는 전통이 있다. 그녀는 임기 동안 '교육, 문화, 과학 및 기술 상임위원회'의 서기였다. 한 사례로 그녀는 쿠바의 유명한 작곡가 겸 가수인 대의원(당시) 실비오 로드리게스가 ANPP에서 일어나 어떻게 연설했는지를 상기시켰다. 그는 음악인들이 감옥에 방문 공연을 함으로써 수감자들에게 혜택을 주고 결국 사회에 재통합될 수 있도록 하자고 제안했다. 이러한 제안은 몇몇 상임위원회에 의해 발의되어 당시 ANPP 의장이던 리카르도 알라르콘에 의해 상정되었다. 로드리게스의 제안은 결국 채택되었다. 루이스 메데로스와 호르헤 고메스는 그 밖에도 다른 많은 사례를 들었다. 그 중 하나는 어린이 극단 '라 콜메니타' 대표 카를로스 알베르토 크레마타 대의원이다. 그 극단은 쿠바와 세계 여러 나라에 공연 여행을 했는데, 가장 최근의 성공적인 공연은 2011년 미국 우정 공연이었다. 또 지역 수준에서 대의원들은 소도시의 지역 음악밴드를 설립하여 각 도시의 중앙공원에서 공연하는 전통을 부활하는 데 관여하고 있다. 실제로 쿠바의 모든 소도시나 읍내에는 중앙공원이 있다. 게다가 2008년 세 차례의 대규모 허리케인이 쿠바를 강타한 직후 호르헤 고메스와 몬카다 밴드는 가장 피해가 큰 지역에 공연 여행을 했다. 밴드 구성원들은 임시변통으로 조직한 공연을 통해 주민들을 격려했다(인터뷰: Gómez

Barranco and Ruíz Mederos, 2008; 인터뷰: Gómez Barranco, 2008b).

ANPP의 구성

ANPP의 성격을 가늠할 수 있는 몇 가지 다른 지표들이 있다. [표 12]에서 보면 '기층' 대의원은 ANPP 임기 초 전체 대의원의 46.62퍼센트이다.[12] 이 표에서는 또 '기층' 시의회에서 나왔든, '디렉토' 대의원이든 전체 대의원을 고려하면 사회의 단면이 반영되고 있음을 알 수 있다. ANPP는 모든 부문의 노동자 대의원, 노동조합과 학생연맹(18세의 고등학생 1명 포함)의 대의원을 포함하는 것이 특징이다. 게다가 위에서 본 바와 같이 호르헤 고메스 같은 많은 예술인과 아나 피델리아 키로트와 같은 스포츠인도 포함하고 있다.

대의원들의 연령을 보면 [표 13]에서 보는 바와 같이 2003년에서 2008년 사이에 커다란 경향 변화가 없지만, 18~40세가 '감소'하고 60세 이상이 '증가'했다. 그래서 지도자들은 ANPP를 포함하여 국가의 모든 부분에서 젊은 층을 증가시킴으로써 이러한 부정적인 흐름을 뒤집으려고 애쓰고 있다. 하지만 긍정적인 측면으로는 2008년에 18~30세의 대의원이 5.85퍼센트를 차지하고 있는데, 이런 경우는 전 세계 어떤 의회에서도 흔하지 않다.

쿠바의 높은 교육수준은 ANPP 구성에도 반영되어 있다([표 14]). 후

---

12) 대의원 임기는 2년 6개월이며 교체 비율은 약 50퍼센트이다. 따라서 시의회에는 임기가 갱신되지 않는 '기층' 대의원들이 항상 일정 부분 존재한다. 하지만 이러한 대의원들은 5년간의 ANPP 임기를 계속할 수 있는 권리가 있다. 그 결과 '기층' 대의원 비율은 2008년의 경우와 같이 보통 처음 시작할 때의 46.42퍼센트 아래로 떨어진다. 쿠바 안팎의 일부 관찰자들은 이 점에 관심을 두고 있지만, 가장 중요한 문제는 시 단위 추천회의의 질과 전국선거에서 후보자위원회 및 대중조직의 역할이라고 나는 생각한다.

표 12 2008년 ANPP 대의원의 구성

'기층' 대의원(법이 정한 바에 따라 대의원 총수의 50% 한도)	46.42
'기층'과 '디렉토' 모든 대의원 가운데 생산 노동자, 소농, 사회·교육·의료 서비스 노동자	28.50
CTC(노동조합)	26
FEU(대학생)	8
FEEM(중고등학생)	1

출처: Asamblea Nacional de Poder Popular (지은이에게 제공된 자료)

표 13 ANPP 대의원의 연령 집단 비율, 2003~2008

연령	2003년 대의원	2008년 대의원
18-30	3.77	5.85
18-40	30.37	21.33
41-60	58.94	61.14
60+	10.67	17.26
평균 연령	47	49

출처: Asamblea Nacional de Poder Popular (지은이에게 제공된 자료)

보자위원회에 참여한 전국소농연합(ANAP, Asociación Nacional de Agricultores Pequeños)의 한 대표는 많은 농민들이 특정 작물 재배와 가축 사육에 전문성을 높이기 위해 대학 학위를 갖고 있다고 한 인터뷰에서 지적했다(인터뷰: Comisión de Candidaturas Nacional, 2008). 이런 현상은 노동자들도 마찬가지다.

여성 대의원들에 관한 [표 15]는 눈에 띄는 경향을 나타내 주고 있다. 2008년 임기가 시작된 모든 ANPP 대의원 가운데 여성은 43.20퍼센트를 차지한다. 이는 여성 의원들의 비율에서 세계 3위 수준이다. 이 수치는 세계의원연맹(Inter-Parliamentary Union) 웹사이트에 2012년 3월 31일자로 접속한 것에 근거한 것이다. 1위와 2위 국가는 르완다와

표 14 ANPP 대의원의 교육 수준

대학 졸업	78.34
현재 고등학생 또는 대학생	20.68
고등학교 졸업	0.98

출처: Asamblea Nacional de Poder Popular (지은이에게 제공된 자료)

표 15 ANPP 여성 대의원 비율: 대의원의 진화, 1998~2008

1998	2003	2008*
27.60	35.95	43.20

출처: Asamblea Nacional de Poder Popular(지은이에게 제공된 자료); Inter-Parliamentary Union, n.d.(2012sus 3월 31일 접속).

안도라였다. 미국은 79위를 차지했다. 주로 후보자위원회의 작업이 이러한 증가를 불러온 요인이다. 대의원 구성에서 여성이 증가했음에도 불구하고 쿠바의 지도자들은 만족하지 않는다. ANPP의 성비 구성이 국가평의회의 구성에서는 제대로 반영되지 않고 있다는 점에서 특히 그렇다.

의사 결정 과정에서 여성의 역할과 효과적인 참여는 허심탄회하게 진행 중인 논쟁의 주제이다. 예컨대, 2012년 3월 8일 세계 여성의 날에 《그란마》 기자 안네리스 이베테 레이바는 쿠바의 맥락에서 이 주제에 관해 깊이 있는 글을 썼다. 주장의 핵심은 "의사 결정 지위에서 과소 대표되는 여성"이라는 글의 제목에 반영되어 있다(Leyva, 2012).

따라서 ANPP에서 여성 대의원들이 괄목할 만한 숫자를 기록하고 있지만 그것은 단지 현재진행형 민주주의 과정의 일부로 생각될 수 있을 뿐이다. 《그란마》 기사의 내용 자체는 제시된 사실들과 함께 현재진행형 민주주의의 또 다른 사례이다.

[표 16]는 전반적으로 흑인과 혼혈(메스티조)이 약간 증가했음을 보

표 16 2003년과 2008년 ANPP 대의원의 피부색, 2002년 인구 센서스와 비교

연도	흰색	검은색	메스티조
2002년 인구 센서스	65.00	10.10	24.90
2003년 대의원	67.16	21.84	11.00
2008년 대의원	64.33	19.22	16.45

출처: Oficina Nacional de Estadísticas, n.d.(b); Asamblea Nacional de Poder Popular(지은이에게 제공된 자료).

여 준다. 하지만 이러한 비율은 특히 ANPP에 의해 선출되는 더 높은 기구의 구성에서는 목표치에 못 미친다. 이것은 2012년 PCC 전국회의 동안 해결해야 하는 문제의 하나로 논쟁 주제였다.

이처럼 ANPP 구성에 관한 한([표 12]~[표 16]에서 보는 것처럼), 몇몇 부정적인 특징과 긍정적인 특징이 존재한다. 하지만 쿠바의 ANPP 구성을 (쿠바에게 유리한 균형을 맞추기 위해) 미국 의회에 앉아 있는 대다수 개인들과 비교하는 것은 너무 단순한 것일 것이다. 쿠바의 ANPP와 미국 의회는 대조적인 두 사회체제에 기초하고 있기 때문에, 두 기구는 민중 참여의 수준뿐 아니라 완전히 반대되는 접근 방법을 대표한다. 최종적인 분석에서 ANPP 구성은 자신의 독자적인 기준을 세움으로써 평가될 수 있다.

"거의 모든 대의원들이 공산당 당원이다"

쿠바공산당(PCC)과 그 청년 조직인 공산주의청년동맹(UJC, Unión de Jóvenes Comunistas)은 어떤 수준의 선거에도 개입하지 않는다. PCC는 선거 정당이 아니다. 공산당은 선거에 후보를 추천하지 않는다. 어느 누구도 공산당 후보로 추천되지 않을 뿐더러, 어느 누구도 선거나 ANPP 활동에서 공산당의 이름으로 발언하지 않는다. 하지만 약 97퍼센트의 대의원이 PCC나 UJC 당원이다. 2008년 선거에서는 614명의

선출 대의원 가운데 598명이 PCC나 UJC 당원이었다. 지난 ANPP 임기(2003~2008년)도 마찬가지였다(ANPP, 지은이에게 보낸 이메일, 2008, 2월 6일).

PCC에는 약 80만 명의 당원이 있고, UJC에는 약 50만 명의 맹원이 있다(Castro Ruz[Raúl], 2012a; Partido Comunista de Cuba, n.d.[b]). PCC나 UJC 당원이 ANPP에서 차지하는 실제 비중을 알아보기 위해 20세 이상 인구센서스 자료를 이용했다. 이는 ANPP 대의원으로서 선출될 수 있는 연령(18세 이상)에 가장 근접한 연령층이다. 2009년 12월 센서스에 따르면 20세 이상 인구는 7,875,302명이다. 따라서 이 연령층 인구에서 차지하는 비율이 PCC 당원은 약 10.16퍼센트이고, UJC 맹원은 약 6.35퍼센트이다. 따라서 대의원으로 선출될 수 있는 인구 중 PCC나 UJC 당원을 합친 전체 비율은 약 16퍼센트로, 이는 ANPP 전체 대의원 중에서 PCC나 UJC 당원 비율 97퍼센트와 대조적이다.

위에서 언급한 음악인 호르헤 고메스는 PCC 당원이 '아닌' 몇 안 되는 ANPP 대의원이다. 이러한 논란에 관해 그가 인터뷰에서 한 논평은 시사적이다. 전체 대의원 가운데 97퍼센트가 PCC나 UJC 당원이라는 사실에 대해 어떻게 생각하는지 질문을 던졌다. 그는 답변하면서 ANPP 상임위원회나 ANPP의 견해가 아니라 '자기 개인의' 견해라는 점을 분명히 했다. 전체 인구에서 PCC과 UJC 당원이 16퍼센트인 반면에 97퍼센트가 대의원이라고 말하는 것은 "오해를 불러일으킨다"(engañoso)고 반박했다. "인구 중 PCC나 UJC의 전투적 활동가들은 전위의 일부가 되는 과정을 거침으로써 자신들의 직장이나 교육기관에서 사람들의 추천을 받는다는 점이 기준이 되어야 한다"고 고메스는 주장한다. 따라서 염두에 두어야 할 첫 번째 요지는 개인들이 자신들의 직장이나 교육기관에서 PCC나 UJC 당원이 된다는 사실이다. 그들이 스스로 당원이 되는 것을 요구하기보다는 동료들이 '노동자로서의 신망' 때문에 그들을 추천하는 것이다. 이렇게 당원이 되는 과정은 ANPP에 추천되어 선출되는 것과는 관계가 없다. 개인들은 각 직장에서 동료들 사이에서 좋은 평판을 얻게 되고 그 결과 PCC나 UJC 당원이 될 수 있는 것이다. 하지만 이러한 '개인들의 자질'은 ANPP 선거에 추천되는 조건이 되는 자질과 동일하며, 추천은 정당 가입 여부에 기초한 것은 아니라는 점을 그는 지적한다. 고메스는 이 복잡한 문제를 설명하고 싶어 하는 이유가 "사람들이 이해하고 그것이 어떻게 작동하는지 아는 것(por donde están los tiros)"이 중요하기 때문이라고 단언했다. 그는 PCC를 선거 정당이라고 생각하지 않는다고 하면서, 사람들이 어떻게 자기 직장에서 받은 평판 때문에 당원이 되는지를 다시 한 번 강조한다. ANPP에 공산주의자인 대의원이 소수에 불과하다면 그것은 모순일 것이다. 만약 그렇다면 PCC가 실제로 전위 조직이라는 점에 대해 의문이 제기될 것이기 때문이다. 국가평의회 평의원을 추천하는 문제에 관한 질문에 대해서는 "진실을 원하시나요?"라고 하면서 사실을 털어놓았다. 그(호르헤 고메스)는 누구를 추천할 때 그 대의원이 당원인지 여부를 결코 묻지 않는다. 대의원 에우세비오 레알(유명한 역사학자로서 구 아바나를 수리하여 복원한 배후 인물)의 사례를 들면서 그는 말했다. "내게는 에우세비오 레알은 당원인지 아닌지에 관계없이 에우세비오 레알일 뿐입니다. 만약 그가 당원이면 좋습니다. 하지만 당원이 아니라도 괜찮습니다."

그는 선입견이 있거나 왜곡된 관점에서 현상을 보는 것이 아니라는 점을 더 자세히 설명하기 위해 미국에서 겪은 일화를 소개했다. 그것은 자기 밴드의 공연 여행의 일부로 열린 한 워크숍 중에 일어난 일이었다. 미국 청중 가운데 한 사람이 질문을 했다. "쿠바가 인종차별에 그렇게 반대한다고 하면서 왜 당신 밴드 구성원들은 '흑인' 연주자들보다 '백인' 연주자들이 더 돋보이는 자리에 있습니까?" 그는 그 질문에 웃으면서 이렇게 대답했다. "실례지만 나는 당신에게 색다른 대답을 하려고 합니다. 당신은 내게 그들이 흑인이라는 점을 주목하라고 했습니다. 하지만 내 관심은 그들이 모두 내 대학 동료라는 점입니다." 밴드 구성원들은 음악적 기준과 영어를 말하는 능력에 따라 자리가 정해진 것으로서 그것은 "내가 아니라 당신의 사고방식과 투쟁이 양해할 사항"이기 때문에 그들의 자리를 바꿀 생각이 없다고 그는 설명했다(인터뷰: Gómez Barranco, 2008a).

ANPP의 성격을 제대로 평가하기 위해서는 PCC와 그것의 정치 체계와의 관계에 대해 사람들이 갖고 있는 기계적이고 선입관을 가진 관점을 넘어설 필요가 있다. PCC와 그것의 사회 및 국가에 대한 관계는 광범한 대다수 쿠바인들에게 중요한 문제가 아니다.

정치적·헌법적 관점에서 보면, 한편으로는 PCC가 선거나 행정에 관여하지 않는 성격을 띠면서도 다른 한편으로 공산주의자 대의원의 비율이 극단적으로 높은 것은 모순이 아닌가? 더욱이 쿠바 헌법의 제5조에서 PCC는 "사회와 국가의 최고 지도 세력이다"라고 규정하고 있다 (Constituon of the Republic of Cuba[1976], 2003).

쿠바의 현재진행형 민주주의에서는 진행 중이고 변화하는 복합적인 관계가 존재한다. 복합적인 관계는 '사회와 국가의 지도력'인 PCC가 선거와 국가 행정에 참여하지 않는다는 사실에 있다. 이 관계는 현대 쿠바의 정치 체계를 개선하는 지속적인 과정에서 가장 복잡한 문제들 가운데 하나이다. 소련이 이러한 문제를 성공적으로 처리하지 못한 것은, 쿠바인들이 1974년에 처음부터 바로 그 문제에 관한 소련 모델을 일축한 이유 가운데 하나였다. 쿠바에서 '민중권력기구'(OPP) 체계를 처음 수립할 때부터 쿠바인들은 스스로 당-국가 관계라는 이 골치 아픈 문제와 씨름했다. 예컨대 1974년 마탄사스 세미나에서 라울 카스트로는 이 문제에 관한 지침을 요약하면서 이렇게 말했다. "당은 법률적으로 자신의 범위를 벗어나는 순전히 행정적인 과정에 결코 관여해서는 안 된다. 그릇된 개입은 민중권력기구와의 관계를 비효율적으로 만들 것이다"(Castro Ruz[Raúl], 1974).

2012년 PCC 전국대회 이래 이 문제는 계속 제기되었다. 이는 쿠바가 이 딜레마를 해결할 수 없다는 것을 의미하는가? 그렇게 결론을 내리는 것은 적절하지 않을 것이다. 왜냐하면 여전히 노력이 진행 중이라고 하는 사실은 쿠바의 민주화가 그 혁신적 전통에 충실하다는 점을 보여 주는 것이기 때문이다. 다른 현실 사회주의 국가들이 몰락한 가운데 쿠바는 마르크스-레닌주의 당이 지도할 필요성을 유지하고 있다. 이와 동시에 혁명은 헌법 제3조, 즉 "주권은 인민에게 있으며 모든 국가권력은 인민으로부터 나온다"는 조항을 적용할 것을 고무하고 있다(Constituon of the Republic of Cuba[1976], 2003). 주권은 PCC에 있는 것이 아니라 인민에게 있는 것이다. 당은 주권에 개입할 수 없다. 하지만 한편으로 지도자로서의 당과, 다른 한편으로 인민의 수중에 있는 주권 사이의 균형을 유지하는 것은 쉬운 일이 아니다.

6장에서 2011년 당대회에 관해 다루면서 살펴본 바와 같이 PCC의 혁명적 리더십은 민중의 상황을 개선하기 위해 현재 새로운 형태의 사회주의를 실험하는 길을 지도하고 있다. 하지만 그것은 단순히 위로부터의 접근 방법이 아니다. 우리는 풀뿌리 민중의 투입이 있음을 보았다. 당은 또 쿠바의 독립과 주권을 가장 충실하게 방어하는 장치이기도 하다. 당은 미국과 그 동맹자들인 반체제 인사들이 헌정질서를 훼손하여 쿠바를 1959년 혁명 이전으로 되돌리려고 하는 부단한 시도에 맞서고 있는 것이다. 이처럼 민중의 권력을 확대시키려는 계속적인 노력에는 혁명의 미래를 내다보는 리더십도 포함된다. 실제로 라울 카스트로는 "부패는 지금 반혁명과 마찬가지이다"라고 강력하게 선언했다고 한다 (Barredo Medina and Puig Meneses, 2011). 이 책에서 당에 대한 어떤 긍정적인 언급을 할 때, 부패와 폐쇄적인 관료제에 연루되어 있는 당원들은 배제된다.

미국과 그 동맹자인 '좌파' 및 우파 반체제 인사들이 왜 '카스트로 형제'와 PCC를 비방하고 혐오하는지 알고 싶다면 여기에 그 답이 있다. 즉 쿠바 체제와 실질적인 민중권력의 모든 결함에도 불구하고, 민중권력을 더 효과적으로 만들려는 부단한 노력이 있기 때문에 주권은 사실상 민중의 수중에 있는 것이다. 이러한 입장은 에르네스토 체 게바라가 말한 것처럼 미국과 반체제 인사들의 지속적인 압력에 맞서 제국주의를 '눈곱만큼도'(ni un tantico así) 신뢰하지 않는 당을 마음대로 할 수 있는 민중이라는 개념과 직접적으로 연결되어 있다(Centro de Estudios Che Guevara, n.d.).[13] PCC의 전통은 당에 대한 마르티의 관점에 기반을 두고 있다. 마르티는 당이 사회정의와 민족독립을 추구하는 혁명을 위한 민중의 도구이지 민중의 '대체물이 아니'라고 주장했다. 마르티의 당은 공산주의 정당은 아니었지만 사회정의와 평등, 쿠바의 주권에 기초하고 있었다. 4장에서 살펴본 바와 같이, 마르티는 당이 민중을 대체하는 것으로 보는 것을 단호하게 반대했다. 이런 생각은 중요하다. 왜냐하면 당의 지도자들이 제국주의에 확고하게 맞서서 사회주의를 방어하더라도, 만약 민중이 이러한 프로젝트에 적극적으로 동질

---

13) 독자들은 영어 부제가 붙은 게바라의 원래 연설을 www.youtube.com/watch?v= MsUv7UohLds 에서 볼 수 있다.

감을 갖지 않으면 당은 빈껍데기가 될 것이기 때문이다. 2011년 당대회에 이르는 과정에서 PCC가 협의를 통한 심의 과정을 거친 것과 2012년 PCC 전국대회의 내용은 당과 민중 사이의 공생적 관계를 강화하고 개선하는 것이 목표였다.

따라서 구분선은 미국중심주의적이고 인위적인, '일당 체제와 다당제' 사이의 이분법에 있는 것이 아니다. 베네수엘라의 볼리바르혁명이나 쿠바혁명 같은 일부 체제는 인민에게 주권을 부여하는 것에 헌신한다. 미국과 같은 체제는 극소수의 기득권 정당들의 이해관계를 위해 기생충처럼 민중을 이용하는 데 기초하고 있다. 쿠바와 베네수엘라, 볼리비아, 에콰도르 같은 나라들은 다른 나라들의 독립을 존중하면서 자신의 독립을 유지한다. 민중은 이러한 주권을 지키는 데 직접 참여한다. PCC가 '독점'을 포기하지 않는다고 워싱턴과 그 동맹 세력이 불평하는 것은 이 때문이다. PCC의 '독점'을 언급하는 것은 원칙 문제에서 미국에 조금도 양보하지 않는 쿠바인들에 대한 워싱턴의 좌절감을 반영하는 것이다. 이처럼 굴복하기를 거부하는 것은 쿠바의 독립, 정치 체계 및 사회주의 추구에도 적용된다.

선출: ANPP 임원, 국가평의회 및 라울 카스트로 의장

새로 선출된 ANPP의 임기는 5년이다. 새로운 회기를 시작하기 전 첫 단계로 ANPP는 대의원들 중에서 임원(의장, 부의장 및 서기)과 국가평의회를 선출하기 위해 모인다. 헌법(Constituon of the Republic of Cuba[1976], 2003)에 따르면 ANPP는 "최고 국가권력기구로서 모든 인민의 주권 의지를 대표하고 표현"하며, "공화국에서 헌법과 입법 권위를 가지는 유일한 기구"이다. ANPP는 "대의원 중에서 의장, 부의장 및 서기를 선출한다". 그리고 ANPP는 대의원 중에서 국가평의회를 선출한다. 국가평의회는 의장, 제1부의장과 몇 명의 부의장, 서기와 23명의 평의원 등 모두 31명으로 구성된다. 국가평의회 의장은 국가의 수반으로서 정부(각료회의)의 대표가 된다. (현재 이 두 기구의 의장은 라울 카스트로이다.) 끝으로 헌법에는 "국가평의회는 민중권력국가의회(ANPP)에 책임을 지며, 모든 활동에 대한 보고의 의무를 가진다"고 규정되어 있다(Constituon of the Republic of Cuba[1976], 2003). 쿠바는 '대통령제'를 취하고 있지 않으며 그것을 표방하지도 않는다. 국가평의회 의장은 시민들이 선출한 대의원들 가운데서 선출된다.

전국후보자위원회(CCN)는 ANPP 임원과 국가평의회의 추천과 선출을 조직하는 책임이 있다. CCN은 대의원들이 선출되는 즉시 그들과 협의를 시작한다. 2008년 선거에서는 1월 20일에 대의원이 선출되었으며, 2013년 선거에서는 2012년 10월 시의회 선거 기간에 허리케인 샌디가 덮쳐 예외적으로 두 주 늦은 2월 3일에 선출되었다. 어떻든 선거 과정은 2월 24일에 마무리된다. 이날은 새로 임기가 시작되는 대의원들이 ANPP를 구성하기 위해 모이는 날이다. 각 대의원은 ANPP 임원과 국가평의회의 어떤 자리에 어떤 대의원도 제안할 수 있는 권리가 있다. ANPP의 새로운 임기가 시작되는 2월 24일 이전에 CCN은 614명의 선출된 대의원들의 이력서뿐 아니라 물러나는 국가평의회 평의원들의 이력서가 수록된 타블로이드판을 각 대의원에게 제공한다(인터뷰: Reus Ganzález, 2008). 이 과정은 당시(2008년 1월 30일) 그 과정을 시작한 CCN과 따로 한 인터뷰에서 더 자세히 설명되었다. 대의원이 CCN 사무실에 도착하면 타블로이드판을 검토할 충분한 시간을 가진 후 두 장의 백지를 받는다. 한 장은 국가평의회 추천을 위한 것이고 다른 한 장은 ANPP 임원 추천을 위한 것이다. 대의원은 국가평의회와 ANPP 의장이나 부의장 등과 같이 특정 자리의 선호를 포함하여 개인적인 추천 명단을 자세하게 작성할 수 있다. 작성된 명단은 서명 없이 비밀투표 방식으로 수합된다(인터뷰: Pérez Santana, Marchante Fuentes and Fajardo Marin, 2008).

대의원 다니엘 루풀스 피네다는 이 과정을 자세하게 설명했다. CCN은 그가 임명된 2월 7일 며칠 전에 CCN 본부에서 614명의 이력서를 그에게 개인적으로 건넸다고 한다. 그는 그래서 "개인적으로 [자신의] 결정을 하는 데 완전한 자유"를 누렸다(Daniel Rufuls Pineda, 지은이에게 보낸 이메일, 2008년 3월 15일).

대의원 호르헤 고메스는 이러한 과정과 관련하여 자신의 경험을 털어놓았다. 그 경험은 2008년 1월부터 2월까지 시기에 대한 흥미로운 내부 평가를 보여 주었다. 당시는 피델 카스트로가 이미 2006년에 의장직을 제1부의장인 라울 카스트로에게 잠정적으로 넘겨준 상태였다. 피델 카스트로는 그 전날 공식적으로 성명을 발표하여 이렇게 선언했다. "나는 국가평의회 의장과 최고사령관직을 원하지도 않고, 받아들이지도 않을 것이다."(Castro Ruz[Fidel], 2008b).

호르헤 고메스에 따르면 위에서 언급한 피델 카스트로의 발표가 있기 전에 CCN 본부에서 개인적으로 피델 카스트로를 국가평의회 의장으로 제안했다. 그는 또 라울 카스트로를 제1부의장으로, 호세 마차도 벤투라를 다음 순서의 부의장으로 적고 다른 기구에도 다른 대의원들의 이름을 적었다. 그는 또 건네받은 다른 종이에는 ANPP 임원들로 그가 선택한 대의원들의 이름을 적었다. 혁명 리더십의 지속이라는 문제에 따라 'PCC 비당원인' 호르헤 고메스는 피델 카스트로가 국가평의회에서 공식적인 지위를 갖고 있지 않은 상황에서 "혁명의 역사적 리더십을 강화할" 필요가 있다는 의견을 피력했다. 피델 카스트로가 CCN에 마차도 벤투라가 제1부의장으로 지명되어야 한다고 제안했다고 보도한 2008년 2월《그란마》기사에 관한 질문에 대해 고메스는 피델이 집착하는 것은 일리가 있다고 대답했다. 피델의 목표는 언제나 혁명의 본질을 잃지 않는 것이었다. 고메스의 의견은 마차도 벤투라가 혁명의 역사적 지도자 가운데 한 사람으로 오랜 경험을 갖고 있기 때문에 선출되어야 한다는 것이었다(인터뷰: Gómez Barranco, 2008a).

일단 모든 대의원들이 이와 같이 ANPP 임원과 국가평의회 후보자들을 제안하는 과정을 거치고 나면, CCN은 종이에 적힌 투표수를 표로 만든다. CCN은 투표 숫자에 따라 순서를 매겨 31명의 국가평의회 평의원 명단을 작성한다. CCN은 3명의 ANPP 임원들의 명단도 따로 작성한다(인터뷰: Pérez Santana, Marchante Fuentes and Fajardo Marin, 2008).

내가 1998년에 새 ANPP 임기 구성 과정을 참관하고 2008년 임기에 관해 인터뷰한 바에 따르면 최종 선출 과정은 다음과 같은 방식으로 이루어졌다. ANPP 임기를 구성하는 날(2008년 2월 24일) CEN 위원장 레우스 곤살레스는 새 임원들이 선출되기까지 사회를 맡았다. 임원으로 추천된 세 대의원의 명단이 대의원들에게 제시되었다. 의장에 리카르도 알레르콘, 부의장에 하이메 알베르토 그롬베트 에르난데스-바케로, 그리고 서기에 미리암 브리토 사로카였다. 대의원들이 추천된 이들에 동의하는지 또 다른 제안이 있는지 결정하기 위해 거수투표가 이어졌다. 다른 의견이 나오지 않았다. 따라서 세 후보자가 공식적인 후보가 되었다. ANPP 회의는 정회되고 주회의장 밖에 있는 로비에서 비밀투표가 이루어졌다. 일단 세 후보자가 선출되고 CEN이 당선을 선언하자 새 임원들이 ANPP 사회권을 넘겨받았다. 31명의 국가평의회 평의원들에 대해서도 동일한 과정이 진행되었다. 라울 카스트로가 국가평의회 의장으로 선출되어 각료회의의 의장을 맡게 되었으며, 이에 따

라 (헌법 74조에 의거하여) 국가의 수반과 정부의 대표가 되었다(인터뷰:
Balseiro Gutiérrez and Amarón Díaz, 2008; 인터뷰: Pérez Santana,
2008).

이렇게 하여 2007년 7월 시의회 1단계 선거에서 시작된 총선거는
2008년 2월 24일에 끝났다. 2012~2013년 총선거도 동일한 과정을 거
쳐(위에서 언급한 바와 같이 허리케인 샌디로 약간의 일정 변경이 있었지만),
2012년 7월에 시작하여 2013년 2월에 끝났다.

ANPP 임원과 국가평의회를 추천하고 선출하는 과정이 매우 형식적
으로 보일지 모른다. 특히 시의회나 ANPP 자체의 선거와 비교하면 형
식적인 것이 사실이다. 하지만 국가의 최고위층 지도자들을 뽑는 데 혁
명 리더십이 개입하지 않는다고 믿는 것은 순진한 생각이다. 사실이 그
렇다 하더라도 문제는 다시 한 번 자질인데, 이 점에 관해서는 다음 장
에서 더 자세히 다루고자 한다.

피델 카스트로와 라울 카스트로의 지위와 역할에 관해서 보면 이
또한 자질 문제이지, 종종 미국과 반체제 대변인들이 비난하듯이 족
벌주의 문제가 아니다. 라울 카스트로는 피델 카스트로가 병에 걸린
2006년에 잠정적으로 의장직을 물려받았다. 그는 국가평의회 제1부의
장으로서 헌법에 따라 그 지위에 올랐다. 2008년 2월 24일, 라울 카
스트로는 국가평의회 의장 겸 각료회의 의장으로 선출되었는데, 이 과
정을 이해하기 위해서는 몇 가지 요인을 고려해야 한다. 첫째로 그는
1953년 몬카다 공격 이래로 끊임없이 투쟁에 참여했다. 그는 1959년
혁명 승리 이전에도 나름대로 혁신적인 공헌을 했다. 한 가지 기념비적
인 일은 '프랑크 파이스' 제2동부전선에 해방구를 조직한 것이었다. 그
것은 5장에서 설명한 것과 같이 국가 안의 실질적인 국가에 해당하는
것이었다. 그것은 어떤 면에서는 1959년 1월에 수립된 새로운 혁명 정

부의 선구적 역할을 했다. 그 후에도 라울 카스트로는 많은 일을 했는데, 이를테면 1974~1976년 민중권력 체계의 제도화가 그런 일 가운데 하나였다. 1990년대의 기업 개선 시스템은 2008년까지 책임을 맡고 있던 혁명군(FAR)을 통해 그의 리더십 아래에서 시작되었다. 2008년 국가평의회와 각료회의 의장으로 선출된 이후, 혁명군 사령관으로서 지위를 유지하면서 합의적 리더십을 한층 더 제도화해 왔다. 그러한 제도화를 위해 그는 국가평의회와 각료회의의 회의를 (공식 구성원들 이외의 인사들을 포함하여) 확대하여 규칙적으로 (거의 매달) 개최하고 있다. 라울 카스트로는 관료제와 고위층 화이트칼라 부패를 근절하기 위한 노력의 최전선에 서 있다. 동시에 그는 다른 사람들과 더불어 사회주의를 유지하고 개선하기 위한 혁신을 주도하고 있다. 이 과정에서 그는 민중의 참여에 더 큰 초점을 둔다.

따라서 선거에 관한 이 장의 결론을 내리면, 북반구에서 지배적인 관점과는 반대로 쿠바 정치 체계의 쟁점은 공산당이나 '카스트로 형제'가 아니다. 문제는 지역과 전국 수준에서 선출되는 모든 사람들의 자질과 선거제도를 개선하는 데 관한 의견들이다. 다음 장에서는 선거 후에 전국과 지역 수준에서 국가가 어떻게 작동하는지를 다루고자 한다.

8장 민중권력국가의회와 시의회

민주화와 혁명적 리더십

쿠바의 정치 체계는 권력 분립이라는 제한된 범위의 미국중심주의적 관점으로는 설명될 수 없다. 이러한 책임의 분할은 입법, 행정, 사법 기관 사이에 견제와 균형이 있다고 가정하는 것이다. ANPP는 입법에 책임이 있는 유일한 기구이다. 하지만 입법은 쿠바의 정치 체계 전체를 포괄하는 더 넓은 범위의 한 부분이다. ANPP와 국가평의회 및 각료회의는 어떤 의미에서는 그러한 입법 과제를 나누어 가진다. 또한 이 기구들은 어떤 경우에는 직접적으로 대중조직들이나 풀뿌리 민중들과 입법 과정을 공유한다.

7장의 "누가 대의원이 되는가? 자질을 말한다"라는 절에서 우리는 사회의 단면을 반영하여 선출된 대의원들의 삶과 활동을 살펴보았다. 그것은 전국 수준(ANPP)의 선거 사이 기간, 즉 평상시에 국가가 어떤 활동을 하는지 살펴보는 이 장의 처음 몇 절을 안내하는 역할을 할 것이다. 하지만 ANPP를 제대로 파악하기 위해서는 그것이 모든 수준(전국과 지역 수준)의 단일한 국가의 일부라는 점이 지적되어야 한다. 쿠바 국가는 무엇보다도 민중권력기구들(OPP, Órganos del Poder Popular)로 이루어져 있다. OPP는 하향식과 상향식으로 교직된 단일한 권력이다. 그것은 ANPP와 도의회 및 시의회 등 모든 수준의 국가권력을 포괄한다. 헌법에 따르면 이러한 각 수준의 국가권력과는 대조적으로 사법기관만이 상대적인 '기능적 독립성'을 가진다. 법원은 사법 행정에서 "오직 법률에만 복종할 의무가 있다"(Constitution of the Republic of Cuba[1976], 2003).

PCC는 법률을 발의하거나 승인할 수 없다. 하지만 PCC는 전반적 정책을 ANPP에 권고할 수 있다. 그러면 ANPP는 그 제안 전체나 일부를 법률로 전환할 수 있다. 쿠바 정치 체계는 권력의 분립에 기초하고 있지 않다. 권력 분립에 의한 '견제와 균형' 접근 방법에서 각 부분은 빈틈없이, 그리고 종종 당파적인 정치적 목적을 위해 경쟁적 방식으로 자기 부분의 특권을 지키고자 한다.

ANPP와 국가평의회 및 각료회의는 쿠바의 혁신에 속한다. 이 기구들은 대중적이고 결정적인 대응이 필요한 문제들에 대해 필요할 때 재빨리 행동하기 위한 민첩성과 혁명적 행동을 특징으로 한다. 하지만 이 기구들은 논쟁적이거나 의견 차이를 포함하고 있는 문제들에 관해서는 민중의 투입을 얻기 위해 민중과 협의하는 참여적 방법을 채택한다. 국가평의회는 법령을 제정하고 각료회의는 법령을 집행한다. 하지만 그러한 과정은 북반구에서 보는 방식, 즉 독단적으로 강요되는 방식으로 이루어지는 것이 아니다. 입법에서 이러한 접근 방법은 종종 민중이 요구한 결과로 나타난다. 그러한 법령의 한 가지 사례는 유휴지의 용익권을 무상으로 나누어 준 국가평의회 법령 259호였다(6장 참고). 그 목표는 나라 안팎의 경제 위기 상황에서 민중에게 식량의 질과 양 및 효과적인 분배를 증가시키는 것이었다. 이것은 민중의 주요 관심 사항이었다.

또 하나의 사례는 정부가 허가하여 합법적으로 영업하는 자영업 범주의 수와 다양성을 확대한 것이다. 예컨대, 식료품 조달과 운송 영역에서 새로운 허가 업종이 증가했다. 그것은 2010년 10월 국가평의회와 각료회의의 발의로 이루어졌으며, 국가평의회 법령과 각료회의의 관련된 규정과 결의안의 형태를 띠었다(6장 참고). 그 목적은 과다 급여명단의 축소와 자영업 확대에 대처하는 것이었다. 자영업 확대는 국가 부문의 잉여 고용을 가능한 한 많이 흡수하기 위한 것이었다. 과다 인원 감축은 논란이 많았지만, 자영업은 대중적 요구였다. 1959년 이래로 정부의 합법적 자영업 정책에 변화가 있었다. 일부 인구 집단에서는 자기 주도로 일하는 것을 선호하는 분위기가 저변에서 오랫동안 흐르고 있었다. 하나의 이유는 만약 자영업이 성공적이면 거기에서 나오는 소득이 국가 부문에 고용되었을 때의 봉급보다 높기 때문에 소득을 증가시킬 수 있다는 것이었다. 이러한 요구는 자영업에 관심이 있는 사람들을 넘어 더 넓은 사회의 단면으로 인기가 확대되었다. 예컨대, 보통 사람들은 대부분 국가 부문이 적절하게 제공하지 못하는 재화와 서비스를 자영업 부문에서 얻을 수 있는 가능성이 커지는 것을 환영했다. 특정한 부문에서는 허가증을 얻을 수 없기 때문에 불법적으로 자영업을 하는 많은 사람들이 존재한 것도 또 하나의 요인이었다. 말하자면 대중의 요구를 계속 키운 것은 합법적으로 영업하기 위해 그늘에서 벗어나기를 원하는 사람들이었다. 그리하여 국가평의회의 새로운 자영업 확대 법령이 시행되었으며, 그 후 자영업은 관료제를 비롯한 몇 가지 문제에도 불구하고 융성하게 되었다. 이와 대조적으로 과다 급여명단 축소의 속도는 상당히 늦추어졌는데, 이는 풀뿌리 수준과 노동조합에서 분명하게 제기된 논란과 불만을 고려한 조치였다.

또 하나의 인기 있는 입법 사례는 자동차의 매매를 처음으로 합법화한 '각료회의 명령 292호'였다. 자동차를 사고 팔 수 있는 권리를 새롭게 도입한 과정은 한편으로는 기층과 다른 한편으로 ANPP와 국가평의회 및 각료회의에 의해 어떻게 입법이 이루어지는지를 보여 주는 사례이다. 자동차 매매 권리는 당대회 이전 협의에서 민중에게 제시된 원래 '지침'에는 없었다. 하지만 시민들은 이 문제를 제기했으며, 민중 투입의 결과로 잇따른 초안에서는 자동차 매매가 도입되었다. 이는 당대회 약 5개월 후인 2011년 9월에 각료회의 명령 292호로 이어졌다 (Gaceta Oficial de la República de Cuba, 2011a).

이와 비슷하게 2011년 11월, 국가평의회가 공포한 법령 288호는 주택의 매매를 허용했다(Gaceta Oficial de la República de Cuba, 2011b). 비록 법령이었지만 입법 과정에서 기층이 직접적인 역할을 했다. 그 사정은 이렇다. 2011년 4월 PCC 당대회 원래 지침에 주택 매매가 있었는데, 그 자체가 상대적으로 광범한 여론의 결과였다. 하지만 당대회 이전과 당대회에서 PCC가 조직한 논쟁의 결과, 원래 지침은 더욱더 유연하게 확대되었다. 이 수정된 지침은 당대회 약 7개월 후에 법령 288호로 시행되었다.

이러한 법령들이 대중적 요구를 재빨리 실천하는 지도자들의 폭넓은 관심의 일부라는 점을 보여 주는 증거는 그 외에도 또 있다. 자동차와 주택 매매에 관한 풀뿌리 요구는 심지어 당대회 '이전에' 시행되었다. 2011년 4월 16일, PCC 당대회 개막 보고에서 라울 카스트로는 "모든 일이 이루어지기를 기다리지 않고 주택과 자동차 매매에 관한 법률적 규제에 진전이 있었다"고 발표했다(Castro Ruz[Raúl], 2011a). 이처럼 온전히 또는 부분적으로 아래로부터의 노력의 결과였던 요구가 마치 지도자들에게서 나온 것처럼 힘차게 시행되었다. 따라서 '법령'과 '명령'이라는 용어는 민중의 의지에 반하는 권위적 또는 독재적인 명령이라는 미국중심주의의 편향된 개념으로 해석될 수는 없다. 사실은 그 반대이다. 이와 비슷하게 지도자들은 당대회 절차가 종료되기도 전에 법령 259호를 수정하여 "탁월한 성과를 산출하는 농업 생산자들에게 용익권을 주는 유휴지의 한도를 확대하고 …… 자영 노동자들과 광범한 대중에게 신용을 허용했다"(Castro Ruz[Raúl], 2011a).

또한 풀뿌리 참여로 인해 주택 수리 등을 위한 건설 자재를 보조되지 않는 가격으로 손쉽게 구입할 수 있도록 한 새로운 당대회 지침이 만들어졌다. 이 새로운 지침은 기층에서 표출된 의견이 당대회 이전 논쟁을 통해 채택된 것이었다. 당대회 약 9개월 후인 2012년 1월에 각료회의는 관련 장관들과 협력하여 지침을 시행했다. 각료회의는 주택을 수리하는 개인들을 지원하기 위해 은행 융자를 허용하는 결의안을 채택함으로써 이러한 대중적 요구를 실천했다(Gaceta Oficial de la República de Cuba, 2012a). 이러한 주택 수리와 자금 융자 지원의 필요성은 원래 PCC 당대회 문건에서 지도자들이 제안한 것이 아니라, 아래로부터 도입되고 각료회의를 통해 신속하게 집행된 것이었다. 상향식과 하향식의 입법 상호작용이 결합된 비슷한 사례로는 농민들이 관광회사(예컨대 호텔)에 직접 농산물을 판매할 수 있도록 한 조치도 있다.

2012년 10월, 가장 논란이 많았던 법률 가운데 하나가 공개되었다. 그것은 쿠바 출입국을 좀 더 자유롭게 할 수 있도록 여행 정책을 개선하라는 수십 년간의 대중적 요구에 관한 것이었다. 이것은 매우 복잡한 문제이다. 1959년 이래로 쿠바의 경제를 붕괴시키기 위해 쿠바인들을 미국으로 유인해 온 미국의 정책이라는 매개변수를 고려하지 않고서는 이 문제를 생각할 수 없다. 하지만 2011년 8월 1일, 라울 카스트로는 ANPP 회의에서 국가평의회와 각료회의가 새로운 입법 작업을 하고 있다고 발표했다(Castro Ruz[Raúl], 2011b). 2012년 10월 16일, 국가평의회 법령 302호와 각료회의의 명령과 결의안이 공개되었다. 다른 무엇보다도 그 법령은 비용이 많이 들고 번잡한 '여행 허가'와 '초청장' 제도를 폐지했는데, 다만 미국의 두뇌유출 정책으로부터 쿠바를 보호하기 위한 약간의 제한을 두었다(Gaceta Oficial de la República de Cuba, 2012b). 이는 새로운 변화의 시기에 대중적 요구와 국가의 이해관계 및 주권을 결합시킨 또 하나의 쿠바 입법 사례이다.

이와 대조적으로 법령이 아닌 법률들은 채택되기 전에 ANPP에서 토론되거나 기층에서 제기된 후 ANPP에서 채택된다. 국가평의회도 법률을 제안할 수 있지만 마찬가지로 시민들과의 협의를 거친 다음에야 법률로 채택할 수 있다. 예컨대 아래에서 살펴볼 사회보장법과 같은 법률은 위로부터 나왔지만 법령이나 명령으로 채택되지 않았다. 법률이 제정되기 전에 최종 법안에 대한 시민들의 투입이 이루어지는 기층 협의가 필요하다.

이러한 사례들은 쿠바의 입법 과정이 권력의 분립 및 견제와 균형이라는 미국식 접근 방법으로는 이해될 수 없다는 점을 보여 주고 있다. 쿠바의 입법 과정은 상황에 따라, 일반적으로는 민중의 요구에 반응하면서 협의와 민첩한 행동을 결합한다. 미국과 쿠바의 입법 과정에서 주요한 차이는 민중의 참여이다. 미국식 입법 과정은 참여가 매우 제한적인데, 왜냐하면 만약 활발한 참여가 허용되면 실질적인 참여로 인해 정치 체계의 기초인 무제한적 사유재산 축적의 규칙이 타격을 받을 수 있기 때문이다. 미국 시민들은 참여의 통로를 얻기보다는, 권력의 분립에 따른 견제와 균형에 대한 믿음과 몇 년마다 투표할 권리를 가지는 것으로 되어 있다.

누가 법을 만드는가?

법령과 명령이 대중의 요구와 동떨어진 것이 아니라는 점 이외에도 쿠바 민주주의의 참여적 성격을 더 잘 보여 주는 것이 있다. 모든 시민들이 ANPP에 선출될 수는 없지만, ANPP와 그 대의원들은 의사 결정과 법안 형성 과정에 민중을 개입시킬 수 있고 실제로 그렇게 한다.

법안 형성 과정에 풀뿌리 민중과 대중조직이 참여하는 것은 현재의 정치 체계가 수립되기 전으로 거슬러 올라간다. 대중조직들은 법안을 발의할 수 있다. 1975년 가족법에 관한 1974~1975년 협의는 쿠바여성연맹(FMC)의 주도로 이루어졌다(인터뷰: Castro Espín, 2009; 인터뷰: Rojas Hernández, 2008, 2009b). 이러한 유형의 풀뿌리 민중과 대중조직 참여 가운데 몇 가지 사례를 살펴보기로 하자.

소련의 몰락과 누적된 국내 문제로 야기된 심각한 경제 위기 상황이었던 1994년 첫 몇 개월 동안, ANPP와 쿠바노동자총연맹(CTC)은 행동을 취했다. 그들은 ANPP에 법안이 제안되어 채택되기 전에 무엇을 할 것인가 하는 문제를 노동자들에게 넘겼다. 광범한 다수의 노동자들이 자신들의 감정을 토로하고 제안하기 위해 수많은 직장 집회에 참가했다. 이러한 집회는 나중에 '노동자의회'(Parlamentos Obreros)로 불리게 되었다. ANPP 의장 리카르도 알라르콘은 오래전부터 '사회의 의회화'(parliamentarization of society)를 옹호해 왔다. 1994년 4월 이러한 일련의 노동자의회 회의들이 끝난 후, 그는 이들 지역 '노동자의회' 36곳에 참석한 자신의 경험에 관해 글을 썼다. 모든 직장에서 참여와 논쟁의 질은 동일하지는 않았지만, 노동자들이 어떻게 자신들의 직장과 전체 사회가 직면한 문제들에 대처하는지를 볼 수 있었다고 그는 지적했다. 몇몇 동지들이 "기적을 일으킬 …… 무엇인가가 위로부터(desde arriba) 수행될 수 있을 것이라는 환상"을 갖고 사는 것은 불행한 일이라고 그는 말했다. 알라르콘은 오히려 "모든 사람들의 참여가 기적을 일으키는 원천이며, 그렇지 않으면 기적은 없을 것"이라는 견해를 갖고 있었다(Alarcón de Quesada, 2002d: 92-97). 1994년 6월, '노동자의회'의 여파가 지난 후 다시 한 번 알라르콘은 루소의 전통과 파리코뮌의 명령적 위임을 철학적으로 해석하면서, 이 명령적 위임 문제는 "사회의 의회화를 통해 해결될" 수 있다고 말했다. 그는 하나의 중요한 에피소드로서 1994년의 노동자의회에 관해 자세히 설명했다. 물론 쿠바의 모든 노동자들을 하나의 거대한 회의 공간에 모으는 것은 불가능하지만 "특정한 문제에 관한 토론에 모든 노동자들을 끌어들일 수는 있다"고 그는 언급했다(Alarcón de Quesada, 2002c: 75-87). 2003년에 알라르콘은 뒤늦게 깨달은 이점을 살려 "최악의 위기의 시기(1993)에 우리 경제의 전반적이고 구체적인 문제들에 관해 공개적으로 깊이 있게 성찰하는 데 전체 쿠바 사회가 참여한" 노동자의회를 가장 훌륭한 사례로 꼽았다(Alarcón de Quesada, 2003).

에밀리오 두아르테 디아스는 노동자의회에 관한 자신의 경험에 기초하여 추가적인 정보를 제공했다. ANPP 대의원들이 위기에 대처하는 방향과 정책에 관한 합의에 도달할 수 없었을 때, "그들은 개혁 프로그램을 토론하기 위해 모든 직장의 노동자들과 모든 대중조직들을 소집하는 …… 멋진 해결책을 생각해 냈다"고 그는 지적했다. "나는 이러한 경험이 세계의 다른 어느 곳에 있었는지 알지 못한다"고 두라르테 디아스는 말했다(인터뷰: Duharte Díaz, 2009). 1994년 많은 노동자의회에 참여했던 미국 정치학 교수 피터 로먼은 "노동자들의 협의가 있었다는 사실은 부정할 수 없다 …… 노동자들이 요구하고 제안한 많은 것들이 나중에 [의회에서] 채택되었다"고 결론지었다(Roman, 1995: 43-58).

민중이 입법에 직접 개입한 가장 좋은 사례는 아마도 농업협동조합법일 것이다. 2002년, 전국소농연합(ANAP)은 새로운 법률을 위한 제안서를 ANPP에 제출했다. ANAP는 2000년에 열린 9차 전국대회에서 이러한 결정을 했다. 그것은 쿠바 헌법에 규정된 대중조직의 권리에 따라 실효를 가지게 되었다.[1] 그해 두 상임위원회(생산활동 상임위원회와 헌법 및 법률 상임위원회)는 배경을 개괄하는 '2002년 8월 보고서'를 냈다. ANPP에 특별 작업단이 설치되었는데, 여기에는 두 상임위원회에서 나온 대의원들과 다양한 형태의 농촌 협동조합 대표들, 그리고 여러 전문가들이 참여했다. 그들은 모두 기존의 법률을 연구하고 옛 법률을 대체하는 새로운 법안을 만드는 책임을 맡았다. 협동조합과 ANPP 특별 작업단에서 수많은 토론이 있었다(Asamblea Nacional del Poder Popular, 2002). 대의원들이 협동조합들을 순회하며 법안에 관해 협의했는데, 이러한 순회만으로도 원안에 5백 군데의 수정이 이루어졌다(인터뷰: Martínez López, 2008a).[2]

---

1) 헌법 88조는 대의원과 국가평의회 및 각료회의, CTC를 비롯한 대중조직들에게 입법권을 부여하고 있다. ANAP는 이 조항에 따라 법안을 제출한 것이다.
2) 이런 유형의 법률에 관한 비쿠바인의 중요하고 상세한 작업으로는 입법 과정에 대한 피터 로먼의 분석을 참고할 수 있다. 그는 자신의 기준에 따라 입법 과정이 "민주적이고 효과적"이라고 결론지음으로써 연구를 마무리하고 있다(Roman, 2005: 1-20).

사회보장법 입법 과정 사례 연구

2008년 사회보장법 토론에 노동자들의 개입이 이루어진 것은 위에서 설명한 2005~2007년의 토론과 논쟁의 물결 속에서였다. 이는 산업현장에서 교육기관에 이르기까지 모든 직장에서 새로운 사회보장법에 관한 2008년 논쟁으로 바로 이어졌다. 문제들 가운데 하나는 연금을 인상하여 약간의 추가적 혜택을 주는 대신에, 퇴직 연령을 남자는 60세에서 65세로, 여자는 55세에서 60세로 올리는 것이었다. 새로운 법률은 점진적으로 적용되어 퇴직 연령 층간에 따라 경과 조치가 이루어졌다.

이 사회보장법 초안 사례 연구는 법률 그 자체를 살펴보려는 것이 아니다. 오히려 이러한 유형의 민중 협의가 상시적인 현재진행형 민주주의의 일부가 될 수 있는 잠재력 여부를 측정하는 잣대로서 이 법률을 살펴보고자 한다. 예컨대, 쿠바 분석가 올라 페르난데스 리오스, 콘셉시온 니에베스 아유스, 라파엘 에르난데스, 다리오 마차도 로드리게스 등(6장 참고)은 2011년 PCC 당대회 이전 논쟁에 전체 민중이 개입한 점을 지적한다. 페르난데스 리오스는 "영구적인 특징으로서 협의의 유지와 민중의 참여"를 제안한다(Fernández Ríos, 2011a). 두아르테 디아스는 노동자의회에 관해 언급하면서 이러한 유형의 활동은 "좀 더 자주 반복되어야 한다"고 주장한다(인터뷰: Duharte Díaz, 2009).

논란이 된 사회보장법 초안에 관한 논쟁은 만장일치나 전반적인 만족을 얻지 못했다. 하지만 모든 활동 영역에서 초안을 수정하는 데 노동자들이 참여한 것은 쿠바의 혁신적 성격을 보여 주는 또 하나의 사례이다. 이러한 경험에서 우리는 쿠바가 입법 영역에서조차도 항상 의사 결정 과정에 풀뿌리 민중을 개입시키는 새로운 방법을 적용할 준비가 되어 있는 실험실이라는 점을 다시 한 번 확인할 수 있다. 이러한 참여는 그 본질상 매력적이지 않은 사회보장법 초안의 경우에는 필수적인 것으로 보인다. 하향식과 상향식 접근 방법의 융합을 시도하는, 성취할 수 없는 것처럼 보이는 노력은 가능한 한 자주 지속적으로 이루어져 왔다.

헌법은 국가를 통하여 사회보장과 사회부조를 보장하고 있다. 이러한 보장은 무상의료와 무상교육에 대한 보장과 비슷하다. CTC 총서기겸 국가평의회 평의원 살바도르 발데스 메사와의 인터뷰에 따르면, 사회보장법 초안은 2008년 7월 ANPP 정기 입법회의에서 처음 발의되었다. 발데스 메사는 이어 이 과정의 기원을 설명했다.

1980년에 마지막으로 사회보장법이 채택된 이래 상황이 바뀐 가운데 대의원들은 국가평의회에서 발의된 새로운 사회보장법 논의에 참여했다. 발데스 메사에 따르면 사회보장법은 모든 노동자들과 그 가족들에게 영향을 미치는 매우 중요한 사안이기 때문에, CTC가 "전국의 모든 노동자들과 협의 과정을 거친다"라는 합의가 이루어졌다. 그래서 ANPP 의장 알라르콘은 두 상임위원회(경제문제 상임위원회와 헌법 및 법률문제 상임위원회)가 CTC와 '노동·사회보장부'와 협력하여 활동할 것을 제안했다. 하지만 CTC가 "이 전체 과정을 주도할" 터였다. ANPP의 결정 후, 곧바로 이 과정을 진두지휘할 책임을 맡은 모든 사람들에게 정보를 제공하고 이들을 훈련하기 위한 세미나가 시작되었다(인터뷰: Valdés Mesa, 2009).

입법 과정이 시작된 2008년 7월 회의 폐막 연설에서 라울 카스트로는 새로운 사회보장법 초안의 작성과 협의에 관해 언급했다. 그는 〈쿠바의 기대수명에 관한 보고서〉를 인용했다. ANPP 회의가 열리기 며칠 전 국가통계국이 완성했지만 아직 출판되지 않은 그 보고서에 따르면 "2005~2007년 쿠바에서 남자의 출생 기대수명은 76세, 여자는 80.02세로 남녀 평균 77.97세의 출생 기대수명이 예상된다"고 그는 말했다. 퇴직 연령을 남자 60세와 여자 55세로 정한 것은 1963년이었는데, 그 후에 상황이 근본적으로 변했다. 혁명 전인 1950년과 1955년 사이 출생 기대수명은 59세를 약간 넘었는데, 라울 카스트로가 말한 바와 같이 "[그것은] 봉쇄로 인한 어려움에도 불구하고 거의 20년이나 늘어났다……. 의심의 여지없이 그것은 혁명의 위대한 승리였다." 출산율은 지난 몇 십 년간 규칙적으로 감소했다. 그 결과 기대수명의 증가와 더불어 노동인구가 감소했다. 카스트로는 "사회보장과 사회부조 비용이 전체 예산의 13.8퍼센트를 유지하고 있다"고 지적했다. (국가는 연금 기여의 상당한 부분을 책임지고 있다.) 이러한 인구문제는 "단기간에 해결될 수 없으며, 시간은 빨리 지나가고 있다!"(Castro Ruz[Raúl], 2008).

사회보장법은 위로부터 나온 제안 사례 가운데 하나이다. 그런가 하면 농업협동조합법은 기층인 전국소농연합(ANAP)에서 시작된 협의에 의해 아래로부터의 접근 방법으로 나온 사례이다. 퇴직 연령을 올리는 것은 인기가 없다. 쿠바의 참여민주주의는 어떻게 이 어려운 상황을 헤쳐 갔을까? 그것은 시험대를 통과했는가? 그것은 사회의 민주화를 진전시키는 데 기여했는가?

대의원 오스발도 마르티네스 마르티네스는 경제문제 상임위원회 의장 겸 아바나 세계경제연구센터 소장이다. 그는 2008년 7월 입법회의에서 사회보장법 초안이 '노동·사회보장부'와 CTC, 그리고 관련 두 상임위원회 대의원들에 의해 제출되었다고 설명했다. 이 법률 초안은 노동자들이 토론하도록 규정되어 있었다.

마르티네스의 설명에 따르면 직장에서 지역 CTC의 주도 아래 회의가 소집되고 진행되었다. 그는 약 8만 차례에 걸쳐 회의가 열렸다고 추산했다. 관련 두 위원회의 소속 대의원들은 모든 지역 노동조합 회의를 쫓아다녀야 했다. 마르티네스에 따르면, 대의원들은 자신들이 대표하는 시의회에서 될 수 있으면 많은 회의에 참가했다. 게다가 전일제가 아닌 대의원들도 자신의 직장 회의에 참석하도록 되어 있었다. 회의를 개최하는 구조는 노동조합의 틀 내에서 노조 대표자들이 회의를 주재하는 방식으로 직장의 지역 노조가 만들어 나갔다. '노동·사회보장부'와 PCC도 참여했다. "모든 사람들이 참여한다. 그것은 커다란 국민 의회(un gran parlamento nacional)다"라고 마르티네스는 생각했다. 모든 의견과 제안, 불만이 수합되어 기록되었다(인터뷰: Martínez Martínez, 2008).

ANPP가 법률 초안을 채택하고 협의 계획을 수립하고 며칠 후인 2008년 8월 5일, 전체 법률 초안과 해설이 붙은 타블로이드 8쪽짜리 팸플릿이 명목뿐인 가격으로 사람들에게 팔렸다. 이것으로 사람들은 법률 초안을 공부하고 동료 노동자들이나 가족과 의견을 교환할 수 있었다.

루이스 마누엘 카스타네도 스미트는 CTC 조합원으로 1998년부터 대의원이다. 노동조합 활동을 통해 경제문제에 관한 경험을 얻는 카스타네도 스미트는 자연스럽게 ANPP 경제문제 상임위원회 부위원장을 맡아 마르티네스와 나란히 일하고 있다. 카스타네도 스미트는 법률 초안이 2008년 7월에 채택되었으며, 이 초안을 검토하는 노조 회의는 9월과 10월로 일정이 잡혔다고 설명했다. 따라서 쿠바에서 대체로 휴가 기간인 8월은 전국에 걸쳐 대의원과 CTC 활동가 및 전문가들이 함께 참여하는 훈련 세미나 시간으로 이용되었다.

노조 회의 후 얼마 되지 않은 시기에 한 인터뷰에서 그는 두 차례의 큰 허리케인 – 8월 말에 구스타브와 9월 초에 이케(쿠바를 덮친 최악의 허리케인 가운데 하나)가 연달아 덮쳤다 – 이 어떻게 계획된 노조회의 일정을 완전히 흩뜨려 놓았는지 설명했다. 자연재해로 가장 피해가 컸던 지역에서 일정의 차질이 특히 심했다. 따라서 회의의 80퍼센트 정도는 10월에 열렸다. 노조 회의를 돌이켜보면서 그 CTC 대의원은 이렇게 밝혔다. "찬성이 만장일치였다고 말할 수 없습니다……. 매우 격렬한 토론이 있었던 곳도 있었습니다. 하지만 그건 좋은 일입니다. 우리를 강하게 만드니까요." 그는 노동자들의 주된 관심 사항은 5년간 추가로 일하는 것이었다고 말했다. 전반적인 법률 초안과 인구문제에 관련된 현실에 대처할 필요성에 동의하면서도 초안의 변경을 제안하는 사람들이 많았다. 그는 문제를 이렇게 요약했다.

소수는 법률 초안에 반대했지요. 하지만 나는 그것이 나쁘다고 생각하지 않았는데, 왜냐하면 민주주의는 제안된 모든 것에 대해 모든 사람이 동의하는 것이 아니기 때문입니다. 의견을 표현하고 논쟁적인 토론을 벌일 필요가 있습니다……. 사람들은 제안할 기회를 얻었으며, 압도적인 다수는 법률 초안의 수정을 지지했습니다. 이런 식으로 우리는 좀 더 다듬어지고 완전한 법률안을 ANPP에 상정할 수 있었지요……. 이는 참여 민주주의 과정의 결실이었습니다(인터뷰: Castanedo Smith, 2008)

또 아바나 레켈 페레스의 초등학교 교직원 지역노동조합 총서기 베르나르도 카스텔 코볼과 인터뷰를 했다. 교육, 과학 및 스포츠 노동조합의 전국 및 지역 CTC 활동가들도 인터뷰 자리에 참석했다. 카스텔 코볼은 퇴직 연령을 올리고 새로운 혜택을 주는 것뿐만 아니라 거시경제 및 인구문제에 관한 세미나가 열렸다고 설명했다.

지역 노동조합에서는 5년간 더 추가적으로 일하는 문제에 관해 많은 논쟁이 벌어졌다. 하지만 노동조합 참석자들은 연금 인상 같은 혜택과 함께 북아메리카나 유럽에서도 존재하는 현상으로서 인구 요인을 고려했다. 그 학교 노동자들은 모두 찬성투표를 했다. 하지만 인터뷰에 응한 전국 및 지역 CTC 대표자들은 전국적으로 볼 때 "만장일치는 아니었다"고 확인해 주었다(인터뷰: Castell Cobol et al, 2008).

CTC 총서기 살바도르 발데스 메사는 법률 초안에 몇 가지 중요한 수정이 있었다고 설명했다. 이러한 수정은 3,085,798명(전체 노동자의 93.8퍼센트)의 노동자들이 참여한 85,301 차례의 지역 노동자회의에서 비롯되었다. 이들 중 99.1퍼센트는 법률 초안에 찬성투표를 했다. 90개 직장에서는 다수가 반대투표를 했다.

발데스 메사가 입법 참여에서 풀뿌리 민중의 역할을 설명하기 위해 개관한 많은 것들 중에서 가장 중요한 수정 가운데 하나는 연금률 계산에 사용되는 최대 근속연수였다. 쿠바에서는 성과와 생산 및 출근에 따른 장려 봉급제도가 있다는 점을 고려해야 한다. 애초의 법률 초안에 따르면, 퇴직 시 연금은 퇴직 전 최근 10년 가운데 가장 높은 5년간의 봉급에 근거하여 계산하도록 되어 있었다. 노동자들의 개입으로 그 기간은 최근 '15년'으로 수정되었다. 노동자들은 퇴직 연령이 가까워지면 나이와 그로 인한 여러 요인, 즉 건강이나 늙은 부모를 돌보는 문제 때문에 생산성이 떨어지고 출근 기록이 영향을 받을 수 있다고 생각했다(인터뷰: Valdés Mesa, 2009).

99퍼센트가 넘는 매우 높은 찬성률은 얼마나 중요한가? 라파엘 알아마 벨라마릭은 '노동·사회보장부' 산하 노동연구조사연구소 연구원이다. 그는 노동경제학을 전공으로 하고 있는 비판적 저자이다. 그는 현대의 몇 가지 문제들을 다루는 곧 나올 책에서 ANPP의 사회보장법 입법 과정과 관련하여 중요한 관찰을 제공한다. 그가 조사한 여론에 따르면 주어진 상황에서 직장과 교육기관에서 법률 초안에 대한 99퍼센트의 찬성과 수정된 법률안에 대한 ANPP의 만장일치의 승인은 하나의 성취였다. 하지만 이러한 수치들은 사실 그대로의 정밀한 통계로 간주되어서는 안 된다고 그는 경고한다. 그러한 통계치는 현재 저변에 흐르고 있는 문제들과 불만족을 반영하고 있지 않다(Alhama Belamaric, 곧 나올 책).[3]

원래 법률 초안에 대한 모든 수정을 반영한 2차 법률 초안이 ANPP의 다음 전원회의를 위해 준비되었다. 이 전원회의로 가는 첫 번째 단계는 모든 대의원들이 모이는 총회 며칠 전에 ANPP 상임위원회를 소집하는 것이었다. (나는 ANPP 전원회의가 열리기 전의 이 상임위원회를 직접 참관할 수 있었다.) 사례 연구의 맥락에서 CTC와 함께 노동자들과의 협의를 감독할 책임이 있는 두 상임위원회의 연석회의 과정을 조명해 볼 필요가 있다. 그 연석회의는 ANPP 전원회의 사흘 전인 2008년 12월 24일에 열렸다. 아침에 열린 그 회의는 각 직장에서 진행된 노동자 협의의 결과와 최종적인 법률 초안 문서를 다루는 두 상임위원회의 연석회의로 불리었다. 참석자는 경제문제 상임위원회와 헌법 및 법률문제 상임위원회 대의원들, ANPP 의장 리카르도 알라르콘, 당시 '노동·사회보장부' 장관 알프레도 모랄레스 카르타야, 그리고 ANPP 서기 미리암 브리토 사로카였다. 연석회의 한 주 전에 대의원들은 회의를 준비하기 위해 2차 법률 초안 사본을 받았다. 이 법률 초안에는 각 직장의 논쟁에서 나온 결과가 반영된 새로운 조항들이 포함되어 있었다.

쟁점들을 반영하여 새로운 법률 초안을 만들어 인쇄했기 때문에

---

3) 가르시아 브리고스 연구원도 노동자들은 몇 가지 조항들에 대한 염려가 있더라도 그러한 법률 초안에 종종 찬성투표를 한다고 이 책의 초고를 읽고 지적했다. 따라서 이러한 통계치를 생생한 현실이라고 볼 수는 없다.

ANPP 위원회 연석회의 과정이 그저 형식적으로 끝날 것으로 예상할 수도 있었다. 하지만 대의원들은 몇 가지 문제를 제기했다. 예컨대, 한 대의원은 자영업 노동자들이 사회보장 계획의 일부로 포함되어야 한다고 문제를 제기했다. 사실, 2차 법률 초안에서는 자영업 노동자들이 새로운 사회보장 보호에 포함되어 있었지만, 단지 규정에 부속되어 있었을 뿐이었다. 2008년 이후 자영업 노동자들이 증가했기 때문에 그 대의원의 제안과 법률안 수정은 중요했다. 다른 몇 가지 사안도 제안되어 승인되었다. 2차 법률 초안을 수정하기 위한 연석회의에서 제기된 의견들을 반영한 초안 보고서 또는 평가서(dictamen)는 ANPP 전원회의에 제출하여 승인받기로 결정되었다.

사회보장법은 2008년 12월 27일에 열린 ANPP 정기 전원회의의 의제였다. 대의원들에게 제출한 법률 초안 보고서는 협의와 수정 전체 과정을 담은 2008년 12월 15일의 2차 초안을 요약했다. 이 문서는 회의 후에 입안될 최종 법률의 기초가 되었다. 초안 문서는 또 2008년 12월 24일 위원회 연석회의에서 제안되어 채택된 모든 쟁점들이 최종 법률에 포함될 수 있도록 기록된 부속 문서도 포함되었다. ANPP 전원회의에서는 '노동·사회보장부' 장관과 CTC 총서기가 대의원들에게 입법 과정과 새로운 3차 최종 법안의 기초를 요약해서 보고했다. 몇몇 대의원들의 발언 후에 법률안은 투표에 붙여져 만장일치로 채택되었다.

'사회보장에 관한 법률 105호'는 ANPP 회의가 끝난 후 한 달이 채 안된 2009년 1월 22일에 《쿠바공화국 관보》(Gaceta Oficial de la República de Cuba)에 게재되었다. 공포된 법률을 보면 위원회 연석회의에서 수정 제안을 반영한 2차 법률 초안과 법률 초안 보고서가 포함되어 있음을 알 수 있다(Gaceta Oficial de la República de Cuba, 2009).

노동자들은 새로운 사회보장법 초안에 수정을 제기하는 데 직접 개입했다. 법률 초안에 관한 이러한 직장 토론 과정에서 노동자들은 쿠바 사회 전체가 직면하고 있는 엄연한 인구문제를 인식하게 되었다.

사회보장법을 둘러싼 상대적인 불만은 합의와 함께 공존한다. 불만과 합의는 함께 움직이고 있으며 변증법적인 관계에 있다. 고찰 대상이 된 이 법률에 상대적으로 근본적인 변화가 있다 할지라도 쿠바에는 사회보장의 변화에서 이익을 볼 수 있는 계급이나 과두 세력으로서 개별 자본가들이 존재하지 않는다. 따라서 사회보장법이 채택된 후 몇 년 사이에 쿠바 경제가 개선되면 다른 변화가 일어날 것이다. 예컨대, 봉급 인상이 기대되면 그에 따라 연금이 올라갈 것이다. 만약 경제가 발전한다면 식료품, 주택, 운송 같은 필수품을 이용할 수 있는 가능성과 가격이 개선될 것이다. 따라서 쿠바의 경우에는 의견 차이나 동의의 결여와 나란히 합의가 함께 번성할 수 있는 것이다. 정말이지 합의와 의견 차이가 공존한다는 사실은 내부의 갈등이나 다툼에 빠지지 않고 활력 넘치는 사회를 만드는 데 기여한다.

하지만 미국과 같은 자본주의 국가에서는 상황이 다르거나 몇몇 사람들의 주장처럼 훨씬 열악하다 하더라도, 그러한 불안정하고 심각한 상황이 쿠바에 존재하는 문제들을 간과하는 것을 정당화하지는 않는다. 쿠바의 상황은 미국식 접근 방법과 비교해서가 아니라 자신의 기준을 세워 평가해야 한다. 쿠바는 민중 참여의 질과 양, 그리고 경제정책과 사회정책의 정당성에 바탕을 둔 기준을 세워야 한다. 미국 노동자들이 어떤 입법 과정에서도 결코 협의에 참여하지 못한다고 하여 그것이 쿠바 노동자들에게 위안이 되는 것은 아니다. 진화하는 사회주의 체제에 기초한 쿠바의 현재진행형 민주주의는 자신의 가치와 측정 수단을 가져야 한다. 사례 연구는 혁명적인 쿠바 국가가 가진 이점을 다른 방식으로 보여 준다. 2008년 8월 말과 9월 초의 두 차례 잇따른 거대한 허리케인은 사회보장법 초안에 대한 노동자들의 협의를 중단시켰다. 또 1994년에는 노동자의회를 조직하는 와중에 허리케인이 덮쳤는데, 혁명 국가는 사전에 성공적으로 대처하여 피해를 최소화했다. 그 과정에서 국가는 지역의 시의회와 대중조직 및 PCC와 협력했다. 그렇게 함으로써 많은 생명을 구했으며, 국가는 피해를 입거나 파괴된 주택과 학교를 즉시 복구하는 노력을 지도했다. 그러한 상황에도 불구하고 노동자들이 입법자로서의 자기 역할을 수행할 수 있도록 8만 개 직장에서 사회보장법 법률 초안 협의를 재조직하는 국가의 노력이 동시에 있었던 것으로 드러났다.

서방 언론은 이 장의 처음부터 지금까지 지적한 중요한 협의 과정을 무시함으로써 ANPP가 단지 고무도장에 불과하다는 믿음을 우리에게 주려고 한다. 예컨대 《마이애미헤럴드》(영문판)와 《엘 누보 에랄드》(에스파냐어판)는 ANPP가 "일 년에 두 차례, 한 회기에 2~3일" 회의를 가진다고 쓴다(Tamayo, 2012). BBC는 2008년 2월 27일 열린 ANPP 회의에 관한 보도에서 "요컨대, 의회는 퇴직 연령을 65세로 올린 사회보장법을 승인했다"고 쓴다(Ravsberg, 2009). 미국에서 태어나 니카라과에 살면서 자칭 "개방적 사고를 하는", 이중 언어 웹사이트 《아바나타임스》에서 활동하는 한 반체제 지지자는 "600명 남짓한 입법자들이 일 년에 단지 두 차례의 짧은 회기에 모인다"고 쓴다(Robinson, 2011). 《아바나타임스》는 또 다른 기사에서 "매 6개월마다 국가의회 전원회의 회기 동안 우리는 쿠바에서 민주주의가 존재하는지 확인할 수 있는 기회를 얻는다. 내가 보기에 민주주의가 없는 것이 확실하다"라고 선언하면서 ANPP를 묵살한다(Calzadilla, 2012a). 《아바나타임스》의 '사회주의적 반체제' 언론인 페드로 캄포스는 모든 법률이 '행정명령'인 곳에서

ANPP는 '고무도장' 역할을 한다고 주장한다(Campos, 2012b). '좌파'에 속한 다른 일부 사람들은 ANPP가 "상부에서 결정된 사항에 대한 고무도장"이라고 쓴다(Van Auken, 2010). ANPP가 "공식적인 정당 정책의 고무도장"이라는 주장에 신뢰감을 주기 위해, 5장에서 인용한 마리 펠리 페레스-스타블레 같은 쿠바문제 전문가들이 AP통신과 같은 주요 언론에 불려나온다(Associated Press, 2008).

《뉴욕타임스》도 그것은 "고무도장에 불과"하다고 쓴다(Lacey, 2008). 《타임 매거진》은 "쿠바의 바보 같은 고무도장 국가의회 과정에서 새로운 것은 거의 찾아보기 힘들다"고 쓴다(Padgett and Mascarenas, 2008). BBC는 사회보장법 전체 입법 과정을 보도하지 않는 핑계를 대기 위해 "[쿠바] 국내외 언론이 이미 이 문제를 충분히 다루었다"고 쓴다(Ravsberg, 2009). 최근에(2012) 아바나의 BBC 통신원은 위에서 설명한 입법 활동을 완전히 무시하면서 ANPP가 순전히 형식적으로 법률을 채택했다고 썼으며, 위에서 언급한 바와 같이 PCC는 ANPP에서 주요한 쟁점이 아님에도 불구하고 PCC가 "의회 의석의 90퍼센트를 차지하고 있다"고 불평을 늘어놓았다. 외국 독자들이 ANPP에 대해 부정적인 이미지를 가지도록 하고 BBC 편집진의 비위를 맞추기 위해 BBC는 "의회의 두 차례 회의 가운데 한 회의 중에 박수치는 쿠바 대의원들"을 표제로 달아 전원회의 사진을 내보냈다(Ravsberg, 2012). 쿠바 정부에 대한 일급 '좌파' 반대파인 아롤도 디야 알폰소는 ANPP 의장 알라르콘을 줄기차게 조롱하는 데서 즐거움을 찾고 있다. 디야 알폰소는 "그[알라르콘]가 1년에 두 번 모이는 짧은 기간의 회의를 소집할 수 있는 색깔 없는 국가의회"에 관해 쓴다. BBC와 '좌파' 반체제 인사 디야 알폰소의 글은 다른 글들과 함께 모두 《아바나타임스》에 의해 영어로 번역되어 인터넷을 통해 영어와 에스파냐어로 전파되고 있다.

위의 모든 것들이 쿠바의 정치 체계에 관해 갖고 있는 공통점은 경쟁적 다당제 대의민주주의와 권력 분립 및 견제와 균형이 본질적으로 우월하다고 가정하는 미국중심주의적 편견을 암묵적으로 갖고 있다는 점이다. 따라서 쿠바의 현재진행형 민주주의를 탐구하는 데 진지한 관심을 가진 사람이라면, 설사 쿠바 체제에 대한 근사치라도 정보를 얻으려면 이러한 평가들에 의존할 수 없다. 쿠바를 이처럼 폄하하는 사람들은 우고 차베스가 이끄는 볼리바르혁명과, 그보다 정도는 덜하지만 현재의 볼리비아 및 에콰도르 경험에 대해서도 매우 비슷한 편견을 조장하고 있다.

민중권력국가의회와 만장일치

이미 살펴본 바와 같이 쿠바에서는 중요하고 논쟁적인 많은 문제들에 관한 논쟁과 토론이 공개적으로 일어난다. 이는 미국의 경우처럼 양당 구성원들이 선거를 위해 경쟁함에 따라 논쟁이 매우 당파적인 성향을 띠는 것과는 대조적이다. 사회보장법에 관한 사례 연구를 통해 우리는 ANPP의 만장일치와 사회의 의회화라고 하는 두 가지 쟁점을 탐구할 수 있는 기회를 가질 수 있다.

ANPP의 만장일치 쟁점과 관련하여 보면, 우리가 다룬 새로운 법률들은 모두 만장일치로 승인되었다. 쿠바의 입법 과정은 다른 나라의 의회를 보는 시각과는 다른 각도에서 보아야 한다. 일반적으로 지도자들이 어떤 법률에 관한 합의가 이루어지지 않았다고 생각할 때에는, 예컨대 농업협동조합법의 경우처럼 협의가 시작되어 합의에 도달할 때까지 계속된다. 1994년에는 노동자의회가 열렸는데, 그 이유는 대의원들이 노동자들의 직접적인 투입 없이 자신의 힘으로는 공통된 결론에 도달할 수 없었기 때문이었다. 사회보장법의 경우, 지도자들이 충격요법과 같은 상황을 회피하기 위해 개선책을 제시하지 않았다면 법률은 ANPP에 상정되어 채택되지 않았을 것이다.

만장일치와 사회의 의회화에 관한 결론에 도달하는 것은 사회보장법 사례 연구에서 살펴본 바와 같이 복잡한 문제이다. 알아마 벨라마릭과 같이 협의 과정에 개입했던 몇몇 사람들은 노동자들이 봉급에 관해 갖고 있었던 우려를 지적했다. 예컨대 CTC 전국서기 겸 대의원 카스타네도 스미트는 봉급은 직장 회의에서 문제로 제기되었다고 말하면서 "관심 사항으로 우리는 이 점을 고려한다"고 주장했다(인터뷰: Castanedo Smith, 2008). ANPP에서 표결은 만장일치이고 풀뿌리 수준에서도 거의 만장일치(99퍼센트)이지만, 저변에 흐르는 변화를 위한 갈망이 있다.

쿠바 내의 일부 혁명적인 인사들과 쿠바에 호의적인 많은 외국 학자들은 라울 카스트로가 반복해서 '거짓 만장일치'와 '형식주의'에 반대하고 '의견 차이'의 조장을 옹호하는 발언이 ANPP에도 적용될 수 있지 않을까 하는 문제를 제기한다. 오직 대의원 자신들과 그들을 선출한 사람들만이 이 문제에 대답할 수 있다. 그렇다고 해서 단지 '거짓 만장일치'을 반대하기 위한 목적으로 법률안에 반대표를 던지는 것은, 웃기는 일이 되든지 아니면 역효과를 낳을 것이다. 어떤 법률이 채택되었다는 사실은 전반적이고 잠정적인 합의가 이루어졌다는 점을 반영하는 것이다. 물론 문제가 다시 제기되어 쿠바 사회주의의 지속적인 개선을 위해 더 나은 해결책을 모색하는 것을 목표로 논쟁이 다시 시작될 수 있다. 하지만 우리는 ANPP의 국가평의회와 각료회의가 민중의 요구에 반응하여 복잡한 법령이나 명령을 얼마나 재빨리 입안하여 채택하는지 살펴보았다. 자영업 확대, 유휴 토지 이용, 주택 매매와 수리, 새로운 출입국 정책에 이르기까지 그러한 법령이 인기가 있을 때에도 그 적용에 문제가 없는 것은 결코 아니다. 더욱이 상대적으로 높은 대중적인 지지가 있다고 해서 이러한 정책들의 모든 측면에 합의가 이루어지는 것은 아니다. 이러한 사회경제적 변화의 수단으로서 현재진행형 쿠바 민주주의 과정에는 개선하고 강화할 여지가 있다.

쿠바 정치문화에서 합의에 대한 추구는 집요하다. 만약 어떤 법률 초안이 동의 단계에 도달하지 못하면, 합의에 도달할 때까지 ANPP 전원회의에 의제로 오르지 못한다. 새로운 가족법이 그러한 사례이다. 1990년대 중반 이후, 낡은 법률을 대체할 새로운 법률에 관한 토론이 이루어졌다. (글을 쓰는 이 시점에 7년 이상 토론이 진행되었다.) 대중조직 FMC는 새로운 법률을 기초하는 데 깊이 개입하고 있다. 동성 결혼 같은 몇 가지 쟁점에 대해 분명히 의견 차이가 있다. 동성 결혼을 허용하기 위해서는 헌법이 남자와 여자 사이의 결혼만을 인정하고 있기 때문에 헌법 개정이 필요할 것이다. 다른 비슷한 문제들도 있다. 이러한 새로운 가족법에 대한 계속되는 입법 투쟁 과정에서 미국은 상황을 불안정하게 만들기 위해 '민주주의 촉진' 자금을 투자하고 있다.[4]

쿠바의 대외 정책

지금까지 우리는 ANPP가 국내에서 하는 역할을 살펴보았다. 쿠바 헌법에 따르면 ANPP 의장은 "국제관계를 조직"할 책임이 있다 (Constitution of the Republic of Cuba[1976], 2003). ANPP는 전 세계

---

4) www.democracyintheus.com, "Women Legislation vs. U.S. Democracy Promotion."

곳곳의 의회 및 의원들과 관계를 발전시키고 있다. 여기에는 쿠바를 몇 차례 방문한 미국 하원의원들도 포함된다. ANPP는 다양한 주제로 국제 문제에 관한 입장을 결의안이나 성명의 형식으로 채택한다. 이 일은 12개 상임위원회 가운데 국제관계 상임위원회가 맡고 있다.[5]

쿠바의 ANPP와 국제관계 상임위원회는 한 가지 중요한 문제에 직면해 있다. 쿠바 각료회의를 구성하는 외무부도 연관되어 있는 문제이다. 쿠바인 전체는 쿠바와 미국의 관계 정상화를 갈망한다. 이는 미국에서도 마찬가지인데, 특히 젊은 세대를 비롯하여 심지어 플로리다에 사는 쿠바계 미국인들까지 포함하여 관계 정상화를 바라는 미국인들이 늘어나고 있다. 하지만 주요한 두 가지 문제가 해결되어야 한다. 하나는 저 유명한 쿠바에 대한 미국의 봉쇄이다. 다른 하나는 언론이 실제로 검열하여 삭제하기 때문에 미국에 있는 사람들에게는 훨씬 덜 알려진 문제이다. 그것은 미국에 감금되어 있는, 국제적으로 '5인의 쿠바인'으로 알려져 있는 사람들(헤라르도 에르난데스, 라몬 라바니노, 안토니오 게레로, 페르난도 곤살레스, 그리고 레네 곤살레스)의 석방 문제이다. 그들은 미국에서 쿠바에 반대하기 위해 조직적인 테러 활동을 중단시키는 일을 수행하기 위해 플로리다로 파견된 5인의 쿠바인이다. 쿠바 당국은 사전에 미국 당국에게 그러한 테러 활동에 대해 충분하게 정보를 제공했으나 미국 당국은 그러한 활동을 제지하지 않았다. 5인의 쿠바인은 테러

---

5) 국제관계 상임위원회 위원장인 라몬 페스 페로는 1953년 몬카다 공격 참가자 가운데 한 사람으로 1986년 이래로 시엔푸에고스 도의 로다스라는 자그만 농촌 소도시의 대의원이다. 1998년 내가 그의 아파트에서 그의 부부와 함께 저녁 식사를 하려고 했을 때 몬카다 공격자 가운데 한 사람과 더불어 맞이하는 그 순간은 어떨까 하고 궁금해 한 것은 자연스런 일이었다. 하지만 그들의 일생이나 나이와 지위에 관계없이 우리의 대화는 쿠바의 다른 어떤 사람과 대화하는 것과 비슷했다. 잘난 체하지 않는 페스 페로는 다른 여느 쿠바인과 매우 비슷했다.

계획에 관한 완전한 증거를 수집하여 FBI에 제공했다. 하지만 1998년, 미국 당국은 오히려 쿠바계 미국인 테러주의자들을 체포하지 않고 5인의 쿠바인을 체포했다. 그 후 그들은 마이애미에서 열린 불리한 재판에서 장기 금고형을 선고받았다. 4명은 아직 감옥에 있으며, 나머지 한 명은 미국에서 보호관찰을 받고 있다.

한편, 쿠바에 수감되어 있는 미국인 앨런 그로스는 쿠바의 헌정질서를 전복하기 위해 쿠바 법률을 위반한 혐의로 재판을 받아 형을 선고받았다. 이 사건은 물론 미국에 공개되어 있지만, 그가 구금되어 있는 실제 이유는 왜곡되고 검열로 전반적으로 잘린 채 알려져 있다. 미국 정부는 그로스가 결백하다고 주장하면서 그의 석방을 요구하고 있다. '5인의 쿠바인'의 석방과 무조건적 송환은 쿠바인들의 요구이다. 이 요구는 쿠바의 영혼과 관련된 문제이다. 따라서 구금자들 문제와 ANPP 및 국제관계 상임위원회의 역할은 하나의 현재진행형 시험대이다. 왜냐하면 ANPP는 쿠바와 쿠바 북쪽에 있는 이 이웃 나라와 관계를 정상화하기 위해 애쓰고 있기 때문이다(이 책이 출간된 후인 2014년 12월에 미국 정부는 '5인의 쿠바인'은 모두 석방했다. 오바마 대통령의 이러한 조치는 쿠바와의 외교 정상화 수순으로 해석되었다. 미국인 그로스도 같은 시기에 석방되었는데, 양국 정부는 모두 '5인의 쿠바인' 석방과는 무관하다는 입장을 발표했다—옮긴이).[6]

---

6) www.democracyintheus.com, "U.S. Democracy, the Cuban Five and ANPP."

참여의 한계와 전망

쿠바 헌법 102조 따르면, "시(기초지자체)는 모든 법률적 효력을 구비한 법인격을 가지는 지역사회이다." 시의회는 관할 지역의 경제, 보건, 부조, 사회, 문화, 교육, 스포츠 및 레크리에이션 서비스를 충족하기 위해 모든 경제, 생산 및 서비스 독립체들을 관리할 책임이 있다(Constitution of the Republic of Cuba[1976], 2003). 시의회는 규정에 따라 필요한 경우, 될 수 있으면 자주 열리지만 1년에 적어도 네 번은 열린다(Reglamento: Asambleas Municipales del Poder Popular, 1998: 11).

시의회가 어떻게 작동하는지 분명하게 알아보기 위해 나는 2008년 1월과 12월에 플라사데라레볼루시온 시의회의 두 회의를 참관했다. 다음의 서술은 이 두 회의에서 관찰한 것을 바탕으로 했다. 탈집중적이고 밀집된 선거구들을 대표하는 108명의 대의원들이 모이는 정기 회의는 2008년 12월에 열렸다. 다른 무엇보다도 중요한 의제는 관할 구역 안에 있는 독립체인 유명한 코펠리아 아이스크림 판매점(아바나의 인기 있는 장소)에 관한 것이었다. 이 가게는 아바나에서 사랑받는 친교 및 가족 모임 장소 가운데 하나로 하루 평균 15,000명의 고객이 방문한다. 아바나에 방문한 적이 있는 외국인이라면 아마 그곳을 알 것이다.

모든 대의원들은 코펠리아에 관한 시의회 '기본서비스 상임위원회'의 상세한 평가가 들어 있는 문서를 받았다. 이 2008년 12월 보고서는 2007년부터 2008년까지 코펠리아 관리자와 노동자뿐 아니라 주민들 및 대의원들과 인터뷰한 후에 작성되었다. 그 보고서의 과제는 유권자들이 대의원들을 통해 제기한 불만 사항을 추적하는 것이었다. 불만 가운데는 제공하는 아이스크림의 양과 질 및 다양성이 불충분하다는 점이 포함되었다. 조사 보고서는 또 대중에 대한 서비스의 질에 대한 불만도 지적했다. 또 청결도와 위생 수준이 낮을 뿐 아니라 불법 사실(처벌을 분명하게 받지 않고 인근에 불법으로 아이스크림을 판매)도 밝혀졌다. 보고서에 따르면 코펠리아의 약점 가운데 하나는 관리 직원과 주요 책임자들이 계속 교체됨에 따라 불안정하다는 점이었다. 언론에서 지적한 아이스크림 불법 판매 같은 문제도 계속되었다. 문제를 해결하기 위해 코펠리아에 관리 책임이 있는 식품산업부와 협력하고 있다고 상임위원회는 보고했다.[7]

시의회에서 첫 번째 발언자는 상임위원회 위원장이었는데, 그는 보고서를 읽고 활동에 관해 설명했다. 열띤 논쟁이 벌어졌다. 60번 선거구에서 온 대의원은 보고서가 현실보다는 희망 사항에 가깝다고 말하면서 경고했다. "우리는 코펠리아에 질적으로나 양적으로 그 어떤 변화가 있었다고 아직 유권자들에게 말할 수 없습니다." 다른 몇몇 대의원들도 같은 취지로 발언했다.

코펠리아의 이러한 문제들은 (다른 시의 사회경제적 기구들에도 존재한다) 그 당시 해결되지 않았다. 대의원들이 상황을 훤히 알고 있음에도 2012년 말까지도 여전히 해결되지 않았다. 코펠리아에서 나타난 것과 같은 문제들은 해결될 수 있을까? 그 해결은 민중이 선출된 대의원들을 통해서뿐만 아니라 이러한 독립체들에 직접 개입함으로써 통제권을 높일 수 있는 능력에 달려 있다. 그것은 이 책 전체에 걸쳐 토론과 분석의 주제가 되어 온 대의와 참여에 관한 중요한 문제를 제기한다.

이 코펠리아 사례에서 우리는 6장에서 상시적인 시민 참여 형태의

---

7) 시의회 문서: "Valoración de la Comisión permanente de servicios bácicos sobre la fiscalización y el control a la Heladería 'Coppelia'".

필요성을 전망하는 일부 쿠바 사회과학자들과 정치 지도자들이 제시한 분석을 적용하여 몇 가지 결론을 끌어낼 수 있다. 그래서 미국중심주의적 개념의 '대표자'(representative)는 혁명 국가에서는 수용될 수 없다. 선출된 사람들이 상대적으로 수동적인 유권자들을 '대표하는' 개념 대신에 참여민주주의가 지배적이어야 한다. 민중에게 부여되어 있는 주권이 실질적인 효력을 갖게 되는 것은 오직 선출된 대의원들과 더불어 민중의 직접민주주의가 코펠리아 같은 독립체에 개입할 때이다. 대표성이 참여로 전환되는 것은 참여민주주의의 핵심적인 특징이다. 만약 이것이 이루어지지 않으면, 쿠바의 코펠리아는 기존의 상황에서 이익을 보는 사람들이 처벌되지 않은 채로 계속 유지될 것이다.

유권자들과 시의회 대의원 사이의 관계는 평가회의, 문자 그대로 '점수 매기기'(rendición de cuentas) 또는 책임회의에서 잘 드러난다. 시의회 규정에 따르면 평가회의는 1년에 최소한 2회 열린다(Reglamento: Asambleas Municipales del Poder Popular, 1998: 21). 친밀한 분위기와 토론의 편의를 위해 각 선거구는 보통 추천회의 구역과 비슷한 크기의 작은 지역들로 나뉘어 평가회의가 열린다. 평가회의의 목적은 대의원들이 유권자들과 시 정부에 평가를 보고하기 위한 것이다. 유권자들은 문제를 제기하거나 불만을 토로할 수 있는 권리가 있다. 또 대의원과 유권자들이 공동으로 통치하기 위해 의견을 교환하는 것도 목표 가운데 하나이다. 여기에는 전국적인 이해관계가 걸린 문제도 포함된다.[8]

---

8) 1997~1998년 평가회의를 참관한 내 폭넓은 경험에 의하면, 참석자들은 대체로 국가적으로 중요한 문제들에 관해 토론하는 데 관심을 가지지 않았다. 대의원들조차 그러한 주제가 의제로 포함되어야 하는지 알지 못하는 경우도 때때로 있었다. 나는 2008년부터 2009년까지 플라사데라레볼루시온 시의 몇 군데 평가회의에도 참관했다.

이러한 평가회의는 대폭적인 개선이 필요하다고 모든 쪽에서 비판을 받고 있다. 예컨대, 2012년에 알라르콘의 보좌관 호르헤 레스카노는 쿠바 전역의 시의회 활동에 관한 보고서에서 중요한 지적을 했다. 그는 대의원들의 평가 보고서가 아무도 이해할 수 없는 기술적 용어와 형식으로 채워져 있다고 말했다(Rodríguez Gavilán, 2012). PCC의 기관지 《그란마》는 매일같이 다른 사례를 보도한다. 《그란마》의 보도에 따르면 비야클라라 도의 지역 철도 관리자들은 산타클라라 중앙역 철길에 사람들이 쓰레기를 버리지 못하도록(쓰레기 투기는 흉물스럽고 위험하다) 온갖 노력을 다했다. 시 평가회의에 참여해서 문제를 제기하는 시도가 있었다. 하지만 이러한 노력에도 불구하고 "아무런 결과도 나오지 않았다"(Pérez Cabrera, 2011). 또 다른 《그란마》 기자는 짜증 나고 기계적인 평가회의를 차라리 그만두자고 주장하는 글을 썼다. 펠릭스 로페스는 그러한 평가회의는 주민들이 자기 지역의 모든 독립체들과 관련된 의사 결정에 실제로 개입할 수 있는 회의로 대체되어야 한다고 썼다(López, 2011). 《후벤투드 레벨데》의 루이스 섹스토는 평가회의가 "현저히 민주적이고 사회주의적인" 분위기에서 진행되기 위해서 무엇을 해야 하는가 하는 문제를 제기했다. 그는 모두는 아니지만 대부분 '차분한 수사학'이 있는 논쟁과 의사 교환의 분위기가 결여되어 있다고 주장했다(Sexto, 2009).

2008년 12월 16일, 플라사데라레볼루시온의 한 선거구에서 열린 평가회의 과정은 대의원과 유권자-피선출자 관계를 사람들이 어떻게 보는가에 관련된 문제를 보여 주었다.[9] 그 선거구의 지역 대의원 시오마라 레이바 로메로는 토론을 활성화시키고 더 친밀한 분위기를 조

9) 이곳은 내가 참관한 몇 군데 평가회의들 가운데 하나이다.

성하기 위해 평가회의를 소규모로 여러 번 나누어 연다(인터뷰: Leiva Romero, 2008).

그 평가회의에서 주민들이 회의를 열고 있는 아파트 블록 가까이에서 밤 시간에 나는 과도한 소음에 대한 격렬한 성토가 터져 나왔다. (불법임에도 불구하고) 럼을 항상 팔고 있는 근처 식료품 가게는 주류 판매점 근처의 작은 공원에서 밤 시간 동안에 심한 음주를 조장한다. 그 때문에 떠드는 소리와 음악으로 시끄럽다. 주민들은 이전에 불만을 표시했음에도 불구하고 그런 일이 한 동안 계속되는 데 대해 화가 났다. 그런 상황에서 제대로 잠을 잘 수가 없었기 때문이다. 주민들은 아침에 일하러 나가야 하고 아이들은 일찍 일어나 학교에 가야 한다고 설명했다. 모든 분노는 대의원 레이바 로메로에게 향했는데, 비록 그녀가 주류 판매점에 책임이 있는 그 지역의 상업 및 식료품 책임자를 회의에 데리고 왔음에도 불구하고 누그러지지 않았다. 상업 및 식료품 책임자는 조치를 취하겠다고 사람들에게 확신시키려고 애썼다. 하지만 주민들 다수는 신뢰하지 않았다. 실제로 어떤 사람은 대의원이 이 문제를 해결하지 않으면 다시는 평가회의에 참석하지 않겠다고 말했다. 평가회의에서 대부분의 주민들은 대의원이 자신들에게 봉사하는 위치에 있다고 그릇되게 믿는 것이 분명했다. 이렇게 생각하는 것은 대의원과 주권자인 민중이 함께 통치한다는 개념과 반대되는 것이다. 이는 쿠바 정치 시스템의 문제를 분명하게 보여 주는 것이다.[10]

---

10) 쿠바 시민들은 소환권을 행사할 수 있다. 이떤 수준에서 선출되었든 간에 선출된 대표자들은 어느 때이든 소환될 수 있다. 하지만 이 책에서는 소환권을 다루지 않았는데, 그것을 상세하게 설명하기에는 지면이 허락하지 않았기 때문이다. 게다가 쿠바의 현재 상황을 고려하면 더 큰 중요성을 가지는 다른 주제들이 많다.

대의민주주의 VS 참여민주주의

"대의민주주의인가 참여민주주의인가" 하는 문제는 이웃공동체 평가회의에서 드러난 모순에 반응이라도 하는 것처럼, 또 하나의 매우 중요한 논쟁을 불러일으킨다. 쿠바의 맥락에서 '대의민주주의'는 미국에 존재하는 것과 동일한 의미를 가지는 것이 아니다. 쿠바에서는 시 수준에서, 이론적으로는 혁명 국가 안에서 대표자들이 선출된다.

다른 상황을 예로 들면, 베네수엘라의 우고 차베스는 남아메리카에서 가장 많은 횟수로 선출된 대표이다. 하지만 차베스와 볼리바르혁명의 모든 수준에서 선출된 활동가들은 미국식 의미의 말 그대로 '대표자'(representative)는 아니다. 쿠바의 국가평의회 지도자들은 미국식과는 대조적이고 베네수엘라식과 비슷하게 모두 선출된 대표자들이지만 일차적으로 혁명 지도자들이다. 이러한 개념은 이 장에서 이미 ANPP의 삶과 활동, 그리고 입법 과정에서 풀뿌리 민중을 개입시키는 그들의 역할에 관한 검토를 통해 밝힌 바 있다. 대의민주주의와 참여민주주의는 하나(대의민주주의)는 자유주의 모델에 기초하고, 다른 하나(참여민주주의)는 다른 패러다임에 속하는 것처럼 병렬될 수 없다. 라틴아메리카와 카리브의 몇몇 나라에서 발전된 것과 같은 혁명적 '대표자' 개념은 북반구의 경험과 다르다. 3장에서 분석한 사례들(베네수엘라, 볼리비아, 에콰도르)이나 쿠바의 사례에 따르면, 남반구에서의 대의제는 대표자를 민중에게 부여된 주권과 결합하는 것을 목표로 하는 혁명운동의 일부이다. 따라서 이러한 체계는 적어도 이론적으로는 일부는 자유주의적이고 일부는 혁명적인 그런 잡종이 아니다.

대의제와 참여의 새로운 결합은 항상 완전하게 성취될 수 있는가? 그렇지 않다. 그러나 이러한 현재진행형 민주주의는 그 방향으로 향하기 위해 노력하고 있다. 실제로 쿠바에서 어느 정도 그 방향으로 가고 있는가 하는 것은 다른 문제이다. 우리는 위의 평가회의 사례를 통해서, 그리고 쿠바 언론인들이 제기한 다른 문제들을 통해서 대의제를 자유주의적인 방식으로 보는 관점이 쿠바에 존재한다는 사실을 이미 살펴본 바 있다.

대의제를 민중의 혁명적 정치권력으로 전환하고자 하는 지속적인 노력의 일부로서 "대의민주주의인가, 참여민주주의인가" 하는 문제가 2008년 1월 플라사데라레볼루시온 시의회에서 제기되었다.[11] 유권자와 피선출자 문제는 루소 시대 이래로 제기되어 오늘날 21세기까지도 여전히 논쟁이 계속되고 있다. 일부 원주민 국가에서 지도자들이 다른 사람들과 맺는 관계 문제는, 다른 형태이지만 수백 년 동안 제기되어 왔다. 이러한 원주민 국가에서는 '대지'(Mother Earth)와 조화롭게 사는 민중이라는 오랜 관점이 존재한다. 볼리비아에서는 지도자이건 풀뿌리 민중이건 간에 모든 사람이 이 대지의 개념에 종속되어 있으며, 모랄레스 자신도 여기에서 나왔다. 남반구 정치문화가 유권자와 피선출자 문제를 달리 다루는 방식은, 이 문제에 대한 유럽중심주의적이고 미국중심주의적 개념을 폐기하고 신선한 통찰과 다른 용어로 고찰될 수 있다. 이처럼 북반구와 동질적인 용어를 거부하는 맥락 속에서 에보 모랄레스가 대지를 요구하는 것을 비웃지 말라고 노엄 촘스키가 "세련된 서양인들"에게 경고한 것을 깊이 새겨야 한다 (Chomsky, 2012b).

2008년 1월 시의회에서는 ANPP 의장 알라르콘이 제출한 보고서를 중심으로 심의가 진행되었다. 알라르콘 보고서는 도의회와 시의회를

---

11) 이 회의는 내가 참관한 두 번째 시의회였다.

다루었다. 그의 보고서에서 ANPP는 몇 가지 측면에 관심을 표명했다. 첫 번째는 대의원들을 공정하고 품위 있는 방식으로 직장 일에서 해방시키는 유연성이 필요하다는 것이었다. 대의원은 풀뿌리 민중과 연계를 유지하기 위해 일과 후에 자원봉사 개념으로 선출직을 수행한다. 직장 일을 조정하는 정책은 이들이 대의원으로서 책임을 수행할 수 있도록 하는 데 필수적이다. 두 번째는 첫 번째와 연결된 것으로서 대의원들로 하여금 불필요한 회의나 책무에 관련 없는 행정 일에 매이지 않도록 보장하는 것이다. 대의원의 책무는 관리하는 것이 아니라 통제하고 감시하는 것이다. 그러한 일의 목적은 구역 내의 경제를 비롯한 여러 독립체들이 민중에게 봉사하는 일을 완수하도록 보장하는 것이다. 알라르콘은 민중의 참여를 한층 촉진하기 위한 수단으로서 지역의 민중권력과 연계하여 이 문제를 다루고 있다(Alarcón de Quesada, 2006).

두 가지 문제는 2008년 1월 시의회 회의에 제출된 '시의회 지역민중권력기구 상임위원회'의 보고서에서 다루어졌다. 이 회의에는 ANPP 의장 리카르도 알라르콘과 부의장 호세 루이스 톨레도 산탄데르가 대의원들과 함께 참석했다. 알라르콘과 톨레도 산탄데르는 둘 다 플라사데라레볼루시온 시에서 선출되었다. ANPP 지역민중권력기구 상임위원회 위원장인 토마스 카르데나스도 참석했다. 시의회 지역민중권력기구 상임위원회 위원장은 자신이 직접 쓴 보고서를 솔직하게 낭독했다. 그녀는 대의원들과 대표들의 상대적으로 낮은 출석률과 같은 약점을 지적했다. 상임위원회는 대의원들이 자신들의 일과시간 외에 대의원 업무를 수행하는 데 도움을 받을 수 있는 가능성에 관심이 크다고 그녀는 말했다.

잇따라 진솔한 토론이 시작되고 많은 대의원들이 참여했다. 그들 중 하나는 대의원직을 수행하기 위해 일과에서 면제되는 시간을 충분히 확보할 필요가 있다고 주장했다.[12] 그는 또 대의원은 개인으로서가 아니라 각 시의회에서 집합체의 일원으로서 통치한다는 개념을 제시했다. 다른 사람들은 "대의원이란 무엇인가?"라고 말하면서 개념을 분명히 할 필요성을 제기했다. 유권자들에 의한 직접 참여에 반대되는 대의제란 무엇을 의미하는가? 이 문제가 시의회 회의에서 제기되었다.

말하고 싶은 모든 대의원들의 심의를 마친 후 알라르콘이 발언을 요청받았다. 그는 지역민중권력기구 상임위원회가 작성한 보고서를 높이 평가하면서 보고서가 어떠한 안일함의 흔적도 없을 뿐 아니라 훌륭한 비판적 관점을 갖고 있다는 사실을 강조했다. 알라르콘은 회의에서 논의된 것을 고려하여 자신의 '지적 사항'(indicaciones)을 수정할 것이라고 자기 비판적인 태도를 보이며 겸손하게 말했다. 더 많은 사람들이 해결책을 모색하기 위해 협의하고 참여할수록 더 좋은 의견과 결론이 나올 것이라는 점을 한 대의원이 언급한 사실도 강조했다.

이와 관련하여 알라르콘은 쿠바에서 권위가 직접 민중으로부터 나오는 대의원은 오직 선출된 대표 또는 대의원뿐이라는 점을 지적했다. 이것은 호세 마르티가 '대의원'(delegate)라는 용어에 부여한 의미이다. 알라르콘은 또 대의원의 역할과 기능에 더 큰 중요성을 부여하는 것이 필요하다는 입장을 이렇게 표명했다. "민주적 사회에서 진정한 주권은 최종적으로 민중에게 있다. 하지만 민중은 자신의 주권을 지속적으로 행

---

12) 2004년, 쿠바에 관한 책에 수록한 한 장에서 나는 다음과 같이 썼다. "쿠바 경제가 현재의 길을 계속 감에 따라 일부 개인들이 다른 사람들보다 더 큰 경제적 영향력이나 지위를 획득할 수 있는 가능성은 열려 있다. 이러한 상황에 대응하여 정치체계는, 선거 과정에서 선출된 관리들이 성장하는 기술 관료들과 여타 심각한 장애들을 효과적으로 극복할 수 있도록 함으로써 민중의 이해관계를 보호해야 한다"(August, 2004: 241). 지금의 이 책은 쿠바 학자들과 모든 수준의 정치지도자들이 공유하고 있는 이러한 관심을 연장한 것이다.

사할 수가 없기 때문에 자신의 주권을 어떤 사람에게 위임해야 한다." 이것이 바로 대의원의 조건이자 지위의 원천이다. 알라르콘은 이어 이러한 주권 개념에 대한 인식이 충분하지 않다고 주장했다. 이러한 주장을 하는 이유는 주권이 민중에게 있으며 선출된 사람들에게는 단지 '위임될' 뿐이라는 점을 말하기 위해서이다. 이러한 주장을 독단적으로 해석하는 일부 순수파들에게는 주권이 민중에게 부여되어 있기 때문에 '주권의 위임'은 용어상 모순적이라고 보일지 모른다. 하지만 개념은 맥락에 의존한다. 주권을 위임해 주는 사람은 이런 방식으로 의식적으로 주권을 위임하는가? 위임받거나 위탁받은 사람은 이러한 책임성을 개인적 이유로 받아들이는가, 아니면 주권이 부여된 민중의 일부가 되는 것으로 받아들이는가?

예컨대, 위에서 언급한 바와 같이 마르티는 쿠바에서 처음으로 '대의원'이란 용어를 사용한 역사적 인물이다. 그는 이 개념으로 쿠바의 대표자 개념과 당시 유행하던 다른 용어들을 구분했다. 그는 자신이 위임받았던 대의명분을 지키는 '대의원'으로서 싸우다가 죽었다. 이는 민중의 일부로서 혁명적이고 완전하며 이기적이지 않는 참여자로서의 대표자를 의미하는 쿠바 전통이 북반구의 관점과는 다르다는 점을 보여 준다. 북반구에서 대의민주주의는 다른 무엇보다도 주로 이기적이고 개인적인 이해관계가 연결되어 있다. 여기에는 민중의 손에 주권이 부여되어 있으며 민중이 대의원이나 대표자와 함께 주권을 공유한다는 개념은 들어설 여지가 없다. 쿠바의 유산은 이와 다르다.

이 문제는 그날 플라사데라레볼루시온 시의회에서 해결되지 않았으며 그 이후에도 해결되지 않았다. 이런 의미로 알라르콘은 그 시스템과 개념을 개선할 필요성이 있음을 시인하면서 말을 마쳤다. 쿠바 민주주의의 개선은 진행 중인 과정이다. 1959년 이후 쿠바는 참여에 기초한 정치 체계를 허용하는 사회주의적 원리에 기초하여 사회를 민주화시켜 왔다. 따라서 결정적인 요인은 민중의 주권과 직접 참여이지 자유주의적 의미의 대의적 측면이 아니다. 어떤 종류이든 대의적 측면이 주권을 가진 민중의 참여를 압도하는 한, 민중의 소외와 좌절은 커진다.

선출된 사람과 유권자 사이의 관계나 대의민주주의 대 참여민주주의에 관한 논쟁은 시의회에서만 일어나는 것이 아니라 대중들 사이에서도 나타난다. 이는 2010~2011년 일부 쿠바 언론에 반영되었다. 예컨대, 유명한《후벤타드 레벨데》기자 루이스 섹스토는 민주주의란 "민중이 통치를 통제하고 감독하는 것"을 의미하기 때문에 쿠바가 "인민의, 인민에 의한, 인민을 위한 정부"를 넘어서야 한다고 주장한다(Sexto, 2010c). 그는 나아가 민주주의에 대한 수평적 관점과 수직적 관점 사이의 적절한 균형이 필요하다고 주장한다(Sexto, 2010b). 말하자면 참여가 지배적인 요인이 되어야 하며, 대의제도들을 포함하는 수직적 요인도 중요하지만 이차적인 역할에 머물러야 한다는 것이다. 다른 글에서 섹스토는 정치 체계에서 민중의 역할이라는 개념을 분석하기 위해 '참여'(participation)라는 용어와 그 동사형인 '참여한다'(to participate)를 선택함으로써 자신의 관점을 말하고 있다. '참여'의 진정한 의미는 '참여하는[완전히 개입하는] 데' 있다고 그는 주장한다. 참여는 피상적으로 보아서는 안 되며 "우리가 참여한다고 할 때에는 우리가 진정으로 [해결책의] 일부가 되는 것이다." 섹스토의 주장에 따르면 참여한다는 것은 "[상황을 주도하는] 요소, 즉 확신을 갖고 윤리적으로 헌신하는 [개인이] 되는 것이다……. 참여의 윤리는 …… 정치·경제 체계의 개선을 위한 출발점이 되어야 한다"(Sexto, 2010d). 같은 일간지 기자 리카르도 론키요 베요는 "혁명의 도전들 가운데 하나는 '인민을 위한 통치'라는 소중한 실천을 넘어서서 민중과 '더불어' 하는 통치를 시작하는 것이다"라고 쓴다(Ronquillo Bello, 2011, 강조는 지은이). 쿠바는 풀뿌리 민중의 참여를 심화하기 위한 광범위한 실험을 해 왔다.

민중평의회와 민주화의 잠재력

이러한 중요한 실험들 가운데 하나는 민중평의회에서 찾아볼 수 있다. 쿠바의 현재진행형 민주주의와 지속적인 민주화 추구와 관련하여 중요하고 상대적으로 새로운 구조가 수립되었다. 민중평의회(CPs, consejos populares)는 각 시 안에 구성된다. 민중평의회의 창설은 아마도 1976년 OPP(민중권력기구)가 수립된 이래 가장 중요한 진전 가운데 하나일 것이다. 정치과정에 민중의 참여를 확대하기 위한 방법을 모색하는 과정에서 1986년 PCC 제3차 당대회는 CPs의 설립을 제안했다. 그 후 몇몇 이웃공동체에서 시범 프로젝트로 민중평의회가 설립되었다. 1991년, ANPP는 전국에 걸쳐 CPs를 설치하는 결의안을 통과시켰다. 1992년, 중요한 정치·경제 개혁을 가져온 헌법 개정이 있었을 때, CPs는 개정 헌법에 포함되어 중요한 헌법적 지위를 가지게 되었다(García Brigos, 1998: 58-70).

CPs는 또 다른 수준의 국가는 아니다. 국가는 오직 전국, 도, 시 세 가지 층위만 있다. 쿠바 헌법 104조에 따르면, CPs는 시에서 선출되어 분권화된 그 지역을 대표하는 대의원들로 구성된다(Constitution of the Republic of Cuba[1976], 2003). CPs는 2000년에 채택된 독자적인 법률을 갖고 있다. 따라서 CPs는 중요한 헌법적 권위를 갖고 있을 뿐아니라 OPP의 일부로서의 시의회 기능 안에서 독자적인 법률적 지위를 누린다. 법률에 의하면 CPs는 전국의 정치-행정을 구분하는 단위는 아니다. CPs의 역할은 민중의 적극적인 참여를 높이고 시의회에 협조함으로써 사회주의적 민주주의를 제고하는 것이다(Ley No. 91 de los Consejos populares, 2000).

각 시는 몇 개의 작은 CPs로 구성된다. 한 시의 CPs 숫자는 인구밀도와 사회-지리적 성격에 따라 결정된다. 사례 연구 대상은 플라사데라레볼루시온 시의 '8번 민중평의회'(베다도 CP)이다. 이 시에는 108개의 선거구(circunscripciones)가 있다. 각 선거구에서 선출된 108명의 대의원은 각각 1,400~1,500명의 유권자를 대표한다. 이 시의 전체 유권자 수는 약 125,000명이다. 플라사데라레볼루시온은 베다도 CP를 포함하여 8개의 CPs로 구성되는데, 그 이름은 이웃공동체의 위치에 따라 붙여진다. 베다도 CP의 전체 유권자수는 약 21,000명이다. 이 CP는 플라사데라레볼루시온 전체 대의원 108명 가운데 17명의 대의원으로 구성된다. 베다도 CP에는 지역 내의 대중조직들과 경제·문화 독립체들에서 나오는 14명의 비선출 대표자들이 포함된다. 다만, 선출된 대의원이 전체 CP 구성원 가운데 다수가 되어야 한다.

CPs를 연구하기 위해 나는 베다도 CP의 두 차례(2008년 2월과 2009년 1월) 회의를 참관했으며, CP 위원장 에두아르도 곤살레스 에르난데스와 몇 차례 인터뷰를 했다. 그는 베다도 CP가 플라사데라레볼루시온 시의회에 선출된 17명의 대의원으로 구성되어 있다고 설명했다. 베다도 CP의 위원장과 부위원장 및 서기는 17명의 대의원들이 선출한다. CP 위원장 일은 보통 전일제 책무로서 자신의 직장에서는 같은 봉급을 받으면서 업무가 면제된다. 법률에 따르면 CP는 관할 구역 내에 있는 대중조직들과 중요한 경제, 사회, 문화, 보건 같은 독립체들에서 지명된 대표자들을 포함하는 권리를 가진다. 그 목적은 통치에서 민중의 참여를 고무하고 확대하는 것이다. 이러한 대표자들은 시의회에 선출된 대의원들 가운데서 나오는 것이 '아니다.' 베다도 CP에는 FMC와

CDR 두 대중조직의 대표자와 함께 가장 중요한 경제·사회 독립체들의 대표자들이 포함된다. 예컨대 대표자를 보낸 독립체 가운데는 지역 전화 기업과 쿠바민중우애기구(ICAP, Instituto Cubano de Amistad con los Pueblos)의 '우애의 집'(Casa de la Amistad)이 있다. 17명의 선출된 대의원과 14명의 비선출 대표자들로 구성된 베다도 CP에는 따라서 총 31명의 구성원이 있다(인터뷰: González Hernández, 2009).

2008년 2월 1일, 베다도 CP의 월례회의[13]에서 몇 가지 문제가 의제에 올랐다. 첫 번째 안건은 회의에 참석한 '상업분과'의 대표가 제출한 보고서였다. 보고서는 조그만 지역 보데가(bodega, 식료품점)가 입주한 건물이 낡아 통행에 위험을 초래하는 상황에 관한 것이었다. 북반구의 관점에서 보면 이 문제가 시시하거나 사소한 토론 주제로 보일지 모른다. 하지만 (다른 발전도상국이나 몇몇 부유한 자본주의 국가들에 사는 수백만 명과 달리) 모든 쿠바인들은 식료품을 비롯한 기본 필수품을 얻을 수 있지만, 북반구의 소비사회와 비교하여 가정에서 매일의 식사하는 게 중요한 일이다.[14] 쿠바에서 이러한 문제를 완화하는 해결책 가운데 하나는 보데가에 쉽게 접근할 수 있게 하는 것이다. 상업분과의 대표는 시정 요구가 있었기 때문에 수리를 하는 중이라고 보고했다. 베다도 CP 위원장은 이 문제를 처리하기 위해 CP의 일상 업무의 일환으로 몇몇 대의원들과 함께 그 보데가를 방문할 것이라고 발언했다.

1년 후에 한 인터뷰에서 곤살레스 에르난데스는 곧바로 그 보데가를 옮기는 임시 조치가 이루어졌다고 말했다. 그리고 그는 회의에서 언급된 보데가를 수리하여 복구했다고 덧붙였다(인터뷰: González

---

13) 이 회의는 내가 참관한 두 회의 가운데 첫 번째 회의였다.
14) 나는 현지조사를 수행하는 과정에서 한 쿠바 가족과 함께 살면서 경험한 것을 근거로 이러한 점을 직접 증명할 수 있다.

Hernández, 2009).

2009년 1월에 열린 베다도 CP의 월례회의[15]에서는 주요한 현안 문제를 해결하기 위해 민중의 집단적 참여의 필요성을 보여 주는 또 하나의 사례가 나왔다. 미국이 출혈성댕기를 쿠바에 들여왔다는 사실은 과학적으로 증명되어 있다(Pérez Alonso, 2008: 68-112). 댕기는 세심한 예방과 치료로 기본적으로는 통제되어 왔지만, 규칙적으로 감시하지 않으면 문제가 될 소지가 있다. 2012년의 경우와 같이 고온이나 호우 같은 다른 요인들은 미국이 들여온 이 치명적인 질병에 직접 관련되지 않은 댕기 매개체의 온상이 된다. 남반구의 많은 나라들에서는 출혈성댕기로 인한 사망자가 해마다 수십만 명에 이른다(Fitz, 2012).

베다도 CP 구역에 위치한 종합병원 위생학 및 전염병학과 부과장 의사는 그 지역의 지속적인 연막소독 프로그램의 책임을 맡고 있다. 그 자격으로 그녀는 매년 적어도 두 차례 CP 월례회의에 참석한다.

그 의사는 동일한 방역 지휘자가 특정 지역을 맡음으로써 사람들이 자기 이웃공동체의 방역 지휘자가 누구인지 알 수 있도록 연속성을 확보하는 방역 프로그램을 재조직하고 있다고 말했다. 그녀는 이러한 변경을 비롯한 여러 조치들은 시민들이 쉽게 참여할 수 있도록 취해진 것이라고 설명했다. 사람들 전부의 참여가 중요한 이유는, 가령 집 내부를 연막소독하기 위해서는 집에 사람이 있어야 하기 때문이다. 만약 사람들이 집을 비우게 될 때에는 연막소독 팀이 집에 들어갈 수 있도록 이웃들에게 협조를 구해야 한다. CDR을 비롯한 대중조직들은 이러한 집단적 노력에서 중요한 역할을 한다. 이처럼 CP는 적절하게 관리하지 않으면 고통과 죽음을 불러올 수 있는 이러한 노력에 적극적인 참여자 역

---

15) 이 회의는 내가 참관한 두 회의 가운데 두 번째 회의였다.

할을 한다.

베다도 CP 활동에 관한 인터뷰를 하는 동안 곤살레스 에르난데스는 2008년 활동 계획에 관한 토론을 자랑스러워했다. 그 계획은 사람들의 모든 일상적인 필요에 관여하는 에르난데스와 부위원장 및 서기에게는 온종일 해야 하는 프로그램이었다. 그는 뎅기를 물리치기 위한 싸움을 무척 심각하게 받아들여 독학으로 그 분야의 전문가가 되었다고 말했다(인터뷰: González Hernández, 2008, 2009).

베다도 CP가 없었다면 곤살레스 에르난데스는 그저 시의회의 대의원 108명 중 한 사람이었을 것이다. 그의 동료들은 그를 CP 위원장으로 세 차례나 선출했다. 그는 부위원장 및 서기, 그리고 자기 팀 일부인 17명의 대의원들과 더불어 자랑스럽지만 겸손하게 CP 위원장직을 수행하고 있다. 그는 퇴직했기 때문에 그 자리에서 전일제로 일할 수 있다는 의미에서 직업적이다. 하지만 퇴직하지 않았다 하더라도 그는 이전 직장에서 받던 것과 동일한 봉급을 받으면서 전일제로 일했을 것이다. 그는 또 시의회 대의원으로서의 자기 역할에 대해서도 직업적인 태도를 보인다. 그는 그 자리가 민중에게 부여된 주권과 관련하여 무엇을 의미하는지 알고 있다. 그는 민중의 대표로서 그들을 대신하는 것이 아니라 자신을 민중의 일부로 여기고 지도력을 행사하고 있다.

베다도 CP와 임원들의 활동이 보여 주듯이 해결책을 찾으려는 이러한 투입과 노력의 모든 원천은 이 책의 초점 가운데 하나를 실증하는 중요한 사례이다. 쿠바 사회의 풀뿌리 민주화의 진전을 위한 잠재력은 CPs에 있다. 108명의 대의원과 전체 시를 포괄하는 상대적으로 규모가 큰 시의회는 CPs가 성취한 일을 할 수 없었을 것이다. 시의회는 일년에 4~5 차례 회의를 연다. 하지만 베다도 CP는 매달 정해진 날에 정기적으로 회의를 한다. CP의 위원장과 부위원장 및 서기는 서로 일상적으로 접촉하는 것 같다. 게다가 CP 임원들은 선출된 대의원들뿐 아니라, 여전히 매우 밀접한 풀뿌리 수준의 역동성을 갖고 있는 비선출 대표자들과 쉽게 접촉하고 있다.

지금까지 2008~2009년 동안의 시의회와 민중평의회의 활동에 관해 간단히 살펴보았다. 그 목적은 독자들에게 그것들이 어떤 기능을 하며, 평상시에 어떤 책무를 수행하는지에 관해 전반적으로 보여 주기 위한 것이었다. 하지만 오늘날 쿠바는 시의회와 민중평의회의 잠재적 중요성을 한층 강조한다는 점에서 매우 다르다.

탈집중화와 참여를 확대할 필요성

2013년의 지역 민중권력 수준은 더 이상 1959년 직후 시기와 비교될 수 없을 뿐 아니라 심지어 2010~2011년 시기와 견주어 평가할 수도 없다. 쿠바의 기본적인 사회경제적 경관은 근본적인 전환을 겪고 있다. 새로운 경제정책은 ANPP의 입법으로 변환되어 쿠바의 정치적 필요의 성격을 바꾸고 있다. 경제는 전반적으로 탈집중화되고 있는데, 이는 시(기초지자체)에 더 큰 책임이 이전된다는 것을 의미한다. 이는 시의회와 민중평의회에 직접적인 영향을 미친다.

ANPP의 2012년 7월 회의에서 경제와 정치의 변화를 감독하는 특별위원회를 이끌고 있는 각료회의 부의장 마리노 무리요 호르헤는 두 시간 이상 연설했다. 그것은 잘 짜였지만 자발적인 연설이었다. 이 상대적으로 젊은 지도자(1961년생)의 태도 자체는 쿠바에서 이루어지고 있는 탈바꿈의 일부이다. 《그란마》 기자들에 따르면 그는 자영업에 관해 말한 것으로 알려졌다. "2012년 말 기준으로 자영업 부문은 390,598명으로 성장했다. 이는 자영업을 확장하는 조치가 효력을 가지기 한 달 전인 2010년 9월에 비해 233,227명이 증가한 수치이다." 그는 "자영업 부문은 금지 조치가 완화되고 완고한 규제가 …… 제거됨에 따라 성장하게 되었다"고 덧붙였다. "선호되는 비국가 경제구조"로서 협동조합의 설립은 처음으로 비농업 활동에서 한층 촉진되었다. 이러한 새로운 도시 협동조합운동은 심지어 국가 소유의 시설을 임대하는 권리도 가지게 될 것이다(예컨대, 구 아바나의 식당들). 서비스업(예컨대, 식당, 농산물 판매와 수송)나 재화의 생산과 관련된 약 200개의 도시 협동조합은 점점 인기를 얻고 있다. 비농업 협동조합의 절반 이상은 농산물 판매를 취급한다. 이러한 도시 협동조합운동은 비록 하나의 실험으로 홍보되고 있지만, 만약 긍정적인 것으로 입증되면 쿠바 섬 전체로 확대될 것이다. 이러한 유형의 협동조합에 대한 중요성을 보여 주기라도 하듯이 정부는 그 운동을 촉진하기 위해 2013년 경제계획에 1억 달러를 투입하고 있다(Fonticoba Gener, de la Osa and Leyva, 2012).

그러나 자영업으로의 이동은 그 중요한 목표 가운데 하나를 완수하지 못하고 있다. 6장에서 우리는 새로운 자영업 기회를 광범하게 창출하는 한편 국가 부문의 과다 인원을 줄이기 위해 새로운 2010년 법률이 어떻게 도입되었는지를 살펴보았다. 그럼에도 불구하고 2012년 상반기까지 새로운 자영업 가운데 단지 31퍼센트만이 이전의 국가 부문 피고용자들로부터 나왔다.[16] CTC 총서기 발데스 메사는 2012년, 부풀려진 급여명단을 줄이는 문제는 '가장 복잡한' 경제적 과제라고 시인했다(González, 2012).

유휴 토지에 대한 임대료 없는 용익권에 관한 법령 259호는 2012년

---

16) '노동·사회보장부' 연구원 라파엘 알아마 벨라마릭이 2012년 8월 18일자로 지은이에게 보낸 이메일 메시지.

에 임대되는 토지 범위를 확대하도록 수정되었다. 이와 함께 새로운 법은 "토지 점유자가 사망할 경우 가족이나 그 토지에서 일하는 사람들에게 계속하여 이용할 수 있는 권리"를 허용하고 있다. 유휴 토지에 주택을 짓는 권리도 새로운 것이다. 농민들이 직접 농산물을 판매할 수 있도록 허용하는 새로운 정책은 몇몇 도에서 시험적으로 시행되고 있다. 이러한 시범 프로젝트는 만약 결과가 긍정적으로 나타나면 나라 전체로 확대될 예정이다(Fonticoba Gener, de la Osa and Leyva, 2012). 이러한 다양한 형태의 농업과 시장 판매는 지역의 시 단위에서 이루어져 2012~2013년에는 더욱 확대되고 있다.

개인들에 대한 은행 신용은 법령 289호를 통해 확대되었는데, 그 가운데 90퍼센트는 건설 프로젝트를 위한 자금을 제공하고 있다. 하지만 무리요 호르헤는 "경제적 자원이 부족하고 주택 수리가 절실한 사람들에게 융자를 하는 데 [시의회가] 초기에 늑장 대응한다"고 비판했다(Fonticoba Gener, de la Osa and Leyva, 2012). (그래서 시의회는 책임성뿐 아니라 관료주의의 장애물도 물려받고 있다.)

무리요는 ANPP 2012년 7월 회의에서 토론되어 승인된 새로운 2012년 세법은 "보다 더 현대적이고 유연하며, 조세 모델을 개선하는 데 진전을 가져다줄 것"이라고 발표했다(Fonticoba Gener, de la Osa and Leyva, 2012). 세금을 거두는 일에 관련된 새로운 상황에서 시의회의 역할이 중요해졌는데, 이는 '재정물가부'의 보고서에 따르면 조세와 기본 생산물의 판매에서 나오는 2011년 국가 세입 가운데 자영업 부문의 소득이 "현저한 증가"를 보였기 때문이다. 이러한 경향은 2012년에도 계속될 것으로 예상되었다(Rodríguez Cruz, 2012). 정부 부처 관리들은 2012년 11월과 12월, 황금시간대의 네 차례 TV 특별 프로그램 〈메사 레돈다〉(Mesa Redonda) 첫 시간에 새로운 세법(법률 113

호)을 설명했다. 그것은 비국가 부문을 추가적으로 촉진하기 위해 보다 더 유연한 방식으로 세금을 적용함으로써 도시와 농촌 지역의 자영업을 더욱 더 발전시키는 데 핵심적인 수단이다. 새로운 법률은 또한 지역의 시 단위 발전 프로그램을 위한 조세 자금의 중대한 원천이다. 이렇게 조성된 조세 자금은 거꾸로 시에서 지역 자치와 경제 발전을 자극할 수 있을 것이다. 게다가 시 단위에 소재한 자영업과 기타 독립체들에서 걷힌 세금은 중앙정부의 사회·교육 프로그램을 완수하기 위한 필요도 충당할 것이다. 일하는 사람들은 노력에 대해 대가를 지불받아야 한다(Mesa Redonda, 2012년 11월 28일자, 지은이가 채록). 하지만 토론 참여자들은 새로운 조세체계가 2011년 당대회에서 채택된 3호 지침과 57호 지침으로 규정된 바와 같이 "재산의 집중에 반대하고" 심지어 "사회 불평등을 줄이도록" 고안되었다는 점을 지적했다(VI Congreso del Partido Comunista de Cuba, 2011a). 따라서 쿠바는 경제가 성장함에 따라 소득을 재분배하기 위한 2013년의 조세 부과와 새로운 조세 관련 문화(쿠바에서 이전에는 실제로 존재하지 않았다)를 기대하고 있다. 만들어지는 데 2년이 걸리고 2개의 ANPP 상임위원회가 개입한 새로운 조세체계는 유연하고 점진적으로 적용하도록 되어 있다(Mesa Redonda, 2012년 11월 28일자, 지은이가 채록). 이는 세법과 잇따라 채택된 관련 조치들이 각 시에서 적용될 수 있도록 보장하는 데 시의회와 민중평의회의 책임이 커졌다는 것을 의미한다. 따라서 시의회는 어느 때보다도 커다란 시험을 겪고 있다.

ANPP 2012년 7월회기에 탈집중화의 확대가 ANPP 지역민중권력기구(OLPP) 상임위원회에서 발표되었다. 이는 51개 시(쿠바에는 168개의 시가 있다)의 책임 아래 117개의 지역발전 프로젝트의 모습으로 나타났다. 식량 생산과 건설 자재 및 서비스 개선을 포함하는 프로그램을 조

성하기 위해 중앙정부가 자금을 지원한다. 그 최종 목적은 이러한 프로
그램들이 결국 자급자족할 수 있도록 하는 것이다(Cubadebate, 2012).

ANPP 지역민중권력기구 상임위원회 위원장 카르데나스 가르시아
는 인터뷰에서 자신이 이끌고 있는 상임위원회 위원 37명 가운데 31명
(2008년)이 시의회에서 온 '기층' 대의원이라고 밝혔다(인터뷰: Cárdenas
García, 2008a). 따라서 중앙정부와 시의회는 전반적인 경제적 변화의
일부로서 새로운 조세체계의 적용으로 인한 탈집중화와 책임성의 증가
라는 복잡한 상황에서 나타나는 도전에 대처하는 데 서로 협력할 수
있는 기회를 가진다.

이러한 탈집중화가 국가의 주요한 생산수단 통제와 상극 관계에 있
는 것은 아니다. 무리요는 "사회주의 국가기업은 쿠바 경제에서 주요한
구조"라고 주장한다. 그는 "나라의 경제 모델을 성공적으로 개선하는
데 있어 이러한 국가기업을 더 효율적으로 만들어야 하는 쉽지 않은
과제에 직면해 있다고 강조한 것"으로 알려졌다(Fonticoba Gener, de
la Osa and Leyva, 2012). 이와 같은 맥락에서 라울 카스트로는 ANPP
연설에서 이렇게 말했다.

> 비농업 협동조합 실험은 …… 부차적 성격의 수많은 생산 및 서비스
> 관리에서 국가가 손을 떼게 함으로써, 2호 지침에서 표현된 바와 같이
> 국가는 사회주의 국가기업이 국민경제의 주요한 요소로서 유지되도록
> 기본적인 생산수단의 관리를 완전하게 하는 데 집중할 수 있을 것이다.
> (Castro Ruz[Raúl], 2012b)

따라서 무리요와 라울 카스트로가 이처럼 확실하게 말하는 것은 쿠
바가 사회주의의 길을 계속 가고 있다는 것을 분명하게 표현한 것일 뿐

아니라 시의 책임성을 확대하는 것을 의미한다. 시의회는 지역 수준에서 성공을 보장함으로써, 이전에는 낡고 고도로 집중된 국가 모델로 인해 제 역할을 하지 못하던 국가 부문을 해방시켜야 하는 부담을 안고 있는 것이다. 하지만 이러한 탈집중화는 자본주의 경제의 민영화와 동일한 것은 아니다. 예컨대 지역 수준의 자영업, 개인 농업경영, 협동조합과 같이 새로 확대되는 경제 부문들은 전반적인 사회주의 목표의 일부이다. 새로운 비국가 부문들은 자영업자 조합의 개입과 사회주의적 연대라는 쿠바의 전반적 윤리를 통해 가능한 한 평등을 유지하려고 하는 새로운 2013년 조세체계로 중앙에 연결되어 있다. 쿠바의 변화를 미국중심주의적 신자유주의 시각에서 보는 사람들은 실망할 공산이 크다.

2012년 시의회 선거 과정에서 알라르콘은 2011~2012년 PCC 당대회와 전국회의 결정이 다른 무엇보다도 탈집중화와 시의회의 역할 확대에 초점을 맞춘 사실을 강조했다. 그래서 그는 "시의회는 이전보다 더 큰 책임성을 가질 것이다"라고 말했다(Mesa Redonda, 2012년 8월 30일자, 지은이가 채록).

외국 언론은 경제적 변화에는 매우 큰 관심을 보이는 반면에 지방정부 수준과 직접 관련된 새로운 정치적 재구조화는 무시하고 있다. 아바나 도는 최근 특별한 목표 하에 두 개의 새로운 도로 나뉘었다. 2011년 1월 1일자로 아르테미사와 마야베크라는 두 도가 새로 생겼다. 그 목표는 "지역민중권력기구의 활동에 수반되는 실수를 반복하지 않고" 나누는 것이었다(Castro Ruz[Raúl], 2010b). 하나의 목표는 부풀려진 행정을 줄이는 것이다. 다른 하나의 목표는 "중앙정부 행정기관, 국가기업, 정치조직, 대중조직의 상호 관계에서 [권력] 범위를 명확하게" 설정하는 것이다(Castro Ruz[Raúl], 2010b). 현재는 시의회의 의장이 이해관계 갈등의 소지가 있는 시 행정위원회 위원장을 동시에 맡고 있다. 정치·선거 시스템을 개선하기 위해 2011년 4월 PCC 당대회에서 채택된 결의안에 따라 법률 개정이 제기되어 ANPP에 제안되었다(Asamblea Nacional del Poder Popular, 2011). 이러한 시범 프로젝트는 "리더십 체계와 기구를 완전하게 하는 것을 목표"로 삼았다(Fonticoba Gener, de la Osa and Leyva, 2012). 시범 프로젝트의 결과에 따라 그러한 조치는 쿠바 섬 전체로 확대될 수 있다. 비록 시범 프로젝트에 관해 알려진 것이 거의 없지만, 새로운 상황에서 도의회와 시의회를 보다 더 효과적으로 만드는 데 초점이 맞추어질 것은 분명하다.

전례 없는 전환이 지역 수준, 특히 시의회와 민중평의회에 어떤 영향을 미칠 것인지에 관해서는, 쿠바 헌법에서 "시는 모든 법률적 효력을 구비한 법인격을 가지는 지역사회이다"라고 규정한 점에서 미루어 짐작할 수 있다. 시의회는 관할 지역의 경제, 보건, 부조, 사회, 문화, 교육, 스포츠 및 레크리에이션 서비스를 충족하기 위해 모든 경제, 생산 및 서비스 독립체들을 관리할 책임이 있다(Constitution of the Republic of Cuba[1976], 2003). 따라서 일반적으로 말하면 최근의 경제적 변동은 자영업, 용익 농업, 도시와 농촌의 협동조합, 사회주의 발전의 미래와 중요하게 관련되어 있는 새로운 조세, 주택 수리와 이를 위한 은행 신용, 새로운 시 관련 개발 프로젝트, 과다 급여명단의 축소 등에 영향을 미친다. 이러한 다수 독립체들과 (각각의 실행계획과 상황에 의존하는) 행정 처리 및 조정은 시의회와 민중평의회의 영역에 속한다.

위의 사례 가운데 하나와 관련하여 무리요는 시의회가 주택 수리 보조금 대출에 초기에 늦게 대응한 점을 비판했다(Fonticoba Gener, de la Osa and Leyva, 2012). 코펠리아 아이스크림 판매점에 관한 사례 연구에서는 시의회의 통제력에 취약성이 드러났다. 코펠리아 사례는 아바나에서 악명이 높아 모든 사람이 알고 있다. 그럼에도 어떤 정치 단위나 사회조직도 아직 코펠리아에 뿌리박힌 장애를 극복하지 못하고 아무런 해결책도 내놓고 있지 않다. 그것은 문제의 징후이다. (하지만 모든 지역 독립체들이 코펠리아와 같은 것은 아니다. 예컨대 나는 담배와 자동차수리 산업 분야의 몇몇 지역 기업들을 방문했는데, 그 수준은 사회주의 사회에서 기대되는 수준에 부합했다.) 시의 관할 구역 내 독립체들에 대한 관리 문제는 이전 시기로 거슬러 올라갈 수 있다. 아바나대학 교수이자 법학자 리세테 페레스 에르난데스와 마르타 프리에토 발데스는 2000년 책의 한 장 제목으로 "정부 권한 행사: 민중권력 시의회의 잠재적 역량"이라고 적절하게 이름 붙여 한 가지 제안을 했다. 그들은 만약 시의회가 자기 구역 안에 있는 "독립체들에 대해 통제할 수 있는 역량"을 충분히 가지지 않으면 실제로 통치할 수 없다고 주장했다(Pérez Hernández and Prieto Valdés, 2000a: 206). 그들은 이러한 잠재력을 제고하기 위해 ANPP가 시의회의 역할과 권리를 규정하는 법률을 제정할 것을 제안했다. (현재로서는 시의회와 관련하여 규정과 법적 지침은 있지만 법률은 없는 실정이다.) 이 법학자들에 따르면, 현재의 헌법은 시의 통제를 명시적으로 부과하기에 충분하지 않기 때문에 새로운 법률을 제정하기 위해서는 헌법 개정이 필요하다(Pérez Hernández and Prieto Valdés, 2000a: 206). 위에서 언급했듯이 두 개의 도에서 시범 프로젝트가 진행되고 있는 정치적 변화가 일어나면 이러한 새로운 입법과 헌법 개정이 가능할 것이다. 페레스 에르난데스와 프리에토 발데스는 시의 책임성이 증가하는 한 사례로서 조세를 거론하면서 2000년에 시의회와 민중평의회가 "세금 징수에서 좀 더 공격적"이 될 것을 호소했다(Pérez Hernández and Prieto Valdés, 2000a: 207). 다른 한편 새로운 경제활동을 적용하게 되면 타성에 젖어 있는 사람들의 부패와 관료주의적 지연 전술을 더 불러일으킬 것이다.

아바나의 지역기구들에 관한 또 다른 연구에 기초하여 이 저자들은 "범죄와 법률 위반에 대한 투쟁"에서 일부 민중평의회가 거둔 성공을 지적한다. 그들은 1년에 단지 몇 번만 회의를 하는 시의회보다 민중평의회에 높은 점수를 주고 있다. 좀 더 탈집중적이고 활동적인 민중평의회에 비해 시의회는 "활동이 규칙적이지 않다"는 것이다(Pérez Hernández and Prieto Valdés, 2000b: 201). 저자들은 "시의회의 실제 권위"에 관심을 갖고 "시의회 권위의 법률적 기초와 [실질적] 행사 사이에 진정한 일치"가 있는지 묻고 있다(Pérez Hernández and Prieto Valdés, 2000b: 200). 이상이 2000년의 관심이었다면 지금은 어떻게 바뀌었을까? 현재는 훨씬 더 심각하다. 진전된 상황은 시 수준의 도전이 단순히 '통제'로 해결될 수 있는 문제가 아니라는 것을 보여 주고 있다. 민중의 참여와 함께 통치하고 대의원의 역할을 시의회의 일부로 확대한다는 전반적인 개념이 위태로운 상황이다.

아주 최근 2012년 8월에 알라르콘 자신도 쿠바 경제 모델을 개선하는 현재의 새로운 상황에서 오류와 관료제, 부패와의 전투는 오직 민중과 대의원들을 참여시킴으로써 승리할 수 있다고 주장했다(Mesa Redonda, 2012년 8월 30일자, 지은이가 채록). 민중 참여를 제고하는 정치적 해결책에 강조점을 두는 사회과학자들도 옳은 길로 가고 있다. 예컨대 올가 페르난데스 리오스는 이렇게 주장한다.

사회주의 이행이라는 더 정치적이고 포괄적인 개념으로 전진하기 위해서는 하나의 조건이 있다……. 다양한 독립체들을 지도하는 당국과 그들이 대표해야 하는 민중 사이의 상시적인 사회적 대화와 상호작용이 이루어질 때만 [성공할 수 있다](Fernández Ríos, 곧 나올 책).

이러한 맥락에서 그녀는 '민중 참여의 잠재력'을 강조한다. 이것이 성취되기 위해 "민중 참여의 수단과 형태가 사회의 새로운 필요에 따라 스스로 혁신될 수 있다"고 페르난데스 리오스는 기대를 걸고 있다.

이처럼 지금까지 참여를 확대하여 효과를 높여야 할 필요성이 한 동안 논의되어 왔으며 현재는 결정적인 국면에 와 있다.

모든(전국과 지역) 수준에서 민중 참여를 혁신하기 위해서는 쿠바 정치 체계의 대의적 측면을 참여적 성격으로 한층 더 전환할 필요가 있다는 점을 덧붙일 수 있다. 플라사데라레볼루시온 시의 사례에서 보았듯이 주권이 민중에 있다는 원칙은 하나의 쟁점이다. PCC 당대회와 ANPP의 일부 입법을 둘러싼 전국적 결정 과정에서 풀뿌리 민중의 참여는 쿠바 국가가 복원력 있는 현재진행형 민주주의를 더욱 더 발전시킬 수 있는 잠재력이 있다는 점을 보여 준다.

결론 시험대에 오른 민주화

결론을 내려야 하는 지금 나는 이 책에서 고찰한 현재진행형 민주주의가 미래에 직면하게 될 시험에 관해 내가 갖고 있는 몇 가지 관점을 강조하고자 한다. 쿠바는 말할 것도 없고, 베네수엘라와 볼리비아, 에콰도르 같은 쿠바의 이웃 나라들에서 민중과 지도자들의 사상과 행동은 점점 더 민주화의 방향으로 나아가고 있다. 저마다 가는 길과 맥락은 서로 다르지만 이 나라들은 한 가지 공통적인 경험을 공유하고 있다. 정도의 차이는 있지만, 이들은 미국중심주의적 정치·경제 체제가 본질적으로 우월하다는 가정으로부터 자신을 보호하고 있는 중이다. 이러한 맥락은 이 책에서 다룬 쿠바의 또 다른 이웃인 미국과 다르다. 미국에서는 기층에서 자신의 현재진행형 민주주의를 대변하는 일부 사람들이 정치·경제 체제에 대한 미국 엘리트들의 양당 독재적 통제에 맞서 민주화를 모색하고 있다.

여기서 먼저 미국이 직면한 주요한 시험부터 살펴보자. 미국중심주의적 정치·경제 모델은 기존 질서를 유지하는 완충장치 역할을 한다. 이 눈가림 장치는 오바마의 경우처럼 때로는 변장한 모습으로, 많은 미국 사람들이 자신의 체제를 '충분히' 분석하거나 문제를 분석하고 진정한 대안을 토론하는 것을 방해한다. 우리는 2012년 미국 대통령선거 운동에서 민주당과 공화당 후보뿐만 아니라 언론이 주요한 선전 공세를 어떻게 펼쳤는지 다시 한 번 보았다. 세계를 미국화하려는 시도의 일환으로 지구는 미국 선거가 홍수를 이루었다. 굽실거리는 서방 언론과 정치 지도자들은 대부분 공모하여 미국 민주주의에 대한 이러한 환상을 만드는 데 직접 기여했다. 이러한 환상은 심지어 라틴아메리카와 카리브 해의 여러 나라들뿐 아니라 남반구의 다른 나라들에도 전염되었다. 세계는 '미국'이 오바마로 결정했다고 하는 말만 들었을 뿐, 18세 이상의 유권자들 중 단지 50퍼센트만 투표했다는 사실은 검열되어 삭제되었다. 미국과 세계는 모두 미국 선거에서 민주당과 공화당이 좌파와 우파, 사회주의와 극우세력, 자유주의자와 보수주의자에게 선택지를 제공한다는 이미지를 만들어 냈다. 그 목표는 '민주적인 경쟁적 양당제'가 대립되는 길 중에서 선택하는 진정한 기초라고 모든 사람들이 믿도록 만드는 것이다.

이러한 생각이 유지되고 조장되는 데 비교적 성공을 거두고 있는 이유 가운데 하나는 자유주의자들과 일부 좌파의 역할 때문이다. 그들이 이러한 유령을 떠돌게 하는 장치는 '차악'이라는 편견이다. 미국의 국내외 정책에 관한 역사적·현대적 사실을 분석한 책에서 나는 결론적으로 소수 사람들이 주장하는 것이 옳다는 것을 확인했다. 오바마는 두 가지 악 가운데 중요한 부문의 엘리트들의 필요에 봉사하는 데 좀 더 '효과적'이다. 따라서 지금은 양당제 패러다임을 넘어서서 대안을 구축할 필요가 있다.

자유주의는 바로 무제한적 사유재산 축적에 기초한 현재 미국 체제의 기원이자 초석으로서, 달리 했더라면 위기에 처했을 정치 체계에 매우 필요한 산소를 제공하고 있다. 그래서 양당제를 거부하는 대안은, 설사 고려된다 하더라도 영원히 미래로 미뤄지고 마는 것이다. 세계가 오바마를 좋아한다는 허구가 그의 첫 번째 임기 때부터, 그리고 두 번째 임기 때에는 더욱 더 굳건히 유지되는 마당에, 어떻게 미국에서 개방적인 사고를 하는 일반 대중이 (민중 기반을 가진 새로운 선택지) 오바마를 반대할 수 있겠는가? 오바마의 이미지는 지구 전체를 병합하듯 하여 그와 미국이 세계의 지도력을 구성한다는 인상이 만들어진다. 이러한 신기루는 18세기 이래로 미국의 의식 속에 뿌리박힌 '선민' 개념의 전통에서 "미국은 세계에서 가장 좋은 나라"라고 오바마가 반복해서 떠벌임으로써 아주 쉬워진다. 진보적 관점에서 오바마를 비판하는 것은 점점 더 정치적으로 올바르지 않은 일이 되고 있다. 따라서 그는 중요한 부문의 미국 엘리트들의 수중에 기꺼이 편입된 무기이다.

　버락 오바마와 미셸 오바마는 수많은 아프리카계 미국인들을 마취시키기 위해 행동한다. 오바마 부부의 자산 가운데 하나는 역사적으로 반항적이고 전통적으로 진보적인 아프리카계 미국인들이 당분간 동조하도록 만드는 능력이다. 이러한 상황에서 미국에서 양당제의 환상에 반대하는 진보적 운동이 탄력을 얻는 데 어려움을 겪고 있다는 것은 놀랄 만한 일이 아니다. 미국 체제에 대한 진정한 대안은 주로 아프리카계 미국인 좌파와 진보주의자들뿐 아니라 지식인, 학자, 일부 지역 점거운동, 그리고 캘리포니아나 오클랜드 같은 지역의 전투적인 노동자들을 포함하는 사회의 단면에서 발견된다. 이러한 다양한 원천의 급진적 변화가 결국 융합하고 확산되면 지배 엘리트에게는 심각한 잠재적 문제가 된다. 하지만 심대한 전환이 발생하는 이러한 공간들은 미국 바깥에서는 지지를 잘 받지 못하며, 미국 자체에서도 이들의 목소리가 큰 관심을 받지 못하고 있다. 따라서 미국의 민주화에 관한 한 가장 중요한 시험은 기존 질서에 반대하는 이러한 세력의 역량이 단결하고 확대되는 것이다. 그 목표는 숨 막히는 '양당제'를 반대하고, '차악'의 외피 아래에서 양당제의 대체를 영원히 미룰 것을 주장하는 사람들에게 의문을 제기하는 것이다.

내 관점에 이의를 제기하는 사람들이 있을 것이라고 예상한다. 하지만 적어도 하나의 다른 목소리가 민중 자체를 완전히 새로운 대체물로 간주함으로써 감히 '차악'의 편견에 반대하는 진정한 입장을 취한다고 하는 사실을 대담하게 느끼는 사람들도 있을 것이다. 나는 이처럼 내 입장을 펼하하는 사람들과 지지하는 사람들, 그리고 이미 자신의 관점에 대해 반성하고 있는 사람들의 반응을 기다리고 있다. 그렇게 된다면 이 책의 목표 가운데 하나는 달성되는 셈이다. 왜냐하면 이 책은 미국과 세계에 영향을 미치는 그러한 문제에 대한 미국 안팎의 논쟁에 기여하고자 하는 것이기 때문이다.

베네수엘라와 볼리비아, 에콰도르는 각각 현재진행형 민주주의를 추진하는 과정에서 미국중심주의적 정치 구조에 반대하는 새로운 구조와 접근 방법으로 전환하는 방향으로 계속 전진하면서 시험에 직면하고 있다.

우선 베네수엘라는 2012년 10월 차베스 대통령선거 승리에 관한 분석에서 본 바와 같이 미국식 정치 구조가 거의 사라질 정도로 성공을 거두고 있는 중이다. 경제적·사회적 전환은 민중에게 실질적인 권력을 가져다주고 효과적인 수단을 제공함으로써 변화를 일으키고 있다. 차베스는 2012년 10월 12일 선거 승리 후에는 이른바 '21세기 사회주의'라고 불리는 사회주의적 전환을 심화하기 위해 더욱 더 큰 진전을 보이고 있다. 이러한 새로운 사회주의는 낡은 독단을 몰아냄으로써 이 책에서 개괄한 사회주의 원칙과 일치하고 있다. '새로운 사회주의'는 시민 참여가 핵심인 사회경제적 프로그램들에 기초하여 진행 중인 과정으로서 민주화를 촉진하고 있는 중이다. 베네수엘라의 볼리바르혁명은 그 본성상 새로운 현재진행형 민주주의 전망의 일부로서 참신한 형태의 민중 참여를 실험하는 능력으로부터 나온다. 미래 베네수엘라의 가장 큰 시험은 관료제와 부패 문제를 극복하는 것이다. 이는 차베스가 볼리바르혁명 대오 안에서까지지도 존재하는 것으로 인식하고 있는 문제이다. 이러한 시험과 더불어 또 하나의 시험으로서 볼리바르혁명을 파괴하려고 하는 상존하는 미국의 간섭 위험이 있다. 이러한 맥락에서 오바마에 대한 어떠한 환상도 베네수엘라 민중과 지도자들의 정치의식을 오염시킬 수 있는 독약으로 작용한다.

다음으로 볼리비아와 에콰도르의 상황은 베네수엘라와는 다르다. 따라서 그 시험도 다르다. 이 두 안데스 국가는 사회주의를 전반적 목표로 선언하고 있지만 아직 사회주의의 길로 접어들지는 않았다. 하지만 새로운 운동과 지도자들은 하나의 모델로서 신자유주의를 반대한다. 그들은 자기 나라에서뿐만 아니라 모든 라틴아메리카와 카리브 해를 포함한 지구 전체에서 미국의 지배와 간섭에 강력하게 반대하는 입장을 취하고 있다. 미국은 일부 원주민 지도자들에게 어느 정도는 기대를 걸고 있다. 원주민 지도자들은 정당한 불만을 갖고 있으면서도 미국의 18세기 탄생 시기까지 거슬러 올라가는 원주민 집단학살과 헤게모니적인 반원주민 전통에 대해서는 눈감는 경향이 있다. 게다가 워싱턴은 볼리비아에서 이 나라의 안정을 해칠 수 있는 부유한 분리주의 인자들을 하나의 카드로 수중에 갖고 있다.

볼리비아와 에콰도르의 길은 미국의 의도에 맞서 승리할 수 있을까?

그것은 대체로 이들 나라가 가까운 미래에 21세기 사회주의의 길로 나아가기 위해 사회경제적 변화를 진전시킬 수 있는 능력에 달려 있다. 이는 오직 정치 체계와 경제적 전환에서 참여 증대를 통해 경험 있고 성숙한 풀뿌리 민중이 진전된 민주화를 염원한다는 점에 주의를 기울일 때만 가능할 것이다. 경제적·사회적 변화에 성공하면, 두 나라에 대한 미국의 체제 변동 계획에 저항할 수 있는 강력한 기초를 마련할 수 있을 것이다. 볼리비아와 에콰도르가 자신들의 프로젝트를 유지하고 발전시켜 미국의 침투에 저항할 수 있을지는 두고 볼 일이다. 하지만 최근에 리오그란데 강 남쪽 지역은 변했다. 거기는 이제 더 이상 워싱턴의 뒷마당이 아니다.

쿠바는 헌법과 모든 정치 층위에서 후회 없이 사회주의를 고수하고 있다. 쿠바에서는 무엇보다도 먼저 민중 스스로 참여를 통해 혁명을 수행했다. 혁명으로 미국 지배 하의 자본주의에서 사회주의와 주권으로 근본적으로 전환한 것이다. 쿠바에서는 현재의 변화를 통해 정치·경제 체계 전체를 개선할 수 있는 현실적 가능성이 존재한다. 그러한 가능성은 풀뿌리 민중이 진화하여 주요한 주역으로 좀 더 효과적으로 참여하는 데 달려 있다. 이 책에서 언급한 쿠바의 사회과학자들과 언론인들 및 정치 지도자들 사이에서 참여의 제고를 통한 진전된 민주화를 위한 잠재력과 제안들에 관한 논쟁이 계속되고 있다. 쿠바는 아직 민주화의 또 다른 국면을 겪고 있기 때문에 끊임없이 새로운 사회주의에 대한 실험을 하는 중이다. 쿠바는 낡은 금기와 멍청한 교조에 반대하고 있다. 내 생각으로는 쿠바는 여전히 새로운 사회주의와 민주주의를 추구하는 하나의 움직이는 실험실이다. 혁신은 쿠바혁명의 제2의 천성이다. 쿠바의 현재진행형 민주주의 전통은 진전된 민주화의 가능성을 높인다.

그렇다고 해서 쿠바에 정체의 조짐이 없다는 것은 아니다. 정체의 조짐은 시민들, 특히 노동하는 사람들의 권력을 자신들의 특권을 위협하는 것으로 보는 관료들과 그들에게 만연한 부패에서 발견된다. 이러한 관료제와 부패는 미래의 쿠바가 직면한 두 가지 주요한 시험 가운데 하나다.

결과를 결정할 다른 하나의 시험은 우파와 '좌파' 반체제 블로거들의 표적이 되는 청년층과 지식인, 예술인 가운데서 일어나는 투쟁이다. 그들이 수용하든 안 하든, 그들은 미국 모델과 쿠바의 체제 전환 욕구에 편향된 관점에서 영감을 얻는다. 객관적인 구분선은 미국에의 병합인가, 아니면 쿠바의 주권과 혁신된 사회주의인가 하는 것 사이에 있다. 그것은 사활을 건 투쟁이다. 그 결과는 보장할 수 있는가? 내 생각으로 그것은 아직 결정되어 있지 않다.

쿠바의 적들은 1959년 이래 쿠바를 패배시킬 수 없었을 뿐 아니라, 그들이 동원할 수 있는 온갖 수단에도 불구하고 앞으로도 패배시킬 수 없을 것이라고 나는 생각한다.

그리하여 쿠바는 활기를 되찾는 혁명이 계속됨에 따라 세계를 다시 한 번 놀라게 할 수 있다. 선입관이라는 눈가리개를 벗고 미래의 상황을 독자적으로 추적할 수 있는 도구를 독자들에게 제공하는 것이 이 책 전체를 관통한 내 의도이다.

옮긴이 후기

아마도 이 책 제목을 보고 첫인상으로, 호기심 아니면 껄끄러움을 느꼈을 것이다. 쿠바는 민주주의와는 거리가 먼 독재국가로 알고 있는데 웬 민주주의? 그것도 '쿠바식' 민주주의라니!

이 책은 쿠바에 관한 일반적 통념을 깨는 것을 목표로 하는 상당히 도발적인 책이다. 하지만 자본주의 이데올로기가 압도하고 있는 서방세계에는 잘 알려지지 않은 쿠바 정치체제의 진면목을 드러내 보이는 가장 최근의 저작이 아닌가 한다. 쿠바가 책의 중심이지만 쿠바의 이웃 나라인 미국과 베네수엘라, 볼리비아, 에콰도르에 관한 왜곡된 정보를 교정하는 것도 그에 버금가는 중요한 목표이다. 그래서 지은이는 책 제목을 '쿠바와 그 이웃들: 현재진행형 민주주의'(Cuba and Its Neighbours: Democracy in Motion)라고 붙인 것 같다.

그런데 이 제목이 우리 나라 독자들에게 도발적인 책의 내용을 축약해 보이기에는 다소 밋밋하다는 생각이 들어 한국어판의 제목은 《쿠바

식 민주주의: 대의민주주의 VS 참여민주주의》라고 붙였다. 지은이가 한국인이었다면 아마도 내 생각과 같았을 것이다. 이 책의 핵심적인 문제의식은 미국식 대의민주주의와 쿠바식 참여민주주의를 대비시켜 진정으로 민주주의가 무엇인가 하는 질문을 던지는 것이다.

이 책은 모두 3부로 구성되어 있다. 1부에서는 민주주의의 개념에 대한 이론적 접근에서 시작하여 미국 민주주의와 베네수엘라, 볼리비아, 에콰도르 민주주의를 다룸으로써 쿠바식 민주주의를 이해하기 위한 분석틀을 마련한다. 1장의 민주주의 개념에 관한 정리나 3장의 베네수엘라와 볼리비아, 에콰도르 민주주의에 대한 분석도 주류의 시각과 달라 주목할 만한 가치가 있지만, 특히 2장의 미국 민주주의에 대한 분석은 눈여겨볼 의미심장한 대목이 많다. 예컨대, 미국은 건국 당시부터 '선민의식'의 형태로 제국주의의 씨앗을 배태하고 있었다든지, 미국 헌법에는 아예 '민주주의'나 '국민 주권'이라는 용어가 없다든지, 오바마는 과두제 지배 세력이 현존 질서를 유지하기 위해 선택한 대통령 후보라든지 하는 이야기는 대부분의 독자들에게 새롭게 다가갈 것이다.

2부에서는 쿠바 참여민주주의의 역사를 추적한다. 오늘날의 쿠바 사회를 형성한 1959년 혁명은 하루아침에 이루어진 것이 아니라 적어도 1868년 제1차 독립전쟁까지 거슬러 올라간다. 쿠바는 에스파냐 식민 지배에서 벗어나려는 독립전쟁에 참여한 사람들이 주도하여 건설한 국가이다. 제1차 독립전쟁 시작 때부터 사탕수수 플랜테이션에서 일하던 노예들이 독립전쟁(국가 형성)에 참여했을 뿐 아니라, 이동하는 '무장 공화국'에서는 독립전쟁에 참여하거나 지지한 모든 사람들의 참여민주주의 원칙이 작동했다. 그러나 1898년, 제3차 독립전쟁이 승리를 목전에 두었을 때 미국의 개입으로 좌절되고 만다. 3년간의 미군정 지배를 거쳐 친미 정권이 들어서면서 미국식 대의민주주의가 수입되고 참여민주주의 전통은 반세기 동안 단절되었다. 1953년 바티스타 독재정권 하에서 '몬카다 공격'으로 시작된 혁명운동은 게릴라 투쟁 과정에서 독립전쟁 때의 참여민주주의 전통을 부활시켰다. 1959년 혁명의 성공 자체가 소수의 엘리트가 다수 민중의 참여를 이끌어 낸 좋은 본보기였다. 따라서 혁명 후 쿠바 정치체제가 참여민주주의에 기반을 둔 것은 당연한 일이었다.

1959년 혁명 후 쿠바는 미국식 대의민주주의와는 전혀 다른 길을 걸었다. 서방의 미디어는 미국식 민주주의와 다른 쿠바 정치체제에 '독재'라는 딱지를 붙여 민주주의 영역에서 완전히 추방했다. 지은이 아널드 오거스트는 여기에 대한 반박으로 이 책을 썼다. 그는 미국중심주의 시각에서는 '독재'로 보이는 쿠바 정치체제의 내부로 들어가 참여민주주의의 요소들을 찾아낸다. 혁명 초기 누가 선거를 거부했으며 그 이유는 무엇인가? 혁명수호위원회(CDR)를 비롯한 대중조직들은 참여민주주의와 어떤 관련이 있는가? 쿠바공산당(PCC)은 과연 소비에트 러시아 공산당의 아류인가? 요컨대 쿠바 정치체제는 소비에트 체제와 비슷한 독재체제인가? 지은이는 쿠바의 현대 정치사와 현장조사에 근거하여 이러한 질문에 대답하고 있다. 그리하여 이 책은 쿠바가 소비에트 체제와 비슷할 것이라는 널리 퍼져 있는 오해를 푸는 데 상당히 기여하고 있는 것으로 보인다.

3부에서는 오늘날 쿠바 정치체제의 작동 방식을 본격적으로 분석한다. 모두 세 장으로 되어 있는데, 쿠바공산당, 선거, 평상시 정치활동이 각장의 주제이다. 쿠바공산당의 활동을 분석하는 6장에서는 당대회 과정에서 민중의 참여 방식을 구체적으로 보여 주는 데 주력한다. 7장에서는 4년마다 치르는 쿠바 총선거의 과정과 절차, 그리고 실제 선거과정을 참여관찰을 토대로 매우 생생하게 보여 주고 있다. 8장은 권력기구인 '민중권력국가의회'와 시의회, 그리고 민중평의회의 평상시 정치활동을 분석하면서 민중의 참여와 개입이 어떻게 작동하는지를 보여준다. 현대 쿠바 정치체제에 대한 이런 분석은 쿠바에 대한 사전 지식이 없거나 왜곡된 정보를 막연하게 '알고 있는' 사람들에게 새로운 사실과 다른 시각을 제공한다는 점에서 가치가 높다.

지은이는 학생운동 경험을 가진 비판적 언론인이자 학자로서 민주주의에 대한 비판적 관점을 분명하게 견지하고 있다. 특히, 쿠바에서 맺은 두터운 인맥을 활용하여 참여관찰과 인터뷰, 생생한 자료를 동원하여 쿠바 정치체제를 분석한 점이 돋보인다. 지은이는 쿠바식 참여민주주의의 장점을 부각하는 데 무게 중심을 두고 있지만, 그 결함을 지적하고 비판하는 데도 인색하지 않다. 그리고 그의 비판은 외부 관찰자의 시각보다는 내부자의 시각에서 쿠바 내 학계와 언론의 비판까지 상세하게 소개하고 있다. 이러한 쿠바 정치체제에 대한 내부의 비판 또한 바깥세상에는 잘 알려지지 않은 부분이다.

비록 역사적 사실과 참여관찰을 바탕으로 하고 있지만, 쿠바 정치체제가 미국보다도 더 '민주주의'에 가깝다고 하는 지은이의 주장에 일부 독자들은 동의하지 않을지도 모른다. 그의 해석에 약간의 과장이 있는 것도 사실이다. 하지만 쿠바에 대한 왜곡과 오해로 균형추가 한참 기울어 있는 현재의 상황을 감안하면, 이 책이 균형추를 반대쪽으로 구부림으로써 결과적으로 균형 잡힌 시각을 가지게 하는 데 기여할 수 있을 것이라고 생각된다.

사실 쿠바에 대한 옮긴이의 기본적인 관점도 지은이와 크게 다르지 않다. 미국에서만큼이나 우리 나라에서도 쿠바 사회와 정치에 관한 왜곡이 심한 것 같다. 내가 쿠바혁명 50주년을 맞아 쿠바에 다녀온 이후 삼천리출판사와 함께 쿠바에 관한 몇 권의 책을 번역하여 소개하게 된 것도 그 때문이다. 《쿠바식으로 산다: 밑바닥에서 본 아바나의 이웃공동체》(2010년)와 《쿠바혁명사: 자유를 향한 끝없는 여정》(2014년)과 함께, 이 책은 말하자면 '쿠바 바로 알기 3부작' 가운데 마지막 책이다. 제목에서 알 수 있듯이 《쿠바식으로 산다》는 쿠바 사회의 밑바닥에서 구체적인 삶이 어떻게 이루어지는지 참여관찰을 토대로 분석한 책이고, 《쿠바혁명사》는 쿠바 혁명의 과정과 오늘날의 쿠바에 대해 사회사적 방법으로 서술한다. 이 책과 함께 두 책도 함께 읽으면 쿠바 사회를 총체적으로 이해하는 데 도움이 될 것이다.

이 책의 영어 원서가 출간되자마자 번역에 착수한 지 2년여가 지났다. 그동안 미국과 쿠바의 관계에 급진전이 있었다. 1959년 이후 줄곧 봉쇄와 고사 정책으로 일관하던 미국이 지난해 최대 외교 쟁점이 되어온 '5인의 쿠바인'을 석방함으로써 외교 정상화의 포문을 열었고, 올해 7월에는 뉴욕과 아바나에 각각 쿠바대사관과 미국대사관을 개설하여 외교 관계를 정상화했다. 이에 자극을 받은 한국 정부도 쿠바와 공식적인 외교 관계 수립을 위한 노력에 착수했다. 이러한 변화는 국내외에서 쿠바에 관한 관심을 불러일으키고 있는 것 같다. 이 책이 우리 나라 독자들에게 쿠바의 사회와 정치를 이해하고, 나아가 민주주의를 본질에서부터 성찰하는 데 도움이 되기를 바란다. 끝으로 번역 초고를 꼼꼼하게 교열하여 읽기 쉽게 해준 김명화 님께 고마움을 전한다. 여러 권의 쿠바 관련 책 출간과 지난해 한 달 간의 쿠바 여행을 함께 하면서 동지적 관계가 된 삼천리 송병섭 대표와 출간의 기쁨을 나누고 싶다.

2015년 8월 30일
함취당에서 정진상

참고문헌

Acta de constitución del Gobierno Revolucionario. 2004. In Luis M. Buch and Reinaldo Súarez, *Gobierno revolucionario cubano: Primeros pasos*. Havana: Editorial de Ciencias Sociales.

Agencia Púlsar. 2011. "Bolivia: Twenty Percent Increase Minimum Wage." *Argentina Independent* (March 3). ⟨http://www.argentinaindependent.com/ currentaffairs/newsfromlatinamerica/boliviatwenty-percent-increase-minimum-wage/⟩.

Agencia Venezolana de Noticias. 2012. "Venezuela's New Social Missions Aimed at Reducing Poverty and Unemployment." *Venezuelanalysis.com* (January 19). ⟨http://www.venezuelanalysis.com/news/6760⟩.

Alarcon de Quesada, Ricardo. 2002a. "El destino nuestro lo decidimos nosotros." In Ricardo Alarcón de Quesada, *Cuba y la lucha por la democracia*. Havana: Editorial de Ciencias Sociales.

___. 2002b. "El iniciador Grito de La Demajagua." In Ricardo Alarcón de Quesada, *Cuba y la lucha por la democracia*. Havana: Editorial de Ciencias Sociales.

___. 2002c. "La filosofia democratica de Cuba, June 23, 1994." In Ricardo Alarcón de Quesada, *Cuba y la lucha por la democracia*. Havana: Editorial de Ciencias Sociales.

___. 2002d. "Parlamentos Obreros, April 15, 1994." In Ricardo Alarcon de Quesada, *Cuba y la lucha por la democracia*. Havana: Editorial de Ciencias Sociales.

___. 2003. "Entrevista exclusiva de Rebelión a Ricardo Alarcón, presidente de la Asamblea Nacional del Poder Popular de Cuba, por Pascual Serrano . 'La democracia cubana no se agota en la representación formal, sino que incorpora mecanismos y formas de la democracia directa.'" *Rebelion*

(December 6). ⟨http://www.rebelion.org/noticia.php?id=53⟩.

___. 2006. "Indicaciones del presidente de la Asamblea Nacional del Poder Popular sobre el Labor de Control y Fiscalización a realizar por los Órganos Locales y las funciones y tareas de los delegados y consejos populares." (April 4). Report provided to author by the Plaza de la Revolución Municipal Assembly.

Albro, Robert. 2010. "Confounding Cultural Citizenship and Constitutional Reform in Bolivia." *Latin American Perspectives* (May), Issue 172, 37:3.

Alexander, Michelle. 2010. *The New Jim Crow: Mass Incarceration in the Age of Colorblindness.* NY: The New Press.

Alhama Belamaric, Rafael. 2012. "Trabajo congelado: Necesidad de cambios." Paper presented at the Instituto de Filosofia Workshop on "The Cuban Socialist Transition: The Current Situation, Challenges and Perspectives" (July 12.13), Havana.

___. Forthcoming. *Breve lectura sobre algunos problemas actuales.* Havana: Editorial de Ciencias Sociales.

Allard, Jean-Guy. 2005. "Montaner, the Terrorist: Parts 1 and 2." *Granma International* (August 2). ⟨http://www.walterlippmann.com/montaner.html⟩.

___. 2010a. "cia Agent and Coup Leader Slander Rafael Correa." Talk show on Colombian TV. *Granma International* (October 5), 279.

___. 2010b. "cia Agent Carlos Alberto Montaner Linked to Coup Plotter Lucio Gutierrez." Talk show on Colombian TV. *Granma International* (October 4).

___. 2012. "Paraguay: U.S. Intelligence Behind the Return of Stroessner's Mafia." 234 Cuba and Its Neighbours *Granma International* (July 1), Year 47, No. 27.

Álvarez Tabío, Fernando. 1985. *Comentarios a la Constitución socialista.* Havana: Editorial de Ciencias Sociales.

Álvarez Tabío, Pedro, and Guillermo Alonso Fiel. 1998. "Introduction." In Fidel Castro Ruz, History *Will Absolve Me.* Havana: Editorial José Martí.

Amin, Samir. 2004. *The Liberal Virus: Permanent War and the Americanization of the World.* NY: Monthly Review Press.

___. 2009. *Eurocentrism.* NY: Monthly Review Press.

___. 2012a. "The Center Will Not Hold: The Rise and Decline of Liberalism." Monthly Review (January), 63:8.

___. 2012b. "The First Round of the Presidential Elections in Egypt." *Pambazuka News* (May 31). ⟨http://www.pambazuka.org/en/category/features/82595⟩.

Aquique, Dariela. 2012. "Venezuela's Excellent Electoral System." *Havana Times*

(October 10). 〈http://www.havanatimes.org/?p=80028〉.

Arreola, Gerardo. 2012. "Surge en Cuba resistencia a reformas que impulsa el presidente Raúl Castro." *La Jornada* (June 27). 〈http://www.jornada.unam. mx/2012/06/25/mundo/034n1mun〉.

Arze Vargas, Carlos. 2008. "The Perverse Effects of Globalization." In John Crabtree and Laurence Whitehead (eds.), *Bolivia Past and Present: Unresolved Tensions*. Pittsburgh: University of Pittsburgh Press.

Asamblea Nacional del Poder Popular. 2002. "Dictamen de las comisiones para la atención a la actividad productiva y de asuntos constitucionales y jurídicos sobre el Proyecto de Ley de Cooperativas Agropecuarias." Report provided to author by the anpp .

___. 2011. "Sobre la experiencia a desarrollar en la provincias de Artemisa y Mayabeque." Statement issued on August 1, 2011. *Granma* (August 2), Year 47, No. 183.

Asociación Civil Transparencia. 2005. *Datos Electorales* (November 21). 〈http:// www.transparencia.org.pe/documentos/datos_electorales_no.01.pdf〉.

Associated Press. 2008. "Cuban Assembly to Decide on Castro." cbn News (January 21). 〈cbn.com/cbnnews/world/2008/January/Cuban-Assembly-to-Decideon-Castro-〉.

August, Arnold. 1999. *Democracy in Cuba and the 1997.98 Elections*. Havana: Editorial Jose Marti.

___. 2004. "Socialism and Elections." In Max Azicri and Elsie Deal (eds.), *Cuban Socialism in a New Century: Adversity, Survival, and Renewal*. Gainesville: University Press of Florida.

___. 2013. *Democracy in the U.S.* 〈http://www.democracyintheus.com〉.

Azicri, Max. 2000. *Cuba Today and Tomorrow: Reinventing Socialism*. Gainesville: University Press of Florida.

___. 2010. "The Cuba-Venezuela Alliance: Dynamics of a Beneficial Solidarity Exchange in Hard Times." Paper presented at the International Congress of Latin American Studies Association (October 6.9). lasa, Toronto, Ontario.

Barragan, Rossana. 2008. In John Crabtree and Laurence Whitehead (eds.), *Bolivia Past and Present: Unresolved Tensions*. Pittsburgh: University of Pittsburgh Press.

Barredo Medina, Lázaro. 2012. "Respuesta a la directora de la empresa de revisión técnica automotor: La razón que nos asiste." *Granma* (March 12), Year 48, No. 60.

Barredo Medina, Lazaro, and Yaima Puig Meneses. 2011. "Sesionó el Tercero Pleno del Comité Central del Partido." *Granma* (December 23), 47:306.

Barrionuevo, Alexei. 2009. "Bolivian President Says Plot on His Life Was Tied to Coup Attempt." *The New York Times* (April 18). ⟨http://www.nytimes. com/2009/04/19/world/americas/19bolivia.html⟩.

Beatón Ruiz, Betty. 2012. "Asamblea de la upec en Santiago de Cuba por un periodismo más creativo y ágil." *CubaPeriodistas* (February 8). ⟨http://www. cubaperiodistas.cu/noticias/febrero12/08/01.htm⟩.

Becker, Marc. 2011. "Correa, Indigenous Movements, and the Writing of a New Constitution in Ecuador." *Latin American Perspectives* (January), 38:1.

___. 2012. "Social Movements and the Government of Rafael Correa: Confrontation or Cooperation?" In Gary Prevost, Carlos Oliva Campos and Harry E. Vanden (eds.), *Social Movements and Leftist Governments in Latin America: Confrontation and Co-Optation. London:* Zed Books.

Benton Foundation. 2008. "Obama in Landslide: 273.142 (in Newspaper Endorsements." (November 3). ⟨http://benton.org/node/18497⟩.

Black, Conrad. 2003. *Franklin Delano Roosevelt: Champion of Freedom.* Cambridge, MA: Perseus Books Group.

Blackmon, Douglas A. 2008. *Slavery by Another Name: The Re-Enslavement of Black Americans from the Civil War to World War II.* NY: Doubleday.

Boothroyd, Rachael. 2011a. "More than 87,000 Senior Citizens Register in Government's New Mission for the Elderly." *Venezuelanalysis.com* (January 5). ⟨http://www.venezuelanalysis.com/news/6724⟩.

___. 2011b. "Popular Movements March for Creation of the 'Patriotic Pole' to Deepen the Revolution." *Venezuelanalysis.com* (August 29). ⟨http://www. venezuelanalysis.com/news/6453⟩.

___. 2011c. "President Chavez Requests 45 Billion Bolivars for Social Missions." *Venezuelanalysis.com* (June 2). ⟨http://www.venezuelanalysis.com/ news/6235⟩.

___. 2012a. "Venezuelans Begin Registering in Government's Knowledge and Work Mission." *Venezuelanalysis.com* (January 17). ⟨http://www. venezuelanalysis.com/news/6756⟩.

___. 2012b. "Venezuela's Chavez Outlines Vision for Next Presidency, "Greater Advance" Towards Socialism." Venezuelanalysis.com (October 11). ⟨http:// venezuelanalysis.com/news/7350⟩.

Brennan Center for Justice. 2012. "2012 Summary of Voting Law Changes." New

York University School of Law (August 21). 〈http://www.brennancenter.org/content/resource/2012_summary_of_voting_law_changes/〉.

Brice, Arthur. 2010. "Ecuador Declares Emergency as Police Protest, President Is Attacked." cnn World (September 30). 〈articles.cnn.com/2010-09-30/world/ecuador.violence.archive_1_teleamazonas-gas-mask-rafael-correa?_s=PM:WORLD〉.

Bruce, Iain. 2008. *The Real Venezuela: Making Socialism in the 21st Century.* London: Pluto Press.

Brzezinski, Zbigniew. 2008. *Second Chance: Three Presidents and the Crisis of American Superpower.* NY: Basic Books.

Buch, Luis M., and Reinaldo Súarez. 2004. *Gobierno revolucionario cubano: Primeros pasos.* Havana: Editorial de Ciencias Sociales. 236 Cuba and Its Neighbours

Buxton, Julia. 2009. "Venezuela: The Political Evolution of Bolivarianism." In Geraldine Lievesley and Steve Ludlam (eds.), *Reclaiming Latin America: Experiments in Radical Social Democracy.* London: Zed Books.

Buznego, Enrique, Oscar Loyola and Gustavo Pedroso. 1996. "La Revolución del 68: Cumbre y ocaso." In Maria del Carmen Barcia, Gloria García and Eduardo Torres-Cuevas (eds.), *Historia de Cuba: Las luchas por la independencia nacional y las transformaciones estructurales, 1868-1898.* Havana: Editora Politica.

Calzadilla, Erasmo. 2012a. "Confirming Whether Cuba Is a Democracy." *Havana Times* (July 26). 〈http://www.havanatimes.org/?p=75166〉.

___. 2012b. "Three Options: Which Will Be the Least Bad?" *Havana Times* (October 7). 〈http://www.havanatimes.org/?p=79828〉.

Campos, Pedro. 2012a. "Cuba Can Learn from Chávez and Venezuela." *Havana Times* (October 9). At 〈http://www.havanatimes.org/?p=79946〉.

___. 2012b. "In Cuba Too, Less Than 1% Decide." *Havana Times* (August 28). 〈http://www.havanatimes.org/?p=77332〉.

Carroll, Rory. 2009. "Bolivian President Morales Links US Embassy to Alleged Assassination Attempt." *The Guardian* (April 20). 〈http://www.guardian.co.uk/world/2009/apr/20/evo-morales-bolivia-us-embassy〉.

Castro Ruz, Fidel. 1959. "Speech on the Occasion of the First Anniversary of the April 9 Strike." La Alameda de Paula, [promenade in Old Havana]. (April 9). 〈http://www.cuba.cu/gobierno/discursos/1959/esp/f090459e.html〉.

___. 1960. "Speech, September 28, 1960." 〈http://www.cuba.cu/gobierno/

discursos/1960/esp/f280960e.html⟩.

___. 1972a. "The Cuban Revolution (July 23, 1953)." Translated and reproduced in Rolando E. Bonachea and Nelson P. Valdes, Revolutionary Struggle 1947.1958: Volume 1 of the Selected Works of Fidel Castro. Cambridge, ma: mit Press.

___. 1972b. "General Strike Proclamation (January 1, 1959)." Translated and reproduced in Rolando E. Bonachea and Nelson P. Valdés, *Revolutionary Struggle 1947-1958: Volume 1 of the Selected Works of Fidel Castro*. Cambridge, ma: mit Press.

___. 1972c. "Proclamation to the People of Santiago (January 1, 1959)." Translated and reproduced in Rolando E. Bonachea and Nelson P. Valdés, *Revolutionary Struggle 1947-1958: Volume 1 of the Selected Works of Fidel Castro*. Cambridge, MA: MIT Press.

___. 1990a. *Informe Central I, II y III Congreso del Partido Comunista de Cuba*. Havana: Editora Politica.

___. 1990b. Speech delivered on February 20, 1990. ⟨http://www.cuba.cu/gobierno/discursos/1990/esp/f200290e.html⟩.

___. 1998. In *History Will Absolve Me*. Havana: Editorial José Martí.

___. 2004. In Luis M. Buch and Reinaldo Suárez, *Gobierno revolucionario cubano: Primeros pasos*. Havana: Editorial de Ciencias Sociales.

___. 2005. Speech delivered on November 17, 2005. ⟨http://www.cuba.cu/gobierno/discursos/2005/ing/f171105i.html⟩.

___. 2006a. "Revolución, June 15, 1959." In D.L. Raby, *Democracy and Revolution: Latin America and Socialism Today*. London: Pluto Press and Between the Lines.

___. 2006b. "Revolucion, March 16, 1959." In D.L. Raby, *Democracy and Revolution: Latin America and Socialism Today*. London: Pluto Press and Between the Lines.

___. 2007. *My Life*. Edited by Ignacio Ramonet. ny: Penguin Books.works Cited 237

___. 2008a. In José Bell, Delia Luisa López and Tania Caram, *Documentos de la Revolución Cubana: 1959*. Havana: Editorial de Ciencias Sociales.

___. 2008b. "Message from the Commander in Chief." (February 18). ⟨http://www.cuba.cu/gobierno/discursos/2008/ing/f180208i.html⟩.

___. 2010. *Por todos los caminos de la Sierra: La Victoria Estratégica*. Havana: Oficina de publicaciones del Consejo de Estado de la República de Cuba.

Castro Ruz, Raul. 1974. "Speech by Division Commander (Lieutenant General) Raul Castro, at the Closing Session of the Seminar for Delegates to the Organs of People's Power, Held in Matanzas." *Granma* (September 8), Havana.

___. 2007. Speech delivered on July 26, 2007. 〈http://www.cubaminrex.cu/english/SpeechesContributions/RCR/2007_2008/07-07-26.html〉.

___. 2008. Speech delivered on July 11, 2008. International ConferenceCenter, Havana. 〈http://www.groups.yahoo.com/group/CubaNews/message/88154〉.

___. 2009. Speech delivered on August 1, 2009. 〈http://www.cuba.cu/gobierno/rauldiscursos/2009/ing/r010809i.html〉.

___. 2010a. Key address delivered on April 4, 2010. 〈http://www.cuba.cu/gobierno/rauldiscursos/2010/ing/r030410i.html〉.

___. 2010b. Speech delivered on August 1, 2010. Granma. 〈http://www.granma.cu/ingles/cuba-i/2agosto-discursoraul.html〉.

___. 2010c. Speech delivered on December 18, 2010. 〈http://www.cuba.cu/gobierno/rauldiscursos/2010/ing/r181210i.html〉.

___. 2011a. "Central Report to the 6th Congress of the Communist Party of Cuba." (April 16). 〈http://www.cuba.cu/gobierno/rauldiscursos/2011/ing/r160411i.html〉.

___. 2011b. Speech delivered on August 1, 2011. *Granma International* (August 7), Year 56, No. 32.

___. 2012a. Speech delivered on January 29, 2012. *Granma International* (February 5), Year 47, No. 6.

___. 2012b. Speech delivered on July 23, 2012. *Granma International* (July 29), Year 47, No. 31.

Centro de Estudios Che Guevara. n.d. "Vida, obra y pensamiento." 〈http://www.centroche.co.cu/centroche/?q=node/165〉.

Chaguaceda, Armando. 2012a. "Crucial Elections in Venezuela." *Havana Times* (October 4). 〈http://www.havanatimes.org/?p=79652〉.

___. 2012b. "Elecciones cruciales en Venezuela." *Red Observatorio Critico* (October 5). 〈http://observatoriocriticodesdecuba.wordpress.com/2012/10/05/eleccionescruciales-en-venezuela/〉.

___. 2012c. "Elections in Venezuela, Sketches the Day After." *Havana Times* (October 8). 〈http://www.havanatimes.org/?p=79942〉.

___. 2012d. "The Possible, the Probable, and the Preferable: Crucial Elections in Venezuela." *El Yuma* (October 4). 〈http://elyuma.blogspot.ca/2012/10/

venezuela-oct-7-possible-probable-and.html⟩.

___. 2012e. "Una Cuba mejor es posible." *Havana Times* (August 8). ⟨http://www.havanatimes.org/sp/?p=69075⟩.

Chappi Docurro, Tania. 2012. "Diálogo y cultura cívica: Un debate de *Temas*." *Cubadebate* (July 1). ⟨http://www.cubadebate.cu/especiales/2012/07/dialogo-y-cultura-civica-un-debate-de-temas/⟩.

Chaveco, Onelia. 2012. "Balance del trabajo de la upec en Cienfuegos: Prensa cubana debe responder a demandas de momento actual." *CubaPeriodistas* (February 1). ⟨http://www.cubaperiodistas.cu/noticias/febrero12/01/01.htm⟩.

Chávez, Hugo. 2011. "Chávez Campaign Prepares Nationwide Grassroots Coalition for 2012 Elections." *Correo del Orinoco* (October 7), 84.

Chávez, Juan Carlos. 2012. "Intelectuales y opositores hacen un llamado a favor de las libertades y el diálogo en Cuba." *El Nuevo Herald* (August 3). ⟨http://www.elnuevoherald.com/2012/08/02/1266519/intelectuales-y-opositores-hacen.html⟩.

Chomsky, Noam. 2012a. "The Cairo-Madison Connection." In Noam Chomsky, *Making the Future: Occupations, Interventions, Empire and Resistance*. San Francisco: City Lights Books.

___. 2012b. "Tomgram: Noam Chomsky, The Great Charter, Its Fate, and Ours." *TomDispatch* (July 22). ⟨http://www.tomdispatch.com/blog/175571/⟩.

Chomsky, Noam, and Edward S. Herman. 2002. *Manufacturing Consent: The Political Economy of the Mass Media*. NY: Pantheon Books.

Clement, Christopher I. 2005. "Confronting Chavez: United States Democracy Promotion in Latin America." *Latin American Perspectives* (May), Issue 142, 32:3.

Clinton, Hillary Rodham. 2011a. "Interview with Sharif Amer of Al-Hayat TV." U.S. Department of State (September 29). ⟨http://www.state.gov/secretary/rm/2011/09/174882.htm⟩.

___. 2011b. "Introductory Remarks for President Obama's Speech on Events in the Middle East and North Africa, and U.S. Policy in the Region." U.S. Department of State (May 19). ⟨http://www.state.gov/secretary/rm/2011/05/163831.htm⟩.

___. 2011c. "Statement Before the House Appropriations Subcommittee on State, Foreign Operations, and Related Programs." U.S. Department of State (March 10). ⟨http://www.state.gov/secretary/rm/2011/03/158004.htm⟩.

CNN. 2010. "Police Discussed Killing Ecuador's President, Radio Transmissions

Show." *CNN World* (October 6). 〈http://www.cnn.com/2010/WORLD/americas/10/06/ecuador.president.threats/index.html〉.

Cocalero, dvd. Directed by Alejandro Lanes.

Cole, Ken. 2010. "The Bolivarian Alliance for the Peoples of Our America: Part 1, Knowledge Is What Counts." International Journal of Cuban Studies, 2 (3 and 4) (autumn.winter).

___. 2011. "Progress into the Twenty-First Century: The Bolivarian Alliance for the Peoples of Our America." *International Journal of Cuban Studies*, 3.2 and 3.3 (summer/autumn).

Congreso del Partido Comunista de Cuba. n.d. "v Congreso del Partido Comunista de Cuba: El Partido de la unidad, la democracia y los derechos humanos que defendemos." 〈http://www.congresopcc.cip.cu/wp-content/uploads/2011/03/Partido-Unidad-Democracia-V-Congreso.pdf〉.

Consejo Nacional Electoral [Ecuador]. n.d. 〈http://www.cne.gob.ec〉.

Consejo Nacional Electoral [Venezuela]. n.d. 〈http://www.cne.gov.ve/web/estadisticas/index_resultados_elecciones.php〉.

Constitución de Baraguá. 1973. In Hortensia Pichardo, *Documentos para la historia de Cuba*. Vol. I. Havana: Editorial de Ciencias Sociales.

Constitución de Guaimaro. 1973. In Hortensia Pichardo, *Documentos para la historia de Cuba*. Vol. I. Havana: Editorial de Ciencias Sociales.

Constitución de Jimaguayu. 1973. In Hortensia Pichardo, *Documentos para la historia de Cuba*. Vol. I. Havana: Editorial de Ciencias Sociales.

Constitución de la República de Cuba. [1976] 2003. Asamblea Nacional del Poder Popular, Havana.

___. 1940. Cámara de Representantes. Havana: Editorial Lex.

___. 1976. Ministerio de Justicia (February). Edición Oficial. Havana: Editorial Orbe.

Constitución de la República del Ecuador. 2008. Presidencia de la Republica del Ecuador. 〈http://www.asambleanacional.gov.ec/documentos/constitucion_de_bolsillo.pdf〉.

Constitución de La Yaya. 1973. In Hortensia Pichardo, *Documentos para la historia de Cuba*. Vol. I. Havana: Editorial de Ciencias Sociales.

Constitución, *Ley Fundamental de Cuba*. 1959. Biblioteca Juridica Virtual (February 7). 〈http://www.bibliojuridica.org/libros/6/2525/38.pdf〉.

Constitutión of the Bolivarian Republic of Venezuela. 1999. Ministerio de Comunicación e Información. Caracas.

Constitutión of the Plurinational State of Bolivia. 2009. Enacted on February 7, 2009, by President Evo Morales Ayma (translated to English by Luis Francisco Valle Valesco), La Paz.

Constitutión of the Republic of Cuba. [1976] 2003. Ministry of Foreign Affairs of the Republic of Cuba (*CubaMinRex*). ⟨http://www.cubaminrex.cu/english/ LookCuba/Articles/AboutCuba/Constitution/inicio.html#4⟩.

Constitutión of the United States. 1791. Amendment 1 (December 15). ⟨http:// www.usconstitution.net/xconst_Am1.html⟩.

___. 1984. ⟨http://www.usconstitution.net/const.pdf⟩.

Corcoran, Michael. 2010. "Ecuador Crisis, Media Bias." NACLA (November. December), 043:6.

Correa, Rafael. 2009. "Speech to the Social Forum in Belem, Brazil." Transcript by author from Telesur (January 29).

Council on Foreign Relations. 2008. "Transition 2008: Advising America's Next President: The Future American Leadership." (November 21). ⟨http://www. cfr.org/us-strategy-and-politics/transition-2008-advising-americas-next-presidentfuture-american-leadership-video/p17834⟩.

Crabtree, John, and Laurence Whitehead, eds. 2008. *Bolivia Past and Present: Unresolved Tensions*. Pittsburgh: University of Pittsburgh Press.

Cubadebate. 2012. "Diputados reciben informacion sobre 117 proyectos de desarrollo local." (July 21). ⟨http://www.cubadebate.cu/noticias/2012/07/21/ diputadosreciben-informacion-sobre-117-proyectos-de-desarrollo-local/⟩.

Cuba Encuentro. n.d. "Agradecimientos." ⟨http://www.cubaencuentro.com/el-portal/agradecimientos⟩.

Cuba-L Direct. 2011. "Interview with Fidel Castro [January 4, 1960]. Cuba-L Analysis (Albuquerque)-NBC Today." *El Mundo of Habana* (translated to English by Nelson P. Valdés). (January 3). ⟨http://cuba-l.unm.edu/?nid=86347⟩.

Cuba Money Project. n.d. ⟨http://cubamoneyproject.org/⟩.

Cullen, Jim. 2003. *The American Dream: A Short History of an Idea That Shaped a Nation*. NY: Oxford University Press.

Cullop, Floyd G. 1984. *The Constitution of the United States: An Introduction*. NY: Mentor.

Das, Veena, and Deborah Poole. 2004. "The State and Its Margins, Anthropology." In Veena Das and Deborah Poole (eds.), *The Margins of the State*. Santa Fe, NM: School of American Research Press.

Davalos, Pablo. 2009. "Reflections on *Sumak Kawsay* (Good Living) and

Theories of Development." ALAI (América Latina en Movimiento) (December 10). 〈http://alainet.org/active/33609&lang=es〉.

Davidow, Jeffrey S. 2009. "Upcoming Summit of the Americas." U.S. Department of State (April 6). 〈http://www.state.gov/p/wha/rls/rm/2009/121355.htm〉.

Del Carmen Barcia, María, Gloria Garcia and Eduardo Torres-Cuevas, eds. 1996. *Historia de Cuba: Las luchas por la independencia nacional y las transformaciones estructurales, 1868-1898*. Havana: Editora Politica.

Dilla Alfonso, Haroldo. 2012a. "Immigration Reform and Ricardo Alarcon's Good Heart." *Havana Times* (April 17). 〈http://www.havanatimes.org/?p=67619〉.

___. 2012b. "La importancia de un llamamiento por una Cuba mejor: No podemos temer al diálogo si queremos un futuro mejor para Cuba." *Cuba Encuentro* (August 13). 〈http://www.cubaencuentro.com/opinion/articulos/la-importancia-deun-llamamiento-por-una-cuba-mejor-279211〉.

___. 2012c. "The Importance of a Call for a Better Cuba." *Havana Times* (August 14). 〈http://www.havanatimes.org/?p=76468〉.

Dominguez, Jorge I. 1979. *Cuba: Order and Revolution*. Cambridge: Belknap Press, Harvard University Press.

Dorschner, John, and Roberto Fabricio. 1980. *The Winds of December*. NY: Coward, McCann and Geoghegan.

Duharte Díaz, Emilio. 2008. "Reformas y probables tendencias de desarrollo del sistema político cubano." *Temas* (October.December), 56.

___. 2010. "Cuba at the Onset of the 21st Century: Socialism, Democracy and Political Reforms." In *Socialism and Democracy* (March), 24:1.

DuRand, Cliff. 2009. Review of Robert Kagan, "Dangerous Nation: America's Place in the World from Its Earliest Days to the Dawn of the Twentieth Century." Center for Global Justice (June 11). 〈http://www.globaljusticecenter.org/2011/11/04/dangerous-nation/〉.

___. 2011. Book review. "Michael A. Leibowitz, *The Socialist Alternative: Real Human Development*." *Socialism and Democracy* (July 11), 25:2.

___. 2012. "The Possibility of Democratic Politics in a Globalized State." In Cliff DuRand and Steve Martinot (eds.), *Recreating Democracy in a Globalized State*. Atlanta: Clarity Press.

EcuRed. n.d. "Felix Varela." 〈http://www.ecured.cu/index.php/F%C3%A9lix_Varela〉.

Electoral Law No. 72. 1992. "Ley Electoral No. 72." Ministry of Foreign Affairs of the Republic of Cuba (*CubaMinRex*). (October 29). 〈http://www.cubaminrex.

cu/mirar_cuba/La_isla/ley_electoral.htm⟩.

Ellner, Steve. 2008. *Rethinking Venezuelan Politics: Class, Conflict and the Chávez Phenomenon*.London: Reinner Publishers.

___. 2010. "Chávez Pushes the Limits: Radicalization and Discontent in Venezuela." *NACLA Report on the Americas* (July.August), 43:4.

___. 2011. "Venezuela's Social-Based Democratic Model: Innovation and Limitations." *Latin American Studies*, 43.

___. 2012. "The Distinguishing Features of Latin America's New Left in Power: The Chavez, Morales, and Correa Governments." *Latin American Perspectives* (January), Issue 182, 39:1.

El Nuevo Herald. 2012. "Fiscalía cubana pide 7 años de cárcel para Carromero por homicidio imprudente." (August 16). ⟨http://www.elnuevoherald.com/⟩.

El País. 2010a. "Correa retoma el control en Ecuador y promete una depuración en la policía." (October 1). ⟨http://internacional.elpais.com/ internacional/2010/09/30/actualidad/1285797605_850215.html⟩.

___. 2010b. "'Maten a Correa para que se acabe ya esta protesta.'" (October 5). ⟨http://inter nacional.elpais.com/inter nacional/2010/10/05/ actualidad/1286229612_850215.html⟩.

Espejo, Amalia. 2010. "10 elecciones muestran vocacion democratica delpueblo." Naciones Unidas: Bolivia. (August 11). ⟨http://www.nu.org.bo/NoticiasNU/ B퍼센트C3퍼센트BAsquedadenoticias/tabid/162/articleType/ArticleView/ articleId/935/10-elecciones-muestran-vocacion-democratica-del-pueblo. aspx⟩.

Europa Press. 2012. "Desde que asumio el poder en 2006: Morales asegura que un millon de bolivianos han dejado de vivir en la pobreza." ⟨http:// www.europapress.es/latam/bolivia/noticia-bolivia-morales-asegura-millon- bolivianos-dejado-vivir-pobreza-asumio-poder-2006-20120803184333. html⟩ (accessed August 3, 2012).

Fernandez, June. 2012. "Independent Activism in Cuba." *Havana Times* (August 5). ⟨http://www.havanatimes.org/?p=75825⟩.

Fernandez Rios, Olga. 1988. "Annex." *Formacion y desarrollo del estado socialista en Cuba*. Havana: Editorial de Ciencias Sociales.

___. 2011a. "El enfrentamiento al burocratismo en Cuba: Raigambre popular contra mala hierba." *Rebelión* (September 23). ⟨http://www.rebelion.org/ noticia.php?id=136178⟩.

___. 2011b. "Institucionalidad y participación popular en la renovación de la hegemonía socialista." Rebelión (August 16). ⟨http://www.rebelion.org/noticia.php?id=134084⟩.

___. 2011c. "La Revolución Cubana y los retos del presente." Rebelión (July 22). ⟨http://www.rebelion.org/noticia.php?id=132732⟩.

___. Forthcoming. "La transición socialista en Cuba: Ajustes económicos y desafíos sociopolíticos." Paper presented at the June 19, 2012, Seminar on "Socialist Renewal and the Capitalist Crisis: A Cuba-North American Exchange," Havana.

Fitz, Don. 2012. "Why Cuba Cancelled Med School Classes in Havana: The Winter of Dengue Fever." *CounterPunch* (February 9). ⟨http://www.counterpunch.org/2012/02/09/the-winter-of-dengue-fever/⟩.

Fonticoba Gener, O., José A. de la Osa and Anneris Ivette Leyva. 2012. "A Good Day's Work." *Granma International* (July 29), Year 47, No. 31.

Ford, Glen. 2012. "What Obama Has Wrought." *Black Agenda Report* (September 5). ⟨http://blackagendareport.com/content/what-obama-has-wrought⟩.

Foreign Agricultural Service. 2008. "Cuba's Food and Agriculture Situation Report." United States Department of Agriculture (March). ⟨http://www.fas.usda.gov/itp/cuba/cubasituation0308.pdf⟩.

Foreign Relations of the United States, Document 11. 1958. "Telegram from the Embassy in Cuba to the Department of State, Havana, Cuba." United States Government Printing Office (February 7), Washington.

___, Document 47. 1958. "Memorandum from the Deputy Director of Intelligence and Research (Arneson) to the Secretary of State." United States Government Printing Office (April 2), Washington.

___, Document 52. 1958. "Memorandum of a Conversation, Department of State." United States Government Printing Office (April 22), Washington.

___, Document 54. 1958. "Memorandum of Discussion at the Department of State . Joint Chiefs of Staff Meeting, Pentagon." United States Government Printing Office (May 2), Washington.

___, Document 55. 1958 "Memorandum from the Deputy Assistant Secretary of State for Inter-American Affairs (Snow) to the Acting Secretary of State." United States Government Printing Office (May 6), Washington.

___, Document 58. 1958. "Memorandum of a Conversation Between the Assistant Secretary of State for Inter-American Affairs (Rubottom) and the Cuban Ambassador (Arroyo), Department of State." United States Government Printing Office (May 22), Washington.

___, Document 112. 1958. "Draft Memorandum Prepared in the Office of Middle American Affairs." United States Government Printing Office (July 25), Washington.

___, Document 196. 1958. "Telegram from the Embassy in Cuba to the Department of State, Havana." United States Government Printing Office (December 29), Washington.

___, Document 197. 1958. "Memorandum from the Director of the Office of Central American and Panamanian Affairs (Stewart) to the Assistant Secretary of State for Inter-American Affairs (Rubottom)." United States Government Printing Office (December 29), Washington.

___, Document 499. 1960. "Memorandum from the Deputy Assistant Secretary of State for Inter-American Affairs (Mallory) to the Assistant Secretary of State for Inter-American Affairs (Rubottom)." United States Government Printing Office (April 6), Washington, 1991.

___, Document 607. 1960. "Memorandum from the Secretary of Defense's Deputy Assistant for Special Operations (Lansdale) to the Deputy Secretary of Defense (Douglas), Cuba." United States Government Printing Office (November 7), Vol. vi, Washington.

Foster, William Z. 1951. *Outline Political History of the Americas*. NY: International Publishers.

Franklin, Jane. 1997. *Cuba and the United States: A Chronological History*. Melbourne: Ocean Press.

Friedman-Rudovsky, Jean. 2008. "Bolivia to Expel US Ambassador." *Time* (September 11). ⟨http://www.time.com/time/world/article/0,8599,1840469,00. html#ixzz222RT6FkL⟩.

Fuentes, Federico. 2012a. "Bolivia: Challenges Along Path of 'Governing by Obeying the People.'" *Bolivia Rising* (February 19). ⟨http://www.boliviarising. blogspot.com/2012/02/bolivia-challenges-along-path-of.html⟩.

___. 2012b. "Ecuador: New Left or New Colonialism?" *Green Left* (June 17). ⟨http://www.greenleft.org.au/node/51353⟩.

___. 2012c. "Paraguay: US Makes Gains from Coup Against Lugo." *ZSpace* (July 16). ⟨http://www.zcommunications.org/paraguay-us-makes-gains-from-coupagainst-lugo-by-federico-fuentes⟩

Fung Riverón, Thalía. 1982. *En torno a las regularidades y particularidades de la Revolución Socialista en Cuba*. Havana: Editorial de Ciencias Sociales.

Gaceta Oficial de la República de Cuba. 2008. Ministerio de la Justicia,

Extraordinaria, Consejo de Estado, Decreto-Ley No. 259 (July 11), Year CVI, No. 24, Havana.

___. 2009. Ministerio de la Justicia, Extraordinaria. Ley No. 105-08 (January 22), Year CVII, No. 4, Havana.

___. 2010a. Ministerio de la Justicia, Ext. Especial, Consejo de Estado, Decreto-Ley No. 276 (October 1), Year CVIII, No. 11, Havana.

___. 2010b. Ministerio de la Justicia, Ext. Especial, Consejo de Estado, Decreto-Ley No. 276 (October 8), Year CVIII, No. 12, Havana.

___. 2010c. Ministerio de la Justicia (October 1), Year CVIII, No. 11, Havana.

___. 2010d. Ministerio de la Justicia (October 8), Year CVIII, No. 12, Havana.

___. 2011a. Ministerio de la Justicia (September 27), Year CIX, No. 31, Havana.

___. 2011b. Ministerio de la Justicia (November 2), Year CIX, No. 35, Havana.

___. 2012a. Ministerio de la Justicia (January 4), Year CX, No. 001.

___. 2012b. Ministerio de la Justicia (October 16), Year CX, No. 44.

García Brigos, Jesus P. 1998. *Gobernabilidad y democracia: Los órganos del Poder Popular.* Havana: Editorial de Ciencias Sociales.

___. 2005. "Cuba: Subdesarrollo y socialismo." Unpublished personal digital archive. Havana.

García Marquez, Gabriel. 1998. "A Personal Portrait of Fidel Castro." In Fidel Castro, *Fidel: My Early Years.* Melbourne: Ocean Press.

Golinger, Eva. 2006. *The Chavez Code: Cracking U.S. Intervention in Venezuela.* Northampton, ma: Olive Branch Press.

___. 2010a. "Ecuador: What Really Happened." *Correo del Orinoco International* (October 8), 32.

___. 2010b. "A Win for U.S. Interference." Chavez Code (September 30). ⟨http://www.chavezcode.com/2010/09/win-for-us-interference.html⟩.

González, Ana Margarita. 2012. "Fiesta por conquistas irrenunciables." *Trabajadores* (April 30), Year xlii, No. 18.

Graham, Hugh Davis, and Ted Robert Gurr. 1969. "Violence in America: Historial and Comparative Perspectives . A Report to the National Commission on the Causes and Prevention of Violence." Vol. 2. Washington, D.C.: *U.S. Government Printing Office* (June), xxii:644.

Granma. 1990. "¡Al iv Congreso del Partido! ¡El futuro de nuestra patria será un eterno Baraguá!" Comité Central del Partido Comunista de Cuba (March 16), Havana.

___. 1993. "Estadísticas finales oficiales de las elecciones y votación de los disputados." (March 11).

___. 1998. "Resultados finales de las elecciones." (February 4).

___. 2003. "Resultados finales oficiales de las elecciones." (February 1).

___. 2005. "Victoria de la democracia revolucionaria." (April 19).

___. 2007a. "Comisión Electoral Nacional: Proceso Elecciones Generales 2007.08." (October 26).

___. 2007b. "Comisión Electoral Nacional: Results of the Elections for Delegates to Municipal Assemblies of People's Power." (October 27).

___. 2008. "Resultados finales oficiales de las elecciones." (January 30).

___. 2009. "Chavez Announces ALBA Summit for April 14.15." *Granma International* (April 6). 〈http://www.granma.cu/ingles/2009/april/lun6/chavez.html〉.

___. 2010. "Comision Electoral Nacional: Resultados finales de la primera vuelta de los comicios." (April 30).

___. 2012a. "Comision Electoral Nacional: Elecciones 21 de octubre 2012." (October 27), Year 48, No. 256.

___. 2012b. "Special Declarations from the ALBA-TCP Political Council on Cuba's Participation in the 6th Summit of the Americas and in Rejection of the Blockade." (February 26), Year 47, No. 9.

Gresh, Alain. 2011. "Reorienting History." In Henry Veltmeyer (ed.), *The Development Studies Handbook: Tools for Change*. Black Point, Nova Scotia: Fernwood Publishing.

Guevara, Ernesto Che. 2000. *El Diario del Che en Bolivia*. Havana: Editora Politica.

___. 2005. "Against Bureaucratism (February, 1963)." In David Deutschmann (ed.), *The Che Reader: Writings on Politics and Revolution*. Melbourne, Australia: Ocean Press.

___. 2006. "Socialism and Man in Cuba, March 12, 1965." In Ernesto Che Guevara, *Socialism and Man in Cuba*. Canada: Pathfinder Press.

Hardt, Michael. 2007. "Introduction." In Thomas Jefferson, *The Declaration of Independence (Adopted by Congress on July 4, 1776): The Unanimous Declaration of the Thirteen United States of America*. NY: Verso.

Harnecker, Marta. 1980. *Cuba: Dictatorship or Democracy?* Westport: Lawrence Hill and Company.

Havana Times. 2012. "Call to Vote 'D' in Cuban Elections." (September 13). 〈http://www.havanatimes.org/?p=78495〉.

Hawkins, Kirk A., Guillermo Rosas and Michael E. Johnson. 2011. "The Misiones of the Chávez Government." In David Smile and Daniel C. Hellinger (eds.), *Venezuela's Bolivarian Democracy: Participation, Politics, and Culture Under Chávez*. Durham: Duke University Press.

Hellinger, Daniel C. 2005. "When 'No' Means 'Yes to Revolution': Electoral Politics in Bolivarian Venezuela." *Latin American Perspectives* (May), 32:3.

___. 2011. "Defying the Iron Law of Oligarchy i: How Does 'El Pueblo' Conceive of Democracy." In David Smile and Daniel C. Hellinger (eds.), *Venezuela's Bolivarian Democracy: Participation, Politics, and Culture Under Chávez*. Durham: Duke University Press.

___. 2012. "Caracas Connect: Mortality, Electoral Mandates, and Revolution." *Democracy in the Americas* (October 9). 〈http://www.democracyinamericas. org/blog-post/caracas-connect-mortality-electoral-mandates-and-revolution/〉.

Hernández, Rafael. 2010. "Los recursos de la oposicion." *Cubadebate* (March 27). 〈http://www.cubadebate.cu/opinion/2010/03/27/los-recursos-de-laoposicion/〉.

___. 2011. "En Cuba existe un gran debate publico, aun cuando no se refleje en los medios de comunicacion." *Cambios en Cuba* (December 21). 〈http://www. cambiosencuba.blogspot.com/2011/12/en-cuba-existe-un-gran-debate-publico.html#more〉.

Hernández S., José. 2012. "Segunda vuelta electoral." *Tribuna de La Habana* (October 27). 〈http://www.tribuna.co.cu/cuba/2012-10-27/segunda-vuelta-electoral〉.

Hofmann, Deborah. 2008. "Best Sellers: A Different Type of Ranking." *The New York Times* (February 16). 〈http://query.nytimes.com/gst/fullpage.html?res=9F 0CE1DE153CF935A25751C0A96E9C8B63〉.

Hull, Elizabeth A. 2006. *The Disenfranchisement of Ex-Felons*. Temple Philadelphia: University Press.

Ibarra, Jorge. 2008. *José Marti: dirigente, politico e ideólogo*. Havana: Centro de Estudios Martianos.

International IDEA. 2009. "Compulsory Voting: What Is Compulsory Voting?" International Institute for Democracy and Electoral Assistance (updated in March). 〈http://www.idea.int/vt/compulsory_voting.cfm〉.

Inter-Parliamentary Union. n.d. "Women in National Parliaments." 〈http://www. ipu.org/wmn-e/classif.htm#1〉 (accessed May 31, 2012).

Izquierdo Canosa, Raúl. 1998. *Las prefecturas mambisas (1868-1898)*. Havana: Ediciones Verde Olivo.

Jameson, Kenneth P. 2011. "The Indigenous Movement in Ecuador: The Struggle for a Plurinational State." *Latin American Perspectives* (January) 38:1.

Jefferson, Thomas. 1975. "Letter to John Turnbull, Paris Feb. 15, 1789." In Merrill D. Peterson (ed.), *The Portable Thomas Jefferson*. NY: Penguin Books.

Kapcia, Antoni. 2000. *Cuba: Island of Dreams*. Berg, Oxford.

___. 2008. *Cuba in Revolution: A History since the Fifties*. London: Reaktion Books.

Kennedy, John F. 1960. "Remarks of Senator John F. Kennedy at Democratic Dinner, Cincinnati, Ohio." jfk Library (October 6). ⟨http://www.jfklibrary.org/Research/Ready-Reference/JFK-Speeches/Remarks-of-Senator-John-F-Kennedy-at-Democratic-Dinner-Cincinnati-Ohio-October-6-1960.aspx⟩.

Killough, Ashley. 2012. "Obama Takes on Gun Violence in New Orleans speech." *PoliticalTicker at CNN Politics* (July 25). ⟨http://politicalticker.blogs.cnn.com/2012/07/25/obama-takes-on-gun-violence-in-new-orleans-speech/⟩.

King, Martin Luther, Jr. 1991. "Where Do We Go from Here?" Speech delivered in 1967. In James M. Washington (ed.), *The Essential Writings and Speeches of Martin Luther King, Jr.: A Testament of Hope*. NY: Collins.

Kirk, John M. 2012. *José Marti, Mentor of the Cuban Revolution*. Black Point, Nova Scotia: Fernwood Publishing.

Kohl, Benjamin. 2010. "Bolivia Under Morales: A Work in Progress." *Latin American Perspectives* (May), 37:3.

Lacey, Marc. 2008. "Memo from Havana: Low-Key Elections May Affect Castro's Role." *The New York Times* (January 21). ⟨http://www.nytimes.com/2008/01/21/world/americas/21cuba.html⟩.

Lambie, George. 2010. *The Cuban Revolution in the 21st Century*. NY: Pluto Press.

Lamrani, Salim. 2010. "Conversations with Cuban Blogger Yoani Sánchez." (April 30). ⟨http://www.normangirvan.info/wp-content/uploads/2010/04/lamraniconversations-with-cuban-blogger-yoani-sanchez.htm⟩.

Latin American Network Information Center. 1960. "Castro Speaks to Throngs on May Day." (May 2). University of Texas at Austin, Castro Speech Data Base, Speeches, Interviews, Articles, 1959.66. Havana, Radio Centro. ⟨http://www.lanic.utexas.edu/project/castro/db/1960/19600502.html⟩.

___. n.d. "About." ⟨http://www.lanic.utexas.edu/la/cb/cuba/castro.html⟩.

Leal Spengler, Eusebio. 2012. "Un dialogo entre cubano." Inaugural speech, *Palabra Nueva* (April 19). ⟨http://www.palabranueva.net/newpage/index.php?option=com_content&view=article&id=164:ir-hacia-delante-esta-es-laformula-de-salvacion&catid=56:especial&Itemid=85⟩.

LeoGrande, William M. 1981. "Participation in Cuban Municipal Government: From Local Power to People's Power." In Donald E. Schulz and Jan S. Adams (eds.), *Political Participation in Communist Systems*. NY: Pergamon Press.

___. 2008. "'The Cuban Nation's Single Party': The Communist Party Faces the Future." In Philip Brenner et al. (eds.), *Reinventing the Revolution: A Contemporary Cuba Reader*. NY: Rowman and Littlefield.

Ley No. 91 de los Consejos Populares. 2000. *Gaceta Oficial de la Republica* (July 25), Special Edition, No. 6.

Leyva, Anneris Ivette. 2012. "Women Under-Represented in Decision-Making Positions." *Granma International* (March 18), Year 47, No. 12.

LibreRed. 2012. "Embajador de EEUU colaboró en el golpe de Estado de 2009 en Honduras." (February 29). ⟨http://www.librered.net/?p=15817⟩.

Lindorff, Dave. 2011. "Obama's Attack on Social Security and Medicare." CounterPunch (November 1.15), 18:19.

___. 2012. "Did the White House Direct the Police Crackdown on Occupy? *CounterPunch* (May 14). ⟨http://www.counterpunch.org/2012/05/14/did-thewhite-house-direct-the-police-crackdown-on-occupy/⟩.

López, Félix. 2011. "Participo, luego existo." *Granma* (August 24), Year 47, No. 202.

Loyola Vega, Oscar. 2002. "La Revolución de 1868." In Eduardo Torres-Cuevas and Oscar Loyola Vega, *Historia de Cuba, 1492-1898: Formación y liberación de la nación*. Havana: Editorial Pueblo y Educacion.

Lutjens, Sheryl. 1992. "Democracy and Socialist Cuba." In Sandor Helebsky and John M. Kirk (eds.), *Cuba in Transition: Crisis and Transformation*. Boulder: Westview Press.

___. 2009. "Introduction: Political Transition(s), Internationalism, and Relations with the Left." *Latin American Perspectives* (May), Issue 166, 36:3.

Machado Rodríguez, Darío. 2012. "Los Lineamientos y la estructura socioclasista en Cuba. Una opinión." *Cubadebate* (June 28). ⟨http://cubadebate.cu/especiales/2012/06/28/los-lineamientos-y-la-estructura-socioclasista-en-cubauna-opinion/⟩.

Manza, Jeff, and Christopher Uggen. 2006. *Locked Out: Felon Disenfranchisement and American Democracy*. NY: Oxford University Press.

Marrero, Juan. 2006. *Congresos y periodistas cubanos*. Havana: Imprenta Alejo Carpentier.

Marten, Sven. 2011. *The Rise of Evo Morales and the MAS*. London: Zed Books.

Martí, José. 1988. "To the Editor of La Nación." March 15, 1885. In Philip S. Foner (ed.), *Political Parties and Elections in the United States*. Havana: José Martí Publishing House.

___. 2007a. "Our Ideas." In Deborah Shnookal and Mirta Muñiz (eds.), *José Martí Reader: Writings on the Americas*. NY: Ocean Press.

___. 2007b. "To Manuel Mercado." In Deborah Shnookal and Mirta Muniz (eds.), *José Martí Reader: Writings on the Americas*. NY: Ocean Press.

___. 2007c. "With All, for the Good of All." In Deborah Shnookal and Mirta Muniz (eds.), *José Martí Reader: Writings on the Americas*. NY: Ocean Press.

___. n.d. "Bases del Partido Revolucionario Cubano." In *El Partido Revolucionario Cubano*. Havana: Editorial de Ciencias Sociales.

Martínez, Alexander. 2010. "Ecuador in Turmoil Amid Uprising by Police, Troops." *Google* (September 30). ⟨http://www.google.com/hostednews/afp/article/ALeqM5jrnvjhcqgCKRGkE7xwszbiQS-mqA⟩.

Martínez Hernández, Leticia, and Yaima Puig Meneses. 2011a. "Council of Ministers Meeting." *Granma International* (May 22), Year 46, No. 21, Havana.

___. 2011b. "Expanded Council of Ministers Meeting." *Granma International* (March 6), Year 46, No. 10, Havana.

Mather, Steven. 2007. "Venezuelan Government Announces $5 Billion for Communal Councils in 2007." *Venezuelanalysis.com* (January 10). ⟨http://venezuelanalysis.com/news/2167⟩.

Mayoral, Maria Julia. 2008. "Votar por todos." *Granma* (January 15).

McAuliff, John. 2011. "Counterproductive Contradictions Undermine U.S. Policy on Cuba." *Huffington Post* (March 24). ⟨http://www.huffingtonpost.com/johnmcauliff/contradictions-undermine-_b_839243.html⟩.

McCallum, Jack Edward. 2006. Leonard Wood: Rough Rider, Surgeon, Architect of American Imperialism. ny: New York University Press.

McDonald, Michael P. 2011a. "2008 General Election Turnout Rates." Last updated December 28, 2011. Elections George Mason University. ⟨http://elections.gmu.edu/Turnout_2008G.html⟩ (accessed January 16, 2012).

___. 2011b. "2010 General Election Turnout Rates." Last updated December 28, 2011. Elections George Mason University. ⟨http://elections.gmu.edu/

Turnout_2010G.html〉 (accessed January 16, 2012).

___. 2012a. "Voter Turnout." Elections George Mason University. 〈http://
elections.gmu.edu/voter_turnout.htm〉 (accessed November 10, 2012).

___. 2012b. "2012 General Election Turnout Rates." Elections George Mason
University. 〈http://elections.gmu.edu/Turnout_2012G.html〉 (accessed
December 31, 2012).

Mesa, Enrique. 1974. *Granma* (August 23).

Morales, Gisselle. 2012. "Prensa espirituana en el vortice del debate."
CubaPeriodistas (February 5). 〈http://www.cubaperiodistas.cu/noticias/
febrero12/05/01.htm〉.

Morales, Waltraud Q. 2012. "Social Movements and Revolutionary Change in
Bolivia." In Gary Prevost, Carlos Oliva Campos and Harry E. Vanden (eds.),
*Socialist Movements and Leftist Governments in Latin America: Confrontation or
Co-Optation?* London: Zed Books.

New York Journal. 1898. "Destruction of the War Ship *Maine* Was the Work of
an Enemy." (February 17), 5:572.

Nieves Ayus, Concepcion, and Jorge Luis Santana Perez. 2012. "Cuba in the xxi
Century: Towards a New Model of Socialist Development." Paper presented
at the Society for Socialist Studies, Congress of the Humanities and Social
Sciences (May 30), Wilfrid Laurier University, Waterloo, Ontario.

Nikandrov, Nil. 2010. "Ecuador Coup Attempt Engineered by the CIA." Strategic
Culture Foundation (October 10). 〈http://www.strategic-culture.org/
news/2010/10/03/ecuador-coup-attempt-engineered-by-the-cia.html〉.

Nuland, Victoria. 2012. "U.S. Support for Egypt." U.S. Department of State
(March 23). U.S. Department of State 〈http://www.state.gov/r/pa/prs/
ps/2012/03/186709.htm〉.

Obama, Barack. 2004a. *Dreams from My Father: A Story of Race and Inheritance.*
NY: Random House, Inc.

___. 2004b. "Keynote Address, Democratic National Convention." *The
Washington Post* (July 27). 〈http://www.washingtonpost.com/wp-dyn/articles/
A19751-2004Jul27.html〉.

___. 2008. *The Audacity of Hope: Thoughts on Reclaiming the American Dream.* NY:
Vintage.

___. 2009. "Remarks by President Obama at Strasbourg Town Hall." White
House (April 3). 〈http://www.whitehouse.gov/the_press_office/Remarks-by-
President-Obama-at-Strasbourg-Town-Hall/〉.

___. 2011. "Remarks by the President on the American Jobs Act." White House (November 22). 〈http://www.whitehouse.gov/the-press-office/2011/11/22/remarks-president-american-jobs-act〉.

___. 2012a. "Remarks by the President on Election Night." White House (November 7). 〈http://www.whitehouse.gov/the-press-office/2012/11/07/remarkspresident-election-night〉.

___. 2012b. "Statement by the President on Civilian Deaths in Afghanistan." White House (March 11). 〈http://www.whitehouse.gov/the-press-office/2012/03/11/statement-president-civilian-deaths-afghanistan〉.

OccupyArrests. n.d. "A Running Total of the Number of Occupy Protesters Arrested Around the U.S. Since Occupy Wall Street Began on Sep. 17, 2011." 〈http://www.occupyarrests.moonfruit.com〉.

Occupy Charlotte. 2012. "dnc National Call to Action." (August 10). 〈http://occupyclt.net/2012/08/10/dnc-national-call-action/〉.

Occupy Wall Street. 2012. "Chicago: #OccupyObama." (September 4). 〈http://occupywallst.org/article/chicago-occupyobama/〉.

Oficina Nacional de Estadísticas. 2009. "Poblacion residente por sexos, edades y relación de masculinidad." (December 31). 〈http://www.one.cu/aec2009/esp/03_tabla_cuadro.htm〉.

___. n.d.(a). "22.1 . Elecciones de delegados a las Asambleas Municipales del Poder Popular por provincias." 〈http://www.one.cu/aec2009/esp/22_tabla_cuadro.htm〉.

___. n.d.(b). "Censo de poblacion y viviendas 2002." 〈http://www.cubagob.cu/otras_info/censo/tablas_html/ii_3.htm〉.

Oviedo Obarrio, Fernando. 2010. "Evo Morales and the Altipalno: Notes for an Electoral Geography of the Movimiento al Socialismo, 2000.2008." *Latin American Perspectives* (May), Issue 172, 37:3.

Padgett, Tim, and Dolly Mascarenas. 2008. "After Fidel: A Guide to the Players." *Time* (February 22). 〈http://www.time.com/time/world/article/0,8599,1715536,00.html〉.

Parada, Maria Elena. 2010. "I Will Work Together with the People to Promote Development, Unity and Integration in Bolivia." *Correo del Orinoco* (January 29), Year 0, No. 00.

Parenti, Michael. 2008. *Democracy for the Few.* Thomson Wadsworth.

Partido Comunista de Cuba. 2012. *"Primera Conferencia Nacional, Partido Comunista de Cuba: Objetivos de Trabajo del PCC Aprobados por la Primera*

Conferencia Nacional." (January 29). Havana: Editora Politica.

___. n.d.(a). *"Primera Conferencia Nacional, Partido Comunista de Cuba: Proyecto Documento Base.*" Havana: Editora Politica.

___. n.d.(b). Unión de Jóvenes Comunistas. ⟨http://www.pcc.cu/opm_ujc.php⟩ (accessed February 1, 2012).

Pável Vidal, Alejandro. 2012. "Monetary and Exchange Rate Reform in Cuba: Lessons from Vietnam." *V.R.F. Series* (February), 473.

Pearson, Tamara. 2011. "New Mission Sons and Daughters of Venezuela to Provide Savings and Benefits to Children." *Venezuelanalysis.com* (December 13). ⟨http://www.venezuelanalysis.com/news/6690⟩.

Penúltimos Días. 2012. "Acuse de recibo: Llamamiento urgente por una Cuba mejor y posible." (August 1). ⟨http://www.penultimosdias.com/2012/08/01/acusede-recibo-llamamiento-urgente-por-una-cuba-mejor-y-posible/⟩.

Peraza Chapeau, José. 2000. "El derecho constitucional y La Constitución." In Lissette Pérez Hernández and Martha Prieto Valdés (eds.), *Temas de derecho constitucional cubano.* Havana: Editorial Felix Varela.

Pérez, Louis A., Jr. 1991. "Cuba and the United States: Origins and Antecedents of Relations, 1760s.1860s." *Cuban Studies,* 21.

___. 1995. *Cuba: Between Reform and Revolution.* NY: Oxford University Press.

Pérez Alonso, Ariel. 2008. "Biological Warfare Against Cuba." Havana: Capitán San Luis Publishing House.

Pérez Cabrera, Freddy. 2011. "¿Hasta cuándo esta indisciplina?" *Granma* (January 27), Year 15, No. 27.

Pérez Guzmán, Francisco. 1996a. "La Revolución del 95: De los alzamientos a la Campaña de Invasión." In María del Carmen Barcia, Gloria García and Eduardo Torres-Cuevas (eds.), *Historia de Cuba: Las luchas por la independencia nacional y las transformaciones estructurales, 1868-1898.* Havana: Editora Política.

___. 1996b. "La Revolución del 95: Desde la conclusion de la Campaña de Invasión hasta el fin de la dominación española." In María del Carmen Barcia, Gloria García and Eduardo Torres-Cuevas (eds.), *Historia de Cuba: Las luchas por la independencia nacional y las transformaciones estructurales, 1868-1898.* Havana: Editora Politica.

Pérez Hernández, Lissette, and Martha Prieto Valdés. 2000a. "Ejercer gobierno: Una capacidad potencial de las Asambleas Municipales del Poder Popular." In Lissette Pérez Hernandez and Martha Prieto Valdés (eds.), *Temas de derecho constitucional cubano.* Havana: Editorial Félix Varela.

___. 2000b. "Funcionamiento de los órganos locales del Poder Popular." In Lissette Pérez Hernández and Martha Prieto Valdés (eds.), *Temas de derecho constitucional cubano.* Havana: Editorial Félix Varela.

Pérez-Stable, Marifeli. 1993. *The Cuban Revolution: Origins, Course and Legacy.* NY: Oxford University Press.

Pernia, Jessica, and Tamara Pearson. 2012. "The Great Patriotic Pole (gpp): How Thousands of Movements Are Constructing Their Revolutionary Organisation." *Venezuelanalysis.com* (Interview on February 28). 〈http://www.venezuelanalysis.com/analysis/6837〉.

Phillips, Kevin. 2003. *Wealth and Democracy: A Political History of the American Rich.* NY: Broadway Books.

Pilgrim, David. 2000. "What Was Jim Crow?" Ferris State University (September). 〈http://ferris.edu/jimcrow/what.htm〉.

Piñeiro Harnecker, Camila. 2005. "The New Cooperative Movement in Venezuela's Bolivarian Process." *Venezuelanalysis.com* (December 17). 〈http://www.venezuelanalysis.com/analysis/1531〉.

Portuondo Zúñiga, Olga. 1965. *Historia de Cuba, 1492-1898.* Havana: Editorial Nacional de Cuba.

Powell, Colin L. 2004. "Report to the President." Commission for Assistance to a Free Cuba (May). 〈http://pdf.usaid.gov/pdf_docs/PCAAB192.pdf〉.

Powers, Rod. 2011. "Joining the Military as a Non-U.S. Citizen." *US Military at About.com.* (February 11). 〈http://www.usmilitary.about.com/od/joiningthemilitary/a/noncitizenjoin.htm〉.

Presno, Xelcis. 2012. "Indigenous People Integrate Consultation Commissions in Bolivia." *Radio Havana Cuba.* (April 16). 〈http://www.radiohc.cu/ing/news/world/6499-indigenous-people-integrate-consultation-commissions-in-bolivia.html〉.

Prieto Valdés, Martha. 2000. "Reflexiones en torno al caracter normativo de la Constitucion." In Lissette Pérez Hernández and Martha Prieto Valdés (eds.), Temas de derecho constitucional cubano. Havana: Editorial Felix Varela.

Puig Meneses, Yaima, and Marina Menéndez Quintero. 2012. "Debates de las cuatro comisiones de la Primera Conferencia Nacional." *Granma* (January 30), Year 48, No. 24.

Quijano, Aníbal. 2000. "Coloniality of Power and Eurocentrism in Latin America." *International Sociology* (June), 15:2.

___. 2010a. "La crisis del horizonte de sentido colonial/modern/eurocentrado." *ReVista Casa de las Americas*, Nos. 259.260 (April–September).

___. 2010b. "Questioning 'Race.'" *Socialism and Democracy Online*. 〈http://www.sdonline.org/43/questioning-"race"/〉.

Quijano, Aníbal, and Immanuel Wallerstein. n.d. "Americanity as a Concept, or the Americas in the Modern World-System." *Socialism and Democracy Online*. 〈http://www.jhfc.duke.edu/icuss/pdfs/QuijanoWallerstein.pdf〉.

Raby, D.L. 2006. *Democracy and Revolution: Latin America and Socialism Today*. London: Pluto Press and Toronto: Between the Lines.

Radio Rebelde. n.d. "About Us." 〈http://www.radiorebelde.cu/english/about-us/〉.

Ramonet, Ignacio. 2011. "'Pedí una pistola para defenderme.'" *Le Monde diplomatique* (January), 183.

Ravsberg, Fernando. 2009. "Las leyes que no se votaron." bbc (January 1). 〈http://www.bbc.co.uk/blogs/mundo/cartas_desde_cuba/2009/01/las_leyes_que_no_se_votaron.html〉.

___. 2012. "Cuba's Parliament: Unanimity vs. Institutionalism." *Havana Times* (July 5). 〈http://www.havanatimes.org/?p=73682〉.

Reardon, Juan. 2010. "Venezuela's Chavez Supported in Call for Relaunch of Patriotic Pole." *Venezuelanalysis.com* (October 13). 〈http://www.venezuelanalysis.com/news/5710〉.

Reed, Gail. 1992. *Island in the Storm: The Cuban Communist Party's Fourth Congress*. Melbourne: Ocean Press.

Reglamento: Asambleas Municipales del Poder Popular. 1998. Republica de Cuba (April), Asamblea Nacional del Poder Popular, September 1995, Havana.

Rius, Hugo. 2010. "Escurridizo tiempo." (November 23). 〈http://www.juventudrebelde.cu/file/pdf/impreso/2010/11/23/iopinion.pdf〉.

Robertson, Ewan. 2012. "Venezuela's Great Patriotic Pole Continues to Organise, Forms Culture Council." *Venezuelanalysis.com* (May 28). 〈http://www.venezuelanalysis.com/news/7015〉.

Robinson, Circles. 2011. "*Havana Times* Editor Quizzed on Cuba." *CirclesOnline* (December 29). 〈http://www.circlesonline.blogspot.ca/〉.

___. 2012. "Cuba Gov. Re-Blasts Yoani Sanchez." *Havana Times* (February 26). 〈http://www.havanatimes.org/?p=63013〉.

Roca, Blas. 1985. "Presentación." In Fernando Álvarez Tabío, *Comentarios a la Constitución socialista*. Havana: Editorial de Ciencias Sociales.

Roca, José Luis. 2008. "Regionalism Revisited." In John Crabtree and Laurence Whitehead (eds.), *Bolivia Past and Present: Unresolved Tensions*. Pittsburgh: University of Pittsburgh Press.

Rodríguez Cruz, Francisco. 2012. "Trabajo no estatal impactara positivamente en Presupuesto de 2011. Trabajadores (July 28). 〈http://www.trabajadores. cu/news/2011/07/28/trabajo-no-estatal-impactara-positivamente-enpresupuesto-de-2011〉.

Rodríguez Gavilán, Agnerys. 2010. "Franqueza, racionalidad y transparencia en reajuste laboral." *Juventud Rebelde* (September 18). 〈http://www. juventudrebelde.cu/cuba/2010-09-18/franqueza-racionalidad-y-transparencia-en-reajustelaboral/〉.

___. 2012. "Aprender a gobernar con criterio económico." *Juventud Rebelde* (February), Year 47, No. 109.

Roman, Peter. 1995. "Workers' Parliaments in Cuba." *Latin American Perspectives* (Fall), Issue 87, 22:4, 43.58.

___. 2003. *People's Power: Cuba's Experience with Representative Government*. Lanham, MD: Rowman and Littlefield Publishers.

___. 2005. "The Lawmaking Process in Cuba: Debating the Bill on Agricultural Cooperatives." *Socialism and Democracy Online* (July). 〈http://www. sdonline.org/38/the-lawmaking-process-in-cuba-debating-the-bill-on-agriculturalcooperatives/〉.

Ronquillo Bello, Ricardo. 2011. "Mágicos hilos del poder." *Juventud Rebelde* (June 18). 〈http://www.juventudrebelde.cu/opinion/2011-06-18/magicos-hilosdel-poder/〉.

Roosevelt, Franklin D. 1940. "The Great Arsenal of Democracy." American Rhetoric (December 29). 〈http://www.americanrhetoric.com/speeches/ PDFFiles/FDR%20-20Arsenal%20of%20Democracy.pdf〉.

Rosendo Gonzalez, Norland. 2012. "Asamblea de la upec en Villa Clara: A trabajar por mensajes atractivos, frescos y que dialoguen." *CubaPeriodistas* (February 6). 〈http://www.cubaperiodistas.cu/noticias/febrero12/06/01.htm〉.

Rousseau, Stéphanie. 2011. "Indigenous and Feminist Movements at the Constituent Assembly in Bolivia: Locating the Representation of Indigenous Women." *Latin American Research Review*, 46:2.

Saney, Isaac. 2004. *Cuba: A Revolution in Motion*. Fernwood Publishing and Zed Books.

Santana, José Alejandro. 2012. "Ministra Isis Ochoa resalta logros del Poder

Popular." Gobierno Bolivariano de Venezuela (February 29). ⟨http://www. mpcomunas.gob.ve/noticias_detalle.php?id=7608⟩.

Serafimov, Alex. 2012. "Social Change in Venezuela." *Venezuelanalysis.com* (March 2). ⟨http://www.venezuelanalysis.com/analysis/6849⟩.

Serrano, Pascual. 2009. "Guerra fria cultural contra Cuba: Gobierno espanol, estadounidense y fundaciones privadas se unen para financiar el proyecto anticastrista Encuentro." (September 9). ⟨http://www.pascualserrano.net/ noticias/guerra-fria-cultural-contra-cuba/⟩.

Sexto, Luis. 2009. "Libras de mas o de menos." *Juventud Rebelde* (March 20). ⟨http://www.juventudrebelde.cu/opinion/2009-03-20/libras-de-mas-o-de-menos/⟩.

___. 2010a. "Al compromiso llaman, Sancho." *Juventud Rebelde* (September 30). ⟨http://www.juventudrebelde.cu/columnas/coloquiando/2010-09-30/ alcompromiso-
llaman-sancho/⟩.

___. 2010b. "Arenas movedizas." *Juventud Rebelde* (July 15). ⟨http://www. juventudrebelde.cu/columnas/coloquiando/2010-07-15/arenas-movedizas/⟩.

___. 2010c. "La geometria democrática." *Juventud Rebelde* (August 19). ⟨http://www.juventudrebelde.cu/columnas/coloquiando/2010-08-19/la-geometriademocratica/⟩.

___. 2010d. "Por uno y por todos." *Juventud Rebelde* (December 30). ⟨http:// www.juventudrebelde.cu/columnas/coloquiando/2010-12-30/por-uno-y-portodos/⟩.

Sharpe, Errol. 2011. "Cloistering Criticisms or Breaking Bonds?" In Henry Veltmeyer (ed.), *21st Century Socialism: Reinventing the Project*. Black Point, Nova Scotia: Fernwood Publishing.

Stein, Daniel. 2011. "Barack Obama's *Dreams from My Father* and African American Literature." *European Journal of American Studies*, 1.

Stephen, Lynn. 2008. "Reconceptualizing Latin America." In Deborah Poole (ed.), *A Companion to Latin American Anthropology*. Malden, MA: Blackwell Publishing.

Street, Paul. 2012. "Killer-Cops and the War on Black America." *Black Agenda Report* (August 15). ⟨http://blackagendareport.com/content/killer-cops-and-warblack-america⟩.

Tamayo, Juan O. 2012. "Asamblea Nacional parece obviar la reforma migratoria." (July 21). ⟨http://www.elnuevoherald.com/2012/07/21/1255977/

asambleanacional-parece-obviar.html〉.

TeleSUR. 2012. "Inicia construccion de carretera del Tipnis con el apoyo de 45 comunidades." (October 6). 〈 http://www.telesurtv.net/articulos/2012/10/06/con-la-aprobacion-de-45-comunidades-se-inicia-construccion-del-primertramo-de-la-carretera-del-tipnis-6033.html〉.

Temas. 2002. (September). 〈www.temas.cult.cu/temas.php〉.

Terra Noticias. 2011. "Hillary Clinton vuelve a pedir a Cuba que ponga en libertad a Alan Gross." (March 10). 〈http://www.noticias.terra.es/2011/mundo/0310/actualidad/hillary-clinton-vuelve-a-pedir-a-cuba-que-ponga-en-libertad-a-alangross.aspx〉.

Torrado, Fabio Raimundo. 1998. "A 40 años de las leyes de la Sierra Maestra." *Granma* (May 15), 34:97.

Torres-Cuevas, Eduardo. 2001. "La ruptura de la sociedad criolla: La sociedad esclavista." In Eduardo Torres-Cuevas and Oscar Loyola Vega, Historia de Cuba, 1492-1898: Formación y liberación de la nación. Havana: Editorial Pueblo y Educación.

Torres-Cuevas, Eduardo, and Oscar Loyola Vega. 2002. *Historia de Cuba, 1492-1898: Formación y liberación de la nación.* Havana: Editorial Pueblo y Educación.

Torres-Cuevas, Eduardo, et al. 1996. "La Revolución del 68: Fundamentos e inicios." In María del Carmen Barcia, Gloria García and Eduardo Torres-Cuevas (eds.), *Historia de Cuba: Las luchas por la independencia nacional y las transformaciones estructurales, 1868-1898.* Havana: Editora Politica.

Trabajadores. 2010. "Pronunciamiento de la Central de Trabajadores de Cuba." (September 13), xl:37.

Tribunal Supremo Electoral. n.d. 〈http://www.cne.org.bo〉.

Urie, Rob. 2012. "Paul Krugman Learns the Facts on Health Insurance." *CounterPunch* (January 1.15), 19:1.

Van Auken, Bill. 2010. "Cuba's Raúl Castro unveils plan for massive job cuts." *World Socialist Web Site* (August 5). 〈http://www.wsws.org/articles/2010/aug2010/cuba-a05.shtml〉.

Vega Vega, Juan. 1997. *Cuba, su historia constitucional: Comentarios a la Constitucin cubana reformada en 1992.* Madrid: Ediciones Endymion.

Veltmeyer, Henry, ed. 2011. *21st Century Socialism: Reinventing the Project.* Black Point, Nova Scotia: Fernwood Publishing.

VI Congreso del Partido Comunista de Cuba. 2010. "Proyecto de lineamientos de la política económica y social." (November 1), Havana.

___. 2011a. "Información sobre el resultado del debate de los lineamientos de la política económica y social del Partido y la Revolucón." (May), Havana.

___. 2011b. "Lineamientos de la Politica Economica y Social del Partido y la Revolución." (April 18), Havana.

Voice of America News. 2012. "Clinton Clears $1.3 Billion in Aid to Egypt." (March 22). ⟨http://www.voanews.com/content/clinton-to-approve-military-aid-toegypt-143947716/179244.html⟩.

Wallerstein, Immanuel. 1997. "Eurocentrism and Its Avatars: The Dilemmas of Social Science." Binghamton University. ⟨http://www.binghamton.edu/fbc/archive/iweuroc.htm⟩.

___. 2001. *The Limits of Nineteenth-Century Paradigms: Unthinking Social Science.* Philadelphia: Temple University Press.

___. 2006. *European Universalism: The Rhetoric of Power.* NY: The New Press.

Weatherford, Jack. 1988. *Indian Givers: How the Indians of the Americas Transformed the World.* NY: Ballantine Books.

White House. 2009a. "Briefing by Press Secretary Robert Gibbs and Dan Restrepo, Special Assistant to the President and Senior Director for Western Hemisphere Affairs (including Spanish text)." (April 13). ⟨http://www.whitehouse.gov/the-press-office/briefing-press-secretary-robert-gibbs-and-dan-restrepo-specialassistant-president-⟩.

___. 2009b. "Fact Sheet . Reaching Out to the Cuban People." (April 13). ⟨http://www.whitehouse.gov/the-press-office/fact-sheet-reaching-out-cuban-people⟩.

___. 2012. "Statement by the Press Secretary on Egypt." (June 24). ⟨http://www.whitehouse.gov/the-press-office/2012/06/24/statement-press-secretaryegypt⟩.

Whiten, John. 2008. "Alt-Weeklies Resoundingly Say: Vote Obama." (October 31). ⟨http://www.altweeklies.com/aan/alt-weeklies-resoundingly-say-vote-obama/Article?oid=669453⟩.

Whitney, Mike. 2011. "Obama and the Economy." *CounterPunch* (September 1.15), 18:15.

Wikipedia. n.d. Haroldo Dilla Alfonso. ⟨http://es.wikipedia.org/wiki/Haroldo_Dilla_Alfonso⟩ (accessed August 18, 2012).

Wilpert, Gregory. 2007. *Changing Venezuela by Taking Power: The History and Policies of the Chavez Government.* New York: Verso.

___. 2010. "A New Opportunity for Venezuela's Socialists." *Venezuelanalysis.com*

(October 1). 〈http://www.venezuelanalysis.com/print/5683〉.

___. 2011. "An Assessment of Venezuela's Bolivarian Revolution at Twelve Years." *Venezuelanalysis.com* (February 2). 〈http://www.venezuelanalysis.com/analysis/5971〉.

Winthrop, John. 1630. "City Upon a Hill." Mtholyoke. 〈http://www.mtholyoke.edu/acad/intrel/winthrop.htm〉.

Wolin, Sheldon S. 2010. *Democracy Inc.* Princeton: Princeton University Press.

Zacharia, Janine. 2007. "Brzezinski Embraces Obama Over Clinton for President." Bloomberg (August 24). 〈http://www.bloomberg.com/apps/news?pid=newsarchive&sid=aOqL38D5EntY&refer=home〉.

Zinn, Howard. 2002. *You Can't Be Neutral on a Moving Train: A Personal History of Our Times.* Boston: Beacon Press.

___. 2005. *A People's History of the United States.* NY: Harper Perennial.

인터뷰한 사람들

Azicri, Max. 2009(May 9). Queen's University, Kingston, Ontario. Professor, Political Science, Edinboro University, Pennsylvania.

Balseiro Gutiérrez, Alina, and Tomás Amarón Díaz. 2008(January 31). Havana. Members, Comisión Electoral Nacional(CEN).

Cárdenas García, Tomás Victoriano. 2007(September 15). Havana. Deputy, ANPP; president, ANPP Permanent Working Commission on the Organs of Local People's Power.

___. 2008a(July 17). Havana.

___. 2008b(December 19). Havana.

Castanedo Smith, Luis Manuel. 2008(December 15). Havana. Deputy, ANPP; vice-president, ANPP Permanent Working Commission on Economic Affairs; member, National Secretariat, Central de Trabajadores de Cuba(CTC).

Castell Cobol, Bernardo, et al. 2008(December 18). Havana. Member, Local Central de Trabajadores de Cuba(CTC); Raquel Pérez primary school; and other CTC members.

Castro Espín, Mariela. 2009(May 9). Queen's University, Kingston, Ontario. Director, Centro Nacional de Educación Sexual(cenesex), Havana.

Chirino Gamez, Luis Alberto. 2008(July 1). Havana. Journalist.

Comisión de Candidaturas Nacional. 2008(January 18). Havana. Members, Comisión de Candidaturas Nacional(CCN).

Comisión Electoral Provincial. 2008(September 19). Havana. Members, Comisión Electoral Provincial(CEP), former province of Ciudad de La Habana.

Cristóbal, Armando. 2009(January 11). Havana. Professor and member, Political Science Group, University of Havana; member, Sociedad Cubana de Investigaciones Filosóficas.

Duharte Díaz, Emilio. 2009(May 1). Havana. Professor, Philosophy and Political Theory, University of Havana.

Fernández Ríos, Olga. 2008(January 22). Havana. Researcher, Instituto de Filosofía; Professor, Philosophical Sciences, University of Havana.

Fung Riverón, Thalía. 2008(December 29). Havana. Professor, Political Science and Philosophy; director, Political Science Group, University of Havana; president, Sociedad Cubana de Investigaciones Filosóficas.

___. 2009(January 9). Havana.

García Brigos, Jesús P. 2007(September 1). Havana. Researcher, Political Philosophy, Instituto de Filosofía; supervisor, Instituto de Filosofía PhD Program.

___. 2009a(January 10). Havana.

___. 2009b(January 11). Havana.

Gómez, Carmen. 2008(January 16). Havana. Professor, History, University of Havana.

Gómez Barranco, Jorge Jesús. 2008a(July 17). Havana. Deputy, ANPP; vice-president, ANPP Permanent Working Commission on Education, Culture, Science and Technology.

___. 2008b(December 15). Havana.

Gómez Barranco, Jorge Jesús, and Maria Josefa Ruíz Mederos. 2008(February 1). Havana. Maria Josefa Ruíz Mederos: former deputy, ANPP; former member, ANPP Permanent Working Commission on Education, Culture, Science and Technology.

González Hernández, Eduardo. 2008(February 2). Havana. Delegate, Plaza de la Revolución Municipal Assembly; president, Consejo Popular Vedado(CPV).

___. 2009(January 11). Havana.

Hernández, Rafael. 2009(May 8). Queen's University, Kingston, Ontario. Director, Temas magazine, Havana.

Leiva Romero, Xiomara. 2008(December 15). Havana. Delegate, Plaza de la Revolución Municipal Assembly.

Lezcano, Jorge. 2007(September 18). Havana. Adviser to ANPP president Ricardo Alarcón de Quesada.

___. 2008a(July 17). Havana.

___. 2008b(December 15). Havana.

___. 2009(July 7). Havana. By email.

Liranza García, Carlos. 2008a(July 17). Havana. Municipal delegate; deputy, ANPP; president, ANPP Permanent Working Commission on Industry and Construction.

___. 2008b(December 16). Havana.

Lor Mogollon, Henrys. 2009(October 19). Montreal. Deputy, Yaracuy State, Venezuela.

Martínez Canals, Elena. 2009(January 5). Havana. President, cdr No. 9, Zone 12, Municipality of Plaza de la Revolución.

Martínez López, Leonardo Eugenio. 2008a(January 10). Havana. Deputy, ANPP; president, ANPP Permanent Working Commission on Food and Agriculture.

___. 2008b(January 17). Havana.

___. 2008c(July 15). Havana.

___. 2008d(December 26). Havana.

Martínez Martínez, Osvaldo. 2008(July 16). Havana. Deputy, ANPP; president, ANPP Permanent Working Commission on Economic Affairs; director, World Economy Research Center.

Miranda, Olivia. 2008(January 22). Havana.

Researcher, Instituto de Filosofía; professor, Philosophical Science, University of Havana

Municipal Electoral Commission. 2007(September 18). Plaza de la Revolución, Havana. Members, Municipal Electoral Commission.

Nieves Ayús, Concepción. 2008(January 24). Havana. Director, Instituto de Filosofía.

Pérez Santana, Amarilys. 2008(December 16). Havana. President, Comisión de Candidaturas Nacional(CCN), 2007-08; member, National Secretariat, Central de Trabajadores de Cuba(CTC)

Pérez Santana, Amarilys, Albert Marchante Fuentes and Héctor Fajardo Marin. 2008(January 30). Havana. Members, Comisión de Candidaturas Nacional(CCN), 2007-08.

Quirot Moret, Ana Fidelia. 2008(February 1). Havana. Deputy, ANPP; member, ANPP Permanent Working Commission on Health and Sport.

Reus González, María Ester. 2008(January 28). Havana. Minister of Justice; president, Comisión Electoral Nacional(CEN) (2007-08).

Rojas Hernández, Elsa. 2008(July 16). Havana. Deputy, ANPP; president, ANPP Permanent Working Commission for the Focus on Youth, Children and the

Equality of Women's Rights; member, National Secretariat, Federación de Mujeres Cubanas(FMC).

___. 2009a(January 6). Havana. By email.

___. 2009b(July 21). Havana. By email.

Toledo Santander, José Luis. 2008(January 23). Havana. Deputy, ANPP; president, ANPP Permanent Working Commission on Constitutional and Legal Affairs; dean, University of Havana Law Faculty.

Torrado, Fabio Raimundo. 2008(January 9). Havana. Doctor of Law; specialist in Constitutional and Electoral History

Valdés Mesa, Salvador. 2009(January 9). Havana. Deputy, ANPP; secretary general, Central de Trabajadores de Cuba(CTC); member, Council of State.

※ 이름, 인터뷰한 날짜와 장소, 직함 순서

ㄱ